【图文版】

胡朴安 著

中国文字学史

山东画报出版社

图书在版编目（CIP）数据

中国文字学史/胡朴安著.—济南：山东画报出版社，2022.3
（名家小史丛书）
ISBN 978-7-5474-3930-2

Ⅰ.①中… Ⅱ.①胡… Ⅲ.①汉字—汉语史 Ⅳ.①H12

中国版本图书馆CIP数据核字（2021）第136129号

ZHONGGUO WENZIXUE SHI
中国文字学史
胡朴安 著

责任编辑 刘　丛
封面题字 徐志存
装帧设计 文渊社

出 版 人 李文波
主管单位 山东出版传媒股份有限公司
出版发行 山东画报出版社
　　　　　社　　址　济南市市中区舜耕路517号　邮编250003
　　　　　电　　话　总编室（0531）82098472
　　　　　　　　　　市场部（0531）82098479　82098476（传真）
　　　　　网　　址　http://www.hbcbs.com.cn
　　　　　电子信箱　hbcb@sdpress.com.cn
印　　刷 唐山才智印刷有限公司
规　　格 145毫米×210毫米　1/32
　　　　　13.625印张　280千字
版　　次 2022年3月第1版
印　　次 2022年3月第1次印刷
书　　号 ISBN 978-7-5474-3930-2
定　　价 49.80元

名家撰小史 神笔写春秋

百余年前,国运衰微,列强环伺,中华民族到了生死存亡的关头。在这种情势下,从"闭关锁国"到"开眼看世界",许多有识之士怀抱"藉西方文明之学术以改良东方之文化,必可使此老大帝国,一变而为少年新中国"(容闳语)的理想,开始正视西学,有意识且积极全面地向西方学习,将之视为可与"中学"对等的学术思想,探讨二者之优点并有机结合以帮助国家富强。

随着新式学堂的创办,留学教育方兴未艾,"西学东渐"的客观态势业已形成,西方学术思想在中国这块古老的东方大地上得到广泛传播,同时推动了各个学科领域的蓬勃发展。尤其是以新文化运动为起点,以宣传民主和科学为核心的思想潮流蓬勃兴起,先进的知识分子在这场运动中受到了新思想的洗礼。思想长期被禁锢的国人得到彻底解放,思想观念得到更新,中国进入一个崭新的时代——思想学术的新时代。在这场划时代的思想变革中,涌现了一批闻名遐迩、学贯中西的大师级的学者。这些学者以全新的理论工具和严谨治学的态度,对传统文化加以梳理和重新阐释,为现代学术奠定了基础,取得了令人瞩目的成就。

"温故而知新",我们出版这套丛书的意义和指归,正在于此。重印昔贤经典,接续学术传统,亦是今日出版人义不容辞的责任。缘此,我们从浩瀚如烟的民国学术经典中遴选100部篇幅较小、雅俗共赏的史学名篇,取名"名家小史",以丛书形式出版。这套丛书有一个共同点,即作者都是世人所景仰的学者,且各书均是写给普通读者的普及性读物。运笔举重若轻,文字洗练易懂,经岁月洗礼和时代考验,至今仍是声名远播、影响至深,是后人传承治学传统、接近经典的桥梁。

这套系列丛书,包含了哲学、伦理学、社会学、历史学、文字学(包括训诂学)、自然科学等多方面学科的发展史。这些著作,在让年轻一代读者享受备受尊敬的人文学术大师的文化成果的同时,也能感知中华民族五千年不屈不挠的精神和璀璨的文化内涵,增强民族文化、民族精神的自豪感、荣誉感、归属感和凝聚力。我们每一个中国人,都应该为自己生在中国倍感自豪,因为我们有着几千年的灿烂历史,我们的先人为我们创造了令人骄傲、无与伦比的文明篇章。

唐太宗李世民曾说:"以铜为镜,可以正衣冠;以古为镜,可以知兴替;以人为镜,可以明得失。"对于一个国家来说,历史是经验、教训,是过去的沉淀,是未来的导向;对于我们每一个人来说,历史是最好的老师。通过学习各种历史,我们不仅可以从中领悟到许多人生哲理,扩大知识面,增长见识,丰富头脑,亦可培养实事求是的态度,提高综合能力和综合素质。总之,学习历史可以让我们每一个人都终身受益,这一点是毋庸置疑的。

我们编辑出版这套"名家小史",均采用民国时期的初版为底本,并进行了精心校订。校订时遵循以下几点原则:

1.将原书的繁体竖排,改为当今通行的简体横排,并对标点符号按现代汉语使用规范做了处理。

2.为了尊重作者及原著,对作者自有文风与习惯性行文遣词、概念术语,以及地名、译名等未做修改,皆仍其旧。

3.对原书中个别涉及原则性的文字进行了技术处理,同时对原书中一些因排印造成的讹误做了订正,如"日""曰","己""已""巳"等。

限于学力和经验,编校过程中难免存在错讹疏漏之处,敬请广大方家、读者斧正!

"名家小史"丛书编辑委员会

001　自　序
001　绪　言
013　第一编　文字书时期　自秦汉至隋
072　第二编　文字学前期时代　唐宋元明
174　第三编　文字学后期时代　清
394　第四编　古文字学时期　清末至现在

自　序

民国纪元前十八年，清光绪二十年，即甲午中日开战之年，是时我年十七岁，读书南昌。有以"声""音""响"三字之义不同命题者，当时我只读过朱注的《四书》及《诗经》、蔡注的《书经》、陈注的《礼记》，对于字义之分析茫然无知，有人告我当检查《康熙字典》。如其言在《康熙字典》中，得所引《说文》之说，有"生于心，有节于外，谓之音"一语；又得所引《说文》注徐锴之说，有"响之附声，如影之著形"一语，于是比例推测，作成一文。其紧要的三语："生于心者，谓之声"，"生于心，有节于外者，谓之音"，"发于此应于彼者，谓之响"。大蒙阅者之赞许。此为我研究文字学最初之动机，因此始知有《说文》一书。辗转求得淮南书局所刊之《说文》真本读之，毫不了解，而好之弥切。有人告我读《说文》当读段玉裁注本，又辗转求得崇文书局所刊之《段注说文》读之，毫不了解仍如故，而好之弥切仍如故。十八岁由南昌回泾县，泾县僻处万山中，士子读书者，只知做八股文章，无可问字之人，只有自己日夜苦读。三年略得其皮毛，沾沾自喜。如"天，颠也。""马，怒也。""尾，微也。""发，拔也。"之类，记之极熟。于是开口与人谈话，呼"天"必为"颠"，呼"马"必为"怒"，呼"尾"必为"微"，呼"发"必为"拔"。甚于赵宧光书"也"必作"殹"，闻者不知云何，共非笑之。己则洋洋得意，自矜为渊博，而目人为浅陋。一日，作五言诗两句云："闻前流绿准，护外见青宣。"书以示人，阅者瞠目。盖即用"门，闻也。""户，护也。""水，准也。""山，宣也。"之训，其怪异如是。其尤怪异者，谓《说文》须有修改之处，如："狗，叩也。叩气吠以守。"则"鸡"字当云："鸡，啼也。啼以报时。""木，冒也。冒地而生。"则"竹"字当云："竹，茟也；茟土而出。""东，动也。"则"南"字当云："南，暖也。""西"字当云："西，凄也。""北"字当云："北，没也。"其怪异而尤荒谬者，"也"篆作 ⚲："女，阴也。象形。""厶"篆作 ㄣ 当云："男，阳也。象形。""地，从土，从也。地为土，也为阴，故从土从也。会意。""天"当作"气"："从气，从厶。气为气，厶为阳，故从气从厶。会意。""𠆢"当是"男"字："八为两股，两股张开而厶见也。""妇"当作"她"："从女从也；不从帚也。""男"当是"農"字："力田为農，農从晨囟声；意不明瞭也。""妇"当作"姉"："即是工字，男耕女织，织即工也。""帚"篆作 ，"布"篆作 ，形近而误。如此怪异荒谬之说甚多，所改《说文》之形与义，几及十之二三，不自知其怪异荒谬，以为古人造字不如我也。视"坡"者"土之皮"，"滑"者"水之骨"，"东"即"栋"字，⊖ 为太极图。

甲骨文之 字，为男子生殖器之说，更为怪异，更为荒谬。纪元前八年，清光绪三十年，我年二十七岁，开垦于芜湖之万春圩，时刘申叔在安徽公学当教员，陈仲甫寓在亚东书局办白话报，偶然晤谈，闻我之说，辄大笑不止，而我犹不自悟见解之谬也。读书不多，夜郎自大，每每如是。纪元前五年，清光绪三十三年，我年三十岁，所垦之田，被水淹没，来上海为商家司会计。因好读《说文》之故，每以篆文写帐，人不能识，犹之江艮庭以篆书开方，而药铺无从发药也。是时上海有一国学保存会，主持者为刘申叔、黄晦闻、邓秋枚；我到上海，即加入国学保存会，时常到其所设之藏书楼看书，自是耳目稍广，始知以前怪异之说，过于怪异，真荒谬绝伦也。纪元前二年，清宣统二年，我年三十三岁，在《国粹学报》担任编辑职务。关于文字学之书，披览加多，而好之更甚；而言之亦稍慎，勿复以前之肆无忌惮矣。偶闻异说，必求得众说之同然，按之于事而是，反之于心而安，而始言之，此为我研究文字学入正轨之时。时当民国初建，线装书人皆视为无用，文字学书，现在值一、二元一册者，当时不过一、二角。元年、二年之间，余以好读文字学书之故，购买文字学之书，已有三百余种。以后凡有关于文字学之书，无论新著、旧著，苟为架上所无者，必设法买之，累年以来，积有七百余种。虽未能每部详细阅览，大概皆涉其凡矣。但是文字学书，搜集的虽多，而自己著的文字学书，除学校讲义外，则少之又少。即学校讲义，亦是述前人之旧说，毫无自己之新说。如说转注者日新月异，我对于转注之说，二十年来仍本戴东原。炫烂之极，归于平淡与，抑老之将至，渐形退化与，我不能自知也。我只知以前不知言之不当，而胆大敢言，如"公""厶"等字之说，毫不自怍，见在则惟恐言之不当，心愈慎而愈不敢言，如转注之说，仍守东原之旧而不改。所以我关于文字学，不敢有所著述，只时时欲编一部有统系的文字学书目；所搜集七百余种之文字学书，强半有提要钩玄之记录，以为编目录之用。适商务印书馆以编文字学史见委，乃不辞而任之，十阅月而书成，轮廓虽具，以时间空间的关系，有许多不能自满之处，其凡例见于绪言中，兹不复述。弟述我自己研究文字学之经过，聊以见编辑文字学史，非率尔操觚之比，亦不求人作序，以人之所言，不如自己所言之亲切也。

中华民国二十五年十一月泾县胡朴安自序

绪 言

文字学之定义与其范围

何谓文？独体之谓。何谓字？合体之谓。何谓文字学？研究文字之制造与文字运用之谓。何谓独体？象形、指事之文，分析不开者。例如：大，以交迮其画而成为独体。何谓合体？合象形或指事之文，或二文，或多文，用会意或形声之法，合之以为字。例如：字，从宀从子，以并合而成为合体。故曰：独体为文，合体为字。何谓制造文字？即以象形之法画其形，以指事之法识其事，以会意之法合其谊，以形声之法标其音。象形、指事、会意、形声，为制造文字之法也。何谓运用文字？文字既已制造，或各不相通，则转注以汇文字之通，或则文字之用；有时而穷，则假借以济文字之穷。有转注之法，以运用文字，此文字所以数字一义也。有假借之法，以运用文字，此文字所以一字数义也。转注、假借为运用文字之法。象形、指事、会意、形声、转注、假借谓"六书"。六书为后人整理文字所定之名称，将旧有之文字，整理之归于六书之条例；更本六书条例，制造文字而运用之。故研究六书之条例者，谓之文字学。此定义本极明白，惟自来对于六书之说，各各不同。而转注之异说尤甚，至于今日，尚未有定论。此问题之讨论，属于文字学之范围，非属于文字学史之范围。兹于文字学史正文中，用客观的述叙各家之异说，以存文字学过程之真；而于绪论中，先述叙著者研文字学史之所得六书之定义于下：

（一）象形

画成其物，随体诘诎，日月是也。此许叔重象形之界说。本此界说，凡有形之物，画成其物之形，随物之体而诘诎之。纯粹之独体，分析不开者，如日、月、山、水、彡、目、冂、巾、象、鸟之类，为象形正例。其非纯粹之独体，可以分析。惟分析为二体或二体以上，必有一体不成文者，如阝之口不成文，果之田不成文，金之丷不成文，齿之𠂉不成文，眉之⺈丆不成文，片之𠂉丩不成文，巢之彡ヨ不成文，橐之彐丨不成文之类，为象形变例。象形与指事同为文，而不同者，象形之文必有其物可以画，必有其体可以随。有物斯有体，有体斯有形，有形斯可象也。

（二）指事

视而可识，察而见意，上下是也。此许叔重指事之界说。本此界说，凡非有形之物，而可以视而识之；无可随之体，而可以察而见之。纯粹之独体，分析不开者，如⊥丅中八弓灬卤屮人之类，为指事正例。其非纯粹之独体，可以分析。惟分析为二体，或二体以上，必有一体不成文者，如"亓之川不成文，辛之乙不成文，𩇟之山不成文，攵之厂不成文，不之木不成文，"▢之▢不成文，▢之▢不成文，▢之▢▢不成文"之类，为指事变例。指事与象形同为文，而不同者，无物可画，必视之始可识；无体可随，必察之始见意。

（三）会意

比类合谊，以见指㧑，武信是也。此许叔重会意之界说。本此界说，凡比同类之二文，或二文以上，合以为谊，以见一字之指归。如："止戈"为▢，"人言"为▢，"一大"为▢，"八牛"为▢，"卜中"为▢。又："持肉问吉凶之示"为▢，"刀判牛角"为▢，"日出收米以晞"为▢。而为合体者为会意正例，其无比类合谊之迹可见。而有比类合谊之意可循者，如：▢之意由▢而会，▢之意由▢而会，▢之意由▢而会，▢之意由▢而会；虽非合体，而此字之意，实由彼字而来，犹之合体。又如：▢从▢从▢；▢不成文，实由▢而省。▢从鸟头在木上；▢不成文，实由▢而省。▢从目从▢；▢不成文，实由▢而省。▢从半肉在且上，▢不成文，实由▢而省。分析虽有一不成文，而不成文之一体，由省而来，实为成文。凡若此者，为会意变例。会意与形声同为字，而不同者，会意以意为主，不以声也。

（四）形声

以事为名，取譬相成，江河是也。此许叔重形声之界说。段玉裁释之云："以事为名，谓半义也；取譬相成，谓半声也。"本此界说，凡以义为字之形，以声为字之音，其声毫无意义者，如"江"从"工"声，"河"从"可"声，"松"从"公"声，"柏"从"白"声，"芝"从"之"声，"兰"从

"阑"声,"鸡"从"奚"声,"鸠"从"九"声,"铜"从"同"声,"锡"从"易"声之类,为形声正例。其声兼意者,如"礼"从"豊"声,豊亦意;"禛"从"真"声,真亦意;"吏"从"史"声,史亦意;"讷"从"内"声,内亦意。以及"宫"从"躳"省声,"芛"从"劳"省声,"童"从"重"省声,"羔"从"照"省声之类,为形声变例。形声与会意同为字,而不同者,形声以声为主,即所从之声亦兼意者,而字之音必由声而来也。

(五)转注

建类一首,同意相受,考老是也。此许叔重转注之界说。建类一首,谓同部也;同意相受,谓互训也。本此界说,如:"考""老"同部为建类一首,考老互训,为同意相受;其他如:"薑,蓎也";"蓎,薑也"。"菠,芰也";"芰,菠也"。同部而互训者,为转注正例;如:"裼,但也";"但,裼也"。"勺,枓也";"枓,勺也"。不必建类一首,而同意可以相受;又如:"论,议也";"议,语也";"语,论也"。隔字互训,"怨,恚也";"怒,恚也";"憝,怨也";"愠,怨也";"恨,怨也";"怼,怨也";"恚,怨也"。辗转互训,皆为转注变例。运用文字,所以必需转注者,文字由言语而来,制造文字,非一地,亦非一人。当书同文之时,使无转注之法,以汇其通;则不同之文字,无法使之能同。惟有转注,可以收同文之效,故曰转注者,所以汇文字之通也。

（六）假借

本无其字，依声托事，令长是也。此许叔重假借之界说。本无其字，言本无"县令、长幼"字，依声者：言县令之"令"，与号令之"令"，其声同；长幼之"长"，与长久之"长"，其声同。托事者：县令为发号令之人，因谓之"令"；长者所经过之时间长久，因谓之"长"。本此界说，本无条理之"理"字，依声托事，假借攻玉之"理"，为条理之"理"；本无道德之"道"字，依声托事假借道路之"道"，为道德之"道"，为假借正例。或本有其字，而亦假借者，则依声不必托事，如：本有朋群之"攩"，假借不鲜之"党"用之；本有云气之"气"，假借䊠米之"氣"用之；本有婢壹之"専"，假借六寸簿之"専"用之；本有公厶之"厶"，假借禾名之"私"用之。"攩"与"党"，"气"与"氣"，"専"与"専"，"厶"与"私"，声依而事不必托也。凡本有其字，依声不必托事者，为假借变例。运用文字，所以必需假借者，使一事一物，皆制造一文字，以为符号，非有数万文字，则不能应运用。此本无其字，所以需假借也。使已有之文字，不能以声相假借，则仓卒无其字，亦不能应运用之便利。有假借一法，数千文字，可以当数万之用。同声可以相假借，则仓卒无其字，即可假借同声音之文字以用之，为运用文字开一方便之门，而文字之用，于是无穷，故曰假借，所以济文字之穷也。

以上六书定义，系著者研究文字学史之结果。而得一比较平正之说，虽无新奇可喜之论，而亦无捍隔不通之处。本此定义以论：象形、指事，制造文之法也；会意、形声，制造字之法也；转注、假借，运用文字之法也。研究制造文字与运用文字之法，文字学也。象形、指事、会意、形声为文字之形，转注、假借为文字之义；形与义皆不能与声相离，形、声、义为文字之三要素。无形不能笔之于手，无声不能宣之于口，无义不能见之于用，合形、声、义三者研究之，谓之文字学。自来言文字学之范围，有广义，有狭义。广义的文字学，包括形、声、义三部；狭义的文字学，研究文字之形者为文字学，研究文字之声者为声韵学，研究文字之义者为训诂学。《说文解字》等书，形书也；《广韵》等书，韵书也；《尔雅》等书，义书也。本上定义，文字学的范围，当然属于狭义的形。惟是转注、假借，在在有声与义之关系。虽狭义的文字学，而涉及声与义之处甚多，其专门为声韵、训诂之研究者，独立于文字学之外，而文字学则固以形为主，兼声与义而为研究者也。

文字学史之性质

上章所述，为文字学。兹书之编辑，则为文字学史。文字学史与文字学不同：文字学者，研究文字之条例，所以指示人研究文字之方法；文字学史者，则叙述研究文字之条例之著作，与其人，所以指示人知文字学说之源流。编辑文字学，则比较各家之学说，而以主观判断之，以求文字学说之统系。编辑文字学史，则搜集各家之学说，而以客观叙述之，以得文字学之变迁。文字学之任务，在于明文字之条例，则凡过去之学说，在今日无甚价值者，可置之不论；求精求是，为学术的。

文字学史之任务，在于求文字学之演进，则凡过去学说，虽在今日无甚价值，在某时代确成为一种学说者，则不能一笔抹杀；求真求实，为历史的。所以文字学史之编辑有四要：搜集欲其丰富，辨别欲其真确，选择欲其要约，叙述欲其简明。凡编辑历史，首先材料之搜集，根据所搜集之材料，加以详慎之辨别，而求其真确，然后选择其要约者，而以简明之文章叙述之。故搜集不丰富，则挂一漏万，其失也陋。辨别不真确，则派别不分，其失也杂。选择不要约，无以认识各家之真，其失也泛。叙述不简明，则易致散漫无归束之弊，其失也芜。文字学史，当亦如是。文字学只求学说之精深；文字学史则求学说由粗而精，由浅而深之进程，故搜集不丰富不能也。文字学只须明著述者本身之学说；文字学史则必须明著述者，当时各派之学说，故辨别不真确不能也。文字学阐明一家之学说，可曲折详细以达之；文字学史则记载各家之学说，并须详其前因后果之关系，则选择不要约，叙述不简明，不能也。再者文字学史与文字史亦不同：文字史，叙述文字之发生，与其由古文而篆文而隶书之变更；故叙述文字史，当溯自文字之原始，而甲骨文、金文在所先述。文字学史，则叙述文字书与文字学之著作，故只能始于秦汉，自《仓颉篇》以下，而甲骨文、金文则在最后。盖文字学，所以明文字之源流；文字学史，所以明学说之先后。文字学史，似为创作，或已有先我而作者，著者却未之见。发凡起例，前无所承，草创此篇，殊难周密，因言文字学史之性质如是。大雅君子，有以正之。

采取文字学史之材料及其方法与态度

上章言编辑文字学史,首先材料之搜集,根据所搜集之材料,加以详慎之辨别,而求其真确。著者三十年来,搜集文字学之著作,合形、声、义三部分计之,约七百余种;关于形之一部分,亦三百种以上。虽不敢言搜集丰富,而约略有相当之材料矣。著者搜集文字学之著作,毫无主观的成见,无论其属于何派,苟为书库中所无者,皆一律搜集之。原预备文字学史材料之用,每一种书虽不能详细研究,然必略涉其樊,观其大概,而尤注意其发凡起例,以知学派之趋向。每读竟一书,草一提要,虽不完全,而亦有十之七八。著者于文字学史之材料,搜集与辨别,自谓有相当之工作。兹编所运用之材料,大多数曾经涉猎其书,而从各个人之著述中所采取者,其有目无书,为秦汉之著述。苟有后人辑本者,亦皆从辑本中选择采取;其无后人辑本,与本书一时不易搜集者,始乞助于目录诸书。盖历史材料,一方面须欲其广博,一方面须求其真实。著者文字学史材料之采取,务从广博、真实二点努力,或可以自信,与人以共信。惟文字学史之目的,是否弟叙述文字学之著作,而记其存佚,以存古人;抑叙述文字学之源流,而明其变迁,以示后人;前者为目录,后者为历史。编辑文字学史,当然采取后者之态度。以此之故,文字学史,应当注意二问题,与读者以暗示:一,中国文字学发明甚早,何以今应用文字,皆不守文字学范围?二,由篆而隶而草而真,以至注音符号,早已脱离文字学之范围,何以今文字学,几成普通学科?此二问题，于现代文字之应用，极有关系，应使读文字学史者，对于此二问题，能以历史之观念，而有相当之了解。次复中国文字，在秦代（小篆）为极有条例之文字，何必愈变而愈无条例，至于今日之简字，只有应用之习惯，而无组织之学理？此一问题，亦当于文字学史上，与人以暗示。文字学史虽以客观的态度，叙述文字学之变迁，而又一方面，于变迁之中，可以得到解决以上三问题之径途，此历史之所以可贵者也。著者抱此种态度，弟恐材料搜集，未能完备，不足显明充实的表示，故于绪论中，特一及之，促读者注意而已。

文字学史时期之区分

凡历史必区分时期，普通史分为上古、中古、近古、现代。文字学史，亦有四个时期之区分，但不能用上古、中古、近古、现代之成例；盖普通史以历史之时期为时期，学术史以学术之时期为时期。而文字史与文字学史时期之区分又不同，文字史以文字之起源，以篆、隶、草、真之变迁为时期之区分；文字学史，以文字学之演进为时期之区分。中国文字发生甚早，即现代出土之甲骨文字，亦在三千余年前之殷代；而文字学，则原始于秦汉之时。虽《礼记·中庸》有书同文之语，《周礼·保氏》有六书之名，据此周代已有整理文字之工作，而有文字学之发生，但是虽曾整理文字，而可决言整理之工作殊未告成。现在所存之西土文字（金文）与东土文字（书六艺文字），未能尽合六书之例条。文字尽合六书之条例者，为秦代之小篆。整理文字工作，至秦代始告成，至汉代有文字书之编辑，故文字学当以自秦汉始。于是区分文字学史为四时期：第一时期为文字书时期，自秦汉至于隋止；第二时期为文字学前期，自唐至于明止；第三时期为文字学后期，有清一代；第四时期为古文字学时期，自清末至现在。分述于下：

何谓文字书时期

言此时期中，仅有文字书之搜辑，而无文字学之研究；此时期自秦汉至隋，计八百年余。此八百年余中，在文字学上要重之书，今日群推为文字学之始祖，即《说文解字》一书是也。《说文解字》一书，的确为文字学最重之书。自唐宋以来，迄于今日，研究文字学者，皆以《说文解字》为中心，而后人研究之范围，每多扩充及于《说文解字》之外。《说文解字》本书，虽则是明字例之条，分别部居，不相杂厕，但是仅于《叙》中关于六书，各有八字之界说，其他无多学说，开示后人，只以供研究文字学者之探讨，而不能为研究文字学者之指导。所以《说文解字》一书，其本身仍为文字书，而非文字学。《说文解字》以前，如《八体六技》《仓颉篇》以下诸书，大半不存，而就仅存之《急就篇》；与辑佚各书观之，其为文字书，更为明显。《说文解字》以后诸书，多数为《仓颉篇》之一体，《字林》《玉篇》为《说文解字》之一体，其他如《广雅》之属于义部，《广韵》之属于韵部，不在狭义文字学范围之内，故不及。此第一时期，自秦汉至隋，为文字书时期也。

何谓文字学前期

言此时期，不仅为文字之搜辑，而能为文字之研究；因有研究，故为文字学。因研究不甚精深，故为文字学前期。此时期自唐至明，计一千年余。此一千年余中，于文字学有继绝举废之功，当推徐铉、徐锴兄弟。先于徐氏，略有文字研究之性质者，为唐之李阳冰。李氏之书虽不存，据徐锴《说文系传·祛妄篇》，可以稍窥见李氏研究文字之迹。李氏擅改，虽颇乖谬，然能据文字而说解之，与《玉篇》仅搜辑文字而不加以说解者不同。李氏之书，已开文字学之先路，其他如颜师古、颜元孙之正笔画，张参、李元度之考及经书中之文字，皆具有研究之倾向。二徐校订之功，今极赖之。徐锴于李阳冰擅改之余，能祛妄纠谬，视徐铉为较精。自是以后，如郑樵、杨桓、赵古则、赵宧光等所著之书，虽所得不深，所见不精，甚且关于六书之说解，致为谬误，然皆具有文字学之性质，不仅搜辑文字成书已也。此第二时期，自唐至明，为文字学前期时期也。

何谓文字学后期

言此时期，研究文字学者，或综合的研究，或分析的研究，文字学已成为有统系、有条例之学也。此时期为有清一代，计二百六十余年。此二百六十余年中，如段氏玉裁之精深，桂氏馥之博大，王氏筠之释例，朱氏骏声之定声，各能以力之所至，而成绝诣；而钱氏大昕、大昭、坫之成就亦甚巨。其专研究校勘者，则有严氏可均、钮氏树玉等；专研究新附新补者，则有钮氏树玉、钱氏大昭、郑氏珍等；专研究逸字者，则有张氏鸣珂等；专研究俗字者，则有邵氏瑛、李氏富孙等；专研究引经者，则有柳氏荣宗、承氏培元等；专研究以《说文解字》中之文字，证经书中之文字者，则有钱氏大昕、陈氏寿祺、俞氏樾等。其他有专研究《说文解字》中之重文者，有专研究《说文解字》中之部首者，有专研究《说文解字》中之阙文者，有专研究徐氏之未详者，有专研究二徐之异同者，有专研究六书全部之例者，有专研究转注之例者，有专研究假借之例者，有专研究读若之例者，并有"匡段""订段""补段""申段"专为段注之研究者。此第三时期，有清一代，为文字学后期时期也。

何谓古文字学时期

言此时期，文字学之研究，已告成功，进而为古文字学之研究。古文字指秦篆以前之文字，其重要者为金文与甲骨文。此时期自民国纪元前三十年至现在，计五十余年。此五十余年中，重要之发见，为民国纪元前十三年清光绪二十五年。安阳出土之甲骨文。自甲骨文发见以后，二十七年来，甲骨文不仅为文字参改之材料，且为历史参改之材料；不仅于甲骨文之本身，有深刻之研究，且影响于金文研究方法之进步。金文搜辑，虽始于宋代，而为文字学之研究，则始于清末；而为文字学进步之研究，则始于甲骨文发见以后。以前研究文字学者，只求书本之证据；现在研究文字学者，则求实物之证据。以前研究文字学者，只有文字之观念；现在研究文字学者，尝有历史之观念。例如研究金文者，除研究文字而外，器之型式及其花纹与其辞之内容，皆在研究之列。研究虽尚未告成功，然已脱文字学时期，而入古文字学时期也。

第一编

文字书时期　自秦汉至隋

文字学之萌芽

　　本文字学史，于文字书时期，虽断自秦始；于文字学时期，虽断自唐始；但文字学之萌芽，决在秦以前。六书为整理文字所定之名称，已略有文字学之性质。《周官·保氏》："养国子以道，乃教之六艺：一曰五礼，二曰六乐，三曰五射，四曰五驭，五曰六书，六曰九数。"《周官》虽非周公之书，然至晚亦是西汉末年人作品。惟只有六书之总名，无六书之分名。六书分名，见于《汉书·艺文志》。《艺文志》云："古者八岁入小学，故《周官·保氏》掌养国子，教之六书，谓象形、象事、象意、象声、转注、假借，造字之本也。"《汉书·艺文志》是班固所作，其实本于刘氏《七略》，其时亦在西汉末年。六书为文字学重要之条例，其名称虽见于西汉末年人之记载，而其发生当较早，盖六书为整理文字归纳所得之名称。《礼记·中庸》"今天下，书同文"是文字未经整理以前，不能同也。郑康成注"今孔子谓其时"是六书之名称，尚在孔子以前，至晚亦与孔子同时；然只有名称，而无说解。其六书之说解，是否即如许慎之所云，已不可考。而况象事与指事、象意与会意、象声与形声，名称不同。近代廖氏平，主"四象"之说，以为得《保氏》之意，实则仅能得其名称，其他悉无从测度，故六书之学说，当自《说文解字》始。以许书叙中，每一书尚有八字之界说，可以推寻也。

文字书之原始

集文字成书，存于今者，莫古于《尔雅》。《尔雅》作者，有周公、孔子、子夏、叔孙通、梁文之不同。清《四库书目提要》所考，乃西汉经师，辍辑旧闻，递相增益而成者。据此《尔雅》之时代，亦不能甚早。且《尔雅》为训诂学，此编

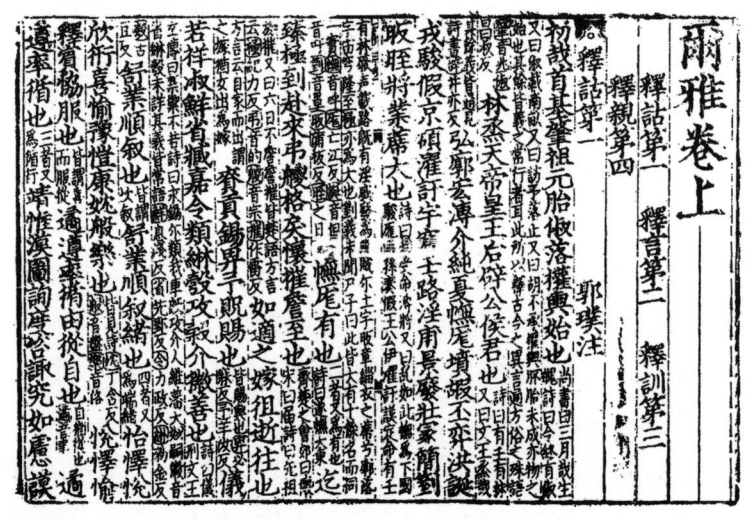

《尔雅》
——从国家图书馆藏元雪窗书院刊本

是文字学史，非训诂学史，故不复述及。《汉书·艺文志》："小学家首列《史籀》十五篇，自注'周宣王太史作大篆十五篇'。"又云："《籀篇》者，周时史官教学童书也，与孔氏壁中古文异体。"此文字书之最早者也。清马国翰辑逸，即以《说文解字》中之籀文当之。王国维著《史籀篇疏证》，考籀非书体名称；"史籀"乃书之名称，其文字即周秦间西土文字。春秋战国间，秦人作之，以教学童；是不承认班固自注之说，承认其又一说教学童之书。但"籀"非人名，亦非周时史官所作。然文字书之早者，当仍是《史籀篇》。惟其书既逸，马国翰之所辑者，既非《史籀篇》之旧，其原书若何，无从推其痕迹；所可知者，文字最古之书，有一《史籀篇》而已。《汉书·艺文志》："小学家有《八体六技》一书，无卷数，无著作人名"。韦昭注云："八体：一曰大篆，二曰小篆，三曰刻符，四曰虫书，五曰摹印，六曰署书，七曰殳书，八曰隶书。"与《说文解字》之八体合。据此八体是秦书之八体，汉兴尉律以之试学童者。《说文解字叙》云："学童十七以上始试，讽籀书九千字，乃得为史。又以八体试之，郡移大史，以为尚书史。书或不正，辄举劾之。"六技当是六书，清谢氏启昆云："技字似误，六书是亡新改定之六书。"《说文解字叙》云："亡新居摄，使大司空甄丰等校文书之部，自以为应制作，颇改定古文。时有六书：一曰古文，孔子壁中书也；二曰奇字，即古文而异者也；三曰篆书，即小篆；四曰左书，即秦隶书；五曰缪篆，所以摹印也；六曰鸟虫书，所以书幡信也。"八体既以之试学童，当然有搜辑成书者，其成书时代，应在汉以前，六书乃亡新时之修改者。惟《汉书·艺文志》书目中，列有《八体六技》之名，而叙论云："汉兴，萧何草律，亦著其法，曰'太史试学童，讽书九千字以上，乃得为史，又以六体试之。'"减八体为六体，而六体与亡新六书之名称相同，是六书不始亡新，与《说文解字叙》不合。若据《汉书·艺文志》叙论，则《八体六技》一书，非汉兴所试之八体，合以亡新所改定之六书，但其书已佚，无从考证。惟合《汉书·艺文志》与《说文解字序》观之，当时试学童，必有一书为学童所共习者，则《八体六技》，为较古之文字书可断言也。

《仓颉》以下七篇

《说文解字叙》云："七国之时，言语异声，文字异形。秦始皇初兼并天下，丞相李斯乃奏同之，罢其不与秦文合者。李斯作《仓颉篇》，中车府令赵高作《爰历篇》，太史令胡毋敬作《博学篇》，皆取《史籀》大篆，或颇省改，所谓小篆也。"盖小篆以前之文字，笔画或多或少，颇不整齐。东土文字，与西土文字，又复歧异。李斯奏罢不与西土文字相合者，复本《史籀篇》之西土文字，再加整理之工作，或省其繁重，或改其奇怪，而成秦篆，乃造《仓颉篇》，以为文字之汇归。[1]李斯可谓整理文字学之始祖；同时赵高作《爰历篇》，为狱吏之用；[2]胡毋敬作《博学篇》，为天时星历之纪载。[3]此秦时之文字书也。汉兴，闾里书师，合《仓颉》《爰历》《博学》三篇，断六十字以为一章，凡五十五章，三千三百字，为《仓颉篇》。汉时通行之文字书,即并秦时三书为一书,惟《汉律》:"太史试学童,能讽九千字以上,乃得为史。"《仓颉篇》仅三千三百字,所谓九千字者,果为何书?是否即《八体六技》,今已无从考证。观此秦虽焚烧六经,而整理文字之工作,其成效颇著。汉兴,萧何草律,虽未废挟书之令,而试学童尚能讽籀九千字以上,并以八体书之,此秦文化之遗也。迨后尉律不课,小学不修,只有闾里书师之三千三百字,甚至不能通其读。孝宣时乃召通《仓颉》读者,敞从之受读;[4]凉州刺史杜邺、沛人爰礼、讲学大夫秦近,皆当时能通《仓颉》读者。[5]武帝时,司马相如作《凡将篇》,无复字;[6]元帝时,黄门令史游作《急就篇》;[7]成帝时,将作大匠李长作《元尚篇》。[8]皆《仓颉》中正字。惟《凡将篇》中,文字颇有出入。平帝时,征爰礼等百余人令说文字未央殿中,以礼为小学元士。[9]黄门侍郎扬雄,取其有用者,作《训纂篇》;[10]又易《仓颉》中重复之字,凡八十九章,五千三百四字,六艺群书所载略备矣。此《仓颉》以下七篇,即许慎《说文解字叙》所云:"凡《仓颉》以下十四篇是也。"[11]

注释

[1]《汉书·艺文志》:"《仓颉》一篇,七章,秦丞相李斯所作,佚。"
[2]《汉书·艺文志》:"《爰历》六章,车府令赵高所作也,佚。"刘奉世云:"赵高作《爰历》,狱吏用之。"
[3]《汉书·艺文志》:"《博学》七章,太史令胡毋敬作,佚。"司马

彪云："太史令掌天时星历。按：秦焚书，有学者以吏为师，《博学》所记，当时天时星历所用之文字。"

又按：《爰历》《博学》，汉时并于《仓颉》之内，名《仓颉篇》，其书亦佚。偶有一二语，存于他书中者，亦不能分其为《仓颉》、为《爰历》、为《博学》也。

[4]《汉书·艺文志》："《仓颉》多古字，俗师失其读；宣帝时征齐人能正读者，张敞从受之；传至外孙之子杜林，为作训故。"按：张敞，字子高，河东平阳人。子吉，吉子竦。

[5]杜业，字子夏，魏郡繁阳人；其母张敞女，从敞子吉学问。《说文解字》亏部"平"下有"爰礼说"。讲学大夫，新莽所设官名。秦近即桓谭《新论》所云："秦近君说《尧典》，篇目两字之说，至十余万言。说'曰若稽古'三万言者。"

[6]《汉书·艺文志》："《凡将》一篇，司马相如作，佚。"又《司马相如传》云："相如，字长卿，蜀郡成都人。"

[7]《汉书·艺文志》："《急就》一篇，黄门令史游作，存。"

[8]《汉书·艺文志》："《元尚》一篇，将作大匠李长作，佚。"

[9]《汉书·平帝纪》："元始五年，征天下通知逸经、古记、天文、历算、钟律、小学、史篇、方术、本草，以及《五经》《孝经》《尔雅》教授者，所为驾一封轺传遣旨京师，至数千人。"按：爰礼等百余人，乃数千人中通小学之百余人也。

[10]《汉书·艺文志》："《训纂》一篇，扬雄作，佚。"又《扬雄传》云："雄少而好学，意欲求文章成名于后世，以为经莫大于《易》，故作《太玄》；传莫大于《论语》，作《法言》；史篇莫大于《仓颉》，作《训纂》。"

[11]段玉裁云："合李斯、赵高、胡毋敬、司马相如、史游、李长、扬雄所作而言之，本止有《仓颉》《爰历》《博学》《凡将》《急就》《元尚》《训纂》七目，又折之为十四，其详不可闻矣。"

《仓颉》以下七篇之体例与仅存之《急就篇》

《仓颉》以下七篇，六篇悉佚，现存者惟《急就篇》。其书大概以三字、七字为句，亦间有四字为句者；句必协韵，以便读者。杂记普通事物，如人名、药名、器物及植物、动物之类，为人生应有之知识，盖汉时教学童之书。惟其书在《说文解字》之前，[1]虽辗转传写，颇有讹误，而所存古字亦有之。故郑康成、孔颖达注《经》，李贤注《史》，皆引《急就》。今考其文字："雜"作"襍"，"妙"作"眇"，"霍"作"靃"，"奩"作"籢"，"藏"作"臧"，"缰"作"韁"，"鞧"作"茸"，"胀"作"张"，"癫"作"颠"，"潔"作"絜"，"境"作"竟"，"鞣釋"作"索择"，"箜篌"作"空侯"，"駏驉"作"巨虚"，"葶苈"作"亭历"，犹可见文字变迁之迹。其他如：《仓颉篇》之"考妣延年"[2]"幼子承诏"[3]"神仙之术"；[4]《凡将篇》之"黄润纤美宜禅制"[5]"淮南宋蔡舞嗙喻"[6]"钟磬竽笙筑坎侯"。[7]此略见于各书所征者，皆与《急就篇》之体例略同。其《元尚》《训纂》，当亦如是。此可见《说文解字》以前，文字书之体例矣。自《说文解字》出，诸书悉废，《急就篇》所以独存者，以其为草书之权舆，后人摹写者多也。历代摹写《急就篇》者，汉有张芝、[8]崔瑗，[9]魏有钟繇，[10]吴有皇象，[11]晋有索靖、卫夫人、王羲之，[12]后魏有崔浩，[13]唐有陆柬之，[14]宋有太宗御书，[15]元有赵孟頫，[16]明有仲温。[17]注之者后汉有曹寿，[18]魏有刘芳，[19]北魏有崔浩，[20]北周有豆卢宁，[21]北齐有颜之推，[22]唐有颜师古，[23]宋有王应麟，[24]今存者惟颜师古、王应麟二家。《急就篇》因写本，文字颇多不同，至清为《急就篇》考异有二家：一孙星衍，[25]一庄世骥。[26]

注释

[1]《急就篇》存书之年无考。史游，元帝时为黄门令。元帝在位十六年，成书之年，至迟在竟宁元年。《说文解字》据后序："粤在永元，困顿之年。"是成书当在和帝永元十二年，上距元帝竟宁元年一百三十二年；又据许冲上书表建光元年，是上书当在安帝十五年，上距竟宁元年一百五十三年。

[2]见《礼记·曲礼》孔颖达《正义》，又见《尔雅·释亲》郭璞注。

[3]见《说文解字叙》。

[4]见《说文解字叙》。

[5]见《文选·左大冲〈蜀都赋〉》刘渊林注。

[6]见《说文解字》口部"唪"：謞声，唪喻也。引司马相如说。又见《集韵》十二庚"唪"字注。

[7]见《艺文类聚》卷四十四。

[8]《后汉书·张奂传》云："张芝，字伯英，敦煌酒泉人。"又韦诞云："其草书《急就章》，皆一笔而成。"宋黄伯思《东观余论》云："今世所传惟张芝、索靖二家为真，皆草书，而伯英书只有'凤爵鸿鹄'等数行。"

[9]《汉后书·崔瑗传》云："崔瑗，字子玉，涿郡安平人，駰之中子。"又《清和书画舫》："道家藏名迹有崔瑗临《急就章》。"

[10]《魏书·钟繇传》云："钟繇，字元常，颍川长社人。"又《玉海》引《太宗实录》云："先是下诏求先贤墨迹，有以钟繇书《急就章》为献，字多踳驳。"

[11]《吴志·赵达传》注云："皇象，字休明，广陵江都人。"又《玉

海》云："《急就篇》前代能书者，多以草书写之，今惟有一本，相传是皇象写。"

[12]《晋书·索靖传》云："索靖，字幼安，敦煌人。"又《翰墨志》："卫夫人，名铄，字茂猗，晋汝阴太守李矩妻。"又《晋书·王羲之传》云："王羲之，字逸少，司徒导之从子。"又《东观余论》云："靖所书乃有三分之二，其阙者自'母缚而下才'七百五十字，此本是已，盖后人摹而未填者。"又叶梦得《石林集》云："索靖章草《急就篇》，一千四百五十字。"又颜师古《急就章序》云："旧得皇象、钟繇、卫夫人、王羲之所书本。"又《晁公武读书后志》云："自昔善小学者，多书此，故有皇象、钟繇、卫夫人、王羲之所书，传于世。"

[13]《魏书·崔浩传》云："浩既工书，人多托写《急就章》，从少至老，初不惮劳。"

[14]《唐书·陆元方传》云："陆柬之，苏州吴人，元方伯父。"又《宣和书谱》云："柬之书《急就章》，最闻于时。"

[15]《玉海》云："《太宗实录》：端拱二年十月丙辰以御书《急就章》藏于秘园。"

[16]《元史·赵孟頫传》云："宋太祖子秦王德芳之后也，四世祖伯圭，赐第湖州，为湖州人。"按：今世所传之《急就篇》，系元成宗大德七年，赵孟頫所书者。

[17]《王世贞集》云："余家藏仲温《急就章》二百年矣。取叶少蕴刻《皇象石本》阅之，大小行模，及前后阙处若一。"

[18]《旧唐书·经籍志》："《急就章》一卷，曹寿解。"

[19]《北史·刘芳传》云："芳字伯支，彭城丛亭里人。撰《急就篇续注音义证》三卷。"

[20]《隋书·经籍志》："崔浩有《解急就章》二卷。"

[21]《北史·豆卢宁传》云："宁，昌黎徒河人，其先世本赐慕容氏，赐姓豆卢氏。"又《隋书·经籍志》："《急就章》三卷，豆卢氏撰。"

[22]《旧唐书·经籍志》："《急就章注》一卷，颜之推撰。"

[23]《旧唐书·经籍志》:"《急就章注》一卷,颜师古撰。"师古《自序》云:"(上略)师古家传苍雅,广综流略,尤精训古。(中略)旧得皇象、钟繇、卫夫人、王羲之等所书篇本,备加详核,足以审定。凡三十二章,究其真实。又见崔浩及刘芳所注,人心不同,未云善也。遂因暇日为之解诂,皆据经籍遗文,先达旧旨。(中略)字有难易,随而音之,别理兼通,亦即并载。(下略)"

[24]《宋史·儒林传》云:"王应麟所著,有《补急就篇》六卷。"应麟《自序》云:"(上略)乃因颜注补其遗阙,择众本之善,订三写之差;以经史诸子探其原,以《尔雅》《方言》《本草》辨其物,以《诗传》《楚辞》叶声韵,以《说文》《广韵》订音诂。(中略)实事求是,不敢以略说参焉。疑者阙之,以俟后之君子。"

[25]清孙星衍撰《急就篇考异》一卷。《自序》云:"(上略)今所见法帖,有绍兴三年勒石本,与《玉篇》所载碑本,文字异同皆合,则即王应麟所引碑本也。所存注解,惟颜师古及王应麟本,余无存焉。叶梦得《石林燕语》:'史游《急就章》二千二十三字,相传为吴皇象书,摹张郡公家本。'文云:'索靖章草《急就篇》,一千四百五十字,绍兴甲子偶得故秘书郎黄长睿双钩所摹于福唐。'按今绍兴本,才一千三百九十九字,前题史游名,知索靖本。故大学士梁国有临本,字小于绍兴本,缺字尚少,不言据何本,而相国书脱误亦多。予惜颜注本既不依古本分章,《玉海》所称碑文异字,核之今帖,尚有遗漏,因以帖本为定,校各本文字为《考异》一卷。(下略)"

[26]清庄世骥撰《急就章考异》一卷。遵义郑知同《序》云:"(上略)至道间,高宗究心字学,欲广求先世墨迹,或钟书体多踳駮,乃亲草一通刊石,敕藏秘阁。今观其文大半同颜,亦屡同皇,当是会勘诸家,意为重定者。未几赵氏汝谊别得黄鲁直手校本于太和人家,其间小有笺识,亦得李仁甫所藏颜注,校以刘子澄家本,于是举高宗御书冠诸颜注篇首,而录黄、李本异文附焉。罗愿为之箸定,顾不置辨,岂其难下雌黄也耶?最后王伯厚补颜氏注,仍依罗式,弁以御书。首校颜氏,次及

黄、李，兼取皇本，又得朱子越东刊石。凡五家，殊别字，各于当句下旁注详之。鲁直所笺，别采入补注，其自注亦间取诸家谊长者举证之。第未肯畅达颜说，不过稍稍商榷，若然故未可云折衷尽善也。是后诸本渐沦，惟王所辑附《玉海》，厪得行世，数百年更无娴理者矣。（中略）爰有庄氏世骥，甄及此文，箸为考异，是不可少。（下略）"按：庄世骥，青浦人。其书正文，以绍兴三年勒石本为据，遍校颜本、王本、黄本，而记其异字，并以案语斟酌之。又按：其书是未竟之本，郑知同订补，寖增及半。

七篇以外之文字书

两汉之文字书，除《说文解字》外，大概三、四、七言为句，如上七篇之所述矣。七篇以外之文字书颇多，当时以多认识文字著名者，西汉则有扬雄，东汉则有蔡邕，许慎另纪。《汉书》载"刘棻尝从雄作奇字"，则雄多认识文字可知；而雄所著，有《仓颉训纂》一篇，已纪于上；又有《别字》十三篇、《仓颉传》一篇，其书已佚。而《说文解字》中所引扬雄说，或即出于以上各书之中。[1]《后汉书》载：建宁中，校书东观、议郎邕，以经籍去圣久远，文字多谬，俗儒穿凿，疑误后学。熹平四年，乃与五官中郎将堂谿典，光禄大夫杨赐，谏议大夫马日磾，议郎张驯、韩说，太史令单飏等，奏求正定六经文字，灵帝许之。邕乃自书丹于碑，刻石立于太学门外，于是后儒晚学，咸取正焉。碑始立，其观视及摹写者，车乘日千余两，填塞街坊，是蔡邕为校正六经文字之有功者。而邕所著，有《劝学篇》，又有《圣皇篇》《女史篇》，[2]其书悉佚。而《劝学篇》稍见于他书所引，如"'储'副君也，'佣'卖力也"，为文字书；又如"人无贵贱，道在则尊"，为非文字书。其《圣皇篇》等，他书所引者，只见"程邈散古立隶文"一语；《女史篇》未见他书征引，体例如何，不可得而言。惟《隋志》悉列于文字类，当是文字书也。此外杜林有《仓颉训纂》《仓颉故》，[3]班固有《太甲篇》《在昔篇》，[4]贾鲂有《滂喜篇》，[5]崔瑗有《飞龙篇》，[6]卫宏有《古文官书》，[7]郭显卿有《杂字旨》《古今奇字》。[8]书佚已久，要皆七篇以外之文字书也。至许慎所谓"博访通人"，见于《说文解字》所引者，除孔子、楚庄王、韩非，其余皆汉之通人。当时必有文字书，然已不可考矣。[9]

注释

[1]《汉书·艺文志》："《训纂》一篇、《别字》十三篇、《仓颉传》一篇，扬雄作。"按：《说文解字》肉部"膌"下，引扬雄说"鸟腊也"；晶部"曡"下，引扬雄说"古理官决罪，三日得其宜乃行之。从晶，从宜"等。所引颇多，出于何篇，虽不能证明，可以知扬雄为当时之多识文字者。

[2]见《隋书·经籍志》。

[3]《汉书·艺文志》："杜林《仓颉训纂》一篇，杜林《仓颉故》一篇。《仓颉》多古字，俗师失其读。宣帝时征齐人能正读者，张敞从受之；传至外孙之子杜林，为并列焉。"按：杜林为东汉人，班固列其书于《艺文志》，则重视其书可知。又按：《说文解字》舀部"𦥑"下，引杜林说"以为竹筥"；斗部"斡"下，引杜林说"轺车轮斡"；艸部"蕫"下，引杜林说"藕根"；寸部"耐"下，引杜林说"法度之字皆从寸"等；当然出于《仓颉训纂》《仓颉故》书中也。

[4]见《隋书·经籍志》。谢启昆云："《汉书·艺文志》云："臣复续

扬雄十三章。"韦昭注："臣班固自谓也。作十三章，后人不别，疑在《仓颉》下篇三十四章中。"今考《隋志》所列，《太甲》《在昔》二篇，亦疑即《仓颉篇》中之二也。《说文解字》亦引班固说。

[5]《隋书·经籍志》："后汉郎中贾鲂作《滂喜篇》。"又《北史·江式传》："李斯《仓颉》九章，赵高《爰历》六章，胡毋敬《博学》三章，后人分五十章为上卷；至哀帝元寿中，扬子云作《训纂》为中卷；和帝永元中，贾鲂接记《滂喜》为下卷。故称为《三仓》。"

[6]见《阮氏七录》。

[7]《隋书·经籍志》："《古文官书》一卷，后汉议郎卫敬仲撰。"按：《说文解字》叩部"嚣"下，引卫宏说"嚣即禱字"；艹部"粉"下，引卫宏说"粉画粉也，从艹从粉省"等。当出《古文官书》也。

[8]《隋书·经籍志》："《杂字指》一卷，后汉太子中庶子郭显卿撰。""《古今奇字》一卷，郭显卿撰。"按：郭忠恕《汗简》："引郭显卿《杂字指》二十九字。"余颇疑《汗简》所引是《古今奇字》，然无可考证。

[9]《说文解字》所引，有孔子说、楚庄王说、韩非说、司马相如说、淮南王说、董仲舒说、刘歆说、扬雄说、爰礼说、尹彤说、逯安说、王育说、庄都说、欧阳乔说、黄灏说、谭长说、周成说、官溥说、张彻说、宁严说、桑钦说、杜林说、卫宏说、徐巡说、班固说、傅毅说、贾侍中说。

许慎之《说文解字》

二千年来，在文字学上首创之书，亦最有权威之书，唯有许慎之《说文解字》。《汉书·儒林传》："许慎，字叔重，汝南召陵人也。性淳笃，少博学经籍，马融常推敬之。时人为之语曰：'《五经》无双许叔重，为郡功曹，举孝廉，再迁除洨长，卒于家。初慎以《五经传说》臧否不同，于是撰为《五经异义》，又作《说文解字》十四篇，皆传于世。"于此寥寥八十五字短传中，可以窥见许氏深于《五经》之学，故能成此伟大之文字书。其著《说文解字》之动机，据其自序，汉代通行隶书，学者往往诡正文，乡壁虚造不可知之书，"马头人为长"，[1] "人持十为斗"，[2] "屈中为虫"，[3] "止句为苟"，[4] 悉不合于字例之条。今存汉碑，隶变而不通者，如《衡方碑》，"虎"变为"虒"；《刘熊碑》，"熊罴"为"羆"；《三公山》及《礼器碑》，"叔伯"为"𣏟"；《孔宙碑》，"邹鲁"为"䣜"；《白石神君碑》，"本末"为"夲"；《郙阁颂》，"俊乂"为"俊"；《景君碑》，"蓋有"为"盖"；《礼器碑》，"器皿"为"嚚"。似此者不一而足。可见自隶变而后，文字多无条例之可言，于是刱为《说文解字》一书，以明字例之条。其材料之来源，除承《仓颉》已下十四篇，实七篇，见上。五千三百四十字外，其他来源有三：一，六艺中之文字；[5] 二，钟鼎彝器中之文字；[6] 三，博采通人之所得。[7] 其书以篆文为主，合以古籀。[8] 成于和帝永元十二年，上于安帝建光元年。凡十四篇，[9] 五百四十部，九千三百五十三文，[10] 重

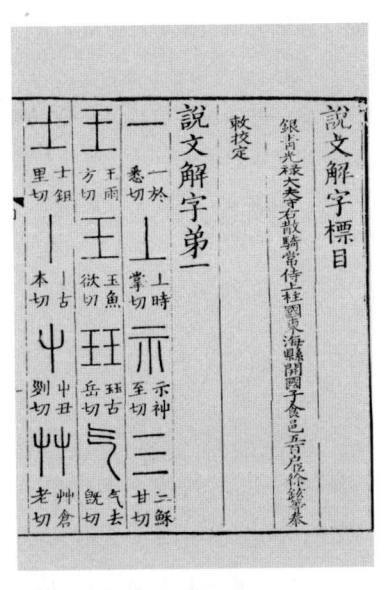

《说文解字》汉许慎著
——从清初毛氏汲古阁刻本

一千一百六十三，[11]说解凡十三万三千四十一。[12]

《说文解字》之发生，与内容之大概，已略述如上，而其在文字学史上之价值有八：

一、分部之创举也。五百四十部，统摄九千三百五十三字，为前此文字书之所无。《后叙》云："同条牵属，共理相贯，杂而不越，据形系联。"以今日之眼光观之，或有未周密之处，[13]然至今日编辑字书者，尚多沿用其例而变通之。

二、明字例之条也。六书为整理文字之条例，虽属后起，然自经整理以后，九千三百五十三字，皆能说以六书之条例，使读其书者，可得形、声、义相互之关系。[14]虽其中稍涉牵强者，未能尽免，[15]然大多数悉可通，明字例之条，为古今文字书所未有。

三、字形之画一也。甲骨文、金文，形体悉不一致，笔画或多或少，虽非图画，尚未脱尽图画之痕迹。[16]至于小篆，笔画遂趋一致，多一笔不可，少一笔亦不可。古籀变为小篆，相传李斯等所改。[17]《仓颉》等篇，今已不存，而《说文解字》能成一部整齐画一之文字书，其功实巨。

四、古音之参考也。《说文解字》九千三百五十三字中，形声字七千六百九十七。此七千余字，取譬相成之声，其古音之材料，视三百篇《诗》而有过之。清朝中叶，研究古音者，以七千余形声字，为研究之根据，而所获颇多。[18]

五、古义之总汇也。《六经》文字，多用假借，《说文解字》必明本义。借义通行，本义遂晦；且不明本义，亦无以明假借之理。相沿既久，讹谬多久，不根据《说文解字》，如

"朋""友""言""语"等字，往往发生误解。[19]

六、能溯文字之源也。《说文解字》虽以小篆为主，而小篆实古籀之遗，[20]所以今日研究古文字学者，莫不以《说文解字》为研究之基础。盖小篆虽已经过整理之工作而齐一之，尚未至如隶变之大改其形。每一文字，必有一文字之例，可以假此例上溯古文字之形。[21]

七、能为语言学之辅助也。有声音而后有言语，有言语而为有文字。文字之音，由言语之音而来；言语之音，由自然之音而来。于《说文解字》中，犹留得其痕迹，[22]至"天之训颠""日之训实""川之训穿"，可推求言语之根。[23]又古多专名，后来专名废弃，而以形容词加于共名之上以代之，亦可推求言语之变迁。[24]若训"择菜"，汏训"淅米"。今日方言，见于《说文解字》中者颇多，可为方言之考证。[25]

八、能为古社会之探讨也。《说文解字》一书，虽非原始时代文字之形义，但必继承原始时代文字之形义而来。根据《说文解字》，上溯甲骨文及金文，可为古社会探讨之材料极多。[26]

以上八项，可约为二：一为声音训诂之价值，一为语言历史之价值。关于声音训诂一方面，清儒之著作，极其精博，述于文字学后期一篇。关于语言历史一方面，为现代研究文字学一条新路，述于古文字学时期一篇。前者之研究，虽总《六经》、秦汉之书为研究之材料，在文字上言，终不出《说文解字》之范围。后者之研究，虽不仅根据《说文解字》一书，而必合甲骨文、金文为共同之研究。而《说文解字》，要为研究材料中之一大部,且研究甲骨文、金文,必假径于《说文解字》。此《说文解字》所以为最有权威之书也。

注释

[1]段玉裁云:"谓马上加人,便是长字会意。曾不知古文小篆长字,其形见于九篇。(《说文解字》九篇长部:'𠔊,久远也;从兀从匕,兀声;兀者高远也;久则变匕,𠃋者倒亾也。𠀉亦古文长'。)今马头人之字罕见,盖汉字之尤俗者。"

[2]段玉裁云:"汉隶字"斗"作卄,与升字、什字相混,正所谓人持十也。斗见十四篇。(《说文解字》十四篇斗部:'𣂑,十升,象形,有柄'。)小篆即古文也,本是象形字。"

[3]段玉裁云:"蟲,从三虫。而往往假虫为蟲,许多云:'蟲省声是也。'虫见十三篇,(《说文解字》十三篇虫部:'𧈧,一名蝮,博三寸,大如擘指,象其卧形。')本象形字,所谓'随体诘诎',隶字只令笔画有横直可书,本非从中而屈其下也。"

[4]段玉裁云:"'诃''责'字见三篇言部,(《说文解字》三篇言部:'訶,大言而怒也。从言,可声。')俗作'呵',古多以'苛'字、'荷'字代之。汉《令乙》有所苛人受钱,谓有治人之责者,而受人钱。苛,从艸可声;假为'诃'字,并非从'止句'也。而隶书之尤俗者,乃为'峉'。说律者曰:'此字从止句,句读为钩,谓止之而钩取其钱。'其说无稽,于字意、律意皆大失。"

[5]《说文解字叙》云:"其称《易》孟氏、《书》孔氏、《诗》毛氏、《礼》周官、《春秋》左氏、《论语》《孝经》皆古文也。"段玉裁云:"谓全书中明论厥谊,往往取证于诸经,非谓称引诸经皆壁中古文也,《易》孟氏之非壁中书明矣。"

[6]《说文解字叙》云:"郡国亦往往于山川得鼎彝,其铭即前代之古文。"按:吴大澂谓许叔重未见郡国所出之鼎彝,未免大过。如:

"⊥"之古文作"二","丅"之古文作"二",甲骨文、金文皆作"二""二"。"王"之古文作"𠙻",孟鼎之𠙻,仲尊之𠙻,皆相同。是《说文解字》中之古文,非尽六艺中之古文;不过六艺中之古文多,鼎彝中之古文少耳。

[7]《说文解字叙》云:"博采通人,至于小大,信而有征。"按:《说文解字》载孔子说等,有二十七人之多,(二十七之姓名见上七篇以外之文字书注。)皆博采通人之所得也。

[8]段玉裁云:"篆文谓小篆也,古籀谓古文籀文也。(按《说文解字》中之古文,多是东土文字,《说文解字》中之籀文,乃是西土文字。)许叔重复古,而体例不先古文、籀文者,欲人由近古以考古也。小篆因古籀,而不变者多,故先篆文,正所以说古籀也。隶书则去古籀远,难以推寻,故必先小篆也。其有小篆已改古籀,古籀异于小篆者,则以古籀附小篆之后。曰'古文作某','籀文作某',此全书之通例也。其变例则先古籀后小篆,如一篇'二'下云:'古文⊥';'丅'下云:'篆文二'。先古文而后篆文者,以'𥥍''帝'字从二,必立二部,使其属有所从。凡全书先古籀后小篆者,由部首之故也。"

[9]《后叙》云:"十四篇。"《冲上书》云:"十五卷。"十四篇者,不兼《叙言》也;十五卷者,兼《叙言》也。今本《说文解字》十五卷,每卷分上下;其第十五卷上为叙与部目,卷下为《后叙》与《冲上书》。

[10]依大徐本所载字数核之,正文九千四百三十一,增多者七十八。

[11]依大徐本所载字数核之,重文千二百七十九,增多者百一十六。

[12]依大徐本所载字数核之,说解凡十二万二千六百九十九,较少者万七百四十二。

[13]五百四十部之次序,始一终亥,不以笔画次先后者,篆书之笔画不易分也。又如"詹"不入言部,而入八部,归部亦欠明瞭。

[14]如:"仲""衷""忠"三字,皆从中得声,皆有中之义。而"仲"从"人",为人之中;"衷"从"衣",为衣之中;"忠"从"心",

为心之中。又如："譯""懫""斁""醇"皆从睪得声；睪，厚也；皆有厚之义。而"譯"从"言"，为言之厚；"懫"从"心"，为心之厚；"斁"从"攴"，为督责之厚；"醇"从"酉"，为酒之厚。

[15]如："衣，象覆二人之形。""鬥，两士相对，兵杖在后，象鬥之形。"说皆牵强。

[16]甲骨文"羊"字，有 ⾋ ⾋ ⾋ ⾋ ⾋ ⾋ ⾋ ⾋ ⾋ ⾋ ⾋ 等形；金文"羊"字，有 ⾋ ⾋ ⾋ ⾋ ⾋ 等形。金文视甲骨文趋画一矣，然犹不如篆文 ⾋ 之整齐也。甲骨文与金文，每字不只一形，姑举一"羊"字为例。

[17]《说文解字叙》云："分为七国，田畴异亩，车涂异轨，律令异法，衣冠异制，言语异声，文字异形。秦始皇初兼天下，丞相李斯乃奏同之，罢其不与秦文合者。斯作《仓颉篇》，中车府令赵高作《爰历篇》，太史令胡毋敬作《博学篇》，皆取《史籀》大篆，或颇省改，所谓小篆也。"

[18]清儒据七千六百九十七形声之字，以研究古音。所著之书，有姚文田《说文声系》，严可均《说文声类》，苗夔《说文声读表》，张成孙《说文谐声谱》，陈立《说文谐声孳生述》，张行孚《说文审音》等。

[19]《论语·学而篇》："有朋自远方来。"又："无友不如己者。"朋友二字不是同一解释，同门谓之朋，同志谓之友。若是有友自远方来，即引以为乐，是普通人之情感心理，非学者之设教心理；若无朋不如己者，便讲不通，因为不如己者，不能不与之同门。惟志则不可不如己，不如已专指志向而言，不指学业而言。用"朋"字处，不可用"友"字；用"友"字处，不可用"朋"字。《论语·乡党篇》："食不语，寝不言。""言语"二字，不是一样解释；直言曰言，论难曰语，是教人吃饭时不要辩论，不是教人吃饭时不要讲话。

[20]《说文解字》中之篆文证之。如："一"之作 ⼀，"玉"之作 ⽟，"璧"之作 璧，"士"之作 ⼠，"莫"之作 莫，"走"之作 走，"止"之作 ⽌，"又"之作 ⼜，"尹"之作 尹，"初"之作 初，"可"之作

可"，"丹"之作☐，"彤"之作☐，"井"之作☐，"来"之作☐，"因"之作☐，"有"之作☐，"夜"之作☐，"多"之作☐，"颂"之作☐等。小篆颇多古籀者，详于张行孚《说文发疑》中《小篆多古籀文》一篇，其后王国维言之更晰。

[21]《说文解字》有"☐""☐"二字，"以口曰召""以手曰招"。甲骨文有"☐""☐""☐""☐"等形，金文有"☐、☐、☐"等形。相其形象，"从两手，从口，从皿，刀声"；或"从两手，从口，刀声"；或"从两手，从口，从酒，从皿，刀声"。金文中之刀，竟为肉字。观此古"招""召"不分，"从酒，从皿"，"招""召"而就饮食。所以"招""召"者，用手口也，肉亦是食物。后来由一字而分为两字，"招，手呼也"；"召，口呼也"。肉变为声读，而为刀。又：《说文解字》，"☐从☐，躬省声。"甲骨文"宫"有"☐""☐""☐"等形，金文"宫"有"☐""☐"等形，"☐""☐""☐""☐""☐"皆象数室相连之状。《尔雅·释宫》："宫谓之室，室谓之宫。"段玉裁谓："宫言其外之周绕，室言其内。"甲骨文、金文诸宫字之形象之，整理文字时，不能诸宫字并存，择其笔画整齐者，以声读之，遂为形声字矣。假篆文可溯古文字之形者正多，姑举二字为例。

[22]一，自然之音。如"哇""哑""喷""吒""哼""咄""噪""骞""吸""呷"等，计有七十余字之多。二，效物之音。如"龙""雀""金""银""铜""铁""锡""牟""狠""蓟""宋""琤""玲""锽""宏"等，计八十余字之多。

[23]"天，颠也"；在上谓之颠，即谓之"天"。"日，实也"；日形圆实，即谓之"日"。"川，穿也"；水之长流，象甽穿之形，即谓之"川"。

[24]"牭，二岁牛"；"犙，三岁牛"；"牭，四岁牛"；"犊，牛子"；现皆用一形容词大小字，冠于共名牛字上成一名词。又如："㹁，白黑杂毛牛"；"犡，牛白脊"；"㹔，黄牛虎文"；"牸，牛白脊"；"犥，牛黄白色"；"㹣，白牛"；现皆用一形容词颜色字，

冠于共名牛字上，成一名词。如此者《说文解字》中甚多。

[25]"若，择菜也"；今泾县方言中有此语。"汏，淅米也"；今上海方言中有此语。其他今之各地方言，见于《说文解字》中者，若汇记之，极有可观。

[26]一，人类之形体与动作。如："尾，从尸毛，尸为侧人，人下有毛为尾。"当是造尾字时，人之形体如是。巨口大目，耳能动之字，在口部、目部、耳部中颇多；手部、足部、辵部中之动作字，皆是不安宁之状，可见原人之动作，纯然如猴也。二，家庭之制度。"男，丈夫也，从田从力。"言男人用力于田也。"妇，服也；从女持帚洒扫也。"此男妇同居合作之始。三，政治之起。"㓞，矩也；家长率教者，从又举杖。""尹，治也；从又丿，握事者也。""君，尊也；从尹口。"父之举杖，尹之握事，君之发号令，皆所谓政。"政，正也；从攴正。""攴，小击也。"不正者击责以正文也。又："或，邦也；从口戈守其一，一地也。""國，邦也；从囗从或。"囗，国界也。或为游牧时代之邦，国为国家时代之邦；可以看由家长变为酋长，由酋长变为君主之情形。四，生活之状况。关于衣者，最古的衣为巾，最古的帽为冃，其后由巾进化而有常有帮有衣。若将衣部"巾"中字搜集起来，可以看出衣服进化之程序。关于食者，如："燀，炊也"；"炊，爨也"；"熹，炙也"；"煎，熬也"；"熬，干煎也"；"炮，火炙肉也"；"衺，以微火温肉也"；"𩱐，置鱼筩中炙也"；"煏，以火干肉也"；"烂，火熟也"；"䊈，于汤中𤌴肉也"。以上皆火化之文字。若将食部、米部、火部中字，搜集起来，可以看出食物进化之程序。关于住者，宀部、门部中，可以考见者极多。关于器用者，玉部、金部、瓦部、木部中，可以考见者极多。关于经济者，"财""赋""贮""买""卖""赢""贾""贿""赂"等字皆从贝，"物""件"等字皆从牛，"畜""当"等字皆从田，"租""税""积"等字皆从禾；可见古时用为易中者贝与牛，用为赋税者禾与贝，用为蓄积者贝、牛、禾皆是。

三国至隋已佚之文字书

《隋书·经籍志》:"小学类,一百八部,四百四十七卷;通计亡书,合一百三十五部,五百六十九卷。"《旧唐书·经籍志》:"小学类,一百五部,《尔雅》《广雅》十八家,偏旁音韵杂字八十六家,凡七百九十七卷。"《唐书·艺文志》:"小学类,六十九家,一百三部,七百二十一卷;失姓名二十三家,徐浩以下不著录二十三家,二千四十五卷。"以上《三志》原文。《隋书·经籍志》:"《尔雅》《广雅》《方言》《释名》等不列。"小学类内,《旧唐书·经籍志》《唐书·艺文志》,悉行列入,且亦列入唐人著作。是修《旧唐书·经籍志》与《唐书·艺文》时,视修《隋书·经籍志》时,[1]文字书已有佚者矣。亦有《隋书·经籍志》已佚之文字书,而《旧唐书·经籍志》与《唐书·艺文志》仍著录者,或佚而复出,或兼著录佚书,未有明确之证据。《隋书·经籍志》备记亡书,《旧唐书·经籍志》与《唐书·艺文志》则不记亡也。唯《唐书·艺文志》,于裴行俭草书杂体下,记一亡字。兹将《三志》著录之文字书,除《尔雅》《广雅》《释名》《方言》《国语》、外国语、书法、石经等,与确知为唐人之著作者外,列表于下:

梁有隋亡	《隋书·经籍志》	《旧唐书·经籍志》	《唐书·艺文志》
《仓颉》二卷后汉杜林		《仓颉解诂》二卷杜林	杜林《仓颉训诂》二卷
	《三仓》三卷郭璞注	《三仓》三卷李轨撰,郭璞解	李斯等《三仓》三卷郭璞解

（续表）

		《三仓解诂》二卷张揖	张揖《三仓训诂》三卷
	《埤仓》三卷张揖	《埤仓》三卷张揖	张揖《埤仓》三卷
《广仓》一卷樊恭		《广仓》一卷樊恭	樊恭《广仓》一卷
			张揖《杂字》一卷
			张揖《古文字训》一卷
	《急就章》一卷汉史游	《急就章》一卷史游撰，曹寿解	史游《急就章》一卷曹寿解
	《急就章》二卷崔浩		
	《急就章》三卷豆卢氏		
		《急就章注》一卷颜之推	颜之推《急就章》一卷
《凡将篇》汉司马相如		《凡将篇》一卷司马相如	司马相如《凡将篇》一卷
《飞龙篇》崔瑗		《飞龙篇》草篆合三卷崔瑗	崔瑗《飞龙篇》三卷
《在昔篇》班固		《在昔篇》一卷班固	班固《在昔篇》一卷
《太甲篇》班固		《太甲篇》一卷班固	班固《太甲篇》一卷
《圣皇篇》蔡邕		《圣皇篇》蔡邕	蔡邕《圣皇章》一卷

（续表）

《黄初篇》		《黄初篇》一卷	《黄初篇》一卷
《吴章篇》		《吴章》一卷	《吴章篇》一卷
	《吴章篇》二卷陆机		
蔡邕《女史篇》			
《幼学》二卷朱育			
《始学》十二卷吴项峻		《始学》十二卷项峻	项峻《始学篇》十二卷
	《始学》一卷		
《月仪》十二卷			
	《劝学篇》一卷蔡邕	《劝学篇》一卷蔡邕	蔡邕《劝学篇》一卷
	《小学篇》一卷王义		
		《小学篇》一卷王羲之	王羲之《小学篇》一卷
	《少学》九卷杨方	《小学集》十卷杨方	杨方《少学集》十卷
		《初学篇》一卷朱嗣卿	朱嗣卿《幼学篇》一卷
	《发蒙记》一卷晋束晳		
	《启蒙记》一卷晋顾恺之		
	《启疑记》三卷顾恺之	《启疑记》三卷顾恺之	顾恺之《启疑记》三卷

（续表）

	《千字文》一卷梁周兴嗣	《千字文》一卷周兴嗣	周兴嗣《千字文》一卷
	《千字文》一卷梁萧子云注		
		《千字文》一卷萧子范	萧子范《千字文》一卷
	《千字文》一卷胡肃注		
	篆书《千字文》一卷	篆书《千字文》一卷	篆书《千字文》一卷
	《演千字文》一卷	《演千字文》一卷	《演千字文》一卷
	草书《千字文》一卷		
	《古今字诂》三卷张揖	《古今字诂》二卷张揖	
《难字》一卷张揖			
《错误字》一卷张揖			
《异字》二卷朱育			
《字属》一卷贾鲂		《字属篇》一卷贾鲂	贾鲂《字属篇》一卷
	《杂字解诂》四卷魏周成		
《解文字》七卷魏周成		《解文字》七卷周成	周成《解文字》七卷

(续表)

《字义音训》六卷			
《古今字苑》十卷曹侯彦			
	《杂字旨》一卷后汉郭显卿		
		《字旨篇》一卷郭玄	
			郭训《字旨》一卷
	《字旨》二卷李彤		
《单行字》四卷李彤			
《字偶》五卷			
	《说文》十五卷后汉许慎	《说文解字》十五卷许慎	许慎《说文解字》十五卷
《演说文》一卷庾俨默注			
	《说文音隐》四卷	《说文音隐》四卷	《音隐》四卷
	《字林》七卷晋吕忱	《字林》十卷吕忱	吕忱《字林》七卷
	《字林音义》五卷宋吴恭		
		《括字苑》十三卷冯干	冯干《括字苑》十三卷
	《古今字书》十卷		

(续表)

	《古今奇字》一卷郭显卿	《古文奇字》二卷郭训	郭训《古文奇字》二卷
	《字书》三卷		
	《字书》十卷	《字书》十卷	《字书》十卷
	《字统》二十一卷杨承庆	《字统》二十卷杨承庆	杨承庆《字统》二十卷
	《玉篇》三十一卷陈顾野王	《玉篇》三十卷顾野王	顾野王《玉篇》三十卷
	《字类叙评》三卷侯洪伯		
	《要字苑》一卷谢康乐		
《常用字训》一卷殷仲堪			
《要用字对误》四卷邹诞生			
		《要用字苑》一卷葛洪	葛洪《要用字苑》一卷
		《难要字》三卷	《难要字》三卷
	《要用杂字》三卷邹里		
《文字记要》三卷王义			
	《俗语难字》一卷王劭		
	《杂字要》三卷李少通		

第一编 文字书时期 自秦汉至隋 / 039

(续表)

		《俗语难字》一卷李少通	《俗语难字》一卷李少通
		《文字志》三卷王愔	王愔《文字志》三卷
	《文字整疑》一卷		
	《正名》一卷		
	《文字集略》六卷梁阮孝绪	《文字集略》一卷阮孝绪	阮孝绪《文字集略》一卷
		《文字指归》四卷曹宪	曹宪《文字指归》四卷
	《今字辨疑》三卷李少通		
	《异同字音》一卷		
《择字同音》三卷宋吉文甫			
	《字宗》三卷薛立		
	《文字谱》一卷		
《古今文字序》一卷刘歊			
《文字统略》一卷焦子明			
	《文字辨嫌》一卷彭立	《文字辨嫌》一卷彭立	彭立《文字辨嫌》一卷
	《辨字》一卷戴规	《辨字》一卷戴规	戴规《辨字》一卷

(续表)

		《文字要说》一卷王氏注	王氏《文字要说》一卷
		《文字释训》三十卷释宝志	僧宝志《文字释训》三十卷
		《辨嫌音》二卷阳休之	阳休之《辨嫌音》二卷
	《杂字音》一卷		
	《借字音》一卷		
	《音书考源》一卷		
	《声韵》四十卷周研		
	《声类》十卷魏李登	《声类》十卷李登	李登《声类》十卷
	《韵集》十卷		
	《韵集》六卷吕静	《韵集》五卷吕静	吕静《韵集》五卷
	《四声韵林》二十八卷张谅	《四声》三十卷张谅	张谅《四声部》三十卷
	《韵集》八卷段宏		
	《群玉典韵》五卷		
《文章音韵》二卷王该			
《五音韵》五卷			
	《韵略》一卷阳休之	《韵略》一卷阳休之	阳休之《韵略》一卷

第一编 文字书时期 自秦汉至隋 / 041

(续表)

	《续修音韵决疑》四十卷李概		
	《纂韵钞》十卷		
	《四声指归》一卷刘善经		
	《四声》一卷沈约		
	《四声韵略》十三卷夏侯咏	《四声韵略》十三卷夏侯咏	夏侯咏《四声韵略》十三卷
	《音谱》四卷李概		
	《韵英》三卷释静洪		
	《通俗文》一卷服虔		
		《续通俗文》二卷李虔	李虔《续通俗文》二卷
	《训俗文字略》一卷后齐颜之推		
	《证俗音字略》六卷	《证俗音略》二卷颜愍楚	颜愍楚《证俗音略》一卷
			张推《证俗音》三卷
《诂幼》二卷颜延之		《诂幼文》三卷颜延之	颜延之《诂幼文》三卷
《广诂幼》一卷宋荀楷			
	《文字音》七卷王延	《杂文字音》七卷王延	王延《杂文字音》七卷

(续表)

		《纂要》六卷颜延之	颜延之《纂要》六卷
《纂文》三卷		《纂文》三卷何承天	何承天《纂文》三卷
		《韵篇》十二卷赵氏	赵氏《韵篇》十二卷
		《切韵》五卷陆慈	陆慈《切韵》五卷
	《字书韵同异》一卷		
	《叙同音义》三卷	《叙同音》三卷	《叙同音》三卷
	《古文官书》一卷后汉卫敬仲	《诏定古文官书》一卷卫宏	卫宏《诏定古文官书》一卷
		《览字知原》三卷	《览字知原》三卷
		《桂苑珠丛》一百卷诸葛颖	诸葛颖《桂苑珠丛》一百卷
		《桂苑珠丛要略》二十卷	《桂苑珠丛要略》二十卷

观上表所列，三国至隋之文字书，存于今者，仅《千字文》与《玉篇》两种。《千字文》在文字学上无甚重要，所以得保存之故，亦犹之《急就篇》，后人书之者多故也。《玉篇》在文字学上之价值，虽不及《说文》，然亦占重要之地位，另篇述之，其他文字书则悉佚矣。

注释

[1]《隋书》，唐长孙无忌等撰，唐高宗永徽二年。《旧唐书》，五代刘昫撰，五代唐明宗长兴三年。《唐书》，宋欧阳修等撰，宋仁宗嘉祐五年。自唐高宗永徽二年，至五代唐明宗长兴三年，计二百七十九年。自五代唐明宗长兴三年，至宋仁宗嘉祐五年，计一百二十六年。自唐高宗永徽二年，至宋仁宗嘉佑五年，计四百五年。

三国至隋文字书之辑佚

三志著录之文字书，如上表所列，共一百三十二部。除梁有隋亡三十四部，计九十六部；再除汉人著作九部，计八十七部。此八十七部之文字书，惟《千字文》与《玉篇》今日尚存，其余悉佚。清马国翰《玉函山房》所辑四十二种，二种有目无书。除汉人著作十一种，唐人著作二种，计二十九种。黄奭《逸书考》所辑三十种，除汉人著作五种，唐人著作四种。黄氏辑佚内，有一种总题名《小学》，实包括佚书多种。任大椿《小学钩沉》所辑三十八种，除汉人著作九种，唐人著作一种，计二十八种。顾震福《小学钩沉续篇》所辑三十七种，除汉人著作七种，唐人著作一种，计二十九种。马、黄、任、顾四氏之所辑，同者颇多，亦间有不同者，存异去同，共计六十六种；除汉人著作十三种，唐人著作七种，计四十六种。此四十六种之辑佚，虽仅得八十七部佚书之半，而三国至隋已佚之文字书，略具于是矣。魏文字学家，首推张揖，揖字稚让，清河人，魏太和中为博士；著有《广雅》一书，与《尔雅》在训诂学上有同等之价值，其书见存，为训诂学史中重要之材料。其已佚者，《埤仓》三卷、[1]《古今字诂》三卷、[2]《杂字》一卷。[3]《古今字诂》原本，古字当以古文书之，今字用篆，解说用隶，隋唐称引，悉改今文，非复原本面目矣。[4]其次为周存之《难字解诂》、[5]李登之《声类》，[6]此魏之文字家也。晋朝有吕忱、吕静；吕忱有《字林》一书，唐代与《说文》同为课士之用，其书已佚，别有辑本，极为详尽，另篇记之；静系忱弟，著有《韵集》一书。[7]其次为李彤之《字指》、[8]葛洪之《要用字苑》，[9]此晋之文字学家也。南北朝有杨承庆之《字统》、[10]阮孝绪之《文字集略》，[11]此南北朝之文字学家也。隋有诸葛颖之《桂苑珠丛》、[12]曹宪之《文字指归》，[13]此隋之文字学家也。十家已佚之书，辑本虽所搜无几，亦可略窥其一二。十家外之佚书，马、黄、任、顾四家所辑者，尚有三十余种之多；兹将四家之所辑者，为表于后，比而观之，可以知三国至隋已佚文字书之大概，并有以知当时文字书发展之情形也。

文字书辑佚

《玉函山房》四十种，《石经》七种未列入	黄氏《逸书考》三十种	《小学钩沉》三十八种	《小学钩沉续编》三十七种
《史籀篇》周太史籀			
《八体六技》有目无书			
《仓颉篇》秦李斯合赵高《爰历》、胡毋敬《博学》为一篇	《仓颉篇》	《仓颉篇》	《仓颉篇》秦李斯撰，递有增益

(续表)

		附《仓颉训诂》	
		附仓颉解诂》	《仓颉解诂》
《凡将篇》汉司马相如	《凡将篇》	《凡将篇》	《凡将篇》
《训纂篇》汉扬雄	《仓颉训纂》扬雄		
《仓颉训诂》后汉杜林			
《三仓》《仓颉篇》《仓颉训纂》《滂喜篇》合为《三仓》		《三仓》	《三仓》
	《三仓解诂》郭璞	附《三仓解诂》	《三仓解诂》
		附《三仓训诂》	
《古文官书》后汉卫宏		《古文官书》	《古文官书》
		附《古文奇字》	《古文奇字》
《杂字指》后汉郭显卿	郭显卿《杂字指》在《小学》内		
	郭训《古文奇字》在《小学》内	附郭训《古文奇字》	
《劝学篇》后汉蔡邕	《劝学篇》	《劝学篇》	《劝学篇》
	蔡邕《圣皇篇》在《小学》内	《圣皇篇》	
			《圣皇篇》魏曹植,与上所列不同
《通俗文》服虔,按无后汉字	《通俗文》	《通俗文》	《通俗文》后汉服虔
《埤仓》魏张揖	《埤仓》	《埤仓》	《埤仓》

《古今字诂》魏张揖	《古今字诂》	《古今字诂》	《古今字诂》
《杂字》魏张揖	张揖《杂字》在《小学》内	《杂字》	
《杂字解诂》魏周成		《杂字解诂》	《杂字解诂》
		周成《难字》	周成《难字》
《声类》魏李登	《声类》	《声类》	《声类》
《广仓》樊恭	《广仓》	《广仓》	《广仓》
《辨释名》吴韦昭	《辨释名》	《辨释名》	《辨释名》
《异字》朱育			
《始学篇》吴项竣			
《草书状》晋索靖			
《发蒙记》晋束皙			
《启蒙记》晋顾恺之			
《韵集》晋吕静	《韵集》	《韵集》	《韵集》
《字指》晋李彤	《字指》	《字指》	《字指》
《四体书要》晋卫恒			
《要用字苑》晋葛洪		《字苑》	《字苑》
	王义《小学》在《小学》内	《小学篇》	《小学篇》晋王义
《演说文》庾俨默			
《字统》杨承庆	《字统》	《字统》后魏杨承庆	《字统》
《纂文》宋何承天	《纂文》	《纂文》	《纂文》

（续表）

《庭诰》宋颜延之	颜延之《幼诰》在《小学》内		
《纂要》宋颜延之			
《纂要》梁元帝	《纂要》	《纂要》	《纂要》旧有数家
《文字集略》梁阮孝绪	《文字集略》	《文字集略》	《文字集略》
《音谱》李概有目无书	《音谱》	《音谱》	《音谱》
	附《声谱》	《声谱》	《声谱》
	《字略》宋世良	《字略》	《字略》
	《新字林》陆善经		
	《字书》	《字书》	《字书》
《古今文字表》后魏江氏			
《韵略》北齐阳休之	《韵略》	《韵略》	《韵略》
		《证俗音》	《证俗音》北齐颜之推
	《异字苑》在《小学》内	《异字苑》	《异字苑》
	《字类》在《小学》内	《字类》	《字类》
	《字㒟》在《小学》内	《字㒟》	《字㒟》
	《异字音》在《小学》内	《异字音》	
	《古今字音》在《小学》内	《古今字音》	

（续表）

		《证俗文》	
《桂苑珠丛》隋诸葛颖	《桂苑珠丛》		
《文字指归》隋曹宪	《文字指归》	《文字指归》	《文字指归》
		《字体》	《字体》
	《开元文字音义》		
	《韵海镜源》颜真卿		
	《唐韵》孙愐		
	《切韵》李舟	《切韵》未题名，与李舟切音不同	《切韵》与上两种皆不同，其分目如下：孙愐《切韵》、陆词《切韵》、郭知玄《切韵》、王仁煦《切韵》、祝尚邱《切韵》、东宫《切韵》、释氏《切韵》、裴务齐《切韵》、麻果《切韵》、李审言《切韵》、蒋鲂《切韵》、《切韵》《考声切韵》。（唐张戩另刊）
《四声五音九弄反纽图》唐释神珙			
《分毫字样》唐缺名			

	（续表）
《小学》除前所记在《小学》内十一种外，其他尚有数种。《说文解字》中各通人说：《古今奇字》《文字辨疑》《字谱》《音谱》，张谅《四声韵林》《字样》《韵海》《韵圃》，李虔《续通俗文》《字说》。	

据上表而观，马氏辑佚中：吴项俊之《始学篇》，半属古史神话；晋索靖之《草书状》，论草书之姿势；束晳之《发蒙记》、顾恺之之《启蒙记》，犹之常识读本。卫恒之《四体书要》、索靖《草书状》之类，马氏、黄氏辑佚中共有宋颜延之之《庭诰》，黄氏《逸书》中所辑名《幼诰》。言心性学品，及《诗》《书》《易》《春秋》之要，与颜之推《家训》相似。顾氏辑佚之《圣皇》，题名魏曹植，所辑与黄氏、任氏不同，且仅一条，与文字学无关。黄氏所辑，题名蔡邕；隋唐《志》著录《圣皇篇》，皆云"蔡邕撰"，顾氏辑自《文选注》。《文选注》系曹植《圣皇篇》，当是又一书。马氏、黄氏、任氏、顾氏辑佚中，共有吴韦昭之《辨释名》。韦昭之书，系辨刘熙《释名》而作。颜元之、梁元帝之《纂要》，略似

《尔雅》。以上诸书，皆非文字学史中之材料，学者当分别观之也。

注释

[1]《埤仓》，魏张揖撰。《北史·江式〈古今文字表〉》云："魏初博士清河张揖，著《埤仓》《广雅》《古今字诂》，究诸《埤》《广》，缀拾遗漏，增长事类，抑亦于文为益者。"《埤仓》体例，今不可考。据《玉篇》土部所引"塪塔，不安也。"又力部所引"劢，多力也。"《广韵》平声十九臻"鐟"下所引："鐟，小凿。"又去声五十候"蹴"下所引"蹴，醉倒貌"之类，皆后起之言语。而以文字为符号以记之者，名为《埤仓》，盖以补《三仓》之缺而作。隋、唐《志》并三卷。

[2]《古今字诂》，魏张揖撰。《北史·江式〈古今文字表〉》云："《字诂》方之许篇，古今体用，或得或失。"江氏此言，殊为笼统。今考《尔雅释文》所引"徇，今巡。"《汉书·扬雄传》师古注所引"趡，今遲，徐也。"《尚书释文》所引"羲，古字，戏今字。"《毛诗释文》所引"鐟，古字也；耨，今字也"之类。盖以古今字体不同，取而诂之，与许书异其体例，不可相提并论。《隋志》三卷，《旧唐志》作《古今字训》二卷，《新唐志》不载。

[3]《杂字》，魏张揖撰。《杂字》者，杂采成篇，不复类次。《隋志》云："梁有《难字》一卷，《错误字》一卷，并张揖撰亡。"《唐志》作《杂字》，不作《难字》。据揖佚本所收之字，殊非难识，作《杂字》是也，或为二书与。

[4]见清许印林《古今字诂疏证》，山东省立图书馆编集，民国二十三年瑞安陈氏印行。

[5]《杂字解诂》，魏周成撰。成，字里未详。据《隋书·经籍志》："知其官至掖庭左丞。"惟《隋志》只题周氏而不名，《艺文类聚》与

《太平御览》所引,并题周成《杂字解诂》,则周氏即周成矣。又:《隋志》:"梁有《解文字》七卷。"《旧唐书·经籍志》《唐书·艺文志》,皆著录,当为两书也。

[6]《声类》,魏李登撰。登,字里未详。据《北史·江式〈古今文字表〉》,知其官左校令。其书分部,大概以声为类。据各书所引,如"氂,毛之曲者。""熹,亦熙字。""墟,故所居也。""诸,词之总也。"有益于文字甚巨。隋唐《志》皆十卷。

[7]《韵集》,晋吕静撰。静,任城人,吕忱之弟,官至福安令。《北史·江式〈古今文字表〉》云:"忱弟静,别放左校令李登《声类》之法,作《韵集》五卷,使宫、商、角、徵、羽,各为一卷;而文字与兄,便是鲁卫,音读夏楚,时有不同。"是《韵集》一书,其分部音读,与《字林》不同,其文字不甚相异。《隋志》六卷,《唐志》五卷。据《文字表》,作五卷是也。

[8]《字指》,晋李彤撰。彤,字里未详。据《隋志》,知其官朝议大夫。《隋志》二卷。又:梁有《单行字》四卷,《字偶》五卷。新、旧《唐志》《字指》皆不录。

[9]《要用字苑》,晋葛洪撰。洪所著书,存于今者有《抱朴子》。《晋书》本传不纪《要用字苑》一字,《隋志》亦不载,《唐志》始著录之。然《颜氏家训》亟引其书,当时必盛行于北,《隋志》偶失载也。

[10]《字统》,杨承庆撰。承庆,不详何人。《隋志》二十一卷,题杨承庆撰,无朝代;陈顾野王《玉篇》曾引其书,当是顾野王以前人;马国翰以为齐梁时,任大椿题为后魏,未知其审。《唐志》二十卷,视《隋志》少一卷。其解释字义多新意,《广韵》上声二十八铣"衍"下引云:"水朝宗于海,故从水行。"又平声五支"规"下引云:"丈夫识用,必合规矩,故规从夫也。"又平声十一模"麤"下引云:"麤,警防也。鹿之性相背而食,虑人兽之害也,故从三鹿。"《集韵》去声三十三线"便"下引云:"人有不善,更之则安,故从更从人。"此等解释字义,已开王安石《字说》之渐。

[11]《文字集略》,梁阮孝绪撰。孝绪,字士宗,陈留尉氏人;隐居不仕,门人谥"文贞处士",事迹具《梁书·处士传》及《南史·隐逸传》。《隋志》六卷,新、旧《唐志》皆一卷。

[12]《桂苑珠丛》,隋诸葛颖撰。颖,字汉,丹阳建康人,《隋书·文苑》有传。《隋志》无《桂苑珠丛》,《唐志》一百卷。《隋书》本传,颖所著无《桂苑珠丛》一书;而新、旧《唐书·曹宪传》,皆言"炀帝令与诸儒撰《桂苑珠丛》,规正文字",是《桂苑珠丛》曹宪所撰。而新、旧《唐书志》,皆云《桂苑珠丛》诸葛颖撰,二处必有一误。

[13]《文字指归》,隋曹宪撰。宪,扬州江都人。仕隋为秘书学士;唐贞观中扬州长史李袭荐之,以弘文馆学士召,不至,即家拜朝散大夫。《本传》宪之著作,有《桂苑珠丛》,无《文字指归》;而新、旧《唐书》,皆云《文字指归》曹宪撰,二者必有一误。又:《玉篇》女下引《文字指归》,当是孙强增加之字,不然,顾野王在曹宪之前,何以能引也。

吕忱《字林》之辑佚

文字书传世者,《说文》《玉篇》两书为最古。而在《说文》之后,《玉篇》之前,承《说文》之绪,开《玉篇》之先者,则有吕忱之《字林》一书。[1]《字林》承《说文》而作,而亦有补《说文》之阙者。《尔雅·释天》释文,谓"霢",《字林》作"霢",而《说文》原作"霢"。《五经文字》谓《字林》以"谥"为笑声,而《说文》原以"谥"为笑声。于此见《字林》本集《说文》之成,其补阙。有《说文》本无而增者,如:《五经文字》所云:"桃祢,逍遥是也"。有《说文》本有而文各异体者,如《说文》作"蜡",《字林》作

"裣";《说文》作"玭",《字林》作"瑾"是也。其他如《说文》作"榙",《字林》作"槳";《说文》作"槀",《字林》作"槁"之类;仍与《说文》音训同,偏旁、体画并同,不过上下左右或相易而已。《字林》之学,阅魏、晋、陈、隋,至唐极盛,与石经、《说文》等,并为课士之用。[2]其分部五百四十,如《说文》之数,凡一万二千八百二十四字,多于《说文》三千四百七十一字。[3]《隋书·经籍志》作七卷,《旧唐书·经志》作十卷,《新唐书·艺文志》作七卷,《宋史·艺文志》作五卷,陈振孙《书录解题》作五卷,《通考》作五卷,《册府元龟》与王应麟《玉海》及《通志》,皆作七卷;大约七卷之说近是。其书在文字学上之价值,有可以为《说文》之参考者。如《说文》之解"玑"字也,曰"珠不圆者";《字林》"玑,小珠也";"玑"从"几"得声,几微之义,小之说也。《说文》之解"犕"字也,引《易》曰"犕牛乘马。"《字林》:"犕,牛具齿也。"犕,从"葡"得声,全犕之义,具之说也。"有垣曰苑,无垣曰囿。"《字林》之义也。《说文》以"囿"为"苑之有垣者。"则文王囿方七十里而有垣,为不可能之事矣。《字林》:"迒,兔道也。"《说文》以"迒为兽迹通名"。[4]《字林》:"洵,涡水也";《说文》以"洵为过水中"之通名。[5]有可以补《说文》之阙者,如:"蟒,大蛇。"[6]"幺,小豚[7]。""蜈蚣,蝍蛆也。"[8]皆与《尔雅》相同。又如:"坊,别屋也。""餕,饭伤湿热也。""樀,霤柱也。""廓,空也。"皆为常用之所需。有可以校《说文》之误字者,如解"祲"字云:"精气成祥。"可以校《说文》"精气感祥"感字之误。解"揥"字云:"举首下手。"[9]可以校《说文》"举手下手也"手字之误。[10]观此足以知《字林》之价值矣。其书亡佚,当在宋元之间。[11]隋有吴恭注,[12]宋有僧云胜注,[13]皆亡佚。清兴化任大椿,有《字林考逸》八卷,凡千有五百余字;[14]会稽陶方琦,有《字林考逸补本》一卷,凡二百字。[15]

注释

[1]《魏书·江式传》:"延昌三年三月,式上表曰:晋世义阳王典祠令任城吕忱表上《字林》六卷,寻其况趣,附托许慎《说文》,而按偶章句,隐别古籀奇惑之字,文得正隶,不差篆意也。"按:忱,字伯雍,吕静之兄。

[2]《唐六典》:"吏部考工员外郎,掌天下贡举之职。凡诸州每岁贡人,其类有六……。五曰书,其明书则《说文》六帖、《字林》四帖。"

《通典》:"试《说文》《字林》凡十帖,口试无常限,皆通者为第。"

唐张参《五经文字序例》:"今制,国子监置书学博士,立《说文》、石经、《字林》之学。"

[3]张怀瓘《书断》:"晋吕忱字伯雍,博识能文,撰《字林》五篇,万二千八百余字。《字林》则《说文》之流,小篆之工,亦叔重之亚也。"

封演《闻见录》:"晋有吕忱,更按群典,搜求异字,复撰《字林》七卷,亦五百四十部,凡一万二千八百二十四字,诸部皆依《说文》。《说文》所无者,皆吕忱所益。"

[4]《尔雅》:"麇,其迹躔";"鹿,其迹速";"麕,其迹解";

"兔,其迹远"。言兽迹之不同也如是。故《字林》释"远"字曰:"兔,道也。"《说文》以"远"为兽迹之通名,与《尔雅》不合。

[5]《尔雅》:"水自河出为灉。济为濋,汶为灛,洛为波,汉为潜,淮为浒,江为沱,過为洵。"言水所自出之名不同也如是,故《字林》释"洵"字曰"過水也",《说文》作"过水中也",以"洵"为"过水中之通名"。段注据《尔雅》改为"過水出也"。

[6]《尔雅》:"蟒,王蛇。"郭注:"蟒,蛇最大者,故曰王蛇。"

[7]《尔雅》:"幺,幼。"郭注:"最后生者,俗呼为幺豚。"

[8]《尔雅》:"蒺藜,蝍蛆。"蒺藜茎叶似蜈蚣,《尔雅》举似名之。《庄子》:"蝍且甘带。"带为小蛇,是其证也。

[9]《说文》"禄"下云:"精气感祥。"《玉篇》引郑康成《周官》"眠禄"注云:"阴阳气相侵,渐成祥者。"《字林》则曰:"精气成祥。"于是知《说文》之"感"字,必为"成"字之讹。

[10]《说文》"擅"下云:"举手下手也。"《玉篇》从之。《周礼·大祝》"辨九拜":"九曰肃拜。"郑司农说:"但俯下手,今时擅是也。"言但俯下手,则不举手可知;举首者对頧首、顿首、空首,诸拜皆必俯首;今"擅"则举首不俯,但俯下手而已。《字林》作"举首下手",正合擅字之义。于是知《说文》之"举手",必为举首之讹。段注据《左传》释文引《字林》改。

[11]《通考》载李焘说,谓"忱本书不可遽使散落,则南宋初已患散落矣"。宋岳珂"九经三传"沿革例,详列小学诸书,尚载《字林》。至戴侗《六书故》云:"其传于今,则有《说文》《玉篇》《类篇》诸书,不及《字林》,则元时《字林》不传明矣。又明修《永乐大典》,胪列见存小学之书,略无遗漏,独不见《字林》;则明永乐时,书亡已久。"焦竑《经籍》虽载之,但竑《志》所载,存亡未核,不足为据。

[12]《隋书·经籍志》:"《字林音义》,宋扬州督护吴恭撰。"

[13]《直斋书录解题》:"《字林注》,太乙山僧云胜注。"钱大昕云:"云胜宋初僧,工隶书,宋太祖新译《圣教序》,即云胜书也。"

[14]《字林考逸》,兴化任大椿辑,成于清乾隆四十七年。照《说文》分部,每部记字数,并记《说文》所无之字数。
[15]《字林考逸补本》,会稽陶方琦辑。陶书无年月,有钱塘诸可宝《附录》,成于清光绪十年;则陶成书之年,当亦相近。其《自序》有云:"近据所见慧琳《大藏音义》,希麟《一切经音义》《玉烛宝典》诸书,采出任氏未列者,几及百字,后见者不录。钱塘诸璞斋同年又附以《经典释文》,萧该《汉书音义》《三国志注》《晋书音义》,及学海堂刻任、曾两家补本数十条,补其所阙。"

顾野王之《玉篇》

自《说文解字》以后,四百五十年间,文字书存于今日者,惟顾野王之《玉篇》为较古。《广雅》为训诂书。清《四库全书提要》云:"重修《玉篇》三十卷,梁大同九年,黄门侍郎兼大学博士顾野王撰。唐上元元年,富春孙强增加字。宋大中祥符六年,陈彭年、吴锐、邱雍等重修。"是今本《玉篇》,已非顾野王之旧。野王,字希冯,吴郡吴人,其历略莫详于《陈书·本传》。[1]据《陈书·本传》:野王于梁大同四年,除大常博士,迁中领军;入陈后,至宣帝大建二年,迁国子博士,再迁黄门侍郎。是野王在梁时,

顾野王
——从清道光九年(1829)长洲顾氏刊本《吴郡名贤图传赞》

固未尝为黄门侍郎；宋人重修《玉篇》时，误合而为一，题曰"梁大同九年三月二十八日黄门侍郎兼太学博士顾野王撰"，清《四库全书提要》仍之，清人王昶辨之甚详。[2]惟王氏断《玉篇》撰成于武帝之时，进呈于简文帝之世。观其进《玉篇》启中，有"殿下天纵岳峙，叡哲渊凝。三善自然，匪须勤学。六行前哲，宁以劳谕"之语，以为证据。讵知萧恺受命删改《玉篇》，在大清二年以前，其时犹为武帝之世。萧恺死于侯景之乱，《玉篇》当进呈于武帝之时，不能因宋人题官衔之混误而疑之。考大同九年，顾野王年二十五岁，似嫌年轻，不能成此巨著。观《陈书·本传》"年十二，随父之建安，撰《建安地记》二篇"。以此度之，二十五岁，撰《玉篇》三十卷，无足异也。

《玉篇》部首，始于"一上示"，终于"十干十支"，与《说文解字》相同。而中间则全不相同，其部首之排列，似以字义之类相次，而不甚精密。段玉裁非之曰："顾氏《玉篇》，以'而'部次于'毛''毳''丹'之后，'角''皮'之前，则其意训'而'为兽毛，绝非许意。"不仅是也，"二"部、"三"部，不与诸数目字部相次；又"釆"部次于"七"部、"八"部之后，"丸"部厕于"九"部、"十"部之间，似又以据形系联相次，是自乱其例也。而其删去《说文》所立之"哭""延""画""教""眉""白""飌""饮""后""亣""弦"十一部，增添"父""云""枭""尢""处""兆""磬""索""书""床""单""弋""丈"十三部。比《说文》增多两部，为五百四十二部。其增添之部，如"父"部内，有"爹""爸""䆆""爷"等字，皆是后起之字，不能不增添"父"部以收之。而"爿"部只有部首一"爿"字，不知是何意义增添此一部。"書"字《说文》在"聿"部，"畫"字不隶"聿"部者，因有一从畫省之"晝"字，故立"畫"部以收之；《玉篇》删去"畫"部，增添"書"部，而以"畫""晝"二字，隶于"書"部之内，殊失文字组织之意义。其他增添之部，未必皆有必须增添之理由。[3]

《大广益会玉篇》，首题旧"一十五万八千六百四十一言，新五万一千一百二十九言，新旧总二十万九千七百七十言"。又双行注云："注四十万七千五百有三十字"。清《四库全书提要》："照此移录，此等数目字，殊不明了。"今本《大广益会玉篇》，张氏泽存堂本。无如此之字数。杨守敬以广益本，合大字注文并计之，实只二十万有奇，绝无注文四十万之事。《玉篇零卷》《古逸丛书》本。注文之多，数倍于张氏泽存堂本，应有四十万之数，[4]惜无由统计而得其全。而杨守敬云："其所云注四十万者，为顾氏原本之数。旧一十五万者，孙强等删除注文，增加大字，并自撰注文之数也。新五万有奇者，陈彭年等增加大字，并自撰注文之数也。"此言颇近理，特未能证明耳。

其正文所收之字，唐封演《闻见记》云："梁朝顾野王撰《玉篇》三十卷，凡一万六千九百一十七字。"以张氏泽存堂本，据其每部所记字之都数而总计之，共二万二千五百六十一字。刘师培《中国文字学》：《玉篇》二万二千七百二十六字。比封演《闻见记》所载，多五千六百四十四字。所多之字，是否即孙强所增加，抑陈彭年等重修时所增加，现已不可明考。以今本《玉篇》之字数，与《说文解字》九千三百五十三之字数相较，增加一万三千二百八字。社会事物日繁赜，人类思想日复杂，言语增多，文字当随之增多；而又佛学输入，因翻译佛经之故，文字之增多更巨。试观各部比《说文》增多之字数，在二倍以上者，如"示""玉""土""人""首""见""齿""彡""手""攴""力""心""欠""辵""宀""门""广""穴""禾""网""刀""支""水""火""阜""马""衣"等部；在三倍以上者，如"田""目""耳""口""舌""髟""足""骨""肉""食""歹""麦""米""瓦""金""雨""鬼""目""广""牛""犬""豕""鸟""鱼""虫""羽""巾"等部；在四倍以上者，如"黄""面""眮""竹""片"等部；在五倍、六倍以上者，如"鼻""彳""舟""风""山""石"等部；最多者十一倍之"毛""皮"二部；十四倍之"身"部。以上诸部，皆与社会事物、人类思想，有密切之关系，言语当时时增加；替代言语之符号，亦当时时增加。"身"部《说文》仅有二字，《玉篇》增加有二十八字，至有十四倍也。其他如"珏""畾""冂""夏""首""惢""凵""稽""虍""鼎"等，与社会事物、人类思想，关系不甚密切；而"珏""鼎"非后世社会常用之物，故每部增加之字绝少；而"邑"部且比《说文》少九字，可见后世对于邑之言语，无专门名词也。惟是自东汉和帝永元十二年，《说文》之年。至梁武帝大同九年，《玉篇》之年。计四百四十三年，文字比例之增加，不应有一万三千二百八字之多。今本之数，当然有许多孙强或陈彭年等所加者在内，然亦不过多。再据封演《闻见记》所载："魏李登撰《声类》十卷，凡一万一千五百二十字。晋吕忱撰《字林》七卷，亦五百四十部，凡一万二千八百二十四字。后魏杨承庆复撰《字统》二十卷，凡一万三千七百三十四字。"下即接以《玉篇》之一万六千九百一十七字，以此推算，《声类》比《说文》多二千一百六十七字，《字林》比《声类》多一千三百四字，《字统》比《字林》多九百一十字，《玉篇》比《字统》多三千一百八十三字。《字统》时代，与《玉篇》不相上下。若以《字林》与《玉篇》相较，则《玉篇》增多四千九十三字，原本之数。其激加之数甚巨，当不仅因社会事务繁赜，人类思想复杂，言语增加之关系。以今本《玉篇》核之，张氏泽存堂本。有一字变为两字者，如皮部之"皻"，即鼻部之"齇"。有一字分为两部者，如皮部有"鞍"字，而革部又有"鞍"字。有实为一字，以篆体、隶体之写法不同，而分两字者，"口""凵"，"琴""瑟"，"自""𦣹"，"云""𠃊"等。即增加十四倍之"身"部：如"躭"即《说文》之"耽"，"躵"即《说文》之"聘"，"躯"即《说文》之"偃"，"軅"即《说文》之"颤"，"舳"即《说文》之"聃"，"䏦"即《说文》之"傻"，"軄"即《说文》之"职"，"躶"即《说文》之"裸"，"躰""軆"即《说文》之"體"，"躷""躾"即《说文》之"肷"，"躿""躻"即《尔雅》之"夸""毗"。此种叠床架屋之增加,与社会事物、人类思想,毫无关系。兹更以增加十一倍"皮"部之字,除《说文》之"皮""皯""皰"外,将其增加之三十五字,详记于下:

皻 之善切。皮也。按"皻"即《说文》之"䩜"。䩜,"靼"之古文。《说文》:"靼,柔革也。"段注:"谓革之柔夑者也。""皻""䩜"当是一字,析言之,未去毛曰"皮",去其毛曰"革",统言不分,从皮犹从革也。《广雅》:"皻训离。"王氏《疏证》引《礼记》:"去其皻。"郑注:"谓皮肉之上魄莫,是离之义也。"《广雅》:"皮肤,亦训离。"王氏《疏证》引《韩策》:"皮,面。"引《郑注》:"内则肤切肉,皮肤皆有离之义,是知总谓之皮;其里面为肤,其表面为皻。因之凡皮之表面皱而垂者,亦谓之皻。"故《广韵》云:"皻,皮宽也。肉脱则皮宽,有病之状。"故《集韵》云:"皻,面肤病也。"

皲 居云切。足坼裂也。按钮树玉云,"皲"疑"鞼"之别体,或作踾龟。考《说文》:"鞼,攻皮治鼓工也。或从韋作韗"。《玉篇》韋部有"韗"字,吁万于问二切,靴也。《礼记·祭统》郑注:"韗,谓韗磔皮革之官。"据此"韗"义与"鞼"合,"皲"训足坼裂,是义之引伸。又《说文》:"踾,训瘃足。"《庄子·逍遥游》:"宋人有善为不龟手之药。"《释文》:"龟,徐举伦反。"司马云:"文坼如龟文也。"则踾龟音义亦同皲,钮氏不能作肯定之语。余谓"皲"即《说文》之"鞼"字,治皮当有坼裂之文,因之相承有坼裂之训。因有二义,遂成二形,易革为皮,而有皲字之产生。

《说文新附》："踔，足跌也。"由踔而来，非由踤而来。

皲皱　皲，力盍切。皲皱，皮瘦宽貌。皱，都盍切。宽皮貌。按"鼠"，《说文》："毛鼠也。象发在囟上，及毛发鼠鼠之形。""𦗒"，《集韵》："大耳曰𦗒。"寻"鼠""𦗒"二字之义，略含宽义。《集韵》《类篇》训为皮，不如《玉篇》训为皮瘦貌之善。

皵　思亦切，又七亦切。皱皵也，木皮甲错也；今作㯑。按《尔雅·释木》："槐，小叶曰榎。大而皵楸，小而皵榎。"郭注："老乃皮粗皵者为楸，小而皮粗皵者为榎。"《广韵》："皵，皮细起也。""皵"本木皮之皵，《玉篇》："木皮甲错是本义，皱皵是引伸义。"《广韵》："七雀切。"《集韵》："七约切。音若鹊。"又《集韵》："仓各切。音若错。"今人言皮肤粗糙，当作皵皱。皵读为仓各切之转。

皵皱　皵，布角切。皵皱，皮起也。又步角切。亦作朴，肉膹起也。皱，扶卓切。皮起也。按《类篇》皵皱为一字。皵，北角切。坟起也；或从勹。皵皱，同为皮破坟起之义，原为一字，因形分为二，遂为二字耳。

㒴　无阮、无愿二切。皮脱也；亦作腕。按《类篇》："武远切。"引《广雅》："㒴，离也；谓皮脱离。又谟官切。皮也。"《集韵》亦分二读：一无贩切，训离；一谟官切，训皮。《玉篇》无训皮一义。

皰　千胡切。皱皰也；今作麄。按麄为"麤"之俗。《说文》："麤，行超远也。"引伸为卤莽之称，今人多用粗。

《说文》："粗，疏也。"米之粗者，因之皮之皷者而有皷字矣。《广雅》："皷鼓，皷也。"王氏《疏证》云："皷鼓，一声之转。"《释名》："齐人谓草履曰'搏腊'。搏腊犹把鲊，麤貌也。荆人曰'麤'，腊与皷，麤与皷，音义同。"《类篇》："通作皷。"

　　肒皷　肒，胡官切。皷肒，箭器也；病也。皷，徒木切。所以贮弓，或作韣。按《广雅》："肒，病也。又韇肒，矢藏也。"其训病者，王氏《疏证》引《广韵》云："皮，病也。"其训矢藏者，王氏《疏证》云："韇肒，盖矢箙之圆者也。""韇"通作"椟"，又作韣，肒做丸。《方言》："所以藏弓谓之鞬，或谓之韇丸。"《后汉书·匈奴传》："弓鞬，韣丸。"李贤注引《方言》："作藏弓为鞬，藏箭为韣丸。"与《广雅》合。贾逵、马融、服虔并以"棚"为"椟丸"，椟丸之为矢箙用甚。然郑注《士冠礼》："今时藏矢者谓椟丸，则弓弢亦同斯称矣。"又按《说文》："韣，弓矢韣也。"段注："累呼之曰韣丸，单呼之曰韣。""韣丸"犹"丸韣"，王氏所谓"矢箙之圆者也"。贾逵、马融、郑玄及李贤注，皆以藏矢为韇丸，与《玉篇》合。惟《方言》为藏弓异，《说文》则通乎弓矢。丸为累呼之词，非独立之名词，不知何时加皮作肒，成为名词。肒，训病者，肕之借字。《说文》："肕，搔生创也。"段注："手搔皮肉成疮。"盖因疮之形如丸，故从肉从丸做肕。而训搔生创，创即疮字，为皮肤病，又从皮作肒。《广韵》："训肒为皮病也。"

　　皯　他活切。皮剥也。按皯为脱之变。《说文》："脱，消肉臞也。""脱"本肉脱之脱，引伸去筋与骨亦曰"脱"。《礼记》："肉曰脱之。"皇注："治肉除其筋膜。"《尔雅·释器》李注："肉去其骨曰脱。"又引伸去皮亦曰脱。《列子·天瑞》："其状若脱。"《释文》："谓剥皮也。"因剥皮之训，遂从皮而作皯矣。《广韵》："皯，皮破也。"《集韵》："皯，皮坏也。"即是《玉篇》"皯，皮剥也"之义，即是《列子》《释文》"脱剥皮也"之义。

皴　楚累切。粟体也。按粟体之语未甚明。《康熙字典》引《类篇》："肤如粟也。"当是粟体之义。姚刻本《类篇》，无"肤如粟也"一语，只作体。《类篇》又读："士到切；米未舂。"《广韵》："皴，米谷杂。"即今日通用之糙字。

皱　亡忍切。皮理细皱皱。按《说文》："笢，竹肤也"。朱骏声云："竹，竹青也。声转谓之篾。"《尔雅·释草》："其表曰莨。"皮里之皱，当由竹肤之笢而来。《康熙字典》引《玉篇》"不叠皱字"。《类篇》皱有二读：一眉贫切，训皮理；一弭尽切，训理。将《玉篇》之音义，分为二也。

皶　庄加切。皰也；今作齇。按《黄帝·素问》："劳汗当风寒薄为皶。"注："俗谓之粉刺。"此种粉刺，生于面部，在鼻者尤显；故《玉篇》："训为皰，今作齇。"《类篇》直训为"鼻上皰"；因之《正字通》训为"红晕似疮，浮起面鼻者曰'酒皶'"。酒皶当即今人所谓酒糟鼻子。糟皶声之转，其引伸有如是者。

皱　七旬切。皵也。按《说文新附》："皱，皮细起也"。钮树玉云："皱疑皵之俗字。"《梁武帝纪》："执笔触寒，手为皱裂。"语同《汉书》"手足皲皵瘃"。故亦疑皵之俗字。又按"皱""皴"音义悉同。皱虽收于《说文新附》，皱字之产生，或在皲字之后。

皵　于亮、于明二切。青貌。按《类篇》二音为二训，读于京切，训为青貌；读于亮切，训青皿。又有一训，面苍，惟面苍即青貌也。

皯　徒古切。桑白皮也；今作杜。按《经典释文》："《诗·鸱鸮》：'桑土，音杜，桑土桑根也'。"《小雅》同《韩诗》作杜，义同。《方言》云："齐东谓根曰杜。"《字林》："作皯，桑皮，音同。"清马瑞辰云："彻彼桑土，盖彻取桑根之皮。"赵岐注《孟子》："谓取桑根之皮是也。"皯杜同声韵之孳乳。《毛诗》："假土为之，训为桑根之皮"。《字林》《类篇》并训桑皮，《玉篇》多一白字。

皯　乎旦切。射皯，或作捍。按《类篇》："射韝谓之皯。"射韝以皮为之，所以皯臂，"皯""捍"音义同，《玉篇》以为一字。

皯　扶分切。鼓也；按即革部之"鼖"，亦即鼓部之"鼖"，实即《诗·大雅》"贲鼓维镛"之"贲"。《说文》："大鼓谓之鼖，或从革作鼖。"《类篇》皮部无"皯"字。

皯　音披；器破。按《方言》："南楚之间，器破未离谓之皯。"

皱　口咸切。无义。按《康熙字典》引《篇海》："不平貌。"又按《说文》："臽，小阱也"。小阱有不平义，皱当是皮之不平。《类篇》有"皵"无"皱"，《玉篇》有"皱"无"皵"。《类篇》："皵，侧洽切；皱皵，老人皮肤。"老人皮肤有不平之貌。是皱皵义同音异，当是一字，误为二字。

赧　奴版切。惭而面赤；今作赧。按《方言》："秦晋之间，凡愧而上见谓之赧。"即俗语所谓面红也。《康熙字典》皮部无"赧"字，在赤部。

皲　吉典切。皮起也。按"皲"即《说文》黑部之"黰"字。《说文》："黰，黑皴也。从黑开声。"《墨子》："百舍重趼，往见公输般。"《淮南书》："申包胥累趼，七日七夜，至于秦庭。"皆借"趼"为"黰"，此则加皮作"皲"。《类篇》："胝也"。

皱皴　侧救切。面皱也；皴俗。按"皱"即《说文》系部之"绉"。《说文》："绉，絺之细也。一曰蹴也。"朱骏声云："蹙也。"《诗》郑笺："绉，絺绤之蹙蹙者。"絺之蹙蹙名为绉，面之蹙蹙名为皱。革部："鞫，训鞫束，当是训革之蹙蹙者。"《类篇》："皱，侧救切。皴也。又菑尤切。革文蹙也。"革部："鞫，甾尤切。革文蹙也。又楚九切。束也。"是《类篇》"皱""鞫"二字，皆有"革文蹙"之训。

皰　乎遘切。石蜜膜。按《集韵》平声侯韵，"皰，䗇膜也。无石字，去声侯韵"。引《埤仓》："皰，石䗇膜也。一曰石蕚"。《类篇》引《埤苍》"同䗇"，"䗇"即"蜜"字。《西京杂记》："南越王献高帝石蜜五斛。"《说文》：

"蜜，蜂甘饴也。"石蜜膜当是石蜜上所结之膜。

𰯛　音答；皮宽也。按《类篇》："皮纵。"《集韵》作"皮纵"。《广韵》作"皮𰯛"。吾乡方言，此物与彼物相接曰"𰯛"，即此字。盖肥人猝瘦，其皮宽纵，皮与皮相接，故合皮为𰯛也。今用搭，白居易诗："熏笼乱搭旧衣裳。"《玉篇》手部无"搭"字。

皷　丑革切。皴皷也。按《集韵》同。《康熙字典》云："《字汇》讹为从斤。"余谓从斤不误；艸斯曰"斳"，土圻曰"圻"，木析曰"析"，皮皷曰"皷"；今本《类篇》姚刻本。作"皷"。

皷　居质切。黑皷也。按《类篇》："皮黑。"《集韵》："皮㬎。""㬎"为"显"之古文，其义未详。《广韵》与《玉篇》同。

皵皵　皵，苦角切。皵皵，皮干貌。皵，乎角切。按吾乡谓物之皮面干者，曰"干皵皵"，当是此字。

鞁　匕吉切。皮也。按《说文》革部："鞁，车驾具也。从革皮声。"《晋语》："吾两鞁将绝，吾能止之。"韦曰："鞁，靷也。"《玉篇》革部亦有"鞁"字，"皮彼切；鞍上被。"《玉篇》皮部之"鞁"，革部之"鞁"，二音二义。皮部之"鞁"，当是《晋语》"两鞁将绝"之"鞁"。革部之"鞁"，当是《说文》"车驾具之鞁"。《封禅书》言"雍五畤，路车各一乘，驾被具；西畤、畦畤，禺车各一乘，禺马四匹，驾被具"。"被"即《说文》与《玉篇》革部之"鞁"。《类篇》《康熙字典》皮部皆不收"鞁"字。

皺　争义切。皱皱，皮不伸。按《类篇》作"皮，不展也"。

皵　七绝切。皮，断也。按《类篇》皮部无此字。

皽　毕吉切。画韦曰"皽"。按《集韵》与"韠、韗"同。《说文》："韠，韍也。"《玉篇》革部不收"韠"字，韦部收"韠"字。训所以蔽前，与《说文》同。皮部之"皽"，训韦。韠为名词，皽为动词。

以上《玉篇》比《说文》增加之字。或有必须增加者，或有不须增加者，分别观之。即一部推之他部，文字增之故，可以思矣。

《大广益会玉篇》，非顾野王之旧。日本之《玉篇》零卷，据黎庶昌、杨守敬考核，确为顾氏原本，刊于《古逸丛书》内，计存"言"不全。"誩""曰""乃""丂""可""兮""亏""云""音""告""凵""吅""品""喿""龠""册""欠""食""甘""旨""次"不全。"幸"不全。"放""开""左""工""卜""兆""用""爻""燚""車"不全。"舟"不全。"方""水"不全。"糸""系""素""絲""茻""率""索"四十三部。以今本核之，"車"部多七十三字，"舟"部多四十六字，"糸"部多一百三字；其他各部，所差尚少。杨守敬云："野王所收之字，大抵本于《说文》；其有出于《说文》之外者，多引《三仓》等书。于字异义同，且两部或数部并收。"余细读其书，诚如杨氏之言；而其注解，亦有条例，先出音，次证，次案，次广证，次又一体。略有五例，虽不必每字注解，五例俱全，而大概如是。视广益本仅有字音与单注解不同矣。移录四条于下，以见顾氏原本注解之完备。

谦：去兼反。音。《周易》："谦轻也。天道亏盈而益谦，地道变盈而流谦，鬼神害盈而福谦，人道恶盈而好谦。谦尊而光，卑而不可逾。"证。野王案："谦，犹冲让也。"《尚书》"满招损，谦受益"是也。案。《国语》："谦谦之德。"贾逵曰："谦谦，犹小小也。"《说文》："谦敬也。"《仓颉篇》："谦虚也。"广证。

讬：他各反。音。《公羊传》："讬不得已。"何休曰："因托以也。"《论语》："可以讬六尺之孤。"证。野王案《方言》："讬寄也；凡寄为讬。"案。《广雅》："讬依也，讬累也。"广证。或为"侘"字，在人部。又一体。

亏：去为反。音。《毛诗》："不亏不崩。"笺云："亏，犹毁坏也。"证。《楚辞》："芳菲菲而难亏。"王逸曰："亏，歇也。"又曰："八柱何当，东南何亏。"王逸曰："亏，缺也。"《尔雅》："亏，毁也。"《说文》："亏，气损也。"《广雅》："亏，去也；亏，以也。"广证。或为"虧"字，在亏部。又一体。

龤：胡皆反。音。《说文》："乐和龤也。"《虞书》："八音克龤是也。"证。野王案此谓："弦管之调和也。"案。今为谐字也，在言部。又一体。

观上四条：一，引证悉出原书，可以复按。二，证据不孤，增加训诂学之价值。三，案语明白，有的确之解说。四，广搜异体，并注属于何部，便于检查。五，保存古书之材料，此皆远过于广益本也。广益本不仅引书不详所出，而所用之切语，与顾氏原本所用之反语亦多不同。盖《玉篇》初经萧恺删改，继经孙强增加，复经陈彭年等重修，已不能作顾野王之《玉篇》读。此读《玉篇》者所当知也。《玉篇》原本，除《古逸丛书》之《玉篇》零卷外，有罗振玉影印之残本。今世通行者，一曹氏栋亭本，二张氏泽存堂本。《四部丛刊》影印元建安郑氏本。

注释

[1] 见《陈书》三十卷《列传》第二十四。

[2] 见《春融堂集·玉篇跋》。

[3] 所增添之十三部："父""肿""書"已详于前。其余十部："云"部三字："？""黔""会"；"枭"部二字："鵤""猷"；"尢"部一字："戡"；"處"部二字："黐""齷"；"兆"部一字："朏"；"殸"部八字："磬""馨""聲""罄""磬""磬""鏧""聲"；"索"部二字："辇""絡"；"弋"部三字："馘""叔""弑"；"罩"部一字："羅"；"丈"部二字："受""赳"。"云"部、"兆"部，可不必增添者也。

[4] 顾氏原本："饔于恭反，周礼内饔，中士四人。郑玄曰：'饔者，割烹煎和之称也。'又曰：'凡宾客之食饔。'郑玄曰：'食者客始至之礼也，饔者将币之礼也，于客莫盛于饔也。'《说文》：'熟食也。'或为今雍，在二部。"计六十九字。广益本："饔，于恭切；熟食也。"计七字。以"饔"字计之，原本注多于广益本几十倍也。

第二编
文字学前期时代　唐宋元明

李阳冰之擅改

　　文字学之重要书籍，为《说文解字》。《说文解字》一书，在唐时经过李阳冰之擅改。阳冰字少温，赵郡人，以词翰名；肃宗乾元时为缙云令，后迁当涂令；善篆书。好以私意说文字，不守许叔重之旧，见于徐锴《祛妄篇》者约五十余字。[1] 徐锴驳之云："《说文》之学久矣，其说有不可得而详者，通识君子，所宜详而论之。楚夏殊音，方俗异语，六书之内，形声居多，其会意之字，学者不了。鄙近传写，多妄加声字，笃论之士，所宜隐括。而李阳冰随而讥之，以为己力，不亦诬乎！自《切韵》《玉篇》之兴，《说文》之学，湮废泯没，能省读者，不能二三，弃本逐末，乃至于此，沮诵逾远，许慎不作，世之知者，有以振之可也。前代学者，所讥文字，盖亦有矣。中兴书缺，不可得尽。此盖作者之冠冕，而后来之妄，故略记所忆作《祛妄篇》。"徐锴之斥李阳冰，可谓至矣；阳冰之书不传。据《祛妄篇》之所举，诚多谬妄无根之说，如"更为墨斗，率为车"，此字义之谬妄无根也。"非两手相背，未从上小"，此字形之谬妄无根也。"血从一声，豐从丰声"，此字声之谬妄无根也。宋王安石之《字说》："极多此种私意之说解。"[2]明人之文字学，亦复如是。[3]近代四川、云南等省，治文字学者，尚未脱此种私意说解之习。[4]然阳冰之说，虽不合于许慎之本书，或文字之原始，而亦有致疑之处，颇与学理相合。如"斯为自斯，折人手折之，隹以雅字从隹，知非短尾之称"。绳以六书之例，自应如是，即以"才为木干去枝，竹非艸类"，亦颇有意思。盖六书本是后人整理文字所定之名称，小篆亦是整理文字时齐一之笔画，如有可疑之处，当加以研究，不宜死守前人之成规。不过须有的确之证据，不能仅以私意说也。如甲骨文"隹""鸟"为一字，则阳冰之说，在当时只可谓之无根，不可谓之谬妄。自《说文解字》以后，为文字学之研究，不仅为文字书之搜集，当推阳冰。故在文字学前期时代首述之。

注释

[1]徐锴《说文解字系传》卷三十六《祛妄》，即祛李阳冰之妄。兹从其书中录出阳冰之说，以见擅改之迹：

弌（一）阳冰曰："弌，质也。天地既分，人生其间，皆形质已成，故一、二、三皆从一。"

毒（毒）《说文》："从中，每声。"阳冰云："从中，母出地之盛。从土，土可制毒。非取每声，每乌代切。"

斯（斯、折）《说文》："断艸，籀文从手。"阳冰云："斯折各异，斯自斯，折人手折之。"

（路）　《说文》："从足，各声。"阳冰云："非各声，从足辂省。"

（龠）　《说文》："乐竹管，以和众声。从品仑。仑，理也。"阳冰云："从亼册，亼古集字，品象众窍，盖集众管如册之形而置窍尔。"

（羊）　《说文》："撖也。倒入一为干，入二为羊，言稍甚也。"阳冰云："干一为羊。"

（叚）　《说文》："从又，从コ㞋阙。"阳冰云："从㞋，㞋予也。コ器也。又手也。手持器为求之于人，人与之也。"

（隹）　《说文》："鸟之短尾总名。"阳冰云："鸟之总称尔，雅长尾而从隹，知非短尾之称。"

（叀）　《说文》："专小谨也。从幺省，中才见，中亦声。"阳冰云："墨斗，中形象车轴头軎墨之形。上书平引，不从中也。"

（幺）　《说文》："小也。象子初生之形。"阳冰云："厶，不公也。重厶为幺，蒙昧之象也。会意。"

（疐）　《说文》："阂也。从叀，引而止之。"阳冰云："车前重不前合，从车，宜上画平，不从中明矣。"

（刃）　《说文》："刃，刀之坚利处，象有刃之形。"阳冰曰："刀面曰刃，一示其处所也。此会意。"

（竹）　《说文》："冬生艸。"阳冰云："谓之艸非也。"

（豊）　《说文》："豆之丰满者。象形。"阳冰云："山中之丰，乃丰声也。"

（血）　《说文》："血祭所献也。从皿，一血也。"阳冰云："从一声。"

（主）　阳冰云："凵象膏泽之气，土象土木为台，气主火之义。会意。"

（亼）　《说文》："三合也。从入一，象三合形。"阳冰云："入者合集之义，自一而成乎亿万。入者集之初，故从入从一。"

䇂（矤） 《说文》："词也。从矢，引省声。矢者取词之初所之。"阳冰云："仓颉作字，无形象者，则取音以为之训，矢引则为矤，其类往往而有之，矤字是也。"

朩（木） 《说文》："从屮，下象其根。"阳冰云："象木之形，木者五行之一，岂取象于艸乎。"

才（才） 《说文》："艸木之初也。从丨贯一，将生枝也。一地也。"阳冰云："才木之干也，木体枝上曲，今去其枝，但有槎枿。"

日（日） 《说文》："阳精不亏，从口一。"阳冰云："古人正圆象日形，其中一点象乌，非口一，盖篆籀方其外引其点尔。"

𪚔（齐） 《说文》："禾麦吐穗上平。象形。"阳冰云："二物相并，乃齐平。"

米（米） 《说文》："穬粟实也。象禾实之形。"阳冰云："象在穗上之形。"

尗（尗） 《说文》："象菽生形。"阳冰云："父之弟为叔，从上小，言其尊行居上而己小也。"

弔（弔） 《说文》："古者葬之中野，以弓驱禽兽，人遇弓为弔。"阳冰云："弔从二人往返相弔问之义。"

袁（袁） 《说文》："从衣，叀省声。"阳冰云："从衣中口，非叀省。"

秃（秃） 《说文》："人无发也。从禾。王育说：'仓颉出见秃人伏禾中'，未知其审。"阳冰云："从穋省声。"

欠（欠） 《说文》："张口气悟也。象气从人上出之形。"阳冰云："上象人开口，下象气。许氏擅改作𣢏，无所据也。"

𠙴（𠙴） 《说文》："象𠙴相合分之形。"阳冰云："昌字从𠙴而生，一重为𠙴，二重为皀，三重为昌。"

長（长） 《说文》："从兀，从匕，从倒亡。"阳冰云："非倒亡声。倒亡，不亡也。"

豸（豸） 《说文》："兽长脊，行豸豸也。"阳冰云："从肉力。"

佱（法） 古法字。阳冰云："注一所以驱人之正。"

狀（狀） 阳冰云："象形之中，犬字象似文之尤者，故狀从犬。"

州（州） 《说文》："九州地之高者，从重川为州。"阳冰云："三丩为州。"

仌（仌） 《说文》："象水凝冰形。"阳冰云："象冰裂之形。"

龖（龍） 《说文》："象肉飞之形。"阳冰云："右旁反半弱，象天矫飞腾形。"

非（非） 《说文》："背违也。从飞下翅，取其相背。"阳冰云："两手相背也。"

直（直） 《说文》："正见也。故从十目乚。"阳冰云："正视难见，故从乚。音隐。"

率（率） 《说文》："捕鸟毕也。象丝罔，上下其竿柄也。"阳冰云："率，车也。玄，牵省。系，系相牵之义。入，集也。八，八众象也。十，十人也。作捕鸟之具，许氏误用。"

土（土） 《说文》："二象地之下地之中，丨物出也。"阳冰云："土数五，成数十。取成数，下一地也。"

封（封） 《说文》："爵诸侯之土，从之土寸，寸其制度。"阳冰云："从古文圭。古文圭从丰，一之下土，音皇非封。"

壾（壾） 《说文》："从雷省，从土。土，所以止。此与畱同意。"阳冰云："从卯，卯时人不卧。"

金（金） 《说文》："从土，左右注，象金在土中形，今声。"阳冰云："许慎金体非。"

勺（勺） 《说文》："挹取也。象形。中有质，与包同意。"阳冰云："古文不从屈一之体，并从勹，勹一为勺，二为匀。一少也，二渐多也，两均之义。许氏同俗辈云'一勺为與'，便谓中画屈一，则與与字同部；又云'包同意'，此正勹也。岂得为同意哉，移入勺部，之略反，夕如此，许氏勺如此。"

与（与） 《说文》："赐予也。一勺为与，与予皆同。"阳冰云：

"中画盘屈，两头各钩，有交互相与之义，与互同意。许云'一勺'，甚涉迂诞，与屈中为虫何殊。"

𢀳（巴）　《说文》："蛇食象形。"阳冰云："从巳中一。"

𠦒（庚）　《说文》："秋时万物庚庚有实也。"阳冰云："从𠂉、𢆉，象人两手把干，立庚庚然，《史记》'大横庚庚'是也。"

𠫓（去）　《说文》："不顺，忽出也。从倒子，不孝子突出也。"阳冰云："疏流二字并从古𠫓，疏通流行也，岂不顺哉？"

午（午）　《说文》："牾也。五月阴气午逆，阳气冒地而出，与矢同意。"阳冰云："五月笋成竹之半枝出地。"

戌（戌）　《说文》："九月万物毕成，阳下入地。从戊含一也。五行土生于戊，盛于戌，从戊一声。"阳冰云："戊土也，一阳也。阳气入地，一固非声。"

亥（亥）　《说文》："二古上字。一人男，一人女。从乙，象裹子咳咳之形。"阳冰云："古文本象豕形，诸义穿凿之尔。豕古文，亥从豕，本象豕减一画尔，篆文乃从二首六身。"

[2]见下"王安石之新说。"

[3]赵宧光《说文长笺》："顾炎武斥其好行小慧，如以'青青子衿'之'衿'即'衾'字是。韩洽之《篆学测解》，亦多新说，如以'风'字之'凡'为'帆'，'虫'为'它'，'风'藉'帆'为用，它者动之意是。"

[4]四川吕吴之《六书十二传声》："东古栋字，⊖在木间，象木工所图大极形也是。"吕清，光绪间人。而民国十八年、二十年出版之《苍石山房文字谈》与《说文匡鄦》，尚多此种无根之新说。

颜师古、颜元孙之"正字体"以及郭忠恕之《佩觿》等

自改篆为隶以后，又经过南北朝之俗书。百念为"憂"，忧。言反为"戛"，变。不用为"甭"，罢。追来为"𨃫"，

颜师古
——从清道光十年（1830）刊本《古圣贤像传略》

归。更生为"甦"，苏。先人为"尥"，老。文子为"孝"，学。老女为"姥"；母。以及席中加带作"席"，恶上安西作"恶"，凿头生毁作"鑿"，离则配禹作"離"；以及"彳"作"亻"，"亻"作"彳"，"木"作"扌"等。见于《说文统释序》《金石文字辨异》与汉碑、魏志墨拓者，不遑悉举。[1]唐颜师古考定《五经文字》，而有《字样》一书。[2]杜延业又稍事增加，而有《新定字样》一书。[3]《字样》者笔画之准绳也，今其书皆佚。据汪黎庆所辑录，如：鉤、《字样》。句之类，并无著厶者；轨，《字样》。以九，则其书之大概可知。颜元孙本之作《干禄字书》，[4]其名干禄者，元孙《自序》云："筮仕观光，惟人所急，循名责实，有国恒规。既考文辞，兼详翰墨，升沈是系，安可忽诸。用舍之间，尤须折衷，目以干禄，义在兹乎。"则其作书之用意可见，其书以平上去入四声为次，具言俗、通、正三体。所谓俗者，例皆浅近，唯籍帐、文案、券契、药方等所用之字，如"衷"作"裹"，"兒作"児"是。所谓通者，相承久远，可以施表奏、笺启、尺牍、判状之用，如

"采""採"通，"阪""坂"通是。所谓正者，并有凭据、著述、文章、对策、碑碣当用之字，用以纠正不正之字体，如"泒"正作"派"，"苐"正作"第"是。此书唐大历九年，真卿官湖州时，书以勒石；开成四年，杨汉公复摹刻于蜀中；宋宝祐丁巳，衡阳陈兰孙，始以湖本锓木。此正字体之第一书也。自是以后，宋娄机有《广干禄字书》五卷，[5]凡一字数义，一义数字，较其同异，并载本原，总为字七千六百。郭忠恕有《佩觿》三卷，[6]上卷备论形声讹变之由，分为三科：一曰，造字之旨，始于象形，中则止戈反正，而省声生焉。二曰，四声之作，始于譬况，中则近烟为殪，而翻语生焉。三曰，传写之差，始则五日三豕，帝虎鲁鱼，中则兴云剖疑，其论历举俗书之误。钱大昭之《说文统释序》，即本此而加以扩充者也。中下二卷，则取字画疑似者，以四声分十段：一曰，平声自相对。如"松"，祥容翻，木名，松章容翻，不安貌。二曰，平声上声相对。如"侨"，其遥翻，侨如人名；僑，巨眇翻，行貌。三曰，平声去声相对。如"棑"，皮拜翻，船头；排，皮皆翻，排比。四曰，平声入声相对。如"钖"，弋良翻，马额饰；锡，先击翻，金锡。五曰，上声自相对。如"宠"，丑陇翻，宠爱；竉，力董翻，孔竉。六曰，上声去声相对。如"受"，殖酉翻，传受；受，都导翻，人姓。七曰，上声入声相对。如"少"，申兆翻，不多；尐，他末翻，蹈也。八曰，去声自相对。如"戾"，他计翻，辎车之旁；戾，来计翻，曲也。九曰，去声入声相对。如"束"，千赐翻，木芒；束，收录翻，束缚。十曰，入声自相对。如"苜"，莫割翻，目不正也；苜，莫卜翻，苜蓿菜。虽分十段，其例则一，盖清朝以前著文字学书者，好以韵区分，其习尚如是。末附与篇韵音义异者十五字，辨证舛误者一百十九字，是后人所加。惠栋《九经古义》，尝驳其书，而《四库全书提要》，则谓其书颇有价值；[7]其他如释适之之《金壶字考》、颜愍楚之《俗书证误》、王雱之《字书误读》，[8]此皆宋朝以前之正俗书，而不必根据《说文解字》者也。其他如清之《洄澜字义》《字学举隅》等，其书颇多，悉踵《干禄字书》之遗，而为考试缮写之用，无与于文字学，不复述焉。

注释

[1]《说文统释序》，清钱大昭撰并注。大昭著《说文统释》六十卷，未刊行，序一篇，都三万余言。

《金石文字辨异》十二卷，清邢澍撰。澍，字雨民，号自轩，甘肃阶州人。乾隆庚戌进士，官至江西南安府知府。著此书辨笔画异同，《楷法溯原》《碑别字》等书，皆踵此而作，刊在《聚学轩丛书》内。

[2]《唐书·儒学传》曰："帝尝叹五经去圣远，传习浸讹，诏师古于秘书考定，多所厘正。"颜元孙《干禄字书序》曰："元孙伯祖故秘书监，贞观中刊正经籍，因录字体数，以示譬，当代共传，号为颜氏《字样》。"《字样》今不传，汪黎庆辑有九条，刊入《广仓学窘丛书》内。

[3]颜元孙《干禄字书序》曰："后有群书，新定《字样》，是学士杜延业所修，虽稍增加，然无条贯。"

[4]元孙，师古之侄孙，昊卿之父，真卿之诸父也。谢启昆《小学考》云："师古《字样》，即元孙《干禄字书》之所本。"

[5]《宋史·娄机传》："机，字彦发，嘉兴人，乾道二年进士。中兴

《艺文志》，机取《说文》及诸家字书，为《广干禄字书》，盖广颜元孙之书也。"

[6]《谈苑》，郭恕先，洛阳人。本名忠恕，字恕先，后只称字。少能属文，善史书、小学，通九经。按忠恕所著，有《汗简》七卷、《佩觽》三卷；《汗简》见后，《佩觽》在《铁华馆丛书》内。

[7]《四库全书提要》云："惠栋《九经古义》，尝驳忠恕以'示'字为'视'，而反以视为俗字。今考其中，如谓'车'字音尺遮反，本无居音，盖因韦昭《辨释名》之说，未免失于考订。又书号八分，久有旧训，蔡文姬述其父语，自必无讹。乃以为八体之外，别分此体，强为穿凿，亦属支离。至于以'天承口'为'吴'，已见《越绝书》，而引《三国志》为征。景为古影字，已见高诱《淮南子注》，而云葛洪《字苑》加多。又陶侃本字士行，而误作士衡；东方朔以来来为棶，本约略相似，而遂造棶字，均病微疏。然忠恕洞解六书，故所言具中条理。如辨逢姓之'逢'音皮江反，不得读如逢遇本字，证之《汉隶字原》'逢'字下，引《逢盛碑》通作'逢'，亦仍作皮江反，可证颜师古之讹。又若辨'角里'本作'角里'，与角亢字无异，亦不用颜师古恐人误读，故加一拂之说，证之汉四老神位神胙几石刻；'角里'实作'角里'，与此书合，则知忠恕所论，较他家精确多矣。"

[8]清嘉庆时管受之，合《干禄字书》《金壶字考》《俗书证误》《字书误读》四种，为同文考证。

正字体之《复古编》等

自颜师古、颜元孙之正字体以后，有唐一代有欧阳融之《经典分毫正字》，[1]其书已佚，无由知其内容。观其题名，大概亦是正字体之作。至宋郭忠恕之《佩觽》，则其视正字体之范围，已为推广，记之于上矣。嗣有作者，当推张有之《复古编》。[2]张有之书，略仿颜元孙《干禄字书》正、俗、通三体之例，而例加密。正体用篆文，别体俗体，载于注中。如："橒，博棊，从木其声，别作碁非。""䚯，相欺讹，一曰遗也；别作诒俗，即棊讹正，碁别诒俗也。"入声之后，附辨证六门：一曰，联绵字。如："劈历"，劈，破也；历，过也；别作"霹雳"非。"消摇"，犹翱翔也；别作"逍遥"；《字林》所加。二曰，形声相类。如："楼"为续木，"接"为交接，并子叶切；声相类也。一从木，一从才；形相类也。"胁"，晦而月见西方谓之胁；"胁"，兆祭也；并土子切。声相类也。一从月，一从肉，隶书偏旁肉作月；形相类也。三曰，形相类。如："䚯"，从肉从言；"䚯"，从肉从缶；䚯，余招切，徒歌也。䚯，以周切，瓦器。声不类而形类也。"皀"，从曰，望远合也；"皂"，象嘉谷在裹中形，匕以扱之。皀，乌皎切，皂，皮及切，又音香。声不类而形类也。四曰，声相类。如：玩，弄也；从玉元，或从贝。翫，习厌也；从习元，并读五换切。形不类而声类也。启，开也；从户口；啟，教也；从攴启；并读康礼切。形不类而声类也。五曰，笔迹小异。如：䚯䚯二篆，一则中画直，一则中画不直；小异也。革革二篆，一则中作口，一则中作口；小异也。六曰，上正下讹。如："天"篆作兲，作兲；兲正兲讹；"阜"篆作𣃔，作𣃔；𣃔正𣃔讹。剖析颇为精密，足为认识文字者之指导，清钱大昕颇称其书。"儵"当作"修"，"萨"当作"薛"。向论俗书，矜为创获，读谦中书皆已有之。惟亦不免谬误之处，如："琵琶"乃"擸把"之讹，而以为"枇杷"；"凹凸"乃"窅突"之俗，而以为"坳垤"；"认"古书做"仞"，而以为"迈";"妙"古书作"眇"，而以为"纱"。"粲"与"突"，"须"与"滇"，"畐"与"荅"，形声俱别，而并为一文，[3]是亦可以知其书之价值矣。张书而外，吴均有《增修复古编》，[4]戚崇僧有《后复古编》，[5]泰不华有《重类复古编》，[6]刘致有《复古纠缪编》，[7]曹本有《续复古编》。[8]以上存者，惟吴均与曹本之书。吴氏之书，颇不谨严，如"仝"字之类，引及道书，则其取材极不可靠也。清《四库全书提要》议其芜杂而不尽确，所分六书，尤多舛误，且其书似已佚失其半，未为全本。曹氏之书，体例悉照张有。张书二千七百六十一字，曹书六千四十九字，则比较张书为扩大。又于附录中，增音同字异一门，收二千三百六十七字，其实只能谓之字同体异。盖其所收者，即同为一字，而遍及或体及籀文与古文也。诸《复古编》之外，类似之书有四：一，周伯琦之《六书正讹》；[9]二，李文仲之《字鉴》；[10]三，赵曾望之《字学举隅》；[11]四，张式曾之《说文证异》。[12]周伯琦尝谓："张有失之拘，郑樵过于奇，戴侗病于杂，乃著《六书正讹》。以《礼部韵略》，分隶诸字。以小篆为主，先注制字之义；而以隶作某，俗作某，辨别于下，亦有牵强之处，论者谓不如张有之《复古编》。"李文仲之《字鉴》，本其世父伯英之《类音》而成。先是伯英以六书惟假借难明，乃就典籍中字同音异者，正其字画，辑《类音》一书；以字为本，以音为干，以义训为枝叶。文仲更其所未及，刊除俗谬，作《字鉴》一书。依二百六十部韵，分列诸字，辨其形义。如："霸"不从"西"，"卧"不从"卜"；"豊""豐"之别，

"鍾""鐘"之异,亦可观也。赵曾望之《字学举隅》,分为八类:一,洗谬。俗字之谬,有因不明其体而妄作者洗之;俗字之谬,有因不达其用而孅收者洗之。二,舍新。徐氏新附诸文,择其可取者取之,余则舍之。三,补偏。即偏旁之学。四,劈溷。如:䒳、𠦝、𡗗、𡗜、𡘋不同,而隶作春、舂、奉、奏、泰,皆作𡗗也。五,观通。如"人"与"臣"通,"仆"古作"𦒞"也。六,省变。如"帝"古省作"帝"。七,明微。辨笔画之类。八,谈屑。其书可为学篆者之助,其他无甚精义。张式曾之《说文证异》,其例有二:一,异义正误。如"凶"为"恶","兇"为"扰恐",不可通用。二,异体并用。如"馗""逵"不同,实为一字,亦犹《干禄字书》之例也。赵张之书,虽在清朝,以其皆正字体之书,联类记之。

注释

[1]《崇文总目》曰:"《经典分毫字样》一卷,唐太学博士欧阳融撰。"

[2]《四库全书提要》曰:"有字谦中,湖州人,张先之孙。所著《复古编》之书,根据《说文》,以辨俗体之讹,以四声分隶诸字,于正体用篆书,而别体、俗体则附载注中。"

[3]见《潜研堂文集》二十七卷《跋复古篇》。

[4]《四库全书提要》曰:"旧本题'吴均撰',但自署其字曰'仲平',不著爵里,亦不著时代。其凡例称注释用《黄氏韵会》,而书分部全从周德清《中原音韵》,则元以后人。"

[5]黄溍《文献集》:"《戚君墓志》曰:'君讳崇僧,仲咸其字也,永康人。'所著有《后复古编》一卷。"

[6]《元史·泰不华传》曰:"泰不华,字兼善,伯牙吾台氏,初名达普化,文宗赐以今名。年十七,浙江乡试第一;明年对策大廷,则进士及第,授集贤修撰。累迁台州路达鲁花赤,卒追封魏国公,谥忠介。泰不华善篆隶,温润通劲。著《重类复古编》十卷,考正文字,于经史多有据云。"
[7]见《山西通志书目》。
[8]曹本字子学,大名人。其书四卷,成于元至正十二年,前有危素等序,据其自序,所以补张有《复古编》之遗。
[9]《元史·周伯琦传》曰:"伯琦,字伯温,饶州人。博学工文章,尤以篆、隶、真、草擅名。尝著《六书正讹》《说文字原》二书。"
[10]李文仲,元吴郡人,李伯英犹子。著《字鉴》五卷。
[11]赵曾望,字绍庭,清丹徒人。与专为临文备览之《字学举隅》不同。
[12]张式曾,字孟则,清武进人,皋文先生曾孙。其书稿本未刻,有吴大澂序。

张参、贾昌朝之群经文字

唐以《说文》《字林》、石经,为书写文字之标准。所以群经文字,注意者极多。陆德明著《经典释文》,[1]即为当时群经文字之巨著。其例条虽言"岂必飞禽即须安鸟,水族便应著鱼,虫属要作虫旁,草类皆从两艸",以及"鼃鼄从龟,乱辞从舌,用攴代文,将无混无"之类。关于字体,亦曾注意,然其书究为音义之书,兹编不复详论。以群经文字,分部编纂,为读经之是正者,当推张参之《五经文字》。[2]其自序:"以经典之文,六十余万,既字带或体,[3]音非一读。[4]学者传受,义有所存,离之若有失,合之则难并。"据此则其撰《五经文字》之意义可知,其书分为一百六十部,凡三千二百三十五字，区为三卷。其取材采之《说文》，以明六书之要；[5]有不备者，求之《字林》。[6]其或古体难明，则以石经比例为助；[7]石经湮没，通以《经典》及释文相承隶省者引伸之。[8]其辨别《说文》与石经之字，如木部"桃""杒"注云："上《说文》，下石经，凡字从兆者皆仿此。"米部"粲""䊮"注云："上《说文》，下石经，从灮者讹。"其辨别《说文》与《经典》相承隶省之字，如手部"揆""探"注云："上《说文》，下《经典》，相承隶省。"如止部"歲""崴"注云："上《说文》，下《经典》，相承隶省。"其辨别字书所无而见于群经者，如人部"偵"注云："丁田反，颠倒字；案字书无此字，见《春秋传》。"手部"撤"注云："去也；按字书无此字，见《论语》。"其辨别群经之字与字书同字者，如木部"柙"注云："与匣同，见《论语》。"缶部"罃"注云："与罌同，又乌耕反；晋大夫名，见《春秋传》。"其他辨别笔画之讹者颇多，如木部"梅"注云："从每，每字下作母，从毋者讹；毋音无，诸从母者仿此。""权"注云："从手者古拳握字，今不行，俗作攉讹。"宀部"实"注云："食栗反，从毌，毌公丸反；象形，从毋者皆讹。""害""寋"注云："从丰，丰音介；石经省从士，从工者讹。"其书初写于屋壁，后易以木版，复易于石刻，最后始镂版印行焉。[9]《九经字样》者，唐玄度撰，[10]所以补张参《五经文字》之略也。其自序云："大历中司业张参，掇众字之谬，著为定体，号曰《五经文字》。传写岁久，或失旧规，今补冗漏，一以正之，又于《五经文字》本部之中，采其疑误。旧未载者，撰成《新加九经字样》一卷，凡七十六部，四百二十一文。其偏旁上下，本部所无者，乃纂《杂辨部》以统之。"[11]此四百二十一文，皆出于三千二百三十五之外。两书共计，群经文字，当为三千六百五十六。又据开成二年八月十二日牒，群经文字、隶变之后，继以楷变；《五经文字》《九经字样》两书，直可寻出其变迁之迹。[12]如："秝作𠀆，弄作予，覀作要，亱作夜"之类，皆可于此书中见之。篆、隶、楷之递变，此亦文字学史上之一重要事也。自是而后，至宋朝贾昌朝，而有《群经音辨》之作。[13]凡五门：一曰，辨字同音异。如"趋，疾行也；七俞切。趋，行夜也；庄九切。趋，徇也；七喻切"之类。二曰，辨字音清浊。如"衣，身章也；于希切。施诸身曰'衣'，于既切"之类。三曰，辨彼此异音。如"取于人曰假，古雅切；与之曰假，古讶切"之类。四曰，辨字音疑混。如"居高定体曰上，时亮切；自下而升曰上，时掌切"之类。五曰，辨字训得失。如"颂从页，《说文》以为容貌字，《经典》以为歌颂字"之类。其书虽亦关于音义，而与《经典释文》不同。《经典释文》博采汉魏以来之音义，使人阅之，而自求其音义之变迁。《群经音辨》则辨别其音读，以致义训之不同。辨别其义训，以致音读之各异。而第五门如"原"《说文》本作厵，"冰"《尚书》古文凝，"乱"《尚书》古文治，"赓"《说文》以为古续字之类，不仅关于音义已也，故与群经文字而类记之。

注释

[1] 唐陆元朗,字德明,以字行,吴人。博采汉魏六朝音切,凡二百三十余家,又兼采诸儒之训诂,各本之异同,著《经典释文》三十卷,为汉魏以来群经音义之总汇。

[2] 林罕《字源小说》曰:"大历中,司业张参作《五经文字》三卷,凡一百六十部。"顾炎武《日知录》曰:"张参《五经文字》,据《说文》《字林》,刊正谬失,甚有功于学者。"朱彝尊曰:"参在开元、天宝间,举明经,至大历初佐司封郎,寻授国子司业。其姓名仅一见于宰相世系表,一见于《艺文志》小学类,他不详焉。"

[3] 若"鼏""幂"同物,"《礼》""《经》"相舛,"蒮""薳"同姓,《春秋》互出。

[4] 若乡原之"乡"为向,取材之"材"为哉。

[5] 若古文作"明",篆文作"朙";古文作"坐",篆文作"坙"之类。古体经典通行,不必改而从篆。

[6] 若"袳袆""逍遥"之类,《说文》漏略,今得之于《字林》。

[7] 若"宐"变为"宜","晋"变为"晋"之类,《说文》"宐""晋",人所难识,则以石经、遗文"宜"与"晋"代之。

[8] 若"鬵"变为"寿","槀"变为"栗"之类,石经湮没,经典及释文,相承如此作。

[9] 《四库全书提要》云:"刘禹锡《国学新修五经壁记》:'大历中名儒张参为国子司业,始详定《五经》书于讲论堂东西之壁,积六十余载。祭酒皞博士公肃,再新壁,乃析坚木负墉而比之,其制如版牍而高广,背施阴关,使众如一。'观此可以知《五经文字》初书于屋壁,其后易以木版,至开成乃易以石刻也。"又云:"考《册府元龟》,称周显德二年,尚书左丞兼判国子监事田敏,献印版书《五经文字》,奏称'臣等自长兴三年校勘雕印九经书籍',然则此书刻本,在印板书甫创之初已有之,特其本不传耳。"

[10]《四库全书提要》云："玄度里籍未详，惟据此书，知其开成中官翰林待诏，考《唐会要》，称太和七年二月，敕唐玄度覆定石经字体，十二月敕于国子监讲论堂两廊，创立石'九经玄度'字样，盖于是时。"

[11]《杂辨部》注云："缘文字不多，若依《说文》，各出部目，即为繁冗，以类相从，并入诸部外，其偏旁意义不同者，共编为此部。"

[12]开成二年八月十二日牒云："右国子监奏得覆定石经字体，官翰林待诏朝议郎权知沔王友上柱国赐绯鱼袋唐玄度状，准大和七年十二月五日敕，覆定九经字体者，今所详覆，多依司业张参《五经文字》为准。其旧字样，岁月将久，画点参差，传写相承，渐致乖误，今并就字书参详，改就正讫。诸经之中，别有疑阙，旧字样未载者，古今体异隶变不同。如"惣"据《说文》，即古体"惊"俗，若依近代文字，或传写乖讹。今与校勘，官同商较，是非取其适中，纂录为《新加九经字样》一卷。或经典相承，与字义不同者，具引文以注解。今刊削有成，请附于《五经字样》之末，用证纰误者。"

[13]《宋史·贾昌朝传》云："昌朝，字子明，真定获鹿人。景祐中置崇政殿说书，以授昌朝，诵说明白；帝多所质问，昌朝请记录以进，赐名'迩英延义'记注，加直集贤院。著《群经音辨》。"《通志》七卷，《宋志》三卷，今本七卷，《自序》亦七卷，《宋志》误。

唐武后之创制新字

自文字发生以后，制造者非一时，非一地，更非一人。观甲骨文与金文，每一文字，而形体各殊，即可见也。郑樵《通志·六书略》："有古今殊文，一代殊文，诸国殊文等图；[1]所收殊文，容有错误。古来文字之殊异，则是事实也。"所以然者，因文字之创制日多，其势遂不能不殊异。自秦罢殊文而后，而文字遂统一焉。[2]但篆变为隶，不仅隶体违异，而亦影响于篆。[3]许叔重记《说文解字》，以明字例之条，而文字若不容后人复有创制，儒者论文字，无论隶楷，皆绳以《说文解字》之条例；《说文解字》所无者，即谓之俗书。[4]但是事物由简而繁，文字由少而多，此乃自然之趋势，不能不创制新字也。文字既已楷变，未能尽合六书之条例，亦事之无可如何者。创制新字，不可纯以《说文解字》之条例议之也。且新字创制，不自唐武后始，如"炅""呑""炔"三字，乃秦博士桂真之后，避地别居，各以为姓所制之字。"罿""茴""霓""覇""钜""晶""寇""燓"八字，乃孙亮命子名所制之字。秦人以市买多得为"夃"，始皇以"皋"似"皇"改而为"罪"。對旧作"對"，汉文以言多非诚，故去口作"對"。隋旧作"随"，文帝以周齐不遑宁处，故去"辶"作"隋"。叠旧作"疊"，新室以三日太盛，改为三田。瓟旧作"骢"，宋明以禺类祸，改而为瓜。形影之"影"旧作景，葛稚川加"彡"于右。[5]军阵之"阵"旧作陈，王逸少去东用车。尼丘之山，《三仓》合而为"㟧"。章贡之水，后人合而为"赣"。"荒昬"二义，元次山谥隋炀帝，合而为"醵"。"鄘"本一名，汉光武分而为高邑。"鄭"嫌近"鄭"，"幽"嫌近"幽"；唐明皇改"鄭"为"莫"，改"幽"为"邠"。[6]以上创制之新字，多数在唐武后之前。《唐书·艺文志》：有武后《字海》一百卷，[7]百卷之书今不传。世传武后创制之新字十有八：天为"丙"，地为"坔"，日为"囝"，月为"卍"，又为"匜"，星为"〇"，臣为"恶"，载为"薰"，初为"壐"，年为"乖"，正为"正",又为"𠙺",照为"𡕀",证为"𨻝",圣为"𡈚",授为"𥞥",戴为"𢧿",国为"圀"。新制十八字,以代旧十六字。[8]而王观国《学林》,又有"周"即君字,"厓"即人字,"夙"即吹字,[9]则创制者已不止十八字。王观国议其赘作,郑樵谓其草创有本,要皆未为平论。字当创作,乃文化进步当然之事,惟武后所制之二十一字,旧字既用为习惯,不必改作,且改作之新字,其笔画除星字外,皆繁于旧字,创制未为非是,惟创作之新字,则有可商量处也。百卷书中,创制之新字必多,《集韵》至韵引武玄之。"榮,木下垂貌";此字似出于武后《字书》。《唐志》:"《韵铨》十五卷,武玄之撰。"玄之之《韵诠》,当遵武后之《字书》而撰。[10]今《韵铨》亦亡矣。[11]唐代官家之文字书,又有《开元文字音义》三十卷,凡三百二十部。[12]据其序,其书补《说文》《字林》之缺,隶篆并载,今书亦已亡。[13]据慧琳《音义五》所引:"𪁐,鸟穷则啄,兽穷则攫,爪持曰𪁐。"《广韵》三十一洽、《五音集韵》十一洽所引:"𩜯,五味调肉菜。"诚《说文》《字林》所无,不知何时创制之新字,在唐代是否通用?此最为文字学史上有趣味之问题也。

注释

[1] 见《通志略》第五卷。
[2] 《说文解字叙》:"秦始皇初兼天下,丞相李斯乃奏同之,罢其不与秦文合者。"
[3] 如《说文解字》之或体、俗体,皆当汉时篆书之殊异者。

[4] 如"芙蓉"只作"夫容","崑崙"只作"昆侖";"鴛妇"之"鴛"不从鸟,"菓凤"之"菓"不从艹。凡《说文解字》所无之文字,悉是俗书,例不得用。

[5] "景"为古"影"字,已见高诱《淮南子注》,非始于葛稚川。见颜师古、颜元孙之正字体以及郭忠恕之《佩觿》等节注。

[6] 自炅、吞、烑三字以下,悉见于郑樵《通志略》第五卷。

[7]《唐书·艺文志》曰:"凡武后所著书,皆元万顷、范履冰、苗神容、周思茂、胡楚宾、卫业等撰。"

[8] 十八新字,见郑樵《通志略》第五卷。

[9] 王观国《学林》,据《唐史》所载十二字:曌(照)、丙(天)、坔(地)、囶(日)、卐(月)、〇(星)、圀(君)、恖(臣)、夾(吹)、𠭥(载)、𠡦(年)、㞢(正)、又:据《集韵》载"㠀"(人)、"圀"(国)二字,与郑樵《通志略》有出入。

[10] 王黎庆《小学丛残·韵铨序》:"《韵铨》或即武后字书,未可知也。考《志》又载武后《字海》一百卷,知武后于文字训诂之学,亦雅重者。武氏《韵铨》,定当遵承意旨。"

[11]《韵铨》,王黎庆辑二百七十二条,刊在《广仓学窘丛书》内。

[12]《中兴书目》曰:"《开元文字音义》二十五卷,玄宗撰。其序云:'古文字惟《说文》、《字林》,最有品式,因备所遗缺,首定隶书,次存篆字。凡三百二十部,合为三十卷。'今止存二十五卷。"

[13]《开元文字音义》,王黎庆辑四十六条,刊在《广仓学窘丛书》内。

徐铉之校订

《说文解字》一书,经唐李阳冰所乱,许君真本不传。阳冰改本,亦已佚失。今本《说文解字》最古者,惟大小二徐之书而已;大徐之书,尤为通行。在文字学史上,徐铉校订之功,可谓甚巨。[1]其书原十五卷,铉以篇帙繁重,每卷各分上

徐铉《私诚帖》
——现藏台北故宫博物院

下，共三十卷。《说文》阙载、注义及序例、偏旁有者，新补十九文于正文中，[2]经典相承传写，及时俗要用；而《说文》不载者，新附四百二文于正文后。[3]又以俗书讹谬，不合六书之体二十八文，及篆文笔迹相承小异者，附于全书之末。校订之外，稍有训释，如木部"木"字下、弓部"甹"字下，采锴之说。亦有铉按，每字皆用孙愐切音注于下。[4]此徐氏校订之功，不可没也。惟其校订有甚粗疏处，如："代"取"弋"声，徐以"弋"为非声，疑兼有"忒"音，不知"忒"亦从"弋"声也。"经"取"巠"声，徐以为当从"侄"省，不知"侄"亦从"巠"声也。"配"取"己"声，徐以"己"为非声，当从"妃"省，不知"妃"亦从"己"声也。"卦"取"圭"声，徐以"圭"声不相近，当从"挂"省，不知"挂"亦从"圭"

声也。"暵"取"堇"声,徐以为当从"漢"省,不知"漢"从"难"省声,"难"仍从"堇"声也。"籔"取"殿"声,徐以为当从"𣪊"省声,不知"殿"本从"屖"声,"𣪊"乃从"殿"声也。屖、𣪊古今字。"棶"取"枲"声,徐以"枲"为非声,不知"枲"从"台"声;《诗》"棶天之未阴雨",今本作"迨",亦从"台"声也。"轘"从"睘"声,徐以"睘"非声,当从"環"省,不知"睘"从袁声;環、翾、嬛、儇、獧之类,并从"睘"声,古人读"睘"如"環";《诗》:"独行睘睘。"释文本作"茕茕",与"睘"声相转,故多借通用,非"環""睘"有异声也。"熇"取"高"声,徐以"高"为非声,当从"嗃"省,不知"嗃"亦从"高"声;且《说文》无"嗃"字,徐氏据《周易》"王辅嗣本"增入;考刘表本作"熇",郑康成训苦热之意,亦当从火旁;"熇"之与"嗃",犹"妃"之与"配",本是一字,不当辗转取声也。"翚"取"军"声,徐以为当从"挥"省,不知"挥"亦从"军"声,"军"转为"威",犹"斤"转为"几";祈、圻、蕲、沂之取"斤"声,"挥""翚"之取"军"声,皆声之转,而徐未之知也。"能"取"㠯"声,徐以为非声;按"台"能皆以"㠯"得声,古人读能为奴来切;汉谚云:"欲得不能,光禄茂才。"不必鳖三足乃有此音也。"赣"取"竷"省声,徐云"竷非声",未详;按《诗》:"坎坎鼓我。"《说文》引作"竷竷","坎"与"空"声相转,故"空矣"一名"坎矣";"赣"为"竷"之转声,犹"凤"为"凡"之转声,而徐亦未之知也。"兑"取"谷"

声，徐以为非声，按"兑""说"同义，"说"即从"兑"得声，"台"转为"说"，犹"殄"转为"飧"，此四声之正转，而徐亦未之知也。"弼"取"丙"声，徐以为非声，按"丙"有三读，其一读如"誓"，誓以折得声；"弼"从"丙"得声，亦四声之正转，而徐未之知也。"移"取"多"声，徐云："多与移声不相近。"盖古有此音。按移、眵、趍、奓皆取"多"声，犹之"波"取"皮"声，"奇"取"可"声。六朝以降，古音日亡，韵书出而支歌判然为二，而徐亦未之知也。"虔"取"文"声，读若矜。徐云："文非声未详。"按古人真文"先""仙"诸韵，互相出入，而徐亦未之知也。"驳"取"爻"声，"庨"取"交"声，徐皆以为非声，按：觉、学本萧、宵、肴、豪之入声，"钓"以"勺"，"鞄"从"包"，"翯"从"高"，"駮"从"交"；徐皆不复致疑，而独疑"驳、庨"之非声何也？"辂""赂"皆取各声，徐以为各非声，当从"路"省。按：药、铎本虞、模之入声，"谟"从"莫"，"涸"从"固"，"缚"从"専"，"薄"从"溥"，并取谐声；"路"之从"各"，亦谐声也。《说文》不云各声，盖转写之脱。徐皆不复致疑，而独疑"辂、赂"之非声何也？是古人四声相转之法，徐亦未之知也。"龖"取"糕"声，读若酋；徐云："糕，侧角切，声不相近。"按："糕"本从"焦"声，平入异而声相通。郑康成谓"秦人犹摇声相近"。"脩"有"条"音，"繇"有"宙"音，"穮"从"麃"声，"茅"从"矛"声，"朝"从"舟"声，"彫"从"周"声，皆声之相转，何独疑"龖"之"糕"

声？是古音相通之例，徐亦未之知也。"诉"从"厈"省声，徐以为非声，按："诉"本从"㡿"省，字或作"謴"，"朔"与"㡿"并从"屰"得声，与"啎"声相近，故许君训"啎"为逆；"㡿""朔"皆以"屰"得声，则"诉"之从"㡿"声宜矣。今本"㡿"作"厈"，乃转写之讹，徐氏不能校正，转疑其非声亦过矣。[5]徐氏校订本，于形声之例，不能悉通，往往除去声字，而为会意之训，此不能不待于清代诸儒之校正也。[6]

注释

[1]《宋史·徐铉传》曰："铉，字鼎臣，扬州广陵人。十岁能属文，仕吴为校书郎，又仕南唐；入宋，为太子率更令，加给事中，出为右散骑常侍，迁左常侍，贬靖难行军司马，卒年七十六。铉精小学，好李斯小篆，臻其妙；隶书亦工，尝受诏与句中正、葛湍、王惟恭等，同校《说文》。"

[2]新补十九文："诏""志""件""借""魋""綦""剔""髇""酸""赸""鰏""玙""麿""樾""緻""笑""迒""晥""峰"。

[3]钱大昕云："予初读徐氏书，病其附益字多不典，及见其进表，知所附实出太宗之意。大徐以羁旅之身，处猜忌之地，知其非而不敢力争，往往于注义中略见其旨。"钱氏之论，可谓曲谅徐氏之心，惟经典相承及时俗所有之字，不见于《说文》者甚多。太宗欲附于《说文》之后，颇有见地，徐氏既别为新附，自不惧与许氏原书相混，既承诏附益，当广为搜集。今仅新附四百二文，亦不完备也。

[4]《自序》云："许慎注解，词简义奥，不可周知。阳冰之后，诸儒笺述，有可取者，亦从附益，犹有未尽，则臣等粗为训释，以成一家之

书。《说文》之时，未有翻切，后人附益，互有异同。孙愐《唐韵》，行之已久，今并以孙愐音切为定，庶乎学者有所适从。"

[5] 如"代"取"弋"声以下。钱大昕《跋说文解字》文，见《潜研堂文集》二十七卷。

[6] 大徐《说文解字》三十卷，今世通行本，以孙星衍校刊本为佳，淮南书局翻刻汲古阁第四次本亦善。藤花榭本，错误太多；即影印宋本，亦有错字。如丨部"中"："而也"，而是内之误字。小徐本"中"："和也。"淮南本据小徐本亦作和也。段玉裁云："俗本和也，非是当作内也。"宋麻沙本作"肉也"，一本作而也。正皆内之讹，据"而肉"二字，决是"内"之讹，而非"和"之讹。是宋本亦有误字，不过可据以校正耳。

徐锴之《系传》

清卢文弨称：鼎臣于许氏本文，有难晓处，往往私自改易，而楚金本独否。盖谐声读若之字，锴多于铉，学者可由锴书以达"形声相生，音义相转"之理。即其于形声诸字，求之不得者，虽删去声字，然犹著疑词于其下，[1] 后人尚可因此而得许氏之旧。此《系传》之所以可贵也。[2]《系传》共四十卷：《通释》三十卷，遵许君原文而通释之，用朱翱切音。[3]《部叙》二卷，叙五百四十部首据形联系之迹。《通论》三卷，举"天地""仁义""声音""水火""山谷""性情""父母""喜乐""敬慎"等字，作为通论。《祛妄》一卷，祛李阳冰之妄也。《类聚》一卷，类叙"数目""语词""六府""山川""日月""手足""鸟属""鱼属""兽属""艸属""干支"等字，以为说。《错综》一卷，说明"'荆'字从'井'，'巫'字从'工'，'言'字从'辛'"之故。《通释》未详，而《错综》以说之也。《疑义》一卷，一，"刘""志""驿""希""崔""免""由"等字，偏旁有，篆文无，《说文》脱漏。一，"衣""长""康""鼚""言""羽""彳""肉"等字，篆文笔画稍误。《系述》一卷，即本书分目之大纲。论者谓"楚金所解，大致微伤于冗"，而且随文变易，初无一定之说，牵强证引，不难窜改经典旧文以从之。如："抡"与"棆"不同也，而两引《周礼》"抡材"，一则从手，一则改从木。"释"与"釋"亦有别也，"釋"本训渍米，而此复赘云犹散也；引"释旅"为"釋旅"，以为从米之证。"檖樲"两字，皆引《易》之"击柝"，不引《周官》之"聚樲"。"旨"字下改"内则调以滑甘为滑旨"。"萷"字下改《国语》"戎车待游车之萷"，以"裵"为"萷"。"袳"字下则引《诗》"好人袳袳"，案王伯厚《诗考》，所载异文，止有作媞媞，或哆哆者。"麿"字下则引《晋书》"郭麿"，按"晋止有郭麐"，见《艺术传》。"胹"字引《子虚赋》"胹割轮淬"，则云"胹借为脔"；于"膊"字下又引此，复云"胹当为膊"，是其说无一定也。《说文》无"帼"字而有"簂"字，"簂"即"帼"也，乃指"帼"为巾帼之帼。《说文》有"亲"字，兼有"榛"字，乃云《说文》无，而指"榗"为榛粟之榛，又其引书，多不契勘。以《檀弓》"仲尼之守狗"，及"其言吶吶，然如不出诸口"，皆以为《论语》。《尚书》"鲧堙洪水"，则以为《诗》。《左传》"敢不承受君之明德"，则以为《书》。《论语》"奡荡舟"，则以为"弄"。《左传》"齐侯余姑翦掇"，则以为"楚王"；又称巫马期"行不由径"，陈仲子"捆屦而食"，且引《诗》云："匪面命之，言示之事；匪口诲之，言提其耳。""贾"字许氏云西声，则当以"价"为本音，乃不引"聘礼之贾人"及"纳贾待贾"，而专引"公户反之贾区服贾"。又"赈木"训殷富，乃惑于后人振赡、振济之亦作赈，而遂以振起解之。"禯"字中从囟，囟与卤皆有听音，而乃谓"囟当为凶"，乃得声。"玃，秋田也。"本见犬部，乃于示部增一"祢"字，亦训秋畋，且为之说曰"猎者所以为宗庙之事也"。鼎臣本"祢"与"祧、祆、祚"，皆为新附之字，今皆收入许氏本部中；而又增一"禠"字，训为祝也。不知言部自有"诅"字，许氏训为詶，"詶"即祝耳。又火部中出一"炙"字，鼎臣本所无，此盖炙与"灸"之讹文耳。至其所引经史，亦多失其本意。如"赀"字下，引《史记》"张释之以赀为郎"，而为之说云："即今州县吏以身应役是也。""赀钱"即今"庸值"也，此说谬甚。

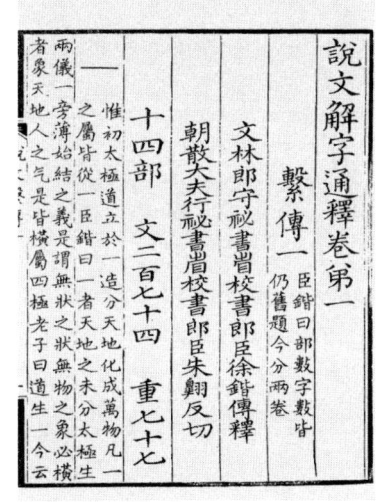

《说文解字通释》
——从清乾隆四十七年（1782）新安汪氏刻本

汉时以"赍"为"郎",犹近世职财货者之举身家殷实耳。又"衮"字下,许氏云:"天子享先王,卷龙绣于下幅,一龙蟠阿上乡。从衣公声。"楚金"上乡"作"上卿",云"《春秋传》:诸侯死于王事,加二等",于是有以衮敛,谓"以上公礼也";然则慎所上卿,即用公礼也。此于文理何可通?[4]楚金之书,宋时已无完本,[5]容有为后人窜乱者,然此等之失,不能不归咎楚金之疏略。《说文》原本,为李阳冰窜乱之余,不有二徐。研究文字学者,将于何为根据?惟铉、锴二本,互有不同,其显见者或部居移易,[6]或说解阙佚。[7]论者谓铉颇简当,间失穿凿,又附俗字;锴加明赡,而多巧说衍文。又一文繁略有无不同,要之二书不可偏废。楚金之《系传》,虽说论略多,颇可藉之以窥一时文字之旨趣,而"形声相生,音义相转"之理,在宋朝尚未能发见,此亦文字学史上重要之书也。[8]

注释

[1]如一部"元",从一,兀声。铉、锴二本,皆删去声字,而锴本独注曰:"俗本有声字。"

[2]陆游《南唐书》曰:"徐锴,字楚金。父延休,字德文;唐乾符中进士,仕至光禄寺江都少尹。二子铉、锴,遂家广陵。锴酷嗜读书,隆寒烈暑,未尝少辍。开宝七年七月卒,年五十五。著《说文通释》《方舆记》《古今国典赋苑》《岁时广记》,及他文章,凡数百卷。"

[3]宋王伯厚《玉海》云:"《系传》旧缺第二十五卷,今宋钞本以大徐所校定本补之。"

[4]论者谓:"楚金所解,大致微伤于冗以下。"卢文弨与翁覃溪论《说文系传》书,见《抱经堂文集》第二十一卷。

[5]尤袤曰:"余暇日整比三馆乱书,得南唐徐楚金《说文系传》。爱其博洽有根据,而一半断烂不可读。会江西漕刘文潜以书来,言李仁甫托访此书,乃从叶石林氏借得之。《方传》录未竟,而余有外补之命,遂令小子概于舟中补足。是本得于苏魏公家,而讹舛尚多,当是未经校定也。乾道癸巳十月二十四日。"

《困学纪闻》曰:"徐楚金《说文系传》,有《通释》《部叙》《通论》《祛妄》《类聚》《错综》《疑义》《系述》等篇。吕太史谓:'原本断烂,每行减去数字,故尤难读。若得精小学者,以许氏《说文》参释,恐犹可补也'。"

[6]若锴本"帇次畐后,录次克前"。

[7]若锴本"巤冞"等下是。

[8]小徐《说文系传》四十卷。按今世通行小徐《说文》,祁刻本为佳。盖祁据顾千里校宋钞本及汪士钟所藏宋残本付刊,而又经李申耆、苗仙鹿、承培元手校者也。江苏书局刻本,至龙威秘书本。据乾隆时汪启淑刊本,不佳;惟《附录》一卷,足资参考。

李焘之改编

自有二徐之校订,许君之书,得以保存,文字学始有入门之径途。自有李焘之改编,许君之书,转以湮没,文字学遂乏研究之根据。盖文字虽合形、声、义三者而言,而形之研究,实为文字学之初步。《说文解字》一书,立"一"为耑,毕终于"亥";同牵条属,共理相贯,杂而不越;据形系联,[1]分别部居,不相杂厕。本为形之分类,与编韵书者以韵分类不同。徐锴既有《说文系传》之撰,而又《说文韵谱》之编,原以备检字,为读《说文系传》之工具也。[2]李焘继之,扩充其内容,编为《说文解字五音韵谱》三十卷,则无意义矣。[3]李焘初稿,尚以《类篇》次序，于每部之中，易其字数之先后，而部分未移。[4]后乃出以示余杭虞仲房，仲房以五音谱发端，实因徐氏，则此谱宜以徐氏为本，于是尽变许君分别部居之旧矣。[5]仲房乃一书扁牓刻金石之人，不解学术，[6]不知据形系联之妙，而焘竟听其言，参取《集韵》次第，起"东"终"甲"，学者安于所习，以其书易以省览，流俗盛行。"始一终亥"之本，竟湮没不彰，明陈大科竟以为许慎旧本。茅溱作《韵谱本义》，遂推阐许慎《说文》所以"始于东"之意，[7]殊为附会。顾炎武博极群书，而亦不见"始一终亥"之本。[8]此文字学在清代以前，未能发达也。即其本书之音切，除手部"扔"字能纠徐铉之谬外，其余如："䵎"字似醉切，改为房丸切；"苜"字模结切，改为徒结切；"臤"字苦闲切，改为邱耕切；多所窜乱。"䪜"字本里之切，误作莫交切；"䯅"字本莫交切，误作里之切；尤为疏舛。[9]《五音韵谱》一书，在文字学上，殊无价值；在文字学史上，则颇有关系也。

注释

[1]《说文解字后叙》。
[2]《说文韵谱》五卷，徐锴编。徐铉《叙》云："偏旁奥秘，不可意加；寻求一字，往往终卷。力省功倍，思得其宜。舍弟楚金，特善小学，因命取叔重所记，以《切韵》次之，声韵区分，开卷可教。楚金又集《通释》四十卷，考先贤之微言，畅许氏之元旨，正阳冰之新文，折流俗之异端，文字之学善矣。今此书止欲便于检讨，无恤其他，故聊存训诂，以为别识。"

[3]《宋史·李焘传》曰："焘字仁甫，眉州丹棱人，唐宗室曹王之后也。"
《四库全书提要》曰："初徐锴作《说文韵谱》，音训简略，粗便检阅而已，非改许慎本书也。焘乃取《说文》而颠倒之，移自'一'至'亥'之部，为自'东'至'甲'，《说文》旧第，遂荡然无遗。"
[4]见《说文解字五音韵补》李焘《自序》。
[5]见《说文解字五音韵补》李焘《后序》。
[6]李焘《后序》云："仲房能为《古文奇字》，声溢东南。凡江浙扁牓与其他金石刻，多仲房笔。"
《魏了翁书》李巽严《后序》云："仲房虽有分间分白之能，观其篆隶笔迹，若不解书意者。"
[7]《韵谱本义》十卷，明茅溱撰。溱字平仲，丹徒人。其《凡例》云："平声以东为首者，谓日出东方，甲乙木也。《说文》先得此义，而《广韵》因之，故不敢擅改。"
[8]顾炎武《日知录》曰："《说文》原本次第不可见，今以四声为列者，徐铉等所定也，'切'字铉等所加也。旁引后儒之言，如杜预、裴光远、李阳冰之类，亦铉等加也。"又云："诸家不收，今附之韵末者，亦铉等所加也。"
[9]见《四库全书提要》。

王荆公之新说

文字之制造，是人类文化进步之过程。后人可以整理古人之文字，甚至于可以改革古人之文字，断不可以自己之意思，当古人制造文字之意思而为之说。自来研究文字学者，每患此病，王荆公尤其甚者也。王荆公晚年著《字说》一书，[1]多以己意说文字，昧于形声之旨，其不可通者，必从而为之说，遂有勉强之患。[2]今其书已佚，杂见于各笔记中者，犹可窥其一二。如曰:"人为之谓伪","位者人之所立","讼者言之于公","五人为伍,十人为什","歃血自明而为盟","二户相合而为门","与邑交曰郊","同田为富,分贝为贫"。[3]除"同田为富"之外,余皆不至大相刺谬。惟其解"伶"字云:"伶,非能自乐也,非能与众乐乐也,为人所令而已。"其解"穜"字云:"物生必蒙,故从童。艸木亦或种之,然必穜而生之者禾也,故从禾字。"其解"役"字云:"戍则操戈,役则执殳。余谓役字不必从彳,止合作伇字。"殊为穿凿,[4]其尤犹豫无定者。客问"霸"字何以从西,荆公以西在方域主杀伐,累言数百不休,或曰:"霸,从雨不从西。"荆公曰:"如时雨化之耳。"[5]其解"天"字,取《法苑珠林》之说;其解"星"字,取《晋天文志》载张衡之论;其解"鸜""鹆"字,取《酉阳杂俎》之说。引后出之小说、佛书,以解古人制造文字之义。纵可穿凿附会,究非说文字者所应当出也。[6]与荆公同时,见其说字牵强,多戏笑之。如刘贡父谓:"三鹿为麤,鹿不如牛;三牛为犇,牛不如鹿。"又谓:"《易》之观卦,即是老鹳;《诗》之《小雅》,即是老雅。"荆公

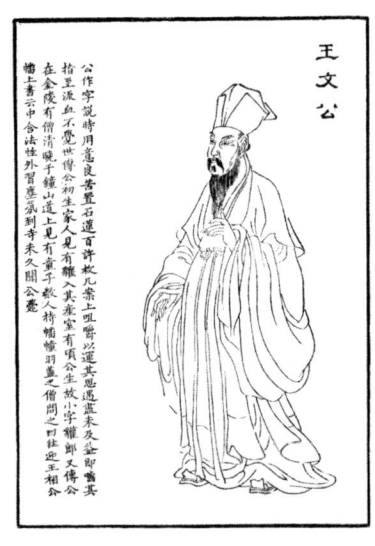

王安石
——从清乾隆八年(1743)刊本《晚笑堂竹庄画传》

尝问东坡："鸠何从九。"东坡曰："鸤鸠在桑，其子七兮。连娘带爷，恰是九个。"又云："坡者土之皮。"东坡笑曰："然则滑者水之骨也。"荆公自矜重其《字说》，每与人谈《字说》，娓娓不倦；[7]且以政治之势力，强人以必习。[8]究竟说无根据，不久即被禁止。[9]其《字说》虽无价值，要亦文字学史上之一段故事也。

注释

[1]王安石《进字说表》曰："抱疴负忧，久无所成。虽尝有献，大惧冒浼。退复自力，用忘疾疢。咨诹讨论，博尽所疑。冀或涓尘，有助深崇。谨勒成《字说》二十四卷，随上表以闻。"

[2]叶适《石林燕语》曰："凡字不为无义，但古之制字，不专主义，或声或形，其类不一。王氏见字多有义，遂一概以义取之，是以每至于穿凿附会。"

杨慎曰："王荆公好解字说，而不本《说文》，妄自杜撰。"

[3]见叶大庆《考古质疑》。

[4]见袁文《瓮牖闲评》。

[5]见邵博《闻见后录》。

[6]见朱翌《猗觉寮杂记》。

[7]黄庭坚曰："荆公晚年，删定《字说》，出入百家，语简而意深；常自以为生平精力，尽于此书。好学者从之请问，口讲手画，席终或至千余字。"

[8]邓肃书《字学》曰："熙丰以来，专用王安石字学，士大夫师之，不敢谁何。苏东坡尤切齿，时以文字中，以儿戏玩之。"

[9]《晁公武读书志》曰："《字说》，王安石介甫撰。晚年闲居金陵，以天地万物之理，著于此书，与《易》相表里。而元佑中言者，指其揉杂，释老穿凿破碎，聋瞽学者，时禁绝之。"

司马光等之《类篇》

《玉篇》而后,《类篇》一书,为文字学之一巨制。旧本题司马光等奉敕修纂,实则历王洙、胡宿、掌禹锡、张次立、范镇,而告成奏进于司马光,非司马光撰也。[1]《类篇》之修,因《集韵》增字既多,与《玉篇》不相参协,乃别为《类篇》,与《集韵》相副施行。[2]所谓不相参协者,因《集韵》为以韵分部之书,《类篇》为以形分部之书。《类篇》分部,一如《说文解字》,而与《玉篇》之分部,与《说文解字》稍有出入者不同。[3]全书凡十五卷,每卷各分上、中、下,故称四十五卷;末一卷为目录,亦是用《说文解字》之例。[4]《类篇》本与《集韵》相副施行,或且增多《集韵》所遗之字,然考《集韵》所收,并重文为五万三千五百二十五字,《类篇》文凡三万一千三百一十九,重音二万一千八百四十六,共五万三千一百六十五,较《集韵》尚少三百六十。盖《集韵》所收重文,颇为杂滥;《类篇》所收重文,虽则杂滥,然比《集韵》,则稍为谨慎;故所删之数,多于

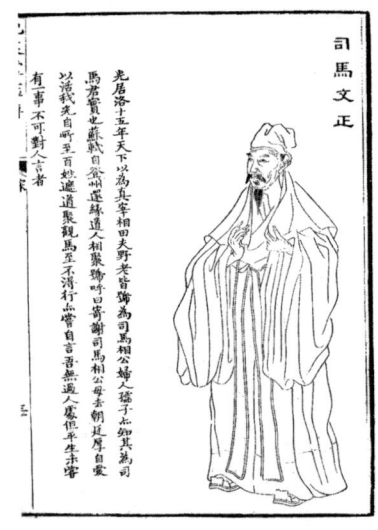

司马光
——从清乾隆八年(1743)刊本《晚笑堂竹庄画传》

所增之数。观苏辙《序》可知，其《序》略云："凡为《类篇》，以《说文》为本，而例有九：一曰：'槻槀异释，而呐卤异形'。凡同音而异形者，皆两见也。二曰：'天一在年，一在真'。凡同意而异声者，皆一见也。三曰：'牂之在草，佋之在从'。凡古意之不可知者，皆从其故也。四曰：'雺古气类也，而今附雨；韶古口类也，而今附音'。凡变古而有异义者，皆从今也。五曰：'壶之在口，无之在林'。凡变古而失其真者，皆从古也。六曰：'兂之附天，壬之附人'。凡字之后出而无据者，皆不得特见也。七曰：'王之为玉，鬲之为朋'。凡字之失故而遂然者，皆明其由也。八曰：'邑之加邑，白之加皕'。凡《集韵》之所遗者，皆载于今书也。九曰：'尠之附小，虪之附众'。凡字之无部分者，皆以类相聚也。"其例大概如是。细核其书，觉犹有可言者，兹以"示"字一部核之，而推于其余。《类篇》示部所有之字，而《说文解字》无者，计六十四字。[5]此六十四字之中，如"祎"之即为"伟"字，"褛"之即为"腰"字，"褴"之即为"魋"字，"祩"之即为"呪"字，"禚"之即为"醮"字，"礽"之即为"仍"字，"祣"之即为"旅"字，"袂"之即为"殃"字，"祙"之即为"魅"字，"襢"之即为"禅"字，"褚"之即为"蜡"字，"袖"之即为"祟"字，"褵"之即为"尞"字，"祑"之即为"秩"字，"襗"之即为"绎"字，"禝"之即为"稷"字，"祿"之即为"狄"字，"褆"之即为"诅"字。其孳乳浸多之迹，皆可以寻；惟此等非造字之孳乳浸多，乃用字之孳乳浸多。

"袟，祭有次也"；显由"秩"字而增。"稷，尧臣能播五谷，有功于民祀之"；显由"稷"字而增。"袟""稷"二字，今虽不用，然颇有意义。"祎，美也"；显由"伟"字而增，则无意义矣。至若"禘，祭天也"；"禅"本训祭天。"祂，祟也"；直是复字。"视"从见示声，而隶示部，见部亦有视字，则又编辑之凌乱者矣。又《类篇》示部之重文，不见于《说文解字》者，计三十二字。[6]此三十二字中，如："袟"之重文"祑"，"禘"之重文"禘"，"祳"之重文"祧"，"禰"之重文"禰"；其正文即不见于《说文解字》。如："祈"之重文"祈"，"祗"之重文"祗"，"神"之重文"神"，"祼"之重文"祼"，"祝"之重文"祝"；则因"示"古文做"爪"，而由此演出者也。尤可异者，"禮"既有重文"礼"，而又演出一重文"礼"。更谬误者，以"齋"为正文，以"齋"为重文。如照此例，则隶变皆重文矣。而《说文》之"禍"，或体作"騧"，《类篇》则不收。桂未谷本"祿"之重文作"禒"，《类篇》"祿"之重文作"禮"。凡此皆可研究者也。又：《四库全书提要》谓："《玉篇》已增于《说文》。"此书又增于《玉篇》，此说亦未尽然。即以示部细核之，凡《类篇》所有之字而《玉篇》无者，连重文计之，共四十七字。[7]即有二十四重文，可征《类篇》重文收集之杂滥，则是《类篇》多于《玉篇》二十三字。然《玉篇》中所有之"祂""祫""祳""祹""祱""祳""祂""祲""祂""祂""禍""袟"十三字，皆不见收于《类篇》。《类篇》多于《玉篇》

仅十字耳。朱彝尊云："治平中《类篇》书出，推原析流，而轻重、浅深、清浊之变，迭用旁求，犹不改仓颉部居之旧，先民之规矩略存焉。后此而'始一终亥'之序，莫有讲习者矣。"此言未免推崇太过，学者往往以其为司马光所修纂而重之，未细核其内容也。要之《类篇》除遵照《说文》部首次第之外，其他无多文字学之价值，而在文字学史上，则不能不叙述之也。

注释

[1]《类篇》后《附记》曰："宝元二年十一月，翰林学士丁度等奏：今修《集韵》，添字既多，与顾野王《玉篇》不相参协。欲乞委修韵官，将新韵添入，别为《类篇》，与《集韵》相副施行。时修韵官独有史官检讨王洙在职，诏洙修纂，久之嘉卒；嘉祐二年，以翰林学士胡宿代之；三年四月，宿奏乞光禄卿、直秘阁掌禹锡，大理寺丞张次立，同加较正；六年九月，宿迁枢密副使，又以翰林学士范镇代之；治平三年二月，范镇出知陈州，又以龙图阁直学士代之；时已成书，缮写未毕；至四年十二月之上。"

[2]陈振孙《书录解题》曰："丁度等既修《集韵》，奏言今添字既多，与顾野王《玉篇》不相参协；乞委修韵官，别为《类篇》，与《集韵》并行；自宝元迄治平始成书。"

[3]《玉篇》删去"哭""延""畫""教""眉""白""嘂""飲""后""穴""弦"十一部，增添"父""云""枭""尤""處""兆""磬""索""書""㭊""單""弋""丈"十三部。比《说文解字》增多两部，而又有叙次之不同之部。《类篇》分部，一如《说文解字》，列目为五百四十三者，艸部、木部、水部，因字多分为上下，故增出三也。

[4]今日通行之"姚刻本",其《目录》一卷,颠倒错误,不足为据。

[5]示部《类篇》所有《说文》所无之字:"禈""祎""祛""袡""褛""䄔""䄚""襹""襪""禠""裯""袜""祩""䄟""祴""裶""禡""襜""視""䄓""袔""襡""禥""祳""䄘""襤""䄛""襸""䄞""奄""祝""䄝""袜""襹""祜""禮""䄣""袒""襦""襖""䄟""袖""褬""䄡""襸""禒""袆""禅""祑""襗""䄠""橘""袂""禗""襉""襡""䄢""襟""禊""䄤""禭",计六十四字。

[6]示部《类篇》重文《说文》所无者:"䄕""祈""祈""齋""裀""襏""祆""祗""𥘍""神""禮""𥛔""䄟""禧""襦""袙""禩""礼""禮""袖""礼""禰""祢""禑""壮""袿""襀""襦""禍""禲""祝""禶",计三十二字。

[7]示部《类篇》有《玉篇》无之字:"祛""袡""祈""齋""裀""祗""𥘍""神""禮""禧""禰""禯""襜""視""祄""禩""礼""诏""祆""襹""袔""襝""𥛐""䄝""襤""礼""祖""禑""壮""袿""奄""祝""祜""禓""禮""䄠""襦""䄞""袖""禮""袆""祝""袆""祑""禶""襸""襸",计四十七字。

薛尚功、王俅等之钟鼎文字

汤之盘铭,见于《礼记》;[1]三命之铭,见于《家语》。[2]以古器物文字,为修身处世之则,而非文字学之范围。汉武帝时,汾阳得鼎,吾丘寿王以为是汉鼎非周鼎。[3]此乃诡辩之辞说。李少君识齐桓公陈于柏寝之器,[4]此乃欺诈之行为。惟张敞辨美阳之鼎,据铭文识为周之褒赐大臣、大臣之子孙,铭其先功,藏于宫庙之器。[5]郑众辨庐江之鼎,据《左传》以对,[6]

可谓注意钟鼎文字之原始。至许慎往往于山川得彝，其铭之前代之古文。[7]据鼎彝为文字之考证，与今日搜集古文字者一律，不过墨拓未发明，无由据以录入《说文解字》之书耳。迨至赵宋，欧阳修之《集故录》、[8]赵明诚之《金石录》，[9]未将器铭文字，摹入书内，于古文字无可考证也。吕大临之《考古图》，[10]无名氏之《续考古图》，[11]宣和之《博古图》，[12]绘古器物之形象，摹其铭文，由实物移为墨本，虽不能毫发无误，然可以据此认识古器物、古文字之形式矣。然在当时，尚是器物之意义多，文字之意义少。《四库全书目录提要》列于子部谱录类，与"古今刀剑录"等同观。至薛尚功《钟鼎彝器款识》，则列于经部小学类，始认为在文字学之范围矣。[13]其书搜集自夏至汉古器物四百五十八之文字，一一为之音释。虽其中如夏琱戈、夏钩带、商钟、济南鼎、比干铜盘铜之类，未免真伪杂糅，然在当时，已可称其博洽。其音释虽不甚精，而筚路蓝缕之功，亦殊不易。《四库全书提要》称其笺释名义，考释尤精。如《考古图》释"蛋鼎"云："周景王十三年郑献公蛋立。"此独从《博古图》以为商鼎。"夔鼎铭"五字，《博古图》云："上一字未详。"此书以上一字为"夔"字。"父乙鼎"铭亦五字，《博古图》云："末一字未详。"此书以末一字为"彝"字。又如《博古图》释"召夫鼎"铭词，有"午刊"二字，此书作"家刊"。《博古图》释"父甲鼎"铭，作"立戈父甲"，此书作"子父甲"。又凡《博古图》所云："立戈横戈形者。"此书多释为"子"字，其立说并有依据。盖尚功嗜古好奇，又深通篆籀之学，能集诸家所长而比其同异，颇有订讹刊误之功，非钞撮蹈袭者比也。《提要》称其书至矣，但薛书实未足以当此。以今日眼光观之，只谓开钟鼎文字之先路，考据尤精，则未然也。一则器物不多，无以资比较；二则学说初立，无以资切磋，盖时为之也。观其所摹石鼓文，是据前帖本，至有颠倒之处；据此以推，则其资料之来源，未必悉精。又陈振孙《书录解题》，作钟鼎法帖，可见当时不以此书为文字之讲求，而以为临池之研究。尚功所著，别有《重广钟鼎篆韵》七卷，今已不传矣。[14]王俅之《啸堂集古录》，[15]收尊、彝、钟、鼎、敦、卣之属，自商至汉，不及薛书之多；凡薛书之伪器，此书皆收之，而并收薛氏未收之《滕公墓铭》。又收古印三十余事，其一曰"夏禹"，元吾邱衍《学古编》，谓系汉巫厌水灾法印，世俗有渡水佩禹字法。此印乃汉篆，故知之，则此书之真赝杂糅，可以知矣。此外宋人关于钟鼎文字之书尚多，而皆无甚价值，特以钟鼎文字之学，肇端于宋。故记其大概如上云。

注释

[1]《礼记·大学篇》："汤之盘铭曰：'苟日新，日日新，又日新。'"

[2]《孔子家语·观周篇》："故其鼎铭曰：'一命而偻，再命而伛，三命而俯，循墙而走，亦莫余敢侮。'饘于是，粥于是，以餬余口。"

[3]《汉书·吾丘寿王传》："汾阴得宝鼎，群臣皆上寿贺曰：'陛下得周鼎。'寿王曰：'天祚有德，而宝鼎自出，此天之所以与汉，乃汉宝非周宝也。'"

[4]《汉书·郊祀志》："少君见上，上故有铜器，问少君。少君曰：

'此器齐桓公十年，陈于柏寝。'已有桉其刻，果齐桓齐器，一宫尽骇。臣为少君神，数百岁人也。"

[5]《汉书·郊祀志》："是时美阳得鼎献之，张敞好古文字，桉鼎铭勒而上议曰：'此殆周之所以襃赐大臣、大臣子孙，刻铭其先功，藏之宫庙也。'"

[6]《东观汉记》："庐江献鼎，诏召郑众问：'齐桓公之鼎在柏寝台，见何书？'曰：'《春秋左氏》有鼎事。'"

[7]见《说文解字叙》。

[8]《集古录》十卷，宋庐陵欧阳修永叔撰。前有永叔《自序》。据《四库全书提要》，言"修采摭佚遗，积至千卷，撮其大要，各为之说"。

[9]《金石录》三十卷，宋东武赵明诚德甫撰。据《四库全书提要》，言"是书以所藏三代彝器，及汉唐以来石刻，仿欧阳修《集古录》例，编排成帙"。

[10]《考古图》十卷，宋吕大临撰。大临，字与叔，蓝田人，事迹附《宋史·吕大防传》。《四库全书提要》称"大临图成于元祐壬申，在《宣和博古图》之前。而体例谨严，有疑则阙，不似《博古图》之附会古人，动成舛谬"。

[11]《续考古图》五卷。钱曾《读书敏求记》，则称"十卷之外，尚有《续考》五卷，《释文》一卷"。是钱氏以《续考古图》亦吕大临所作。惟《续图》五卷，《书录解题》所不载，吾邱衍《学古编》亦未言及。其中第二卷引吕与叔云云，又引《考古图》云云；第三卷有绍兴壬午所得之器云云。则其书在绍兴三十二年之后，与大临远不相及。盖南宋人续大临之书，而佚其名氏。钱曾并以为大临之作，盖考之未审也。（以上《四库全书提要》。）

[12]《四库全书提要》："《晁公武读书志》称《宣和博古图》王楚撰，钱曾《读书敏求记》称王黼撰。又称《博古图》成于宣和年间，而谓之重修者，盖以采取黄长睿《博古图说》在前也。陈振孙《书录解题》：'《博古图说》十一卷，秘书郎昭武黄伯思长睿撰。长睿没于政和八

年,其后修《博古图》颇采用之,而亦有改删'云云。然考蔡绦《铁围山丛谈》曰:'李公麟,字伯时,最善画,性喜古,取生平所得及其闻睹者作为图状,而名之曰《考古图》。'大观初乃仿公麟之《考古图》,作《宣和殿博古图》。则此书踵李公麟而作,非踵黄伯思而作,且作于大观初,不作宣和中;其时未有宣和年号,而曰《宣和博古图》者,实以殿名,不以年号名。其书考证疏,而形模未失,音释虽谬,而字画俱存,尚可因其所绘以识三代鼎彝之制、款识之文"。

[13]《钟鼎彝器款识》二十卷,宋薛尚功撰。尚功,字用敏,钱塘人。是书见于《晁公武读书志》《宋史·艺文志》,均作二十卷,与今本同。陈振孙《书录解题》、吾邱衍《学古编》,均作十卷。或传写脱二字,抑原有二本,卷数不同,不可考与。

《四库全书提要》案语云:"此书虽以钟鼎款识为名,然所释者诸器之文字,非诸器之体制,改隶字书,从其实也。"

[14]《晁公武读书志》曰:"《广钟鼎篆韵》七卷,皇朝薛尚功集。元祐中吕大临所载仅数百字,政和中王楚所传,亦不过数千字。今是书所录,凡一万一百二十有五。"

[15]《啸堂集古录》二卷,宋王俅撰。俅字子弁,一作球,字夔玉,履历无考。李邴序只称"故人长儒之子",长儒履历亦无考。

郭忠恕、夏竦之六艺文字

自清代末年以来,对于古文字之认识,比前较精。古文字有两种:一种书六艺之文字,谓之晚周文字,又谓之东土文字;一种铭钟鼎之文字,谓之成周文字,又谓之西土文字。以前统谓之古文,而无分别也。[1]名义上虽无分别,而事实不知不觉若有分别之趋向。郭忠恕之《汗简》、夏竦之《古文四声》等,若为六艺文字之一派。薛尚功之《钟鼎款识》、王俅之《啸堂集古录》,若为钟鼎文字之一派。兹记六艺文字:六艺文字者，孔子删订《诗》《书》《礼》《乐》《易》《春秋》六艺以后，门弟子用以书六艺者，《说文解字》中之古文，魏《三体石经》之古文等。在钟鼎文字学未发达以前，所谓古文字者，皆是此种文字，集成于郭忠恕之《汗简》。[2]郭忠恕修《汗简》，得七十一家之古文字，依《说文解字》之分部，依部隶属。七十一家之书，存于今日者，不及二十分之一。后来言古文字者，辗转援据，大抵皆由此书而出，则是《汗简》一书，可谓集六艺古文字之大成矣。所谓七十一家者：《古文尚书》[3]《古周易》[4]《古周礼》[5]《古春秋》[6]《古月令》[7]《古孝经》[8]《古论语》[9]《古乐章》[10]《古毛诗》[11]《石经》[12]《古尔雅》[13]《说文》[14]《史书》[15]《古老子》[16]《史记》[17]《义云章》[18]《庄子》、[19]林罕《集字》、[20]郭显卿《字指》、[21]裴光远《集缀》、[22]王存乂《切韵》、[23]赵琬璋《字略》、[24]李尚隐《集略》[25]《义云切韵》、[26]卫宏《字说》、[27]张揖《集古文》、[28]王维《画记》[29]《古礼记》、[30]朱育《集奇字》、[31]孙强《集字》、[32]徐邈《集古文》、[33]苏文昌《奇字集》[34]《颜黄门说字》《证俗古文》、[35]李彤《集字》、[36]庾俨《字说》、[37]周才《字录》[38]《开元文字》[39]《淮南王上升记》[40]《牧子文》[41]《杨氏阡铭》[42]《杨大夫碑》、[43]张廷珪《剑铭》[44]《樊先生碑》[45]《碧落文》[46]《天台碑》[47]《孔子题吴季札墓文字》[48]《华岳碑》[49]《汉贝丘长碑》[50]《豫让文》[51]《王庶子碑》[52]《荀邕碑》[53]《王先生诔》[54]《滑州赵氏石额》[55]《古虞卿碑》[56]《郁林序文》[57]《烟萝颂》[58]《茅君别传文》[59]《陈逸人碑》、[60]郭知玄《字略》[61]《济南碑文》[62]《无锡县名》[63]《马日碑集》[64]《群书古文》《弥勒像碑》[65]《山海经》[66]《陵歆台铭》[67]《演说文》《银床颂》[68]《凤栖记》[69]《玄德观碑》,[70]以上七十一家。《古月令》即《古礼记》,《古乐章》即《古毛诗》,《义云章》即《义云切韵》,《证俗古文》即《颜黄门字说》,庾俨《字说》即《演说文》,《群书古文》即《马日碑集》;《滑州赵氏石额》非郭氏标题,为六十四家。惟注下尚有七家:《墨翟书》[71]《周书大篆》[72]《宓子贱碑》[73]《荆山文》[74]《李守言释》[75]《摭古文》[76]《集类文字》。[77]因知七十一家之说,在李建中刊修以前已有之。李氏本其说而误题七家,而不知其注中实有七家为李氏之所遗,适合七十一家之数。七十一家之文字,除碑铭等外,尚有五十余家。郭氏集之为《汗简》一书,真可谓六艺文字史之一重要著作。钱大昕谓郭忠恕《汗简》:"谈古者奉为金科玉历,以予观之,其灼然可信者,多出于《说文》,或取《说文》通用字,而郭氏不推其本,反引它书以实之。其它偏旁不合《说文》者,愚固未敢深信也。"钱氏不明六艺文字,与钟鼎文字之分,故有此笼统之批评。近日新出土之《三体石经》,足以为六艺文字之证明。予尝谓《三体石经》之出土,大足以增长《汗简》之价值。[78]盖《汗简》一书,为集六艺文字之大成也。以后则有夏竦《古文四声韵》,[79]其书即本《汗简》而成。所得古文标目,凡九十八家,比《汗简》增多二十七家。但马日碑既重出,又有马田碑,疑即"日碑"之讹;既有《庾俨集》,又有庾俨《字书》;既有《演说文》,又有庾俨《演说文》;既有《石经》,又有蔡邕《石经》;既有《滕公墓铭》,又有石椁文；既有《云台碑》，又有《华岳碑》，又有《三方碑》。全祖望议其引书，未尝多《汗简》一种，[80]虽非确论，而其标目之凌乱则可见也。惟其书则为便于检寻而作。盖宋时之检寻文字者，悉以韵为准，犹既有"始一终亥"之《说文解字》，复有"始东终乏"之《五音韵谱》也。[81]惟其书亦颇有纰缪，《四库全书提要》论之最详，迻录于此：

其书由杂缀而成，多不究六书之根柢。如"窺"即古亲字也，"亲"字下既云《古尚书》作❂；又别出一窥字，讹从广为从穴。"云"即古"雲"字也，既"云"《说文》作？，"云"字下又云："《王存乂切韵》作？。""眂"即古"瞿"字也，"眂"下引《汗简》作㬵，"瞿"字下又引崔希裕《纂古》作羿，以及"朝鼂闻闅協叶"之类，不可殚数。"尨"字引《古尚书》，是"西伯戡黎"之戡，古字通也，乃不并于戡字，而自为一条，是由不知古文，误以一字为二字也。"澄"即"澂"字之别体，"澄"字下引《云台碑》作藥，"澂"字下引《王庶子碑》作㵆。"彩"即采之别体，"采"字下引《云台碑》作禾，"彩"字下引《云义章》作㣔。以及"桐，槀""窥，闚""蓦，谟""仙，僊""员，圆""熙，㷒""奉，捧""准，準""帽，冒""竞，競"之类，不可殚数；是又不辨俗书，以一字为二字也。覃韵之"函"乃函盖字，咸韵之"函"乃函谷字，而并引《南岳碑》作圅。仙韵之"鲜"乃腥鲜字，于古当从三鱼；狝韵之"鲜"乃鲜少字，于古当从是少。乃并云《老子》作麤，《颜黄门说字》作鲜，《古尚书》作鱻。《说文》训允为大，训荒为荒芜；本为两字，而以《古尚书》之"荒"字，籀之"巟"字，并列"荒"字下；是不辨音义，以二字合为一也。"弌""弎""弐""三"，并出《说文》，乃惟云"弌"字出《说文》，"弎""弐"字则云出《贝邱长碑》《古老子》，"三"字则云出《天台石经幢》，"㠭"字出石鼓文，乃云出《王存乂切韵》。"镏"字出《说文》，"庿"字出《仪礼》，"瀱"字、"齛"字、"觀"字、"簎"字出《周礼》，乃并云出崔希裕《纂古》。"沠"字出《荀子》《公羊传》，乃云出古文；是不求出典，随所见而捃摭也。"簧"字《说文》本作𢏚，乃云出《唐韵》。"梦"字《说文》本作夢，乃云出《汗简》。"烧"字《说文》本作燒，乃云出崔希裕《纂古》。以及"兮""回""冰""井""丑""志"之类，全与《说文》相同者，亦不可殚数，至并不辨小篆也。至于"室"字云"《季札墓铭》作㝉。"《季札墓铭》无室字。"怕"字云："《古孝经》作㤉。"《古孝经》无怕字，益杜撰矣。他如"蟲，蠡""鐩，銕""譽，譽"之类，相连并立，犹云一篆文，一改篆为隶也。至"保"字下云："崔希裕《纂古》作保。""鴈"字下云："《籀韵》作鴈。"则全作隶书，点画不异，更不解其何故。读是书者，亦未可全据为典要也。

《四库全书提要》所指斥，极足以言《古文四声韵》之失。合而录之，在文字学史上，可以见宋代文字学之纰缪。至于明王应电之《同文备考》，[82]其古文字之无根据，更甚于《古文四声韵》矣。[83]

注释

[1]详细见王国维《观集林》卷七。

[2]李建中题曰："《汗简》元阙著撰人名氏，因请见东海徐骑省铉云'是郭忠恕制。'"

郑思肖题后曰："《汗简》一编，乃郭忠恕所集。凡七十一家字迹为证，《古尚书》为始，《石经》《说文》次之。观其原委，深有自来。"

[3]郑珍曰："孔子壁中《尚书》科斗古文，失传已久，即孔安国以今文改读为隶古定本，汉后亦几经更变，自真古文亡。而有东晋梅赜所上五十八篇之伪古文出，当时群信为隶古本复显于世，即有好奇之士，依傍伪经，采辑僻异之文，以当壁中经者，盖即陆氏所指斥。其本历唐及宋，薛季宣取以作训。郭氏尊信不疑，采列其文，多至数十百计。今以编中所载，较薛氏书十九符合，知郭氏乃据此本。"不仅郭氏认为真书，唐儒亦有称述之者。《盘庚正义》云："孔子壁内之书，治皆作乿。"《匡谬正俗》云："《尚书》汤䒑，予则孥戮女。"自注："'䒑'，古文'誓'字；'戮'古文'戮'字。"今检此文，尽在薛本。则孔颖达、颜师古，尚犹信之。降及唐后，若《说文系传》《集韵》《类篇》《群经音辨》《国语补音》诸家，并有援引《古尚书》及此本者，则五代宋人亦莫知其伪；其不为所惑，前有陆元朗辟之，后则王伯厚疑之耳。

[4]采《说文》注，称《易》孟氏古文，与今本异者：'豐''皮''臺''忼''杭'五字。非当时别有古文。

[5]采今本中"蚤""羡""瀘""飜"四字，并非古文。《周礼》奇字多矣，所录止此。

[6]惟采"邮""盟"二字。《说文》"盟"，古作盟，诸经通用；"邮"亦通用。

[7]惟"㻿"字一见，《月令》古统于《礼记》，非别书。郭氏标题多不

专一,以"寎"字出《月令》,即题《月令》,分作一家非。

[8]此书所载,不特非壁中真古文,恐亦非士训所得。(《汗简》略叙:"李士训《记异》:大历初余带经锄瓜于灞水之上,得石函中,有绢素《古文孝经》一部,二十二章,一千八百七十二言。")以"弟"作"悌",是汉隶俗加,古止作"孝弟",而郭氏所据本从"心",是后世伪作,当即"渭本"耳。(夏竦《古文四声韵字》:"又有自项羽妾墓中,得《古文孝经》,亦云:渭上耕者所获。")若句中正所刻《三字孝经》,据其序云:"以诸家所传古文,比类会同。"则是中正自集奇古字为之。在郭氏后,又非"渭上本",其文今亦失传,当去真本益远。

[9]采《说文》注,称"壁中古文,与今本异者:'諴''䬻''貌'三字;采当时别本:'蒲''䎽''鞻''竺''耄'五字;亦采今本:'糾''夺''刎''虐''蕙'五字"。

[10]惟"鏎"字一见,即取《毛诗》"虡业维枞"字,随题《古乐章》,非别一书。

[11]采《说文》注,"《诗》毛氏古文,异于今本者:'参''䆃'两字;亦采今本:'寔''曷''麿'三字"。

[12]《隶续》所收八百一十九文,概目为《左传》遗字。其文颠倒错杂,孙氏星衍就其文考之,别为《尚书》"大诰""吕刑""文侯之命"三篇,与《春秋》"桓""庄""宣""襄"四公经文,间有《左传》,洪氏未深考,谓之《左传》非也。此书所录,是据马氏家藏开元所得《春秋》一十三纸。然以编中字体校之,《隶续》十九皆在,可知所谓《春秋》一十三纸,仍是《尚书》《春秋》两经遗文,其事亦必似《隶续》差舛无文理。唐时见《春秋》文少多,遂谓之《春秋》误也。

[13]编中所采有"㷍""飊"二字,与《说文》称《古尔雅》同,其它载"霉""叡""算""罋""䰣""鞘""艁""豪""麒""蹯""沵""匲""医""娅""蜘""蠢""蠹"等,大抵皆古字。疑是据舍人李巡、樊光、孙炎、顾野王诸家本,取其与郭异者。

[14]字体多与二徐本不同。

[15]按其文,即是《史记》《前汉书》,所采间不见今本。

[16]编内止一"蛊"字,是从《说文》注称《老子》采者。据《广州书跋》,言"《古老子》以其为亓",则宋以前,相传自有古本。夏氏《古文韵》采其字最夥,郭氏乃无一及之。

[17]就编中所采字核之,题《史记》者或亦见《汉书》,题《汉书》者或亦见《史记》;二书文本多同。

[18]《义云章》无考,下《义云切韵》,与此是一书。是部"题"下,齿部"欲"下,称《义云章切韵》。可见编中或称《义云章》,或称《义云切韵》,但取省便。编中采此书文字颇繁,盖其体多录奇字。

[19]采"华""咭""脂""鏊""髻""圾""撒""鏏"八字,或异今本郭注。

[20]罕字仲缄,西江人。事蜀后主,除温江主簿,迁太子洗马。据自撰《小说》序,所著书名《小说集解》。篆取李阳冰,重定《说文》;隶取《开元文字》,解说集诸家之善。后以《说文》卷轴繁多,撮其机要,于偏旁五百四十一字,各随字训释,名曰《林氏字源偏旁小说》,手书刻石。《宋史》及宋人书目,止载小说,不及《集解》,知其书宋已不传。至郭氏所采集字,恐又非《集解》。郭氏答梦英书云:"《集解》误收去部在注中,今检点偏旁,少"晶""忩""至""龟""弦"五字。故知林氏虚诞,误后进者,《小说》见宜焚之。"据此知郭氏深鄙其书,而编中收集古文甚夥,当是林氏别有辑采古文之书,名为《集字》,非《集解》也。

[21]郭氏名训,显卿其字。新旧《唐书志目》《杂字指》为《字旨篇》,与《古文奇字》,皆云郭训撰。可见惟今本《旧唐志》《字旨》下,误为郑玄。释玄应《一切经音义》,屡引《古文奇字》,于"甓"字下云:"郭训《古文奇字》,以为古逝字,亦举其名。"《广川书跋》云:"郭昭卿《字指》,有'襛'字。"改显为昭,避宋讳也。

[22]《集缀》,编中或称《集字》,光远无考。《说文》水部"染"字

徐锴注，及徐铉《说文》新附《韵字注》一及，此书据句中正《三字孝经序》云："以诸家所传古文，比类会同。"自注瞿令闻、卫包、裴光远、林罕等集。以光远次卫包，知是盛唐已后人。

[23]《佩觿》卷上云："三百六十体，更是榛芜。"自注："王南宾《存义切韵》，首列三百六十体，多失部居，不可依据。"又："瀶翻居沼"，注"沼"当为洏。王存义说："陆氏《切韵》误也。""拾"音拾级，"弟"曰弟劳，注诸家以经史借用字。加陆氏《切韵》，本为王南宾存义删之，点窜未尽，于今尚有。

[24]赵琬璋《字略》无考。编中惟采"瑳""鼲"两字。

[25]《唐书》李尚隐、李商隐皆有传，不言著是书。《宋史·艺文志》："有李商隐《蜀尔雅》三卷。"陈振孙《直斋书录》云："商隐采蜀语为之。"郭氏所采，或即商隐书中字。夏氏《古文四声韵》作商隐。

[26]《切韵》自陆法言后，撰者不止一家。以《汗简》知有《存义切韵》《义云切韵》，以《说文系传》知有朱翱《切韵》、李舟《切韵》。

[27]段玉裁《卫宏官书考》："韩退之言李少温子服之，以科斗书《卫宏官书》相赠。见于《隋书·艺文志》曰：'《古文官书》一卷，后汉议郎卫叔仲撰。'见于《唐书·艺文志》曰：'卫宏《诏定古文字书》一卷。'字者官之讹也。唐初玄应引卫宏《诏定古文官书》三条：曰'尋得同体'，曰'枹桴同体'，曰'图圖同体'。张守节《史记正义》曰：'《卫宏官书》数体，吕忱或字多奇。'然则其书体制，盖同张揖《古今字诂》，而字体为古文籀文。唐人以为难得，至唐季其书亡矣。"

[28]《后魏·江式传》："魏初博士清河张揖，著《埤仓》《广雅》《古今字诂》。究诸《埤》《广》，缀拾遗漏，增长事类，抑亦于文为益者。然其《字诂》，方之许篇，古今体用，或得或失矣。"

[29]惟采"塼""早"两字。

[30]采异于今本者"盍""糵"二字，亦采今本"荐"字。此目宜与上《周礼》相次。

[31]《吴志·虞翻传》注:"《会稽典录》曰:孙登时有山阴朱育好奇学,凡所特达,依体象类,造作异字千名以上。"《广川书跋》:"朱育《集字》,'舟'为古文'周'字。"

[32]《玉篇》宋重修以前,其孙强增字,必有识别。自宋《大广益会》之后,不惟不辨孰顾孰孙,即宋添者亦无从分别。郭氏言《玉篇》相承纰缪,难缮笺毫;知《玉篇》古体,非所遵用,止采孙强增字而已。《玉篇》古文与《汗简》体正同者,则又大抵宋陈彭年等据此书所增入。

[33]考魏晋凡三徐邈,此当是徐仙民为诸经作音者,故能识古文,然从无著录及此书,编中见"肩""刟""耴""㑹"四形,并讹谬无理。

[34]兔部"俛"字一见,标题如此。刻本作"苏文章集字",章字误,文昌无考。

[35]《证俗古文》,当即《证俗音字略》。郭氏采其中古字,因改名古文。据编中所采此书,食部"餯",疒部"瘱",注称《证俗古文》。佗或题《颜黄文说文》,或题《颜黄门字说》,知此与上止是一家,分为二,误也。

[36]《隋书·经籍志》:"梁有《单行字》四卷,李彤撰。又《字偶》五卷,亡。"《集字》盖即《字偶》,或即《单行字》。《隋志》云"亡",而郭氏见之者,盖唐时复出。

[37]《隋书·经籍志》:"梁有《演说文》一卷,庾俨默注,亡。"此与后《演说文》,止是一家。故注中称庾俨《演说文》,分为二非。

[38]编中止采一"㚔"字,今本"㚔"下写脱此目,据夏竦《古文四声韵》可见。

[39]《宋史·艺文志》:"唐玄宗《开元文字音义》二十五卷,《唐志》作三十卷。"

[40]惟采"篡""㤅"两字。

[41]"牧子"疑是书名,无考。

[42]采"闰""班""讫""趣""楕"五字。

[43]采"笃""舒""奚"三字。

[44]采一"壮"字。廷珪唐开元时,与李邕友。

[45]采"鸎""惠""甍""甸""匑"五字。

[46]碑在绛州龙兴宫。唐高祖十一子,韩王元嘉诸子,追荐其母房太妃,为立大道天尊石像,第三子黄公撰作文记之。在当时一刻绛州,一刻泽州。在绛者刻天尊石像之背,州将以不便椎拓,别刻一本,今石像久亡。所传乃别刻本,止是篆文。赵氏以为大篆非也。其结体造形,杜撰炫异,诡史正文者几十之七八。后来卫包之《三方碑》,司马之《经幢》,及诸家所制古文,其传会增减,任臆欺世,实自此碑导源。

[47]夏竦《古文四声韵》,称《天台经幢》,即此碑。英公序云:"天台山司马天师漆书《道德经》上下篇。"司马天师,即司马子微承祯也。《旧唐书·隐逸传》云:"道士司马承祯,颇善篆隶书,玄宗令以三体写《老子》。"

[48]明都穆记《吴延陵季子墓》:"在常州府江阴县西申浦,有碑曰:'呜呼!有吴延陵季子之墓。'相传以为孔子书。"郭氏所注,是据萧定重刊石本,后朱彦再摹刊。今萧朱刻石并存,字大径尺。郭氏采载数文,石刻大抵相似,惟《汗简》口部所采墓文是君,略叙误作季。据《江阴志》萧定释十字,已误"君"作"季"。

[49]编中或称《太华岳颂文》,即夏英公云:"唐右补阙卫包勒修三方记于云台观者也。"今检《古文四声韵》所载,每《汗简》题《华岳碑》,而题《云台碑》,或同是一体。一题《云台碑》,一题《华岳碑》,又有题《三方碑》者,可知同一卫包之迹。英公所采特多于《汗简》,而以一碑分为《华岳》《三方》《云台》三家,非实也。

[50]采"嗂""唔""迷""週""劤""蘱""鶽"七字。

[51]采"御"字。

[52]编中或称《王氏碑》,采文甚多。

[53]采"睫""睹"二字,本称《蔡邕集字》。

[54]采"甚""御"二字,"御"字注《诔作碑》。

[55]编中疌部"逳"下注:"尝览《滑州赵氏碑》。"是唐衢题额尚

如此。辵部自"适"至"还"二十六文，《古文四声韵》并题《义云章》，"逍"在其中，当是据《汗简》之旧，今本脱标题也。然则"逍"字元采自《义云章》注语，止据唐衢作"赵"字，尚从辵以为证耳，以此额当一家误。

[56]编中不见此碑。

[57]惟采一"诰"字，今本告部注中写脱此目，据《古文四声韵》可见。

[58]惟采一"谒"字，今本言部注中写脱此目，据《古文四声韵》可见。

[59]采"髓""忌"二字。

[60]采"恭""陈"二字。

[61]采"鉥""鎌"二字。郭氏此书，当是采《广韵》朱笺三百字中之文。《广韵》自宋重修以前，其陆法言、长孙讷言《切韵》本文，与郭知玄所笺，及唐孙愐所增字，宜皆各有识别。自陈彭年等增之后，新旧混而为一，与《玉篇》之分顾氏本文者同，使后人无从根究源流，殊可惜也。

[62]惟采一"胥"字。

[63]惟采一"锡"字。

[64]日䃺学出马融，亦汉末通儒，与蔡邕等正定六经文字。《水经注》称陆机《洛阳记》云："《礼记碑》上有马日䃺、蔡邕名，此其所集。"《群书古文》、史、志从未著录。今依鱼部"鰡"下、戈部"戢"下、斤部"近"下，并题《马日䃺集群书古文》，无单题《马日䃺集》及《群书古文》者，可知与下本止一家。李建中误分为二，《古文四声韵》因之，又误增马田碑，复出《马日䃺集》。则一种且成四家矣。

[65]惟采一"畸"字。注中碑作记，《古文四声韵》作"弥勒篆铭"。

[66]惟采一"貐"字。

[67]惟采一"厨"字。《古文四声韵》作《凌增台文》。

[68]惟采一"甃"字。银床者井干名也。

[69]惟采一"鄄"字。

[70]惟采一"波"字。

[71]羊部"羛"下,是从《说文》羛字注采。

[72]苜部"蒖"下。

[73]癶部"撨"下。

[74]补《遗作》下。

[75]九部"馗"下。

[76]鼻部"鼻"下,《古文四声韵》作杂古文。

[77]户部"启"下。

[78]著者与于右任《论三体石经》书,见《国学汇编》第一集。

[79]《宋史·夏竦传》曰:"竦字子乔,江州德安人。累迁枢密使,封英国公,徙武宁节度使,进郑国公,谥文庄。"
《中兴书目》曰:"《古文四声韵》五卷。夏竦集前后所获古文字,准唐《切韵》,分为四声。"

[80]全祖望跋云:"所引遗书八十八家,以校郭氏《汗简》,未简多一种,实即取《汗简》而分韵录之,绝无增简异同,虽不作可也。"

[81]《晁公武读书志》曰:"《古文四声韵》五卷,皇朝夏竦撰。博采《古文奇字》,分四声编次,以便检寻。"《四库全书提要》曰:"《汗简》以偏旁分部,而偏旁又全用古文,不从隶体,猝不易寻。此书以韵分字,而以隶领篆,较易于检阅。此如既有《说文》,而徐锴复作《篆韵谱》,相辅而行,固不可废其一也。"

[82]《明史·儒林传》曰:"王应电,字昭明,昆山人。研精字学,著《同文备考》《九义音切》《贯珠图》。"

[83]《四库全书提要》曰:"杜撰字体,臆造偏傍,竟于千百世后重出一制字之仓颉,不亦异乎。"

洪适之汉碑文字

《说文解字》序云:"秦烧灭经书,涤除旧典,大发吏卒、兴戍役,官狱职务繁,初有隶书,以趣约易,而古文由此绝矣。"《汉书·艺文志》云:"是时始造隶书,起于官狱多事,苟趋省易,施之于徒隶也。"隶书之兴,专为狱史隶人之用。秦时虽灭文重质,然从未以隶书施之高文典册,观始皇各处刻石,皆书以篆,诏版亦然,惟权用隶,可知篆隶之用,在秦固各有所宜也。自汉人以隶写经,隶书之用日广,变更篆体,俗书叠出。千里艸为"萆",白水为"泉"。篆文之废,不废于秦之造隶书,而废于汉之用隶书也。虽然隶即变更篆体,究竟由篆而出,其间变迁之迹,苟明字例之条,皆可心知其意。况乎汉人说经,皆有师承,用字每多假借,悉有条例可言。以隶变篆,虽紊象形会之原,而以隶说经,犹得依声托事之理,则隶书一体,在文字学史上,有重大之关系也。汉人隶书,存于碑碣,其搜集摹刻成书者,则为洪适。[1]洪适之书有四:一,《隶释》[2];二,《隶续》[3];三,《隶纂》[4];四,《隶韵》。[5]今《隶纂》已佚,《隶韵》已缺,《隶释》《隶续》虽非原本,而为汉碑文字之研究者,当首推此书矣。细读其书,在文字学上之价值有二:一,笔画之变更;二,用字之假借。其笔画变更者,如《修尧庙碑》:"配"作"配","失"作"失","验"作"騐","因"作"囙";《帝尧碑》:"御"作"御","属"作"属","典"作"曲","不"作"不";《成阳灵碑》:"体"作"軆","圣"作"圣","知"作"知","葬"作"塟";《孔和碑》:"赞"作"讃","卒"作"卆","恭"作"荞","能"做"能"。如此之类极多,或承篆体,或开真先,或为俗体之所自出。其用字假借者,如《孔庙碑》及《后碑》：以"胡辇"为"瑚琏"，以"于氏"为"于是"，以"郎"为"廊"，以"术"为"述"；《华岳碑》：以"墥"为"禪"，以"犁"为"黎"，以"濊"为"穢"，以"识方"为"职方"；《老子铭》：以"旄"为"耄"，以"纍"为"累"，以"渡"为"度"，以"浴神"为"谷神"；《孙叔敖碑》：以"刑"为"形"，以"波"为"陂"，以"拭"为"式"，以"长掖"为"张液"。如此之类亦极多，或为经典习见之假借，或为今日通行之假借，亦有不见于经典不通行于今之假借。洪氏于文字之考证颇密，观《员兴宗答其问隶碑》一书，论"尧祠请雨，祎隋在公"之义，略云："祎隋在公，取《诗》'委施委施，退食自公'之义也。"不曰"委施"，而曰"祎隋"，乃《韩诗内传》解祎隋。《三仓》注云："行，步依动貌也。"又"牟，寿者眉寿也；齿，雅者齿牙也。"《仪礼》凡纪者"牟"作"眉"，《礼记》引《君牙》，然则隶为"兼究齿牙，永享牟寿"；牟为眉，雅为牙，其义可决。据此洪氏之为是书，尝博访通人，并非率尔命笔也。其中偶有遗漏者，如：《卫尉卿衡方碑》，以"宽慄"为"宽栗"，以"声香"为"馨香"，以"邵虎"为"召虎"，以"疣"为"瘫"，"詘"为"谥"，以"尅长尅君"为"克长克君"，以"謇謇"为"蹇蹇"，以"乐旨"为"乐只"。《白石神君碑》，以"幽讚"为"幽赞"，以"无彊"为"无疆"，皆为洪氏书中所未举及，钱大昕《金石文字》跋尾，均举其疏。又《郙阁颂》"柔远而迩"之"而"字未释，不知"而"即"耐"字，为"能"字之假借。[6]《李翊夫人碑》

"五三耒兮衰左姬"，释"耒"为"末"，不知即是"柒"字之省。[7]此皆不免于驳杂者也。石刻文字，《集古录》与《金石录》，虽已搜集，然绝无文字上之考证。洪书可谓创作，虽有驳杂，要无害其宏旨。此外刘球《隶韵》、[8]娄机《汉隶字原》、[9]无名氏《汉隶分韵》。[10]《隶韵》一书，似在洪书之前，今已佚失，内容不得而知。洪适有《书刘氏隶韵》文，据洪书而观，殊不足重矣。《汉隶字原》《汉隶分韵》二书，可谓《隶释》《隶续》之辅，则所以备检寻者也。而娄书殊胜，如"曲江"之为"曲红"，引《周憬碑》；"遭罹"之为遭离，引《马江碑》；"陂障"之为波障，引《孙叔敖碑》；"委施"之为祎隋，引《衡方碑》。于古音古字，多存梗概，皆足为考证之资，不但以点画波磔，为书家模范已也。

注释

[1]《宋史·洪皓传》曰："皓字光弼，番阳人。子适，字景伯，皓长子也。幼敏悟，日诵三千言，绍兴十二年与弟遵同中博学宏词科，后三年迈亦中是选，由是三洪名满天下。"

[2]钱曾《敏求记》曰："《隶释》二十七卷，隶七百一十余叶。"《直斋书录解题》作二十六卷；按今本二十七卷，与《敏求记》同。第二十七卷，标题《天下碑录》。《天下碑录》者，失名人所著，共十卷，中多唐人碑。洪氏删取其东汉及魏碑，著其碑名为篇，作二十六卷者，或去此卷与。是书自一卷至十九卷，收碑一百八十三；二十卷《水经》；二十一、二十二卷欧阳修《集古录》；三十三卷欧阳棐《集目》录目；二十四至二十六卷，赵明诚《金石录》；二十七卷《天下碑录》。其精粹在一卷至十九卷。

[3]适自跋曰:"《隶释》有续,前后二十一卷。乾道戊子,始刻一卷于越。淳熙丁酉,姑苏范至能增刻四卷于蜀。后二年,雪川李秀叔又增五卷于越。明年锡山尤延之刻一卷于江东仓台,而辇其板归之越。延之与我同志,故郑重如此。凡汉隶见于书者,为碑碣二百五十八,砖文器物款识二十二,魏晋碑十七,款识二,欲令数书为一,未能也。今老矣,平生之癖,将绝笔于斯。"按:今皖南洪氏晦木斋刻本二十一卷:卷一至卷四,碑;卷五、卷六、卷八,碑图;卷七,碑式;卷九、卷十,阙;卷十一、卷十二,碑;卷十三、卷十七、卷十八,画象;卷十四,题字款式;卷十五、卷十六、卷十九、卷二十一,碑;卷二十,碑及碑文。颇次第杂乱,计碑八十二。即以九十两阙卷计之,当亦无二百五十八之多,想是残本。

[4]见洪适《盘洲集》,十卷,今佚。

[5]卢文弨曰:"汪君太完,得宋揭洪景伯《隶韵》,已不全。止第三卷下平声上,第八卷去声下,计此书当有十卷,今仅得五之一耳。"

[6]王懋《野客丛书》曰:"如柔远而迹,而字无释,疑而字借用能字耳。盖汉人书字有损偏傍者,如书'繼'为𢇭之例是也。"

[7]《四库全书提要》曰:"《李翊夫人碑》:'五三耒兮衰左姬。'据《山海经》:'刚山多柴木。'《水经注》:'漆水下有柴县、柴水、柴渠。'字皆作'柴',隶从'柴'省,去水为'耒',适以为即'耒'字,非也。"

[8]《盘洲集·洪适书刘氏隶韵》曰:"予初见刘氏子《隶韵》纪元,凡《隶释》碑刻,无一不有,惊其何以广博如是。及观其书,乃是借标题以虚张其数,其间数十碑,韵中初无一字,至他碑所有,则编次又甚疏略,古碑率多模糊,辨之诚难。予因作《隶释》:"目为之昏。"《孔宙碑》:"南畝孔镒。"《王纯碑》:"粥糜冻馁。"文理判然,此书乃以"畝"作敏,以"糜"作麋,此类不一。汉人专以假借为事,韵中略不表出,学者何考焉。"按:其书已佚失。

[9]《汉隶字原》六卷,宋娄机撰。机字彦发,嘉兴人。乾道二年进士,

官至礼部尚书，所撰又有《班马字类》。此书前列碑目，计碑三另九，各记其年、月、地、人、书人姓名，次以《礼部韵略》分为五卷，以真书标之，隶文排比于下，便于检寻也。其文字异同，亦随字附注，前有洪迈《序》。

[10]《四库全书提要》曰："《汉隶分韵》七卷，不著撰人名氏，亦无时代。考其分韵，一东、二冬、三江标目，是元韵非宋韵矣。其书取洪适等所集汉隶，依次编纂，又以各碑字迹异同，缕列辨析，要其比较点画，订正舛误，亦足资考证者。"

郑樵等之六书说

六书之名称与次第，在汉时不同者有三家之说：一，班固《汉书·艺文志》。一象形，二象事，三象意，四象声，五转注，六假借；徐锴《说文系传》、周伯琦《说文字原》因之。二，许叔重《说文解字》。一指事，二象形，三形声，四会意，五转注，六假借；卫恒《书势》因之。三，郑康成注《周礼》。一象形，二会意，三转注，四处事，五假借，六谐声；贾公彦因之。自清以来，六书之名称，大概从许叔重之说；六书之次第，大概从班固之说。[1]三家之说，惟叔重于每一书各有八字之界说，余二家皆无。晋卫恒、唐贾公彦等，皆有六书之界说，而语焉不详。徐锴之说，详于《说文解字系传》，兹不复述。自宋郑樵以后，六书之界说，不同者多矣。

六书之界说，至今尚未有定论，而转注犹甚，在文字学后期篇述之。兹将郑樵以下，至于明代，关于六书之说，分别记之。

象形第一

宋郑樵分象形为三：曰正生，曰侧生，曰兼生。都十八类，正生之类分为：天地之形，山川之形，井邑之形，艸木之形，人物之形，鸟兽之形，虫鱼之形，鬼物之形，器用之形，服饰之形。侧生之类分为：象貌，象数，象位，象气，象声，象属。兼生之类分为：形兼声，形兼意。[2]

张有曰："象其物形，随体诘屈，而画其迹者也。如'云回山川'之类。"

元戴侗曰："何谓象形？象物之形以立文，'日月山川'之类是也。"

杨桓曰："凡有形而可以象之者，摹其形之大体，使人见之而自识，故谓之象形。象形者，象其可见之形也。象形之文有十：一曰天文，二曰地理，三曰人品，四曰宫室，五曰衣服，六曰器用，七曰鸟兽，八曰虫鱼，九曰艸木，十曰怪异。"[3]

明赵古则曰："圣人之造书，肇于象形，故象形为文字之本，而指事、会意、谐声，皆由是而出。象形者象其物形，随体诘诎，而画其迹者也。其别有正生十类：曰数位之形，则'一''囗'之类是也；曰天文之形，则'云''回'之类是也；曰地理之形，则'水''厂'之类是也；曰人物之形，则'子''吕'之类是也；曰艸木之形，则'禾''朩'之类是也；曰虫兽之形，则'虫''牛'之类是也；曰饮食之形，则'酒''肉'之类是也；曰服饰之形，则'衣''巾'之类是也；曰宫室之形，则'卣''亭'之类是也；曰器用之形，则'弓''矢'之类是也。又有兼生二类：曰形兼意，则'日''月'之类是也；曰形兼声，则"累""箕"之类是也。"[4]

王应电曰："三才万物，靡不有形，肖其形而识之，故曰象形。此字学之本也。"

赵宧光曰："象形者粗迹也。象形有独体，如'水''木''人''女'之类；有多体，如'艸''竹''蟲'之类；有合体，如'舜''林''从''龖'之类；有聚体，如'苗''蔴''樂''巢'之类；有变体，如'尸''几'之类；有离合体，如'斯''舄''※''翌'之类；有加体，如'㞢''出''未''束'之类；有省体，如'屮''仒''才''片'之类。若诸体之可以意求，不可以象显者，皆指事、会意。二者之分，取成文合变为会意，取散笔合变为指事，一义明而三体分矣。"[5]

指事第二

宋郑樵曰："指事类乎象形，指事事也，象形形也；指事类乎会意，指事文也，会意字也。独体为文，合体为字。形可象曰象形；非形不可象者指其事，曰指事。此指事之义也。指事之别：有兼谐声者，则曰事兼声；有兼象形者，则曰事兼形；有兼会意者，则曰事兼意。"[6]

张有曰："事犹物也。指事者加物于象形之文，直著其事，指而可识者也。如'本''末''叉''叉'之类。"[7]

元戴侗曰："何谓指事？指事之实以立文，'一''二''上''下'之类是也。

杨桓曰:"指事者何?或形或意,随体随用,远有所主之事;或特设一画、二画、三画,直指其事之所在;或立形立意未明,复以其属指之;或偶同他形他意,复以体类各别指之;或形意互相指,或以注指,或以声指,使人观之而自趋其事之所在;故谓之指事。指事上承乎象形、会意,而下生乎转注、象形。文之末,字之首也。"[8]

刘泰曰:"指事者文既成于象形、会意,而理不能该者,则事生焉。如'本''末'之类,指于'木'之下者为'本',指于'木'之上者为'末'也。"[9]

周伯琦曰:"形不可象,则指其事,上下是也。"

明赵古则曰:"象形文之纯,指事文之加,盖造字之本,附于象形。如'本''末''朱''禾''未''束'之类是。木象形,文也。加一于下则指为'本',加一于上则指为'末',加一于中则指为'朱';以其首曲而加则指为'禾',以其枝叶之繁而加则指为'未',以其条干有物而加则指为'束'。其字既不可谓之象形,又不可谓之会意,故谓之指事。此外又有兼谐声而生之一类,曰事兼声。'齿''金'之类是也。"[10]

王应电曰:"以形以意,合数文而为经纶之象。从又持肉于示为祭事,从又持弓矢为射事,从哭亡为丧事;从目加木为相度之事,故曰处事。谓以人处事,又曰指事。谓指人之事,即古语象事之谓也。"[11]

朱谋㙔曰:"指事,'史''夬''尊''奉''朋''巽''射''疾'之类。"[12]

张位曰:"指事谓直著其事而可知也。如人目为'见',鼻臭为'齅',两户相向为'門',两手齐下为'拜'之类是也。"[13]

吴元满曰:"形不可象,则属诸事。始以象形易位为增减,次以象形变体为差别,三以象形加物为指事。其文有加,既不可谓为象形,而所加之画,又不成字,亦不可谓之会意;居文字之间,故曰指事。"[14]

赵宦光曰:"指事者,指而可识也。'一''二''三'之类,彼将曰'象其数';独不知数可心通,不可目取,非物也。赵古则诸人所引,当在后例,所谓变例,非正例也。指事有二:一,独体指事,谓'一''二''三''十'之类;一,附体指事,'二''二''本''末'之类。"[15]

会意第三

宋郑樵曰:"象形、指事文也,会意字也。文合而成字,文有子母,母主义,子主声,一子一母为谐声。谐声者一体主义,一体主声,二母合为会意。会意者二体俱主义,合而成字也。其别有二:有同母之合,有异母之合。其主义则一也。又曰:二母之合为会意,二母者二体也。有三体之合者,非常道也。"[16]

张有曰:"会意者,或合其体而兼乎义,或反其文而取其意;拟之而言,议之而后动者也。如'休''信''鬻''明'之类。"[17]

元戴侗曰:"何谓会意?合文以见意,两人为从,三人为众;两火为炎,三火为焱之类是也。"

刘泰曰:"会意者天地景物之形既异,其文又不一而足,故摹庶物变动之意以成文。如'从''比'之类,相从为从,相比为比也。"[18]

杨桓曰:"会意者何？形者,体也常也,而其用也,其动也,其变也。各有意主焉,故必假其形之用、之动、之变,以示其意。使人观之而自悟,故谓之会意。"

又曰:"会意者写天地万物变动之意,使人观之而自晓自会也。然意因形而生,故意不能独见,必假其形之变而意见焉,盖形体也,意用也。形意相从,体用一致,先明其形,则意无不了然而自会矣。其体十有六:一曰,天运之意;二曰,地体之意;三曰,人体之意;四曰,人伦之意;五曰,人伦事意;六曰,人品之意;七曰,人品事意;八曰,数目之意;九曰,彩色之意;十曰,宫室之意;十一曰,衣服之意;十二曰,饮食之意;十三曰,器用之意;十四曰,飞走之意;十五曰,虫鱼之意;十六曰,生植之意。"[19]

周伯琦曰:"事不可该,则会诸意,信义是也。"

明张位曰:"会意者合文以成其意也,如止戈为'武',力田为'男',女帚为'妇',人言为'信',人为为'伪',吏于人为'使'之类。"

吴元满曰:"事不能该,则属诸意,合象形、指事之文以成字,拟议以成其变化,故曰会意。"

赵古则曰:"会意其别有五:曰反体会意,曰省体会意,曰同体会意,曰二体会意,曰三、四、五体会意。反体者,如'永'乃水之长也,象其形焉;'𠂢'则水之邪流别者,故反永则为辰之类是也。省体者，如'月'形兼意字也，'夕'则月见，故'月'省则为'夕'之类是也。同体者，如'二口'为'吅'，'三犬'为'猋'之类是也。二体者，如'艸生田上'则为'苗'，'鼠居穴下'则为'窜'之类是也；三、四、五体者，'从臼匊水临皿'则为'盥'，'土上有广从几以居其里'则为'廛'，'从臼持缶置于几上有鬯酒而饰以彡'则为'鬱'，其类是也。"[20]

王应电曰："其涉于影响思虑之所及，而不可以形传也，则以其形，而反人为'七'，仄山为'自'，增木为'本''末'，增口为'甘''曰'，损木为'不'，损月为'夕'，重山为'屾'，重木为'林'，叠口为'品'，叠中为'芔'；配木日为'杳''杲'，配人戈为'伐''成'；合卯为'卵'，合木为'鼎'。于形不类，而意则可通。或配他成字，土受易曰'場'，心思成和曰'想'，凡动虫生为'風'，禾味入口为'和'，故曰会意也。"[21]

赵宧光曰："会意者事形不足，合文为之，二合以至多合。有同体合，如'从''众''林''森'之类；有异体合，如'休''相''意''義'之类；有省体合，如'尺''介'之类；有让体合，如'詹''㠯'之类；有破体合，如'爰''雜'之类；有变体合，如'憂''盱'之类。其变而侧倒反化者，如'尸''丩''比''勺'诸文。后人杂入形事，远矣。"[22]

形声第四

宋郑樵曰："谐声与五书同出，五书有穷，谐声无穷；五书尚义,谐声尚声。天下有有穷之义,而有无穷之声。拟之而后言,议之而后动者义也。不疾而速,不行而至者声也。作者谓之圣,述者谓之明,五书作者也,谐声述者也。谐声者触声成字,不可胜举。略引其类:子母同声,如'牾':五故切,午吾皆声也,母主声。如'瞿':九遇切,从䀠,䀠即声也。主声不主义,如'匏':从包声,不取包之义也。子母互为声,如'靡':从非声读忙皮切,从麻声读谟加切。声兼意,如'禮':从示从豊,豊亦声;'祏':从示从石,石亦声。三体谐声,如'龹':从収从手,丰声;'菁',从艸从日,屯声。"[23]

张有曰:"谐声者或主母以定形,或因母以主意,而附他字而子,以调合其声者。如'鹅''鸭''江''河'之类。"

元戴侗曰:"何谓谐声?从一而谐以白声为'百',从晶而谐以生声为'曐',从甘而谐以匕声为'旨',从又而谐以卜声为'攴',此类是也。"[24]

杨桓曰:"形声者何?形者非专指象形而言也。盖总其象形、会意以宾主言之也。主为形,宾为声也。盖有此形,必有声以为之称呼,而转注不足以明称呼之义,故必于形之旁,取一文一字,直附以声,使人呼之,而自知其何意也,故谓之形声。形声之目,一十有八:一曰,天象之声;二曰,天运之声;三曰,地理之声;四曰,人体之声;五曰,人伦之声;六曰,人伦事声;七曰,人品之声;八曰,人品事声;九曰,数目之声;十曰,彩色之声;十一曰,宫室之声;十二曰,衣服之声;十三曰,饮食之声;十四曰,器用之声;十五曰,鸟兽之声;十六曰,虫鱼之声;十七曰,艸木之声;十八曰,怪异之声。总其体则有四:一曰,本声,如'璣'从幾声是也。二曰,谐声,如"嶽"从獄声是也。三曰,近声,如'磺'从黄声是也。四曰,谐近声,如'渐'从斩声是也。"[25]

刘泰曰:"谐声者物之形意,非转注所能尽,故于形之旁附之以文,因声以明之。如'疃''矓'之类,从日以童、龍为声也。"

周伯琦曰:"意不可尽,则谐诸声。'江''河'是也。"

明赵古则曰:"六书之要,在乎谐声。声原于虚,妙于物而无不谐也。然其为字,则主母以定形,因母以主意,而附他字为子,以调合其声者也。原夫造声之法,或取声以成字,或取音以成字。声者平、上、去、入四声也,音者宫、商、角、徵、羽、半徵、半羽七音也。有同声者则取同声而谐,如'䅶''铜'而谐空同声之类是也;无同声则取转声而谐,如'控''洞'而谐空同声之类是也;无转声则取旁声而谐,如'叨''江'而谐刀工声之类是也;无旁声则取正音而谐,如'萧''昵'而谐肃尼音之类是也;无正音者则取旁音而谐,如'知''威'而谐矢戌音之类是也;有惟取同音而谐者,如'风''开'而谐凡开之类是也。此其大略也。若其别,则有声兼意,如'礼''贯'之类;三体四体,如'归''微'之类。又有左定意而右谐声者,'松''柏'之类是也;右定意而左谐声者,'雞''都'

之类是也。其或定意于上而谐声于下者,'莲''霅'之类是也;定意于下而谐声于上者,'帬''常'之类是也。有形定于外而声谐于内者,'园''圃'之类是也;形定于内而声谐于外者,'徽''舆'之类是也。有从声之文散居而卒难认者,'馭''黄'之类是也。其言之于'语''论'寸之于'寺''專'之类,则谓之因母以主意;其口之于'园''圃',晶之于'曑''晨'之类,则谓之主母以定形。又有所谓从声而省者,盖省文有声关乎义者,有义关乎声者。如'甜'之从舌为义,舌之所嗜者甘故也;谓恬之从舌则非矣,盖从甜为省声,而关于义故也。如'营'之从荧省声也,以吕为义,而关于声也;谓营之从荧则非矣,盖从荧省为义而关于声故也。谐声之道,既有无不谐之妙,又有累加之妙。如'讀'字主言以为意,从賣以为声,则'賣'字主贝以为意。从**啇**以为声,又'**啇**'字乃主囧以为意,从**兯**以为声。'敩'字主攴以为意,从学以为声,则'学'字主攴以为意;从**孝**以为声,又'**孝**'主子以为意,从爻以为声矣。加而不厌烦者,此谐声之道所以无穷也。"[26]

王应电曰:"主一字之形,而以他字之声合之。因其形之同,而知为是类;因其声之异,而知为是物是义,故曰形声。非本声而谐之,故又曰谐声。"

朱谋㙔曰:"谐声因名以定意,'枫''讽'从风,'需''霂'从雨。"

张位曰:"谐声谓本一字以定其体,而附他字以谐其声也。如'江''河'左从水以定其体,而谐声在右;

'鹅''鸭'右从鸟以定其体，而谐声在左；'裳''常'谐声在上，'簾''箔'谐声在下，'园''圃'谐声在内，'徽''舆'谐声在外之类是也。"[27]

吴元满曰："未立文字，先有声音，意有尽而声无穷，故因声以补意之不足，立部为母以定意，附他字为子以调协声音，故曰谐声。或谐声转声以成字，或谐音转音以成字，或叶音转音以成字。其正生者二种：一曰，谐本声；二曰，谐转声。其变生者二种：一曰，谐本音；二曰，谐转音。其兼生者二种：一曰，叶本音；二曰，叶转音。以是六类求之，而谐声之义得矣。"[28]

赵宧光曰："声者意义偕也。二文共事，构结而成，半表义，半持声，化生之道具，而字滋广矣。"[29]

转注第五

宋郑樵曰："谐声、转注一也。役他为谐声，役己为转注。转注也者，正其大而转其小，正其正而转其偏者也。"

又曰："转注别声与义，故有建类主义，亦有建类主声，有互体别声，亦有互体别义。"

又曰："立类为母，从类为子；母主义，子主声。主义者是以母为主而转其子，主声者是以子为主而转其母。"

又曰："谐声、转注，皆以声别。声异而义异者，曰互体别声；义异而声不异者，曰互体别义。"[30]

张有曰："转注者辗转其声，注释他字之用也。如'其''无''少''长'之类。"[31]

元戴侗曰："何为转注？因文而转注之，侧山为'𠂤'，反人为'七',反欠为'旡',反子为'㐬'之类是也。"[32]

杨桓曰:"转注者何?象形、会意之文,不足以备其文章言语变通之用,故必二文、三文、四文;转相注释,以成一字,使人绎之。而自晓其所为用之义,故谓之转注。"

又曰:"转注者承指事而作也。指事之体,由会意之变而生,转注又生于指事之变也。故指事之初,或直指其事,或形指形,或意指意,或形意互相指,转注已兆于斯。又以二文、三文,共指一形一意,而转注之体所由著也。然转注之作,虽成乎指事,其旨则实不出乎会意,盖由会意之意,止能因其象形而见之。若夫天地之间,万有之意,固非一象形之动变所能尽者,苟不并累众文。互转以成注,其意何由而足?故转注之制,或二文成一字,或三文成一字,或四文成一字;四文又不足,又取已集成字者,杂其文而用之,意足而后止也。"[33]

刘泰曰:"转注者,指事之外,意有不能尽者,则取文字转相附注,以足其意。如'聖''賢'之类:'聖'从耳从口从𡈼,以其闻无不通,言无不中,𡈼则人在士上;'聖',又士之大者。'賢'从臣从寸,从寶省,以其臣有守,则国之寶也。"[34]

周伯琦曰:"声不可穷,则形体而转注焉。'帀''乏'是也。"[35]

明赵古则曰:"转注者,辗转其声而注释,为他字之用者也。有因其义而转者,有但转其声而无义者,有再转为三声用者,有三转为四声用者,至于八九转者亦有之。其转之之法,则与造谐声相类;有转同声者,有转旁声者,有转正音者，有转旁音者，有惟取其书而转者。其别有五：曰因义转注者。如恶本善恶之'恶'，以其恶也则可"恶"，故转为憎恶之'恶'；齐本齐一之'齐'，以其齐则如'齐'，故转为齐庄之'齐'；此其类也。曰无义转注者。如荷本莲荷之'荷'，而转为负荷之'荷'；雅本乌雅之'雅'，而转为风雅之'雅'；此其类也。曰因转而转者。如长本长短之'长'，长则物莫先焉，故转为长幼之'长'，长则有余，故又转为长物之'长'；行本行止之'行'，故转为德行之'行'，行则有次序，故又转为行列之'行'，又为行行即《论语》："子路行行如也"之"行"。之'行'；此其类也。此三者谓之托生。又有二用，曰双意并义不为转注者。如朋皇之'朋'，即鵬朋之'朋'，皆象其飞形；杷枋之'杷'，补讶切，收麦之器，白加切，又为木名，乐器之枇杷，皆得从木以定意，从巴以谐声；此其类也。是谓反生，又有兼用因假借而转注者。如来乃来牟之'来'，既借为往来之'来'，又转为劳来之'来'；风乃风虫之'风'，又转为吹嘘之'风'，又转为风刺之'风'；此其类也。又有方音叶音，不在转注例者。如联叕之'叕'，陟卫切，南方之人则有株列切；兄弟之'兄'，呼庸切，东吴之人则有呼荣切；上下之'下'，读如华夏，押于语韵，则音如户；明谅之'明'，读如姓名，押于阳韵，则音如芒。凡此之类，不能悉载。若'夫衰有四音，齐有五音，不有六音，从有七音，差有八音，射有九音，辟有十一音'之类，或主意义，或无意义，然转声而无意者多矣，学者引伸触类通之可也。夫自许叔重以来，以同意相受，'考''老'字为转注，康成以之而解经，夹漈以之而成略，遂失转注之本旨。今夫'老'字从人从毛从匕者，人之毛匕而白则为老，会意字也；考者老也，从老省会意，从丂者谐声字也，初非以'老'字转而为'考'也。又若'耆''耇''耋''耊''孝''耊'六字，皆从"老"省以为意，从'旨''句''匃''占''至'以为声，则从子承父道而为会意。今夹漈以之入转注之篇，可乎哉。"[36]

王应电曰："声出于天，或有余焉，或不足焉，声之有余也。一义而各为一声，不能声为之制字也。从一字而转为数声，故曰转注。"

杨慎曰："原转注之义，最为难明。《周礼注》云：'一字数义，辗转注释而后可通。'后人不得其说，遂以反此作彼为转注。许慎云转注'考''老'是也。毛晃云：'考老各自成文，非反考为老。'王柏正：'始之音，亦以考老之训为非。'萧楚谓：'一字转其声而读，是为转注。'程端礼谓：'假借借声，转注转声。'皆合《周礼注》辗转注释之说，可正考老之谬妄矣。贲有七音，各有不同，触类而长之；衰有四音，齐有五音，从有七音，差有八音，敦有七音，辟有十一音。皆转注之极也。"[37]

朱谋㙔曰："转注因谐以广音，南北殊声，平仄异读，'谟'转'暮''莫'之类。"

张位曰："转注一字数义，辗转注释，可通用也。如长久'长'字，长则物莫先焉，故又为长幼之'长'，长则有余，故又为长物之'长'。行止'行'字，行则有踪迹，故又为德行之'行'；行则有次序，故又为周行之'行'。如数目'数'字，有数则可数，故为数往之'数'；有数则密矣，故又为疏数之'数'，又音促，数罟亦密矣。又有本其意特转声用之者，如以女妻人为'妻'之类是也。"

陆深曰："转注者转其音以注。"

吴元满曰："假借不足，故转声以演义。因形事意声四体，辗转声音注释，为他义之用，故曰转注。有转声注释别义，有转声但取叶音，有转本音注释他义，有转别音注释他义，有别音注义，有别音叶韵，有转而复转，有双声并转，有因转复借。其正生者四种：一曰，转声注义；二曰，转声叶韵；三曰，本音注义；四曰，转音注义。其变生者四种：一曰，别音注义；二曰，别音叶韵；三曰，转而复转；四曰，双声并转。其兼生者一种：曰，因转复转。"[38]

赵宧光曰："转注者声意共用也。取其字就其声，注以他字，而义始显。如'丂'字象气难上出之形，而老人鲠噎似之，于取'老'字省其下体以注于'丂'上，而义始足也。"

又曰："转注之体，大类形声；转注同声，形声异声。此二书之分。而其创法之初，绝然不混也。但须毋离所引'考''老'二字本旨，则不倍古人矣。"

又曰："同声者为转注，如'考'同"丂"之类；转声者为谐声，如'耇'谐句，'耆'谐占之类；非声者为会意，如'孝'从老子，'耆'从老旨之类。"

又曰："转注者转示志识也。同呼异用，不令义混，就形附释，体烦握简；譬则《尔雅》之末训，《传疏》之肇基欤。

物之杂，文之赘也。"[39]

假借第六

宋郑樵曰："有有义之假借，有无义之假借，不可不别也。曰同音借义，曰协音借义，曰因义借音，曰因借而借；此为有义之假借。曰借同音不借义，曰借协音不借义，曰语词之借，曰五音之借，曰三诗之借，曰十日之借，曰十二辰之借，曰方言之借；此为无义之假借。同音借义，如'初'裁衣之始，而为凡物之始；'基'筑土之本，而为凡物之本。借同音不借义，'汝'水也，而为尔汝之'汝'；"尔'花盛也，而为尔汝之'尔'。协音借义，如'御'之为御音迓。为御；音禦。'行'之为行下孟切。为行。户浪切。借协音不借义，如'荷'之为荷，胡可切负也。'鲜'之为鲜。上声。因义借音，如'琢'本琢玉之琢，而为大圭不琢之琢；音篆。'辂'本车辂之辂，而为狂狡辂郑人之辂。音迓。因借而借，'难'鸟也。因音借为艰难之难，因艰难之难，借为险难之难。'为'母猴也。因音借为作为之为，因作为之为，借为相为之为。语辞之借，凡语辞惟'哉''乎''兮''于''只''乃'有义，他并假借，虚言难象，故因音而借焉。五音之借，如'宫'本宫室之宫，'羽'本羽毛之羽。三诗之借，如'风'本风雅之风，'雅'办乌雅之雅。十日之借，如'甲'本戈甲，'乙'本鱼肠。十二辰之借，如'子'人之子也，'丑'手之械也。方言之借，如'羹'之为羹，上更字，下音郎，楚地名。'咎'之为咎。上如字，下音皋，皋陶字亦如此。此皆非由音义而借，盖因方言之异，故不易其字。双音并义不为假借，如'陶'为陶冶之陶，又为皋陶之陶；'衿'，居吟切，领也；又其鸠切，结也。凡此之类，并双音并义，不为假借也。"[40]

张有曰："假借者本非已有，因他所授，而借其声义者也。如'亦''非''西''朋'之类。"[41]

元戴侗曰："何谓假借，本无正文，假借以为用。'博'之为博弈，'尔'之为尔汝。"

杨桓曰："假借者何？本分之所无，而适须其必用乃托取他之所有以权为我之用之谓也。盖文字之蕴，凡言语之声义，固有难为形貌者，故象形、会意、指事、转注、形声五者，既皆不足形貌以成字，故必借其同近而用之，使人因其声义以应其用，亦足以因彼而明此也，故谓之假借。"

又曰："假借者承形声不足而作也；取彼之所有，济我之所无之谓也。六书之假借，犹五行之器用焉。其体一十有四：曰声义兼借，曰借声不借义，曰借义不借声，曰借谐声兼义，曰借谐声，曰借近声兼义，曰借近声，曰借谐近声兼义，曰借谐近声，曰因借而借，曰因省而借，曰借同形，曰借同体，曰借而复借。"[42]

刘泰曰："假借者其声义于上五者俱不能详，故取一字两用以足之也。如去取之类，'去'往也，借为上声除去字；'取'善听也，借为取舍字。"

周伯琦曰："因音义而假借焉，'令''长'是也。"

明赵古则曰："假借之所以别有五，而生有三。曰因义之借，曰无义之借，曰因借而借，曰同音并义不为假借，曰转注而假借，此五者假借之所以别也。因义之借，如'初'本裁衣之始，而借为凡物之始；'状'本尤出之形，而借为凡物之形是也。无义之借者，如'易'本蜥易之易，而借为变易之易；'财'本货财之财，而借为财成之财是也。因借而借者，如'商'本商度之商，借为宫商之商，又借为商贾之商；'之'本之艸之之，既借为之往之之，又借为语词之之是也。是谓托生。同音并义不为假借者，如台说之'台'，即台我之'台'，皆得从口而为义，从㠯而为声。壬儋之'壬'，既象治任之形；壬娠之'壬'，亦象怀壬之形是也。是谓反生。转注而假借者，如'顷'本矢顷之顷，转为顷刻之顷，因顷刻之声，而借为顷亩之顷。'过'本过逾之过，转为既逾曰过之过，因既逾曰过之声，而借为过失之过是也。是谓兼生。假借之旨，不明于世，以至书然燎之然更加火，州渚之州复加水，果字有艸，须字有彡。如此之类，何可枚举，尚奚论丁宁之类不用口，车渠马䯂之类不须石哉。"[43]

王应电曰："声之不足也，一声而或兼数义，不能义为之制字也。有一字而借为数义，故曰假借。"

杨慎曰："假借借义不借音，如兵甲之'甲'，借为天干之甲；鱼肠之'乙'，借为天干之乙。义虽借而音不变，故曰假借。转注转音而注义，如'敦'本敦大之敦，既转音顿，而为《尔雅》敦丘之敦，又转音对，而为《周礼》玉敦之敦，所谓一字数音也。假借如假物于邻，或宋或吴，各从主人；转注如注水行地，为浦为溆，各有名字矣，是奚可同哉。"[44]

朱谋㙔曰："假借因义理相通，而该括同异，'甲''乙''子''丑'之类。"

张位曰:"假借谓本无其字,因字声意而借用之也。如'能'豪兽也。今借为贤能英豪之类,此声借也。如内外之'内',作收内之内;伯仲之'伯',作王伯之伯。有恶而可恶,有好而可好之类,此意借也。又如占卜之'占'为占夺,女子之'女'为尔女,房舍之'舍'为取舍,骨肉之'肉'为肉好之类,但借声不借义也。"

吴元满曰:"自象形、指事,以至会意、谐声,而文字之体备矣。宇宙之内,事物多端,以文字配物,不胜其繁矣。文字有尽而事物无穷,因形、事、意、声四体,声音相同借为他义之用,故曰假借。有:有义借,无义借,借复借,俗字借,联字借。其正生者二种:一曰,因义假借;二曰,因声假借。其变生者三种:一曰,借而复借;二曰,俗字借;三曰,联字借。以是五类求之,而假借之义得矣。"

赵宧光曰:"假借五义不足,借声为之,用声不用义也。其有义之借,转注未加声是矣,半为古今之用字法。其无义之借,惟声为用,则全假借也。又有字形先定,物名后立,势所难移,若此类者,借不能通,不得不转其音以命之。有一转以至多转者,有同母转者,有同韵转者,有南音转北,北音转南者。故'长''白'等字,南北互转三呼。'亚''辟'等字,母韵互转得十余呼。随世迁移,遂方变易,低昂多寡,无有定则,扬谦诸家,谬改此类作转注非矣。造书本旨,故当画一,后世始有南北之分,四声之辨尔。"

又曰:"假借诸类,古今言之详矣。而用借诸门,则无有及者,因疏以悉之。有本无其字不得不借者,如'禅',

祭天也；借为谈禅之禅。'佛'见不审也；借为神佛之佛。'缘'，衣纯也；借为因缘之缘。'县'，系也；借为郡县之县。'乐'，五声八音总名；借为娱乐之乐。'理'，治玉也；借为义理之理。'也'，训女阴；借为语词。'其'，古箕字；借为彼其之其。'云'，古雲字；借为语云之云之类。有无其字，后世已增，而《说文》不见者，终为俗体。如'说'，训释也；一曰谈说，凡词说之说，及喜说之说皆用之；后增悦字。'止'，下基也；凡行止之止，及足止之止皆用之；后增趾字。'埶'，训种也；凡树埶之埶，及时埶之埶皆用之；后增藝、勢字。'亯'，训献也；凡祭亯之亯，及元亯之亯皆用之；后分享、亨字之类。有两有其字，各主本义，而古今或分或借，不以为误者，如'尟'，训是少也；'鲜'，训鱼名，后亦通作尟。'㰮'，训安气也；'与'，训党与，后亦通作㰮。'捨'，训释也；'舍'训市居曰舍，后亦通作捨。'𢽹'，训碱也；'文'，训错画也，后亦通作'𢽹'。'彰'，训文彰也；'章'，训乐竟为一章，后亦通作章。'𧪞'，训识词也；'知'训词也，后亦通作𧪞之类。有两有其字，各主本义，而古今通将本字废置，而混借为用者。如'亂'，训治也；又有'𤔔'字，亦训治；又有'敵'字，训烦也；后通作亂。'稱'，训铨也；又有'爯'字，训并举也；又有'偁'字，训扬也；后通作稱。'省'，训视也；又有'渻'字，训水减也；又有'媘'字，训减也；后通作省。'易'，训蜥易，又有'偒'字，训轻也，一曰交偒；又有'敭'字，训侮也；后通作易。'興'，训起也；又有

'嬹'字，训说也，后通作兴。'逆'，训迎也；又有'屰'字，训不顺也，后通作逆。'両'训二十四铢为一两；又有'网'字，训再也，后通作两之类。有两有其字，而本文为借所夺，废置不用，而反增俗字以应世用者。如'萼'，训艸木华也；'蕚'，训荣也；俗增花字。'閑'，训阑也；'閒'，训隙也；俗增间字之类。又有义可强通，而声不协，此古今从省之法，而混若假借者。如'齊'，训禾麦吐穗上平也；'齋'，训戒洁也。'邌'，训行邌径也；'隋'，训隋从也之类。有声义远甚，而俗书混乱，谬作假借者。如'斁'，训解也；'殬'训败也。'突'，训深也；'突'训犬从穴中暂出也之类。有古人两用，声义偶混，似借非借者。如'鼎'籀文'爰'字，'爰'石鼓文'鼎'，'鼎''爰'二字互见。'乃'篆文'迺'字，'迺'《峄山碑》'乃'，'乃''迺'二字互见。'避、我'见石鼓文。'于、於'见《峄山碑》。之类。有古借汉分，今不必借者。如'又'通作有，'寺'通作时之类。俱见石鼓文。有二文声义俱别，各自为用，而文势相通，谬作借者。如'于'，训于也，象气之舒；'於'，古文乌省，'乌'取其助气；故"于''於'通用。'戲'，训三军之偏也；'麾'，训旌旗所以指麾；义相近，故'戲''麾'通用之类。有古人字形、声、义各别，而许慎溷合，有类于假借者。如'二'，《说文》谓古文上字，'上'亦古上字，赘。'二'，《说文》谓古文下字，'丁'亦古文下字，赘。'夫'，古文长，'冘'古文终之类。有声义远甚，俗混虽久，本文具在，可以毋借者。如'烦'繁縟并非。'鬍'蟠非。'才''财''裁'借声无义。'毚'声义远甚。'惟''维'借声无义。'唯'声转无义。之类。"

又曰："假借者，假其名号也。字有限物无穷，有义无义，耳目一揆；名之奇，声之罔也。"[45]

以上所举，自郑樵以后，论六书之例，略具于此。六书之例，指事难明，转注致无定论。上所举亦指事、转注二例，异说最多。转注一例，以转声当之者，张有以来，大概皆然。至今日尚多奇异不同之说，详于《文字学》第二时期篇，此亦文字学史上致有趣味之一事也。

注释

[1]四川廖平著《六书旧义》，以班固"四象之说"为最善，详下"文字学后期"篇。

[2]郑樵之正生，当为象形之正例，即独体象形是也。天地、山川、井邑、草木等之分，殊为不必；盖此属于义类，而非属于形类也。其兼生，当为象形之变例，即合体象形是也。形兼声，如"金""齿"之类是；形兼意，如"臽""巢"之类是。其侧生半系指事，其所引文字，多混指事、会意、形声于象形之中，糅杂殊甚。

[3]杨桓"十类"，其误与郑樵同。且只有正例，尚不如郑樵以正生当正例，兼声当变例也。

[4]赵则古之说，全与郑樵同。正生第一类之"一""囗"两字，系指事非象形；"日""月"是纯形，当为正例。归之形兼意，殊不可解。

[5]赵宦光之说，似比前数人为进矣。惟合体、聚体、离合体之类，皆非象形，此其误也。

[6]郑樵指事之说，不可谓非。惟其所收之字："曳""外""广""古"等是会意，而列之指事。"用""庸"是意兼声，而列之事兼

声。"吏"亦意兼声,而列之事兼形。"肯""受"是会意,而列之事兼意。且一"争"字而两收,一列之指事,一列之事兼形。此其误也。

[7]张有指事之说,是指事变例之一种。"本""末"等字,后人所谓"形不易象而变为指事者"也。

[8]杨桓指事之说,以指事为指其象形、会意所主之字,次弟颠倒,乘谬殊甚,以注指则更悖矣。

[9]刘泰"本""末"之类,与张有同。列指事于会意之后,与杨桓等。

[10]赵古则本张有之说而加详,又增事兼声一类,然"齿""金"二字,是形兼意兼声,非事兼声,此其误也。

[11]王应电所举之"祭""射""丧""相"等事,皆是会意,其误甚矣。其致误之由,不以文字之组织说六书,而以文字之性质说六书。

[12]朱谋㙔之误,与王应电同。朋,古凤字作"㫿",是象形。

[13]张位之误,亦以会意为指事。

[14]吴元满加物为指事,说亦本之张有。谓"所加之画,又不成字,(当云又不成文。)不可谓之会意",此语颇精。变例指事,所以不与会意混者,全在此。惟其所言,为指事之变例。

[15]赵宧光之论指事,分为独体、附体,即正例、变例。惟"二""二"仍是独体,不当入附体。宧光又云:"此余弱冠时书,后稍诠定,然未甚纯一。今悉刊去浮言,约为汉义。"所谓汉义者,六书只用一字:曰事,曰形,曰意,曰声,曰注,曰借。语焉不详,转难索解。

[16]郑樵文与字之别,论之极明白。独体为文,象形、指事文也。合体为字,会意、形声字也。为今日不可易之论,惟其言三体之合作常道一语,则不甚然。在六书条例上言,二合、三合以至多合,同为会意之正例也。

[17]张有所举"休""信""鸞""明"四字,皆是合体兼义;反文取意之字,当如"乎""币""冃""七"之类,为会意变例中之一种。

[18]戴侗、刘泰会意之说,专举所从之两文相同为例,未免举例未宏。赵宧光所谓"此会意中一体,同体会意也"。

[19]杨桓之论，致不足取。赵宧光指为颠倒错杂，至于分会意之体为十有六，更为无谓。

[20]赵古则之论会意，比前已加密矣。如反体、省体之类，清代论会意者尚多本此。

[21]王应电"反仄、增损、重叠、配合"之论，略同赵古则。惟其增之一类，"本""末""甘""曰"四字，乃指事之变例，非会意也。

[22]赵宧光所论同体、异体、省体、让体、破体、变体之合，与赵古则、王应电同，惟名称异耳。其言合文为之，二合以至多合，语最简明而包括，惟稍有未尽者，与形声之界说略浑，盖形声字亦合文为之也。当云合二文之意为之，二合以至多合，庶与形声之界说，分别清楚矣。

[23]郑樵分形声为二类：一正生，二变生。正生之类一，变生之类六。兹之所举，皆变生之类。变生即今之所谓变例，变例不及省声，此其疏也。

[24]戴侗所举之"百"字，不合于《说文》。

[25]杨桓"十八类"之分，殊为多事。惟其所谓四体：有本声则用本声，本声缺则用谐声，谐声缺则用近声，近声缺则用谐近声；略近于取譬相成之谊。

[26]赵古则形声之说，与杨桓同而加密。其三体、四体，左形、右声，右形、左声等说，虽本之唐人，而与散居省声等，集而为例；虽不可视为定论，而足资参考。

[27]张位之说，只赵古则说中之一。

[28]吴元满之说，即赵古则之说。而言之不如赵古则晓鬯。

[29]此赵宧光晚年之说。"半表义，半持声"，二语最为简洁。

[30]郑樵之论，误以形声为转注，强为分别，使人愈迷。役他役己，语多晦涩，其意以为合体为字。役他者从彼字之声，而用此字之义；役己者通此字之义，而合彼字之声。是强以形声之字当转注也。其分类有四：一曰，建类主义。二曰，建类主声。自以为得建类一首之例，实则取《说文》中之相同字列之，皆形声字也。三曰，互体别声。四曰，互体

别义。自以为得同意相受之例，然其中所列之字"呆""东"为会意，"棠""樉"为形声。其误以转注为制造文字之法，故疵谬百出也。

[31]张有之说，以依声托事之假借为转注。

[32]戴侗之说，由裴务齐"考字左回，老字右转"之说而来，不过用篆文为说耳。本此以说，㞢之于屮，正之于乃，門之于𠔉，㐅之于㔾，尺之于𠂆，止之于帀，尺之于㔾，𠇑之于从，𡕢之于𧶠，辰之于𠩺，皆为转注，其误甚矣。

[33]杨桓之说，以二文、三文、四文之义，合而成字者为转注，且以指事由会意而生，转注由指事而生，颠倒错乱，毫无足取。

[34]刘泰之误，与杨桓同。"賢"，《说文》从贝臤声，而曰从臣，从寸，从寶省，此穿凿附会之说也。

[35]周伯琦之误，与戴侗同。

[36]赵古则谓'老'为会意字，'考'为形声字，较诸家为进矣。故其所论转注，亦以转注为用字之法。惟其所言，悉是假借，非转注本义。假借者一字数义，转注者数字一义，赵氏不明此旨也。

[37]以一字数义为转注，其说始于宋之张有。所谓辗转其声，注释他字之用也，并不见于《周礼注》。毛晃之说曰："《周礼》六书，转注谓一字数义，辗转注释，而后可通，后人不得其说，遂以反此作彼为转注，其说皆非。"盖毛晃之说也，杨慎用其说，而不察其文，直以为《周礼注》之文，则谬甚矣。

[38]朱谋㙔、张位、陆深、吴元满之论转注，皆主转声之说，误同赵、杨。

[39]赵宧光之说，以形声中之同声者为转注，转注者为谐声。其误以转注为造文字之法，是又出赵古则、杨慎诸人之下矣。

[40]郑樵之论假借详矣，但其五音之借、三诗之借、十日之借、十二辰之借，皆是一例。所谓托名标识，郑氏徒繁其例尔。

[41]张有以转声别义者为转注，以同声别义者为假借。同声别义，固为假借之一。如"亦"即"腋"字，借为语词。"非"鸟飞下翅，借为是

非。"西"象鸟在巢上，即"栖"字，借为东西。"朋"古凤字，借为朋友。然转声别义者，亦是假借。如"长"本长久，借为长幼。张有一以为转注，一以为假借，误矣。

[42]杨桓分假借为十四类，不越郑樵之范围。总而言之，假借之例有二：一，为依声托事之假借，为本无其字之假借，乃制文字之假借也。一，为依声不必托事之假借，为本有其字之假借，乃用文字之假借。郑樵徒繁其例，杨桓更甚焉。

[43]赵古则之论假借，设例虽比郑樵、杨桓为简，然亦不扼要。因转注而假借一例尤误，盖亦本张有转声之说为转注，致有此误也。

[44]王应电本杨慎之说，以转音者为转注，不转音者为假借。自宋以来之言假借者，皆有此误也。

[45]赵宧光之举例虽多，各有字以证之，而实不足以明假借之例，所举之"二""丄"，"二""丁"，"长""兂"，"终""弃"诸字尤误。

声读之发明

声读在文字学上，极为重要。清朝文字学家，以声读成书者，极能以声读之法，尽文字假借之妙用。而声读之发明，则始自宋朝，亦文字学史上可纪之一事也。何谓声读？声读者不以文字之形类文字，而以文字之声类文字。《说文解字》九千三百五十三文，以形分为五百四十部，学者谓之左文。左文者即左边之形，或谓之偏旁学。九千余字中，形声之字，计七千有余。将此七千余字，以声为区别而部类之，学者谓之右文。右文者即右边之声，或谓之声读。盖上古文字，义寄于声，未遑多制，只用右文之声，不必有左文之形。例如《兔罝》之"公侯干城"，"干"即"扞"字；[1]《芄兰》之"能不我甲","甲"即"狎"字。[2]似此之类,群籍极多。盖古时字少,以声为用,求之《说文解字》中,如"臤"下云:"古文以为贤字。"[3]"丂"下云:"古文以为巧字。"[4]"哥"下云:"古文以为歌字。"[5]㬎下云:"古文以为顯字。"[6]在未造"贤""巧""歌""顯"等字之先,即以"臤""丂""哥""㬎"等字为"贤""巧""歌""顯"之用,故曰"古文以为也。"迨事物日繁,甚少之文字,不足以为言语符号之用,再加偏旁以为区别。"贤"从臤声,加贝以为区别。"巧"从丂声,加工以为区别。"歌"从哥声,加欠以为区别。"顯"从㬎声,加页以为区别。虽著形以为义之标准,而义之由来,仍然与声有关系。例如"仲""衷""忠"三字,皆从中得声,而"仲"为人之中,"衷"为衣之中,"忠"为心之中。[7]"譚""憛""醰""敻"四字,皆从覃得声,而"譚"为言之覃,"憛"为心之覃,"醰"为酒之覃,"敻"为督责之覃。[8]其尤易见者,"禷",以事类祭天神,从示类声,"类"即义也。"禛",以禛受福也,从示真声,"真"即义也。"祀",祭无已也,从示巳声,"巳"即义也。由上各证观之,则知声之所在,即义之所在。无论何字,但举右文之声,不举左文之形,知声者可以因声求义。因文字之孳乳,皆由声而发展,所以清儒能本声读之法,寻出文字之统系,成为文字学上有价值之著作,而发明早见于宋人,特未成书耳。

杨泉《物理论》曰:"在金曰坚,在艸木曰紧,在人曰贤。"[9]

王观《学林》曰："'盧'者字母也，加'金'则为'鑪'，加'瓦'则为'甒'，加'目'则为'矑'，加'黑'则为'黸'。凡省文者，省文所加之偏旁，仅用字字母，则众义该矣。"[10]如'田'字，字母也，或为畋猎之'畋'，或为佃田之'佃'；若用省文，惟以'田'该之。"[11]

沈括《梦溪笔谈》曰："王圣美治字学，演其义为右文。古之字书，皆从左文。凡字其类在左，其义亦在左；如木类其左皆从木。所谓右文者，如'戋'，小也。'水'之小者曰'浅'，'金'之小者曰'钱'，'歹'之小者曰'残'，'贝'之小者曰'贱'，皆以'戋'字为义。"[12]

张世南《游宦纪闻》曰："自《说文》以字画为类，而《玉篇》从之，不知其右旁亦以类相从。如'戋'为浅小之义，故水之可涉者曰'浅'，疾而有所不足为'残'，货而不足贵者为'贱'，木而轻者为'栈'。[13]'青'为精明之义故，日之无障蔽者为'晴'，水之无溷浊者为'清'，目之能见明者为'睛'，米之去粗皮者曰为'精'。"[14]

以上四说，虽未成为有统系有条例之学说，而已确然能见声为义之纲领，特未有成书，或有成书而不传，致为可惜。据沈括《梦溪笔谈》所记，"王圣美既演其义为右文"。在当时必有其书，而宋人文字学书之存于今者，无有一种本右文之条例以成之者，即元明以来，亦绝不见有此种条例之文字书。盖当时研究文字学者，只能在文字本身上探讨；故即偶有所见，而不能触类旁通，以广博之引证，精深之思审，成一学说，信今而传后。清儒研究文字学，其范围愈推愈广，凡三代、两汉之书，皆为文字学考证之资，故其声读之成功，极为可观，于文字学后期篇详述之。

注释

[1]《毛传》："干，扦也。"按"干"即"扦"之假借字。

[2]《毛传》："甲，狎也。"按"甲"即"狎"之假借字。

[3]《说文》："臤，坚也。古文以为贤字。"按：贤，多才；多才坚之意，如能兽之为才能。未造"贤"字时，即以"臤"字为"贤"字之用。

[4]《说文》："丂，气欲舒出。𠃉上碍于一也。古文以为巧字。"按：巧技也；工之事也。手工业时代，工人之气欲舒出，有丂之意。未造"巧"字时，即以"丂"字为"巧"字之用。

[5]《说文》："哥，声也。从二可。古文以为歌字。"按："歌"，咏也；歌即人所发之声。朱骏声云："哥，从二可，发生之语，如可而平。"是"哥""歌"同意，未造"歌"字时，即以"哥"字为"歌"字之用。

[6]《说文》："㬎，众微妙也。从日中视丝。古文以为顯字。"按："显"，明饰也；首饰之光明者，日中视丝，其光明特甚，是"㬎""顯"同意。未造"顯"字时，即以"㬎"字为"顯"字之用。

[7]《释名·释亲属》："仲，中也。言在位而中也。"《说文》"衷"："里亵衣也。"里亵衣，衣之在中者也。《论语皇疏》："忠，谓尽中心。"

[8]《说文》"䭫"："孰也。从亯从羊。"按：即味之厚也。"谭"，告晓之孰也。《诗·抑》："诲尔谆谆。"厚意告晓之言也。《说文》"憞"："厚也。从心䭫声。"心之厚也。《说文》"敦"："怒也，诋也。"《诗·北门》："王事敦我。"《传》"敦"："厚遗加

也"。言王事加我之厚。

[9]《说文》"坚"："刚也。从臤从土。"朱骏声云："刚土也。本土之坚，亦用为金之坚。"《说文》"紧"："缠丝急也。从臤从丝省。"本丝之紧，亦用为草木之紧。《说文》"贤"："多才也。"贤本以财分人之称，引伸为以善教人之称。

[10]《说文》"盧"："饭器也。从皿虍声。"假借为鑪。《淮南·原道》："盧牟六合。"注："犹规矩也。"朱骏声云："盧牟，即鑪模，又为甌。"《司马相如传》："文君当盧。"即甌字，实即鑪字，又为矑。《杨雄传》："玉女无所眺其清盧。"服注："童子也。字亦作矑，又为黸。"《书·文侯之命》："盧弓一。"《传》："黑也。"

[11]《说文》"田"："树穀曰田；象四口；十，阡陌之制也。"又为畋。《易·师卦》："田有禽。"《书·无逸》："不敢盘于游田。"《诗》："叔于田。"皆为畋猎之畋，又为佃。《诗》："无田甫田。"《汉书·高帝纪》："令民得田之。"注："谓耕作也，皆为佃田之佃。"

[12]《说文》"戋"："贼也。从二戈。"朱骏声云："即残字之古文。"《说文》"浅"："不深也。从水戋声。"朱骏声云："谓水少。"《说文》"钱"："铫也。古田器，从金戋声。"亦曰臿曰锹，田器之小者。《说文》"残"："贼也。从歹戋声。"朱骏声云："即戋之或体。"《说文》"贱"："贾少也。从贝戋声。"少小义同。

[13]《说文》"栈"："棚也。从木戋声。"按棚与栅略同。栅者竖编之，棚者横编，皆编木之小者也。

[14]《说文》"青"："东方色也。"东方木行，盖即木精明之色。《说文》"清"："朖也。澄水之貌，从水青声。""精，择也。从米青声。"按择米使纯洁也，皆有精之色。晴，篆文作姓，"雨而夜除星见也。"作晴者，后起之字。《说文》目部无"睛"字，"瞔"下曰："目童子精。""精"即"睛"字。

偏旁学

《说文解字叙》云："分别部居，不相杂厕。"其后叙云："其建首也，立一为耑，方以类聚，物以群分。同条牵属，共理相贯，杂而不越，据形联系。引而申之，以究万原，毕终于亥，知化穷冥。"此即字形分部之说也。《说文解字》，分五百四十部，统九千三百五十三字。每部立一字为首，凡从某字之属皆从某。例如以"金"字为部首，凡从金字之属皆在金部；以"木"字为部首，凡从木字之属皆在木部。惟许氏原目，重部二百九十六下，乃"臥""身""月""衣""裘""老""毛""毳""尸""尺""尾""履"。而徐锴《标目》，重部下则为"裘""老""毛""毳""尸""尺""尾""臥""身""月""衣""履"。而郭忠恕《汗简》、梦瑛《篆书偏旁》，此十二字之次第，皆不与许氏原目合。而徐锴《说文系传》部叙，且发明五百四十部之次弟。此十二部之次序，说文綦详，[1]亦不与许氏原目合。而核其卷中之次弟，大小二徐本，又皆与原目适合，不知何时致误，又不知何时将卷中之次弟，改从许氏原目也。《玉篇》改篆为隶，不能照据形联系之旧。顾野王虽本许叔重"始一终亥"之例，而别为升降损益。"土""田""京""亭""人""我""臣""民""兄""弟"，各以类相属，其有增入之部首，与减少之部首，详记于前顾野王之《玉篇》内，兹不复赘。自是以后，有专书部首以为学篆者之研究，或谓之"字原"，或谓之

"偏旁"。唐李腾有《说文字原》一卷，[2]林罕有《字原偏傍小说》三卷，[3]宋释梦瑛有《偏傍字原》，[4]元周伯琦有《说文字原》。[5]李腾之书已佚，林罕、梦瑛、周伯琦之书尚存。林罕之书，据其《自序》，谓"篆文取李阳冰，隶书取《开元文字》，于偏旁五百四十一字，各随字训释，使学者简而易从"。然《晁公武读书后志》引郭忠恕云："《说文字原》唯有五百四十部，今目录妄有更改，又《集解》中误收去部在注中。今点检偏旁，少'晶''惢''至''龜''弦'五字，故知林氏虚诞误后进，其小说可焚，梦瑛因书此以正之。"则其书宋人已不满意矣。《说文》"歸"字"从止从帚，自声"。林罕云："从追于声为近。"此不知声者也。《说文》"哭"字"从吅，狱省声"。林罕云："象犬嗥，乃怪矣。"梦瑛之《偏傍字略》，虽以矫正林罕之书而作，而其书亦有失于检点者。"釐"字本里之切，梦瑛作陌包切。"自"字下白字，即是自字，俱疾二切；梦瑛作蒲革切，乃黑白之白字也。"甾"字侧持切，梦瑛作方九切，此字音之误者也。又："甾"字缺中画，"豐"字作豐，此字形之误者也。又：部首少"丨"字，其颠倒者，"市""帛""白""冎""茍"五字，"勺""几"二字。"重"字下"卧""身""冃""衣"十二字，皆与许氏原目不合，此部首之误者也。周伯琦之书，核其与许氏五百四十部之原目，增入"廿"部、"吕"部、"屌"部、"丁"部、"屮"部、"母"部、"勻"部、"屵"部、"冘"部、"爿"部、"肯"部、"丞"部、"芏"部、"尢"部、"百"

部、"丨"部、"乂"部；删"厺"部、"蓐"部、"鼓"部、"豈"部、"夂"部、"亣"部，"皕"部、"虤"部、"凶"部、"臼"部、"辛"部、"匚"部、"飛"部；又改"五"为"乂"，"危"为"产"，"寅"为"寅"，"𠀎"为"厸"，"秃"为"兂"，"畫"为"画"，"裘"为"求"。伯琦《自序》云："复者删之，阙者补之。"今观其所增诸部，未必是阙；所删诸部，未必是复也。以上诸书，后人谓之偏旁学。偏旁学者，言识此五百四十之偏旁，而八千余字之孳乳，皆由此偏旁而出，即不难据偏形以求之。从鱼之字，不是鱼之名，即是鱼之事；从鸟之字，不是鸟之名，即是鸟之事。清儒教学僮，每先以五百四十之偏旁。成书颇多，理虽浅近，而事实要重。偏旁学遂成为文字学史之一名词，兹先述其源如是。

偏旁之学，演进而为文始。清朝末年，颇有此种之趋势，兹暂不详述。开其先者，当为蒋和之《字原表》；而赵宧光《说文长笺》中之《说文表》，则远在蒋和之前，计一百九十二文，[6]亦偏旁学上之重要史料也。

注释

[1]徐锴《说文系传·部叙》云："（上略）裘衣之重也，故次之以裘；童子不衣裘，故次之以老；老则毛先变，故次之以毛。毳细毛也，故次之；以毳尸者，毛所主也；故次之以尸，尸者身也；以身为尺度，故次之以尺；尾尸之后，故次之以尾。寝不尸，故次之以卧；卧以安身，故次之以身；反身必有依，故次之以月；衣者身之饰，故次之以衣；衣所

以明礼,故次之以履。履礼也,履所以载人,故次之以舟。(下略)"

[2]《崇文总目》曰:"《说文字原》一卷,唐李腾集。初阳冰为滑州节度使李勉篆《新驿记》。贾耽镇滑州,见阳冰书,观其精绝,因命冰阳侄腾,集《说文》目录五百余字刊于石,以为世法云。"按:其书已佚。

[3]《晁公武读书后志》曰:"《字原偏傍小说》三卷,唐林罕撰。凡五百四十一字,以《说文》部居,随字出文,以定偏旁。其说颇与许慎不同,而互有得失。有石刻在成都,公武尝从数友观之,其解字殊可骇笑者。"按:其书尚存。

[4]《书史会要》云:"释梦瑛,号卧云叟,南岳人。与郭忠恕同时,习篆皆宗李阳冰,有所书《偏傍字原》,勒石于长安文庙。"
《晁公武读书后志》曰:"梦瑛通篆籀之学,书偏傍五百三十九字。"
按:其书今尚存。乾隆十七年刻本吴照手辑之《字原考略》内,梦瑛偏旁,缺一玄字,为五百三十九,但此字疑非梦瑛之原缺。

[5]《元史·周伯琦传》曰:"伯琦,字伯温,饶州人。幼从父应游宦京师入国学为上舍生,荫授将仕郎南海县主簿,擢翰林修撰,日被顾问,眷遇益隆。历官浙西肃政廉访使,江南行台监察御史,寻假参知政事,招谕张士诚;士诚降,拜资政大夫,江浙行省左丞,后归鄱阳卒。伯琦博学工文章,而尤以篆、隶、真、艸擅名,当时尝著《六书正讹》《说文字原》二书。"按:其书今尚存。

[6]见赵宧光《说文长笺》。

《字汇》与《正字通》

明朝文字书,最芜杂而敷浅者,莫过于《五侯鲭字海》。[1]既无学术上之价值,又无应用上之便利,可无论已。其他最通行一时者,则为《字汇》与《正字通》二书。朱彝尊曰:"小学之不讲,俗书繁兴,三家村夫子,挟梅膺祚之《字汇》、张自烈之《正字通》，以为兔园册，问奇字者归焉，可为冷齿目张也。"[2]据朱氏言，可见《字汇》与《正字通》二书，在文字学上之无价值，然亦可见当时奉《字汇》与《正字通》二书为兔园册者之多。在文字学史上，则此二书不能置之不纪。梅膺祚《字汇》十二卷，又首末二卷，[3]其书以笔画之多少，为分部之次弟。自一画至十七画，列二百十有四部，统三万三千一百七十九字。每部中又以笔画之多少，为列字之次弟。卷首以一画至三十三画之字，分笔画之多少，总列于前，以便检字者之查。清《康熙字典》之分部，虽云依照《正字通》，而《字汇》则在《正字通》之前，则《正字通》亦出于《字汇》。《字汇》以笔画之多少分部列字，可谓为检字者开一方便之法门。自《说文解字》以据形联系分部以来，言文字学者，多遵守之。实则改篆为隶，已不得据形联系之迹；至改隶为真，则形变弥甚。《玉篇》略以字义之同类者分部，然检字颇觉不便。自是以后，每以韵部隶字，名为韵书，实则字书；用韵分部者，以便查检而已。《字汇》以笔画之多少，为分部之次序；每部又以笔画之

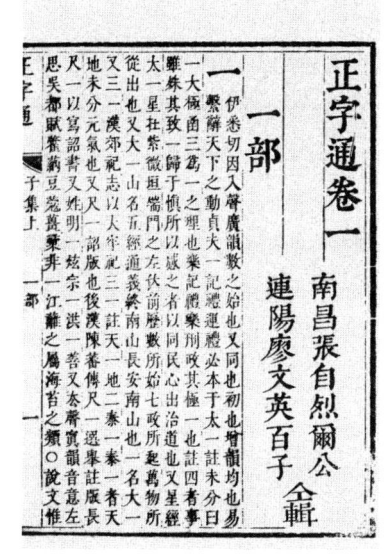

《正字通》清张自烈著
——从清康熙二十四年（1685）秀水清畏堂刊本

第二编　文字学前期时代　唐宋元明 / 165

多少，为列字之次序。虽非检字至善之法，视前则进步多矣。直至今日，为检字计，较善于此者，除王云五之"四角号码"外，大多数尚缘用数笔画之旧，此《字汇》在文字学史上极可纪之一事也。其卷首列有五门：一，运笔。如"川"字先中丨次丿，"止"字先卜次㇄之类；教学僮运笔先后之次序也。二，从古。如"匈"俗作匃，"灰"俗作㑅之类；教学僮明字例之条也。三，遵时。如"申"古作甲，"幸"古作㚔之类；教学僮虽有不合于字例之条，但为今时所通行者，亦可用也。四，古今通用。如"从"古"從"今，"㞢"古"块"今之类；教学僮古今字随所在而通用也。五，检字。如凡从"亻"者属人部，凡从"刂"者属刀部之类；教学僮检字，凡隶变者知所归部也。在文字学上虽无甚深之意义，然确为学僮认识文字与检查文字之需要，所以三家村夫子无不奉为兔园册也。张自烈《正字通》十二卷，[4]其书承《字汇》之旧，而考据稍博，其舛驳之处，时时有之。有两部叠见者，如"西"部既有"垔"字，而"土"部又有"垔"字。"网"部既有"罴"字，而"火"部又有"罴"字。"虍"部既有"魖""虨"字，而"日"部又有"魖"字，"斤"部又有"虨"字。"舌"部既有"甛""憩"字，而"甘"部又有"甛"字，"心"部又有"憩"字。有一部叠见者，"酉"部之"酩"，"邑"部之"鄩"。其他援引诸书，不载篇名，考之古本，讹舛甚多，其价值亦与《字汇》等。只因人人奉为兔园册，不觉通行一时。至清朝吴任臣有《字汇补》之作，[5]徐文靖有《正字通略记》之作，[6]胡宗绪有《正字通芟误》之作，[7]亦可见其通行之久远矣。

注释

[1]《四库全书提要》曰："《五侯鲭字海》二十卷，不著撰人名氏，题曰'汤海若订正'。考汤显祖号曰若士，亦曰海若，《明史》有传，则当为显祖所作矣。前有陈继儒《序》云：'取《海篇》原本，遵依《洪武正韵》，参合成书。'其注释极为简略，体例亦颇芜杂。每字皆用直音，尤多讹谬。至卷首以《四书五经》难字，别为一篇，则弇陋弥甚。显祖犹当日胜流，何至于此？盖明末坊本所依托也。"
[2]见朱彝尊《汗简跋》。
[3]著录于《千顷堂书目》。按：梅膺祚，字诞生，宣城人，梅鼎祚之弟。前有鼎祚《序》。
[4]《四库全书提要》曰："旧本或题'明张自烈撰'，或题'廖文英撰'，或题'自烈、文英同撰'。考钮琇《觚賸·粤觚》下篇，载此书本自烈作，文英以金购得之，因掩为己有，叙其始末甚详。然其前列国书十二字母，则自烈之时所未有，殆文英续加也。裘君宏《妙贯堂余谈》，又称文英殁后，其子售版于连帅刘炳。有海幢寺僧阿字，知本为自烈书，为炳言之，炳乃改刻自烈之名。诸本互异，盖以此也。其书视梅膺祚《字汇》，考据稍博，然征引繁芜，颇多舛驳。尤喜排斥许慎《说文》，不免穿凿附会，非善本也。自烈，字尔公，南昌人。文英，字百子，连州人。康熙中官南康府知府，故得鬻自烈之书云。"
[5]《一统志》曰："吴任臣，字志伊，仁和诸生。康熙中试博学宏词，授检讨。"按：其书六卷，其义例：曰补字，曰补音义，曰较讹；专以补正梅氏之失。康熙间范廷瑚，合二书序而刊之。
[6]徐文靖《管城硕记》曰："廖昆湖《正字通凡例》曰：'虑四方沉湎《字汇》日久，故部画次弟如旧，缺者补之，误者正之'。余按旧本缺者，《正字通》仍缺；旧本误者，《正字通》仍误。今于经史中习见闻

者略记之。"

[7] 胡虔曰："余从祖父袭参先生，讳宗绪，康熙丁酉举人。著《正字通芟误》七卷。"

其 他

宋元明之文字学，在文字学史上有可纪之价值者，当推二徐之校定《说文解字》。而金石文字之搜集，声读之发明，皆为文字学开一先路，已分别记之于前矣。其他著书者颇多，而皆无甚重要。如戴侗之《六书故》，[1]既非《说文》中之篆文，又非金文中之古文；非今非古，殊无根据。[2]杨桓之《六书统》，[3]其意在于纠正戴侗之失，而其刺谬则更甚于戴侗。[4]赵㧑谦之《六书本义》，[5]其分部不照许氏之旧，任意出入，多所乖舛。[6]魏校之《六书精蕴》，[7]改易篆文师心伪造。[8]王应电之《同文备考》，[9]伪造古文，以正小篆，本魏校之《绪论》，而荒谬尤有过之。[10]杨慎之《六书索隐》与《奇字韵》，[11]《索隐》专究古文，而所收不备，且不注所出；[12]《奇字韵》则以《说文引经》之异文及假借字为奇字，殊为不伦，而所载不及十之二三。[13]吴元满之《六书正义》与《六书总要》，[14]两书或采及梵书，或造作伪体，甚至自相矛盾，殊无足观。[15]以上诸书，皆以臆造不可知之古文，妄为《说文解字》之攻击。以戴侗开其先，继之者变而加厉，至王应电、吴元满极矣。杨慎纯正，但博而不精，其所成就，尚不如焦竑之《俗书刊误》。[16]《俗书刊误》十二卷：第一卷至四卷，类分四声，刊正讹字，若"芈"不从"丰"，"容"不从"谷"是。第五卷字义，若

"赤"之通"尺","鼬"之同"犹"是。第六卷考骈字,若"句娄"之不当作"岣嵝","辟历"之不当作"霹雳"是。第七卷考字始,若"對"之改口从士本于汉文,"曡"之改晶从畾本于新莽是。第八、第九卷考音同字异,若"庖牺"之为"炮羲","神农"之为"神由"是。第十卷考字同音异,若"敦"有九音,"苴"凡两读是。第十一卷考俗用字,若山岐曰"岔",水岐曰"汊"是。第十二卷考字形疑似,若"禾"之与"禾","支"之与"支"是。虽无深义,尚足为学僮之参考。明人文字学之巨著,当推赵宧光之《说文长笺》,[17]其书分本部、述部、作部、体部、用部、末部。本部以韵分部,始东终甲,而每一韵又以形系,如东部中工字,凡从工孳乳之字;如"巨""矩""巧""式"等字,以次隶之,形音并笺,颇多费辞,笔画好异,方以智《通雅》已讥之。[18]述部多述古之意,或取古今通论,或取一家言,论其得失。作部前论六书之例,作部后论声韵之理;体部、用部论书法;末部不可类求者入之,大概多师心自用之说,此明人著书之通病也。特以卷帙繁多,当时学者多惊其博。顾炎武《日知录》已深斥之,其云:"万历末吴中赵凡夫宧光,作《说文长笺》,将自古相传之《五经》,肆意刊改,好行小慧,以求异于先儒,乃以'青青子衿'为淫奔之诗,而谓'衿'即'裣'字,如此类者非一。其实《四书》尚未能成诵,而引《论语》'虎兕出于押',误作《孟子》'虎豹出于圌'。然其书于六书之指,不无管窥,而适当喜新尚异之时。此书乃盛行于世,及今不辩,恐他日习非胜是,为后学之害不浅矣。故举其尤剌谬者十余条正之，[19]即其书观之。谓瓜分之'瓜'当作'爪'，而不知瓜分字见于《史记·虞卿传》及《汉书·贾谊传》。谓灶突之'突'当作'窔'，而不知灶突字见《汉书·霍光传》。'民愁则垫隘'，见《左传》；"鹊鹍丑，其飞也翪，骕马白州也'，并见《尔雅》；而以为未详。顾野王陈人也，而以为晋之虎头；陆龟蒙唐人也，而以为宋之象山；王筠梁人也，而以为晋；王禹偁宋人也，而以为南朝；汉宣帝讳询，而以为讳恂；汉平帝讳衍，而以为讳衎；夏州至唐始置，而以为中国称华夏从此始。叩地在京兆蓝田，而以地近京口，故从口。"诚如顾炎武之所指摘者，此虽无关于文字学，而其书之芜杂可以见矣。凡上所举，皆是其他无甚价值之文字学书。而《说文长笺》，其卷帙特巨，故详论之。

注释

[1]《万姓统谱》曰："戴侗，字仲达，侄弟。登淳祐第，由国子簿守台州；德祐秘书郎，召继迁军器少监，亦辞疾不起；年逾八十卒。有《易书四书家说》《六书故内外篇》。"按：戴侗，永嘉人。

[2]吾邱衍《学古篇》曰："侗以钟鼎文编此书，不知者多以为好，以其字字皆有，不若《说文》与今不同者多也。古今字杂乱无法，钟鼎偏傍不能全有，却只以小篆足之，或一字两法，人多不知。如'〇'本音睘，加'宀'不过为'寰'字，乃音作官府之官。许氏解字引经，汉时有篆隶，乃得其宜。今侗亦引经，而不能精究经典古字，反以近世差误等字，引作证据。'镑''钟''锹''锯''尿''屎'等字，以世俗字作钟鼎文，'卵'字解尤为不典。六书到此为一厄矣。"

[3]《元史·杨桓传》曰："桓，字武子，兖州人。中统四年补济州教

授，召为太史院校书郎，迁秘书监。至元二十一年，拜监察御史，未几升秘书少监，预修《大一统志》。桓为人宽厚，事亲笃孝，博览群籍，尤精篆籀之学。《六书统》《六书溯源》《书学正韵》，大抵推明许氏之说而意加深，皆行于世。"

[4]《四库全书提要》曰："许慎《说文》为六书之祖。如作分、隶、行、草，必以篆法绳之；则字各有体势，必格阁而难行。如作篆书，则九千字者，为高曾之矩矱矣。桓必有偭而改错，其支离破碎，不足怪也。以六书论之，其书本不足取，惟是变乱古文，始于戴侗而成于杨桓。侗则小有出入，桓乃至于横决而不顾。后来魏校诸人，随心造字，其弊实滥觞于此。置之不录，则桓穿凿之失不彰，故于所著三书之中，录此一篇，以著变法所自始。朱子所谓'存之正以废之者'，兹其义矣。"

[5]《明史·文苑传》曰："赵㧑谦，字古则，更名谦，余姚人。隐居坞山万书阁，筑考古台，取诸家论著证其得失，作《六书本义》。"

[6]《四库全书提要》曰："大抵祖述郑樵之说，定为三百六十部，不能生者，附各类后，今以其说考之。《说文》'畾'字为一部，以'畾'字为子，而㧑谦则并入"田"部。《说文》'包'字为一部，以'胞''匏'字为子，而㧑谦则并入'勹'部。《说文》'丝'字为一部，以'幾''幽'字为子，而㧑谦则并入'幺'部。凡若此类，以母生子，虽不过一二，而未尝无所生之子，乃一概并之，似为未当。又若《说文》'尺'部，'尺'读若'人'，'充''允'诸字从之，与'人'字字体异形，而㧑谦并入人部。《说文》'夲'字，'皋"字从夲从白，而㧑谦误以从白为从自，附入自部，则于字体尤舛。"

[7]《明史·儒林传》曰："魏校，字子才，其先本姓李，居苏州葑门之庄渠，因自号'庄渠'。弘治十八年进士，历南京刑部郎中，改兵部郎中，移疾归；嘉靖初起为广东提学副使，累迁国子祭酒。著有《六书精蕴》，卒谥恭简。"

[8]《四库全书提要》曰："元以来好异之流，以篆入隶，已为骇俗。校更层累而高，求出其上。以籀改小篆之文，而所用籀书，都无依据。名

曰复古，实则师心，其说恐不可训也。"

[9]《明史·儒林传》曰："王应电，字昭明，昆山人。研精字学，著《同文备考》《六义切音贯珠图》。"

[10]《四库全书提要》曰："是编考辨文字声音，其学出于魏校，而乖僻尤过其师，前有《自序》，谓《洪武正韵》，间以小篆正楷书之讹，而未尝以古文正小篆之谬。于是著为是书，取古文篆书而修正之，并欲以正许慎《说文》之失。（中略）名为复古，实则凿空。遂至杜撰字体，臆造偏傍，旁于千百世后重出一制字之仓颉，不亦异乎？"

[11]《明史·杨慎传》曰："慎字用修，新都人，少师廷和子也。年二十四，举正德六年殿试第一，授翰林修撰。疏谏不得，命下诏狱，庭杖之，谪戍云南永昌卫卒。明世记诵之博，著作之富，推慎为第一。诗文外，杂著至一百余种，并行于世。隆庆初赠光禄少卿，天启中追谥文宪。"

[12]《四库全书提要》曰："盖专为古文篆字之学者，然其所载古文籀书，实多略而未备。（中略）且古文罕见者必注所自来，乃可传信。而书不注所出者十之四五，使考古将何所依据乎？"

[13]《四库全书提要》曰："此书以奇字标名，而若《说文》引《经》'丰其屋'，'丰'作'豐'。'克岐克嶷'，'嶷'作'嶷'。'静女其姝'，'姝'作'妤'。'庶艸繁庑'，'庑'作'无'。'天地絪缊'作'壹壺'。'营营青蝇止于樊'，'樊'作'棥'。'故源源而来'，'源源'作'㵛㵛'。'泣血涟如'作'㦖'之类。虽与今经文异，而皆有六书偏傍可求，则正体而非奇字，且此类多不胜载。（中略）此书所载，殊不及十之二三，至于'嶍'之作'汶'，'祷'之作'禂'，皆假借字，而亦概列为奇字，尤属不伦。"

[14]焦竑《笔乘》曰："新安吴敬甫，博雅士也。精意字学，所著有《六书正义》十二卷。"按：敬甫，元满字，歙县人。所著又有《六书总要》四卷、《六书溯原直音》二卷、《谐声指南》一卷。

[15]《四库全书提要》曰："元满，万历中布衣。是书大抵指摘许慎，

而推崇戴侗、杨桓。（中略）以'帝'为'帝'，以'卍'为'万'，'昂'字上加三圈，'火'字直排四画，或误采梵书，或造作讹体，乃动辄云《说文》篆讹，尤可异矣。"

又曰："（《六书总要》）其字皆以柳叶篆写之，自谓有鸟迹遗意，足排小篆方整妍媚之态。然所为古文，大抵出于杜撰，又往往自相矛盾。（中略）至所引经传诸文，率以意改。"

[16]《明史·文苑传》曰："焦竑，字弱侯，江宁人。举嘉靖四十三年乡试，万历十七年始以殿试第一人官翰林修撰，二十五年主顺天乡试。被劾谪福宁州同知，岁余大计，复镌秩，遂不出。万历四十八年卒，年八十。熹宗时复官，福王时追谥文端"。

[17]《江南通志·隐逸传》曰："赵宧光，字凡夫，吴县人。读书稽古，精于篆书，隐于寒山。子均，字灵均，传其父六书之法，日与宾客搜金石、论篆籀、问奇字、访逸典，为世所称。"按：《说文长笺》《明志》七卷，《六书长笺》《明志》七卷，今则《说文长笺》与《六书长笺》合刻，其标目分为本部一百卷。述部二十四卷，作部前四十六卷，作部后十六卷，体部十八卷，用部四卷，末部四卷，共二百一十二卷。多于《明志》之卷数甚巨。

[18]方以智《通雅》曰："赵宧光《长笺》：'也'必作'𠃑'，'注'必作'丶'，'好'作'𡥃'，'像'作'𧰼'，'毕'作'𦆯'，'重'作'𦈢'，'方'作'匚'，'入'作'𠓛'。姑论其一二，籀为𠃑，本匜器。因用为助词，加匚别之，匚本是筐，古方作口大简，故借方。今不借数千年所常用之也与方，而乃新借𠃑与匚乎。"

[19]正其尤剌谬之十余条，见顾炎武《日知录》卷二十一。

第三编

文字学后期时代 清

汉学派文字学先导之顾炎武

此时期以前，文字学家，皆以善写篆文为根柢。自李阳冰、徐鼎臣，以至吾邱衍、赵宧光等皆是。故其所成就，不能出文字之范围。其善者略解六书，是正笔画；其不善者甚至师心臆造不可知之古文，以改许叔重之小篆，殊无学术上之价值。此时期以后，文字学家立脚点于考据学上，其范围及于经、史、子。凡两汉以前之著作，悉为参考之资料。故其所成就，文字学遂为治中国一切学术之工具。建立所谓汉学之基础，开其先者当推顾炎

顾炎武
——从清道光九年（1829）长洲顾氏刊本《吴郡名贤图传赞》

武。[1]顾氏之文字学，在声之一方面，著有《音学五书》，[2]言声韵学者悉祖之，兹不述。在形之一方面，未有著述，且亦未见"始一终亥"之本。[3]观其《日知录》内所论《说文》一节，虽未免尚有错误之处，却能以怀疑而开研究学术之先路。其言曰：

> 自隶书以来，其能发明六书之指，使三代之文尚存于今日，而得以识古人制作之本者，许叔重《说文》之功为大，后之学者莫不奉之为规矩。而愚以为亦有不尽然者，且以《六经》之文，《左氏》《公羊》《谷梁》之传，毛苌、孔安国、郑众、马融诸儒之训，而未必尽合；况叔重生于东京之中世，所本者不过刘歆、贾逵、杜林、徐巡等十余人之说，[4]而以为尽得古人之意，然与否与？一也。《五经》未遇蔡邕等正定之先，传写人人各异，今其书所收，率多异字，而以今经校之，则《说文》为短，又一书之中有两引而其文各异者，[5]后之读者将何所从？二也。[6]流传既久，岂无脱漏？即徐铉亦谓篆书堙替日久，错乱遗脱，不可悉究。今谓此书所阙者，必古人所无，别指一字以当之，[7]改经典而就《说文》，支离回互，三也。今举其一二评之。如"秦""宋""薛"皆国名也。秦从禾，以地宜禾，亦已迂矣；宋从木为居；薛从辛为皋；此何理也？费誓之"费"改为柴，训为恶米；武王"载旆"之"旆"改为坺，训为臿土。"威"为姑，"也"为女阴，"殹"为击声，"困"为故庐，"普"为日无色。此

何理也？"貉"之为言恶也，"视犬"之字如画狗，狗叩也。岂孔子之言乎？训有则曰"不宜有也"。《春秋书》："日有食之。"训郭，则曰"齐之郭氏虚，善善不能进，恶恶不能退，是以亡国"。不几剿说而失其本指乎？[8]"居"为法古，"用"为卜中，"童"为男有辠，"襄"为解衣耕，"弔"为人持弓会驱禽，[9]"辱"为耕失时，"叟"束缚捶拙，[10]"罚"为持刀骂詈，"劳"为火烧门，"宰"为辠人在屋下执事，"冥"为十日月始亏，"刑"为刀守井，不几于穿凿而远于理情乎？武曌师之而制字，荆公广之而作书，不可谓非滥觞于许氏者矣。若夫训"参"为商星，此天文之不合者也。[11]训"亳"为京兆杜陵亭，此地理之不合者也。[12]书中所引乐浪事数十条，而他经籍反多阙略，此采摭之失其当者也。今之学者，能取其大弃其小，择其是而远其非，乃可谓善学《说文》者与？[13]

观顾氏此论，在于善怀疑，怀疑为研究学术之先路。虽顾氏之怀疑，见驳于孙星衍，然无损其研究学术之精神。为清朝以文字学建立汉学之基础者，悉由此种怀疑之精神而得其方法。即孙星衍所疑之"鬥""杀""稀""目""人""衣""龟""甲""戊""宣""广"等字，[14]皆此怀疑之精神为之，或由怀疑而得较确之证据。如"龟"："广肩无雄"；据《集韵》引作"广育"，"肩"为"育"之误字。"甲"："人头宜为甲"；据《集韵》引作"头空"，"宜"为"空"

之误字。或怀疑时未得较确之证据，至今日而可证其为确凿者。如"鬥"："两士相对"；当是"两手相对"之伪；今日甲骨文发见，确为两手相对之形。文字学后期，所以高出于文字学前期者，赖有此种精神而得其方法也，由顾炎武开其先，故首记之。

注释

[1]顾炎武，原名绛，字宁人，昆山人，学者称为亭林先生。绳明末士子空疏之弊，创经学即理学之说，遂为汉学之祖。

[2]《音论》三卷、《诗本音》十卷、《易音》三卷、《唐韵正》二十卷、《古音表》二卷，总名《音学五书》。

[3]《日知录》曰："《说文》原本，次第不可见。今以四声列者，徐铉等所定也。"是顾炎武未见"始一终亥"之本。

[4]《日知录》原注："杨慎《六书索隐》序曰：《说文》有孔子说、楚庄王说等。"（按：见第一编七篇以外之文字书注节，兹略。）

[5]《日知录》原注："如'汜'下引《诗》：'江有汜'。'沱'下引《诗》：'江有沱'。'逑'下引《书》：'旁逑孱功'。'僝'下引《书》：'旁救僝功'。'䳦'下引《诗》：'赤舄己己'。'掔'下引《诗》：'赤舄掔掔'。"

[6]《日知录》原注："郑玄常驳许慎《五经异义》。《颜氏家训》亦云：'《说文》中有援引经传，与今乖者，未之敢从。'"

[7]《日知录》原注："如《说文》无刘字，后人以镏字当之；无由字，以粤字当之；无免字，以统字当之。"

[8]孙星衍《与段若膺书》云："齐之郭氏虚。善善不能进，恶恶不能退，是以亡国。此出新序，盖郭氏国名，因述其国之事，用刘而说也。"

[9]孙星衍《与段若膺书》云:"'人持弓会驱禽',此出《吴越春秋》陈音之言,非许叔重臆说,顾氏未远考。"

[10]孙星衍《与段若膺书》云:"'婰'字为束缚捽抴,则即《汉书》'"瘐"死狱中'本字,无足异者。"

[11]孙星衍《与段若膺书》云:"据《说文》参商为句,以注字连篆读之,下云'星也',盖言参商俱星名。《说文》此例甚多,如'偓佺,仙人也'之类。"按:篆注连读,发明于钱大昕。《十驾斋养新录》曰:"《说文》本谓参商皆星名,非训参为商,注与本字连文,古文往往如此。"

[12]孙星衍《与段若膺书》云:"亳为京兆杜陵亭,出《秦本纪》:'宁公二年,遣兵伐荡社;三年,与亳战。'皇甫谧云:'亳,王号。汤西域之国。'《括地志》:'按其国在三原始平之界。'《说文》指谓此'亳',非《尚书》亳殷之'亳',彼亳古作'薄'字,在偃师。惟杜陵之'亳'以亭名,而字从高省。此则许叔重《说文》字,必用本义之苦心。顾氏知亳殷之'亳',不省亳王之'亳',可谓不善读书。"

[13]《日之录》原注:"《后周书》:'黎景熙,其从祖广,太武时为尚书郎,善古学。尝从吏部尚书崔玄伯受字义,又从司徒崔浩学楷篆,自是家传其法。景熙亦传习之,颇与许氏有异。'可见魏晋以来,传受亦各不同。"

[14]孙星衍《与段若膺书》云:"(上略)《说文》又有不甚可解,仅以鄙意解之数字。如'鬥':'两士相对。'当是两手相对之讹。'殺',从杀声。'稀',从希声。'杀'当是古文𣪠,即'殺'字也,希当是'斋'省文也。'目',人眼。象形。重瞳子也。重言积二𣎳在中,象目童子,非舜重瞳之谓。'人',象臂胫之形。盖侧立形,但见其一臂一胫,其正立形,则大字象之。犹之'乞'与'燕','乌'与'于','龟'与'龟',皆象一正一侧形也。'衣',象覆二人之形;人字误,当为𠤎,古文'肱'字。'龟',广肩无雄;《集韵》引'广肩'作'广育'。'甲',人头宜为甲;《集韵》引作'头

空'，盖甲中画象头窬穴。'戊'，中官也，象六甲五龙相拘缭也；尤不可解，'中官'或作'中宫'，'六甲'者星名，'五龙'即黄龙；《天官书》称'轩辕黄龙体'五土数，黄亦土数，此岂指中宫星象乎？又'六甲'即六十甲子，'五龙'即五行；《墨子》称'北方黑龙'，是五方之龙五色也，或即人六府五藏；三说不知有其一否。'宣'，天子宣室也。今疑其用汉宫，不知出《淮南本注训》：'武王杀纣于宣室。'高诱注云：'殷宫名。''疒'，徐铉音'女厄切'，不知《玉篇》又音床；然则将戕之属，皆从爿得声，'爿'即疒字也。"他时合诸书引《说文》之语，校正今本，汇录奉览，或足下深造有得，造车合辙当助足下张目也。

确立汉学派文字学之戴震

汉学者以东汉声音训诂之学治经。其名为汉学者，对于宋学之空谈义理而言也。虽先导于顾炎武，而其学派之成立，名称之确定，当推清乾隆时代之戴震。[1]戴式治学之方法，以识字为读经之始，以穷经为识义理之途。其言曰："经之至者道也，所以明道者词也，所以成词者字也。由字以通其词，由词以通其道。所谓字，考诸篆书，得许氏《说文解字》，三年得其节目，

戴 震
——从叶衍兰、叶恭绰《清代学者像传》

渐睹圣人制作本始。又疑许氏于古训未能尽，从友人假《十三经注疏》读之，则知一字之义，当贯群经，本六书，然后为定。"[2]此戴氏治学之入手方法。求字于《说文解字》，求义理于《十三经》；以文字用之于经学，文字学之范围遂广。然仅拘守此二书，则所见未宏，所识未卓，犹不足尽考据之能事，必须详征而博引之，然后事有佐证，理无虚设。其言曰："搜考异文，以为订经之助，广揽汉儒笺注之存者，以为综考故训之助。"又曰："凿空之弊有二：其一，缘词生训也；其一，守讹传谬也。缘词生训者，所释之义，非其本义；守讹传谬者，所据之经，非其本经。"[3]此戴氏治学之进一步方法，而使文字学之范围愈广。且戴氏之文字学，不仅以为考据之基础，尝能合故训理义而一之。其言曰："言者辄曰，有汉儒经学，有宋儒经学；一主于故训，一主于理义。此诚震之大不解也。夫所理义，苟可舍经而空凭胸臆，将人人凿空得之，奚有经学之云哉？惟空凭胸臆之卒无当于圣人贤人之理义，然后求之古经。求之古经，而遗文垂绝，古今悬隔也，然后求之故训。故训明，则古经明；古经明，则圣人贤人之理明。而我心之所同然者，乃因之而明。圣人贤人之理义非他，存乎典章制度者是也。学者事于汉经师之故训，以博稽三古典章制度，由是推求理义，确有依据。彼歧故训理义二之，是故训非以明理义，而故训胡为。理义不存乎典章制度，势必流入异学曲说，而不知其远乎先王之教矣。"[4]此戴氏治学之更进一步。而抵于成之方法，由故训以求典章制度，由典章制度以求理义。而文字学之范围，愈以加广。故其所成之《原善》与《孟子字义疏证》，皆能根据文字学，阐理义之精言。[5]以文字学阐明理义，除戴氏外，似未闻有人。以文字学用之考据，为读古书必不可缺少之工具，遂愈演愈精。段玉裁为戴氏弟子，为清朝极著名之文字学家。另有详纪。兹特记其以文字学为治学之本之言，以见文字学后期之趋势。段氏之言曰："治经莫重乎得义，得义莫切于得音。"又曰："不孰于古形、古音、古义，则其说之存者，无由甄综；其说之亡者，无由比例推测。"又曰："小学有形、有音、有义，三者互相求，举一可得其二。有古形有今形，有古音有今音，有古义有今义；六者互相求，举一可得其五。"[6]段氏治学，全以文字学为基本，故能以形、音、义互相推求，得文字之原，以明古书之理，且极能分别文字之本义，与六艺之借义，互相为用，两不相妨。其言曰："训诂必就其原文，而后不以字妨经；必就其字之声类，而后不以经妨字。不以字妨经，不以经妨字，而后经明，经明而后圣人之道明。点画谓之文，文滋谓之字，音读谓之名，名之分别部居谓之声类。"[7]"古书寄之于文字，文字托之于声音、训诂。而文字、声音、训诂，有古今之变迁，于是古书始难读矣。不知古今变迁之迹者，泥《说文》者以字妨经，泥经者以经妨字。"段氏能三者互相求，举一得二；六者互相求，举一得五。而形、音、义古今变迁之迹，阐明无余。古书之不可读者，皆能由声音、训诂而得之，此文字学在清朝所以成为一重要之学也。戴式之文字学，在声之方面，著有《声韵考》《声类表》《转语》；[8]在义之方面，有《方言疏证》《尔雅文字考》，[9]兹不述。在形之方面，有《六书论》三卷，其书未见，据其《自序》，[10]盖论六书之条例。其论转注，则详《答江先生论小学书》中，皆记之于后，兹第记其确立汉学派的文字学之趋势而已。

注释

[1]戴震，字东原，休宁人。生于清雍正元年，卒于乾隆四十二年，五十有五岁。清代汉学家有吴、皖两派：吴派以惠定宇为大师，皖派以戴东原为大师。东原治学以文字为入手，皖派汉学家皆以文字学为治一切学术之工具。

[2]见《戴东原集》第九卷《与是仲明书》。（按：此是段玉裁所刻十二卷本，下同。）

[3]见《戴东原集》第十卷《古经解钩沉序》。

[4]见《戴东原集》第十一卷《题惠定宇授经图》。

[5]《原善》三卷，《孟子字义疏证》三卷。微波榭《戴氏遗书》本，近蜀中刻有单行本。

[6]见《经韵楼》第八卷《王怀祖广雅疏证序》。

[7]见《经韵楼》第二卷《周礼汉读考序》。

[8]《声韵考》四卷、《声类表》十卷。微波榭《戴氏遗书》本，近蜀中刻有单行本。《转语》二十章，段玉裁《戴氏年谱》云："按此以声音求训诂之书也。训诂必出于声音，惜此书未成。"孔广森序《戴氏遗书》云："未见，文集内有《转语序》一篇。"

[9]《方言疏证》十三卷。微波榭《戴氏遗书》本，又武英殿聚珍本板。此虽戴氏手校之书，然其逐条援引诸书，一一疏证，不仅校正伪误羡夺而已。《尔雅文字考》十卷，段玉裁《戴氏年谱》云："书稿藏曲阜孔户部家。苏州吴方伯蠹涛俊者，先生壬午同年也。户部即殁，方伯之子慈鹤，就其家取诸户部长子博士广根，云将付梨枣。今书稿尚在吴处，未刊。"

[10]《六书论》三卷。段玉裁《年谱》云:"未见。《文集》内有《六书论序》一篇。"

集汉学派文字学大成之段玉裁

清儒汉学家,其为学也。尝审谛十事:通训诂,一也;定句度,二也;征故实,三也;校异同,四也;订羡夺,五也;辨声假,六也;正错误,七也;援旁证,八也;辑逸文,九也;稽篇目,十也。此十事可约之为三:一为考据之学,一为校勘之学,一为句章之学;此三者清儒皆用之以治文字学。段玉裁用考据学、校勘学之方法,以治文字学,其成功尤巨,即《说文解字注》是也。[1]段氏之注,称之者谓为博大精深,议之者谓为过于武断。段氏之征引审订,诚不愧博大精深之目,其果于改订增删,亦不免有武断之弊。然莫友芝所得唐写本《说文·木部》,与今本颇有异同。以与段注相校,凡段氏所改订增删者,或多与之相合,足征段氏之改订增删,亦必几经审慎,故能冥合古初,非轻心出之也。[2]平心而论,自成一家之学,皆不免稍有武断;要其武断之处,仍不

《说文解字注》清段玉裁著
——从清嘉庆十三年(1808)经韵楼家刻本

害其博大精深，斯为佳作耳。段氏之注，于许书条例，多所发明。读段书者玩索求之，其例自见，至有益于文字学，惟其散见于全书内，读者每忽略。有马寿龄者，举段注九例，然未全也。[3]兹略本马氏之说，举例于下：

一、辨别误字。例如示部"祡"，烧柴尞祭天也。各本作"祡"作"燎"，段氏据《尔雅音义》，改烧祡之"祡"为"柴"，改"燎"为"尞"是。

二、辨别讹音。例如一部"丕"，敷悲切。读去声误。段氏谓："古音在第一部，铺怡切。'丕'与'不'音同。"

三、辨别通用字。例如示部"褞"，祝褞也。段氏据《玉篇》："褞，古文作袖。""祝由"即"祝褞"是。

四、辨别《说文》所无字。例如玉部"璠"，璠与。各本作璠玙。段氏谓："铉本有篆文玙字，云《说文》阙载，依注所有，增为十九文之一。锴本则张次立补之，考《左传》释文曰：玙本又作与，音余。此可证《古本左传》《说文》，皆不从玉，后人辄加篆文之玙，可勿补也是。"

五、辨别俗字。例如谓"徬徨""彷徨"当作"旁皇"，"瑠璃"当作"流离"，"芙蕖"当作"扶渠"；以及"璞"当作"朴"，"粔"当作"枹"，"杯"当作"栝"是。

六、辨别假借字。例如艸部"苕"，小未也。假借为酬苕字。"菟"，茅菟。假借为春猎字，若择菜也。《毛传》："若顺也。"双声假借，又假借为如也，然也，乃也，汝也是。

七、辨别引经异字。例如"瑟"，彼玉瓒。《诗·大雅》

作"瑟",有荷臾;《论语》作"蕢",犅牛乘马;《易·系辞》作"服",假于上下;《尚书》作"格"是。

八、辨别引经异句。例如"予维音之哓哓",今《诗》无之字。"威仪秩秩",此《诗》假《乐》"威仪抑抑,德音秩秩";误合二句为一是。

九、辨别异解字。例如玉部"琼",亦玉也;各本作赤。段氏谓:"唐人陆德明、张守节皆引作赤玉,则其误已久。"琼亦当为玉名,倘是赤玉,当厕于璊瑕二篆间矣。艸部"荤",臭菜也。段氏谓:"有气之菜。古作薰,或作焄。"今人谓凡肉为荤,读如昏。义与音皆非也是。

以上九例,散见于段注中者极多。马氏摘录,亦颇丰富。惟段注有发明许氏之例,有阐明文字之例。马氏九例,断不足以尽之。兹于马氏九例之外,本段注更求得三十二例,记之于下,为读段注之助。

一、分部例　分部者谓分五百四十部,统摄九千三百五十三字也。

一部:凡"一"之属皆从一。

注:凡云"某之属皆从某者",《自序》所谓"分别部居,不相杂厕也"。

以字形为书,俾学者因形以考音与义,实始于许,功莫大焉。

二部:"二",高也。此古文上。

注:凡《说文》一书,以小篆为质,必先举小篆,后言古文作某。此独先举古文,后言小篆作某,变例也。以其属皆从

古文“二”，不从小篆“丄”，故出变例而别白言之。

玨部：“玨”，两玉相合为一玨。

注：因有“班”“玨”字，故“玨”专列一部，不则缀于玉部末矣，凡《说文》通例如此。

八部：“絫”，二余也。读与余同。

注：絫之义意同“余”，非即“余”字也，惟“絫”从二余，则《说文》之例，当别为余一部。上篇“蓐”“薅”不入茻部是也，容有省并矣。

句部：“拘”“笱”“钩”。

注：按句之属三字，皆会意兼形声，不入手、竹、金部者。会意合二字为一字，必以所主为重。三字皆重句，故入句部。

二、列字次第例　谓每部列字之先后次第也。或以类相次第，或以义联属相次第。

一部：文五，重一。

注：此盖许所记也。每部记之，以得其凡若干字也。凡部之先后，以形之相近为次；凡每部中字之先后，以义之相引为次。《颜氏家训》所谓“檃括有条例也”。《说文》每部自首至尾，次第井井，如一篇文字。如“一而元，元始也。始而后有天，天莫大焉。故次以丕，而吏之从一终焉”是也。

牛部：文四十五。

注：此部列字次第，大致井井可玩。

肉部：肉下。

注：人曰“肌”，鸟兽曰“肉”，此其分别也。《说文》

之例，先人后物。

食部：饭下。

注：自"饎"篆以上，皆自物言之；自"簪"篆以下，皆自人言之。

三、说解例　说解者，谓说解文字之形声义也。

一部："元"，始也。从一，兀声。

注：凡篆一字，先训其义，若始也颠也是；次释其形，若从某某声是；次释其音，若某声及读若某是。合三者以完一篆，故曰"形书"也。

四、象形例　象形者，许氏所谓"画成其物，随体诘诎，日月是也"；段氏详细注于"许叙二"曰"象形下"，更于全书中随字举例言之。

"气"，云气也。象形。

注：象云气之貌，三之者，列多不过三之意也。

"番"，兽足谓之番。从采田，象其掌。

注：下象掌，上象指爪，是为象形。许意先有"采"字，乃后从采而象其形，则非独体之象形，而为合体之象形也。

五、指事例　指事者，许氏所谓"视而可识，察而见意，'上''下'是也"；段氏详细注于"许叙一"曰"指事下"，更于全书中随字举例言之。

一部："一"。

注："一"之形，于六书为指事。

二部："二"，高也。此古文"上"。指事也。

注：凡指事之文绝少，故显白言之。不于一下言之者，一

之为指，不待言也。象形者实有其物，日月是也。指事不泥其物而言事，上丅是也。

六、会意例　会意者，许氏所谓"比类合谊，㠯见指㧑，'武''信'是也"。段氏详细注于"许叙四"曰"会意下"，更于全书中随字举例言之。

"天"，颠也。至高无上，从一大。

注：至高无上，是其大无有二也。故从一大，于六书为会意。凡会意，合二字以成语，如"一大""人言""止戈"皆是。

"祭"，祭祀也。从示，㠯手持肉。

注：此合三字会意也。

七、形声　形声者，许氏所谓"㠯事为名，取譬相成，'江''河'是也"。段氏详细注于"许叙三"曰"形声下"，更于全书中随字举例言之。

"元"，始也。从一兀声。

注：凡言从某某声者，谓于六书为形声也。

"吏"，治人者也。从一从史，史亦声。

注：凡言亦声者，会意兼形声也。凡字有用六书之一者，有兼用六书之二者。

"禛"，以真受福也。从示真声。

注：此亦当云："从示从真，真亦声，不言者省也。"声与义同原，故谐声之偏旁，多与字义相近，此会意、形声两兼之字致多也。《说文》或称其会意，略其形声；或称其形声，略其会意。虽则省文，实欲互见。不知此，则声与义隔，又或

如宋人《字说》,只有会意,别无形声,其失均诬矣。

八、转注　转注者,许氏所谓"建类一首,同意相受,'考''老'是也"。段氏详细注于"许叙五"曰转注下,更于全书中随字举例言之。段氏转注,本其师戴氏之说,每以转注校订《说文》之误字,故其注中关于转注之说尤多,兹亦只举二条。

"天",颠也。

注:凡言元始也。"天",颠也。"丕",大也。"吏",治人者也。皆于六书为转注。

"一",底也。

注:转注者,互训也。"底",云下也。故"下",云底也。此之谓转注,全书皆当以此求之。

九、假借　假借者,许氏所谓"本无其字,依声托事,'令''长'是也"。段氏详细注于"许叙六"曰"假借下",更于全书中随字举例言之。

"丕",大也。从一不声。

注:"丕"与"不"同音,故古多用"不"为"丕",如"不显"即"丕显"之类。于六书为假借,凡假借必同部同音。

"徥",徥徥行貌也。从彳是声。《尔雅》曰:"徥,则也。"

注:今本《释言》作"是,则也"。盖古《尔雅》假"徥"为"是"也,此称《尔雅》说假借。

十、象古文之形例　象古文之形者,言篆文象古文之形也。于篆文而言，不能定其象形或形声，惟其依仿古文之形而来。如“革”象古文“革”之形，古文作“𩊚”，为形声字也。

革，象古文革之形。

注：凡字有依仿古文，制为小篆，非许言之，猝不得于六书居何等者。故“革曰：象古文革之形；第曰：从古文之象；民曰：从古文之象；酉曰：象古文酉之形”是也。

十一、古音例　古音者，三代、秦、汉之音也。段注既用《切韵》，以明今音矣。复言古音，以明三代、秦、汉之音。

一部，一篆下。

注：凡注言一部、二部，以至十七者，谓古韵也。玉裁作《六书音均表》，识古韵凡十七部。自仓颉造字时，至唐虞三代、秦、汉，以及许叔重造《说文》，曰某声，曰读若某者，皆条例合一不紊，故既用徐铉《切韵》矣。而又某字志之曰，古韵第几部，又恐学者未见六书音韵之书，不知其所谓，乃于《说文》十五篇之后，附《六书音均表》五篇。俾形声相表里，因耑推究，于古形、古音、古义，可互求焉。

“元”，始也。从一兀声。

注：徐氏锴云：“不当有声字”。以“髡”从兀声，“軏”从元声例之，徐说：“非古音‘元’‘兀’相为平入也。”

“禓”，古文祡。

注：隋声古韵在十七部，此声古韵在十六部，音最近也。“禓”之为“祡”，犹“玼、瑳、髊、傞”，皆同字。

十二、叠韵为训例　叠韵者，未有韵书以前，每字收音之韵同者谓之叠韵。凡韵同者义即同。

"天"，颠也。

注：此以同部叠韵为训也。凡"门"，闻也。"户"，护也。"尾"，微也。"发"，拔也。皆此例。

"祇"，地祇。提出万物者也。

注：地、祇、提三字，同在古音第十六部。地本在十七部，而多转入十六部用。

十三、双声者为训例　双声者未发见声母以前，每字发音之声同者，谓之双声。凡声同者义即同。

"旁"，溥也。

注："旁"读如"滂"，与"溥"双声；后人训侧，其义偏矣。

"祸"，害也。

注：祸害双声。

十四、辨古籀例　古籀者，古文、籀文而非篆文也。《说文解字》以篆文为主，何以复出古籀？其复出者，盖以篆文之不同于古籀也。

"弌"，古文一。

注：凡言古文者，谓仓颉所作古文也。此书法后王，尊汉制，以小篆为质，而兼录古文、籀文。所谓"今叙篆文，合以古籀"也。小篆之于古籀，或仍之，或省改之，存者十之八九，省改者十之一二而已。存则小篆皆古籀也，故不更出古籀；省则古籀非小篆也，故更出之。

"一""二""三"之本古文明矣，何以更出"弌""弍""弎"也？盖所谓古文而异者，当谓之古文奇字。

"二"，高也。此古文"上"。

注：古文"上"作"二"，故帝下、旁下、示下，皆云"从古文上"；可以证古文本作"二"，篆文作"上"。各本误以"上"为古文，则不得不改篆文之"上"为𠄞，而以为部首，使古从"二"之字皆无所统，示次于"二"之恉亦晦矣。今正"上"为"二"，"𠄞"为"上"，观者勿疑怪可也。

"𧘃"，古文𥘅，从隋省。

注：此盖壁中《尚书》作"𧘃"也。既称《古文尚书》作"𥘅"矣，何以云壁中作"𧘃"也。凡汉人云《古文尚书》者，犹言《古本尚书》，以别于夏侯、欧阳《尚书》，非其字皆仓颉古文也。《仪礼》有古文、今文，亦犹言古本、今本；非一皆仓颉古文，一皆隶书也。如此字壁中简作"𧘃"，孔安国以今文读之，知"𧘃"即小篆"𥘅"字，故从小篆作"𥘅"是孔氏《古文尚书》出于壁中云尔，不必皆仍壁中字形也。缀"𧘃"于"𥘅"者，犹《周礼》既从杜子春易字，乃缀之云故书作某也。

"馥"，籀文爨，从爨省。

注：凡籀文必多繁重。

十五、辨或体例　或体者许叔重时通行之又一体也。其字体亦不违于六书之例，与俗体异。

"祀"，祭无已也。从示巳声，禩或从异。

注：《周礼·大宗伯》《小祝》注皆云：故书"祀"作"禩"。按："禩"字见于故书，是古文也。篆隶有"祀"无"禩"，是汉儒杜子春、郑司农不识，但云当为祀。读为祀，而不敢直言古文祀，盖其慎也。至许乃定为一字，至魏时乃入《三体石经》，古文已声异声，同在一部，故异形而同字也。

十六、引经证形例　凡字所从之形，未能以说明者，则引注证之；或字之形不常见者，亦引注证之。

"祝"，从示从儿口。一曰从兑省。《易》曰："兑，为口为巫"。

注：引《易》者说卦文，兑为口舌为巫，故祝从兑省。凡引经传有证义者，有证形者，有证声者，此引《易》证形也。

"祡"，烧柴尞祭天也。《虞书》曰："至于岱宗祡。"

注：许自叙称书孔氏，知《古文尚书》作"祡"，不从木作柴也。

十七、引经证义例　凡字之义，未能以说明者，则引经证之，或引经证假借之义。

"祠"，春祭曰祠。品物少，多文辞也。仲春之月，祠不用牺牲，用圭璧及皮币。

注：此引《月令》，证品物少，多文辞也。

"微"，隐行也。从彳散声。《春秋传》曰："白公其徒微之。"

注：《左传·哀公十六年》文："杜曰微匿也"。与《释诂》"匿微也"互训，皆言隐不言行，散之假借字也。此称传说假借。

十八、读若例　读若未有反切以前，譬况其音也。其最易明者，如"中"读若彻，"唉"读若尘埃。其音不易譬况者，或读若俗语之某，或读若经之某，读若经之某者即段氏所谓引经证声也。

"㮆"，数祭也。从示㮆声，读若春麦为㮆之㮆。

注：凡言读若者，皆拟其音也；凡传注言读为者，皆易其字也。注经必兼兹二者，故有读为、有读若；读为亦言读曰，读若亦言读如。字书但言其本字本音，故有读若无读为也。读为、读若之分，唐人作正义已不能知。为与若两字，注中时有讹乱。《广雅》："㮆，舂也。楚芮反。"《说文》无"㮆"字，即臼部"舂，去麦皮，曰舀也。"江氏声云："《说文》解说内，或用方言俗字，篆文则仍不载㮆。"

"㢟"，古文㢟。读若三年导服之导。

注：不云读若导，而云三年导服之导者。三年导服之导，古语盖读若澹，故今文变为禫字，是其音不与凡导同也。

十九、一曰例　一曰者言形声义之外，又有一形声义之说不同也，但义为多。

"禋"，絜祀也。一曰精意以享为禋。

注：凡义有两歧者，出一曰之例。按：此义之别说也。

"祏"，宗庙主也。一曰大夫以石为主。

注：祏，以宗庙为本义，以大夫主为或义是也。按：此亦义之别说也。

"祝"，从示，从几口。一曰从兑省。

注：此字形之别说也。凡一曰，有言义者，有形者，有言

声者。

"贞",一曰鼎省声。

注:一说是鼎省声,非贝字也。按:此亦形之别说也。

二十、阙例　阙者篆文之形或义或声,许所不知,阙而不言也。

"旁",溥也。从二阙,方声。

注:阙谓从冂之说未闻也。李阳冰曰:"冂,象旁达之形也。"按:《自序》云:"其所不知,盖阙如也。"凡言阙者,或为形,或为音,或为义,分别读之。

"丕",亦巩也。从反爪,阙。

谓阙其音也。其义、其形皆可知,而读不传,故曰阙。

"棘",二东。曑从此,阙。

谓义与音皆阙也。

二十一、同意例　同意者言此字所从之形,与彼字所从之形其意同。因其所从之形意不正明,故举另一字以明之。

"善",吉也。从誩羊。此与义美同意。

注:我部曰:"义与善同意。"羊部曰:"美与善同意。"按:"羊",祥也。故此三字从羊。

"工",巧饰也。象人有规矩,与巫同意。㠭,古文工。从彡。

注:工有规矩,而彡象其善饰。巫事无形亦有规矩,而𢃳象其两褒,故曰同意。凡言某与某同意者,皆谓字形之意有相似者。

二十二、古文以为或以为例　古文以为者,古文之假借字也。或以为者，与依声之假借稍别。

"屮"，古文以为艸字。

注：汉人所用尚尔，或之言有也，不尽尔也。凡云古文以为某字者，此明六书之假借，以用也。本非某字，古文用之为某字也。如古文以"洒"为灑扫字，以"疋"为《诗·大疋》雅字，以"丂"为巧字，以"臤"为贤字，以"𠭥"为鲁卫之鲁，以"哥"为歌字，以"诐"为颇字，以"𠕎"为脑字；籀文以"爰"为车辕字。皆因古时字少，依声托事。至于古文以"屮"为艸字，以"疋"为足字，以"丂"为亏字，以"佅"为训字，以"臭"为泽字，此则非属依声，形近相借，无容后人效尤者也。

二十三、方言例　方言者，此字之义，系某处之方言而非通语也。

"苢"，齐谓之苢。

注：所谓别国方言也。

"蘁"，楚谓之蓠，晋谓之蘁，齐谓之苣。

注：此一物而方俗异名也。

二十四、辨音义同例　音义同者，隶于两部之字。其形不同，而音义皆相同。特标而出之。

収部："龏"，愨也。

注：心部"愨"，谨也。此与心部"恭"音义同。

共部："龔"，给也。

注：此与人部"供"音义同。

二十五、音变例　音变者，言周时之音，至汉时已变也。

"牧"，牛徐行也。从牛，攸声，读若滔。

注：按"舀"声字，周时在尤幽部，汉时已入萧毫部，故许云"牧"，读若滔。

二十六、经传以为例　此言经传之假借字，段于注中发明之。其言经传以为者，固经传之假借；其不明言者，亦经传之假借也。

"让"，相责让。

注：经传多以为谦让字。

"颁"，大头也。

注：《孟子》："颁白不负戴于道路。"此假颁为"羣"也。《周礼》："匪颁之式。"郑司农云："匪分也。"颁读为班布之"班"，谓"班赐也"，此假"颁"为"班"也。

二十七、汉人用字例　言许叔重之说解，多有汉人用字之例，既不同于本义，又远违于今义。故特标出之。

二十八、古今字例　古今字者，言古人所用之字，与今人所用之字不同，其字甚多，段于注中随字记之。

"介"，画也。

注：画部曰："画，畍也。"按：畍也当是本作介也。"介"与画互训，田部"畍"字，盖后人增之耳。"介""畍"古今字。

"谊"，人所宜也。周时作谊，汉时作义，皆今之仁义字也。其威仪字，则周时作义，汉时作仪。周为古则汉为今，汉为古则晋宋为今。随时异用者谓之古今字，非如今人所言古文、籀文为古字，小篆、隶书为今字也。

二十九、废字例 废字者,经典废为不用之字也。其废也因于假借,段于注中随字记之。

"徺",行平易也。

注:按凡平训皆当作"徺",今则夷行而徺废矣。

"亅",长行也。

注:今作"引",是引弓字行,而亅废也。

三十、俗语之原例 今日之俗语,原于古者甚多,段于注中随字记之,然未尽也。

"八",别也。

注:今江浙俗语。以物与人谓之八,与人则分别矣。

"髆",肩也。

注:今俗云肩甲,古语也。

三十一、统言析言例 中国文字之义,极其笼统,然此统言也。若析言则分之颇严谨,段注于此等处,记之綦详。

"祥",福也。

注:凡统言则灾异亦谓之祥,析言则善者谓之祥。

"斋",戒絜也。

注:斋戒或析言。如七日戒,三日斋是。此以戒训斋者,统言则不别也。

三十二、单呼累呼例 凡物之名称,在文字上大概单,在言语上大概累,皆与声韵有关系,段氏亦标而出之。

"莎",镐侯也。

注:《夏小正》:"正月缇缟。"缟也者莎随也,缇也者其实也;先言缇而后言缟者何也,缇者先见者也。《释草》:

"藚侯莎，其实媞。"按："缟""藚""镐"同字。许读《尔雅》"镐侯"为句，镐侯双声，莎随叠韵，皆累呼也；单呼则曰缟，曰莎。

以上三十二例，自第一例至二十三例，段氏发明许书之例；自二十四例至三十二例，段氏读许书自创之例。合马氏之例，共四十一例。可见段氏之于文字学，能以考据校勘之方法，而成一有统系、有条例之文学也。

注释

[1]《清史列传》云："段玉裁，字若膺，金坛人。清乾隆二十五年举人，至京师，见休宁戴震，好其学，遂师之。玉裁于周、秦、两汉书，无所不读，诸家小学，皆则其是非，于是积数十年精力，著《说文解字》三十卷，始为长编，名《说文解字读》。凡五百四十卷，既乃隐括之成此注。书未成，海内想望者几三十年。嘉庆十七年始付梓，高邮王念孙序之曰：千七百年无此作矣。"

[2]张文虎唐写本《说文解字》木部"跋"云："唐写本《说文》木部残袟，于全书不及百分之二，而善处往往出于今本外，其传在铉、锴前无疑。金坛段氏注许书，补苴纠正，多与暗合，益知段学精审。"按：互相校勘，段氏之改订增删，不同于写本者亦有之。其暗合者如"栅，编竖木也。"段注云："竖各本作树。"今依《篇》《韵》正，写本正作竖。"柝，行夜所击木。"段注云："各本讹夜行，木作者。"写本虽作夜行，而者正作木。此等处甚多。

[3]《说文段注撰要》九卷，清马寿龄著。寿龄，字鹤船，当涂人。是书成于清同治时，将段注摘要，分九类录之，家刻本，又《许学丛书》本。

段氏《说文解字注》之检讨

段氏之书，为研究文字学之人，所公认为博且精者。惟吾人以客观的眼光述文字学史，断不容稍有成见，为一家之说所囿。吾人尊崇段氏之书，而反对段氏之论，尤宜平心静读，以见学问之真。所以自段氏以后之著作，无论其"匡段""订段""补段""申段""笺段"，皆文字学史上所当记述。俾学者愈以见段氏之书，在文字学上之重要，且因此对于段氏文字学之认识，愈加深刻。匡段最力者，无过于徐承庆之《说文解字注匡谬》。[1]其匡段之谬，有一十五目，略记于下：

一曰：便辞巧说破坏形体之谬。

"荑"，改作苐，从艸，弟声。段注云："锴本作荑，夷声。铉本作苐。"今铉本篆体尚未全误。考《广韵》《玉篇》《类篇》，皆本《说文》云："苐，艸也。"知《集韵》合"苐""荑"为一字之误矣。苐见《诗》"茅之始生也"。

徐匡之云："《玉篇》：'荑，始生茅也。'又'荑，桑也。''苐'引《说文》：'艸也。'《广韵》：'荑，云荑秀；苐，云艸也。'《类篇》：'苐，其文不同，今改"荑"为"苐"以就艸也之训，与《玉篇》合。'但荑见《诗》："自牧归荑"，"手如柔荑"。不应艸部无此。既以《集韵》"荑""苐"合一为误，而去"荑"存"苐"亦未允。"

"德"，段改作悳。

徐匡之云："此因悳声，而从直作篆。考金石文字俱作惪，不作悳，所改非也。"

改籀文"栝"作▨。段注云:"铉本作▨。"

徐匡之云:"按锴本与铉本同。"

"本末"改作▨▨。木下曰"本",从木从下;木上曰"末",从木从上。段注云:"依六书所引唐本正。"

徐匡之云:"按戴侗《六书故》,根据《说文》者皆是,其与《说文》违异者皆非。此本'末'字,戴氏从《说文》,不以唐本为可据也。其言曰:'唐本《说文》:本,从木从丁;末,从木从上。郭忠恕同,以朱例之。'"此说似是而实不然,是戴氏述之而以为非。段氏所依,实《汗简》也。

二曰:臆决专辄诡更正文之谬。

"槀",读若春麦为槀之"槀",二槀字改作"槀"。段注云:"为槀之槀字从木,各本讹从示,不可解。"《说文》无"槀"字,解说内或用方言俗字。

徐匡之云:"按槀非讹字,古人言读若者,往往即用本字,以方俗语晓之。高诱注《淮南书》:'屈,读秋鸡无尾屈之屈;易,读河间易县之易'。是其证也。"春麦为槀,当是汉人方言。《说文》本无槀字,未可臆测。

"茸",改从艸耳声。段注云:"今本作聪省声,浅人所臆改。此形声之取双声不取叠韵者。"

徐匡之云:"原文聪省声,取叠韵是也。"以偏旁为声较省声直捷,浅人容改聪省声为耳声,未必改耳声为聪省声。

三曰:依他书改本书之谬。

"璠",改璠与。段注云:"依《太平御览》所引。"

徐匡之云:"按玙璠,后人称璠玙。"据《御览》改《说文》，段氏之信今疑古，多此类。

"牙"，改壮齿也。段注云："各本讹作牡，今本《篇》《韵》皆讹，惟石刻《九经字样》不误。"

徐匡之云："按徐锴据许书作牡，故释之曰，比于齿为牡也。"各书作牡，俱本《说文》。

唐元度单词，未可据改，当存其异。

四曰：以他书乱本书之谬。

"瑑"，改从王象声。段注云："依《韵会》所引锴本，今锴本亦作篆省声，又浅人改之也。"

徐匡之云："按徐锴曰：瑑谓起为珑若篆文之形。"则锴作篆省声，非浅人所改。古之训诂，音与义多相应。

"犙"，作畜犙畜牲也。段注云："依《广韵》手鉴订。"

徐匡之云："按《广韵》不引《说文》。"龙龛手鉴不足据。

五曰：以意说为得理之谬。

"叀"，改小谨也。段注云："各本上有专字，此复举字未删，又误加寸。"

徐匡之云："按原文连篆文读云：'叀叀，小谨也'。"转写讹专，而以为复举未删之字，误加寸。

"㚒"，㚒左右两视。段注云："㚒，复举字之仅存者。"

徐匡之云："按此亦连上篆读，与叀叀一例。"

六曰：擅改古书以成曲说之谬。

"玫"，火齐，玫瑰也。改"玫瑰，火齐珠"。段注云："依《韵会》所引正。"

徐匡之云："按《韵会》倒其文，而增珠字，非原书。"

"觋"，拘觋，未致密也；改"觊觋也。一曰拘觋，未致密也。"段注云："觊觋也。三字，依全书通例补，浅人删之耳。'一曰'二字，今补。"

徐匡之云："按《说文》两字相连为义，而字各有本义者多矣。乃因'觊云觊觋'，而必改'觋解'，又增'一曰'二字，加于本文之上，何其妄也。"

七曰：创为异说诬罔视听之谬。

"壮"，大也。段注云："寻《说文》之例，当云大士也，故下云从士。此盖浅人删士字。"

徐匡之云："按壮大也。释诂文，凡士之属皆云从士，何以故为曲说？下'壿'字曰'士舞'。以《周礼》：'大胥，以学士合舞；小胥，巡学士舞列'。故云：'士舞。'"此壿字本义，不可泥以为例。

八曰：敢为高论轻侮道术之谬。

"玠"，《周书》曰："称奉介圭。"段注云："《顾命》曰：'大保承介圭。'又曰：'宾称奉圭兼币。'盖许君偶合二为一，如或簸或舀虁虁舞我之类。"

徐匡之云："按许引，有举全文者，其撮举其词者，如'东方昌矣，犬夷呬矣'皆是，非误合为一。"

"哭"，段注云："许书言省声多有可疑者，取一偏旁，不载全字，指为某字之省，若家为豭省，哭之为狱省，皆不可信。狱固狀而取狀之半，然则何不取'縠''独''倏''猶'之省乎？窃谓从犬之字，如'狡''狯''狂''默''猝''猥''狮''狠''犷''狀''獳''狎''狃''犯''猜''猛''犺''狳''狟''戾''独''狩''臭''獒''献''类''犹'三十字皆从犬，而移以言人。安见非哭本谓犬嗥，而移以言人也？凡造字之本意有不可得者，如'秃之从禾'，用字之本义。亦有不可知者，如'家之从豕，哭之从犬'；愚以为家入豕部从豕宀，哭入犬部从犬吅，皆会意。而移以言人，庶可正省声之勉强皮傅乎？哭部当厕犬部之后。"

徐匡之云："按《说文》乃解字之书，非许叔重所造之字也。前人所以垂后，而后人说之，不当以造字之意不可得，用字之义不可知，而疑许并咎许也。字不外乎六书，'哭'字于指事、象形、会意无可言，故当以形声言之矣。吅部之后继以哭部。"吅"，惊呼也；"哭"，哀声也。字以类从，于犬无所取义，故不入犬部亦不在犬部之后，所谓分别部居不相杂厕也。如果当入犬部，许必舍从吅犬之直捷易见而纡曲其说，必欲附会从犬之义，则穿凿而不可通矣。凡省声之字，或专取其声，或取其声而义亦相近。'哭'云：'哀声'，"縠""独""倏""猶"毫不相涉，取狱省声者，系于圜土，情主乎哀，义各有别，而意有相因，岂容肆口訾毁，以为勉强皮附。至云从犬之"狡""狯"三十字，皆移以言人，安见哭非本谓犬嗥而移以言人，则荒唐尤甚。字之用广矣，非止一义，如"狡""狯"等字，或言人，或言物，或言事，视所用以见义，非以施之于犬者移以言之也。犬嗥而移为人哭，悖孰甚焉。段注告字曰：'牛与人口非一体，而于家字哭字，皆欲移畜以言人。'许叔重何动辄得咎若此，忽云当入犬部从犬吅，忽云哭部当厕犬部后，意不主一，语无伦次，徒为有识者所嗤耳。刚愎不逊，自许太过，吾为段氏惜之。"

九曰：似是而非之谬。

"瑑"，《周礼》曰："瑑圭璧。"段注云："《典瑞》曰：瑑圭璋璧琮。疑此有脱误。"

徐匡之云："按上文言，圭璧上起兆瑑，又证以《周礼》言圭璧，则璋与琮统之矣。许书多不举全文，非脱误。"

"宷"，篆文宷从番。段注云："然则宷古文籀文也，不先篆文者从部首也。"

徐匡之云："按许书正字下有重文，曰古文，曰籀文，曰篆文。说者谓重文是篆籀，则本字古文；本字为古籀，则重文是篆。似得之矣。然细审全书义例，则所见尚浅，亦甚滞也。许叙篆籀、古文之例，已于上字下详之。

十曰：不知阙疑之谬。

"噊"，《春秋传》曰："噊言。"段注云："未见所出，惟《公羊·十四年》'经郑公孙噊'，二传作虿，疑'噊言'二字有误，当云'郑公孙噊'。"

徐匡之云："按噊言无考，不必强作解事。"

"镇"，博压也。段注云："博当作簙，局戏也；压当作厌，笮也。谓局戏以此镇压，如今赌钱者之有椿也。未知许意然否。"

徐匡之云："按许意必不如此，不得其旨而强欲解之，尽易其文，以就己说，庸有当乎？汉儒注书之易字，无此武断矣。赌钱有椿，其言不雅驯，学士大夫所不道。"

十一曰：信所不当信之谬。

"薅"，改拔为披。段注云："《众经音义》作'除田艸'，《经典释文》《玉篇》《五经文字》作'拔田艸'，惟《系传》旧本作披不误。"

徐匡之云："按此段氏以异文为可喜也。诸书皆作拔，旧刻《系传》乃转写误耳。"

"返"，改祖伊返。段注云："各本作祖甲，今依《集韵》订。"

徐匡之云："按《商书》无'祖甲返'之文，惠栋曰：'疑《逸书》。'孙星衍曰：'祖甲应是祖己。'皆疑而未敢定。《集韵》改从《西伯戡黎》文，未必即是。闻疑载疑，不容卤莽也。"

十二曰：疑所不必疑之谬。

"若"，一曰杜若，香艸。段注云："此六字依《韵会》，恐是铉用错语增。"

徐匡之云："按《九歌》：'采芳洲兮杜若。'王逸云：'芳洲香艸丛生之处。'此六字必是许书原文。徐楚金《系传》引《本草》说杜若，非铉用错语增也。"

"诺"，膺也。段注云："膺者，应之俗字。《说解》中有此字，或偶尔从俗，或后人妄改，疑不能明也。"

徐匡之云："按膺字乃徐铉所增十九文之一，以为注义有之,而《说文》阙载非也。许书明经载道,岂云偶尔从俗,其为传写者误用俗书无疑。"

十三曰:自相矛盾之谬。

"琼",赤玉也。改"赤为亦"。段注云:"《说文》时有言亦者,如李贤所引'诊,亦视也',鸟部'鸾,亦神灵之精也'之类。"

徐匡之云:"按'琼'字解改'赤为亦',引'鸾'下亦神灵之'亦'字,证《说文》有言亦者,而'鸾'下注又以'亦'为误,是以改去之误字作证也。前后乖异,而不自知。诊下'亦',并未依李贤增'亦'字。"

"挏",攡引也。改"推引也"。段注云:"推各本作攡,今依《广韵》《韵会》本,推读如'或推或挽'之'推',谓'推之使前也'。"

徐匡之云:"按以挏篆解'攡'字为讹,依《广韵》《韵会》改,而'摧'下又注以'攡引'。同部之字,其说前后相违,旋改而旋忘之矣。"

十四曰:检阅麤之谬。

"璊",弁饰下增也字。段注云:"依《诗》音义补。"

徐匡之云:"按《诗·曹风》音义引,并无也字。"

"蒁",段注云:"锴本无蒁。"

徐匡之云:"按《系传》有之。"

十五曰:乖于体例之谬。

"民",段注云:"说详《汉读考》。"

徐匡之云:"按此段氏自言其《周礼汉读考》,岂读许书者必先讲求段氏书与。"

"匿"，古器也。段注云："毕尚书沅得智鼎，岂其器即匿与。"

徐匡之云："按误仞匒字，固不待言。作《说文》注，而以毕尚书得鼎为说，无此体例。'丰'下注引阮氏丰字说'咸阳土中新得之丰宫瓦'，亦不当入注。"

徐承庆之"匡段"，十三目之自相矛盾，诚然是段氏之误。惟段氏成书时，年已七十，失者不能改正；校雠之事，属之门下，吾人不能不为段氏谅。其他十四目，是否悉中段氏之弊，著者不必遽下断语，读者当以研究之结果而自得之。惟有一语可先声明者，徐氏之说，断不能尽是，亦不能尽非。例如段氏改籀文柩作匶，云铉本作匠，徐氏匡之云"错本与铉本同"，今按影印北宋铉本、孙校铉本、淮南书局翻刊汲古阁第四次铉本、汲古阁第五次刓刊铉本、藤花榭铉本，皆作匶，不知徐氏何所据而云然？所谓不能尽是者也。又如段改"本"从木从丅，改"末"从木从丄。徐氏匡之云："《系传》本篆下，与末同义，指事也。一在木下者本，一在木上者末，识而可识，察而见意，错说是也。"徐氏此说甚是，所谓不至尽非者也。姑举二例，以发其凡。

其次钮树玉之《段氏说文注订》，[2]其订段之处，亦甚严重，其订段之弊有六：

一曰：许书解字，大都本诸经籍之最先者；段氏自立条例，以为必用本字。

二曰：古无韵书，段氏创十七部，以绳九千余文。

三曰：六书转注，本在同部，故云建类一首；段氏以为诸字音旨略同，义可互受。

四曰：凡引证之文，当同本文，段氏或别易一字，以为引经会意。

五曰：字者孳乳浸多，段氏以音义相同，及诸书失引者，辄疑为浅人所增。

六曰：陆氏《释文》，孔氏《正义》，所引《说文》多误；《韵会》虽本《系传》，而自有增改，段氏则一一笃信。

钮氏之"订段"，是否悉中段氏之失，仍照前例？举二条以发其凡。例如"琼"，赤玉也。段氏改"赤作亦"。钮氏订之云："《玉篇》引作赤。《毛传木瓜》云：'琼，玉之美者。'当非亦玉。"按段氏谓"唐人皆作赤玉，其误已久。"《玉篇》虽在唐前，然"大广益会本"，已非顾野王之旧；即是顾氏原本，亦不能确订"赤玉"之是。因一字之形，每易致误也。至所引《毛传》，固不能作"亦玉"之证，亦不能作"赤玉"之证。谢惠连《雪赋》："庭列瑶阶，林挺琼树，皓鹤夺鲜，白鹇失素。""琼""瑶""皓""白"连举，琼必非赤玉可知，此钮说之不可从者也。又如"床"，从木爿声。段云："《六书故》曰：'唐本《说文》有爿部。'盖本晁氏《说参记许氏文字》一书非臆说。"钮氏订之云："《说文》五百四十部，不容更增一部，其谬可知。爿即厂字，其体小异者，盖后人改。李少温《城隍庙碑》'牀''厰'二文从厂者，尚连下不作两笔。《玉篇》：'厂，又音床。'《广韵》：'厂，亦收阳。'隶书'墙'作'牆'，'牀'作'床'，又从广省，亦其证。后人不察，以别有丬篆非也。《五经文字》辄立为部后，人以为唐本耳。"按钮氏"广""丬"一字，其说极是。此钮说之可从者也。

其次王氏绍兰之《说文段注订补》。[3]王氏之订补，其例有二：订者订段之讹，补者补段之略。视徐氏、钮氏之书，更为丰富而畅达。而持论之平实，过于钮氏。其证据精确者，如据《公羊传》，知"例"字不始于"当阳"；据《刘向赋》，知"佋"字非造于"典午"；据《韩子·解老篇》，知体分十二属之定名；据《春秋繁露》，知"霂"为水音之正字。泰山之临乐，是山而非县，不应执《汉志》之衍文；冯翊之洛，是雍而非冀，不应创许例之曲说；知《汉书》"表""志"侯国各异之例，则邛成非沸阴之县，可辟旧说，或有改属之谬。知《崇贤选注》援引之疏，则元服之"袗"，不应作"袀"，可释近人校议之惑。汳水义主反入，不应改"至蒙为雝水"之"雝"为获，则持邵氏《尔雅正义》之平；泗水本过临淮，不应改"卞下过郡三之三"为"二"，兼可正钱氏《新斠注地理志》之误。以及"芸艸死可以复生"，据《御览》引《淮南》，及罗愿《尔雅翼》，谓"艸可以复生，非谓食芸之人"。"荷芙蕖叶"，据《初学记》引《尔雅》，谓"唐本有其叶荷"句，与《说文》合；"荷"作蕸者，为魏晋间俗体字。"薙"，除艸也。据《玉篇》《广韵》，以驳段氏"薙"俗字之误。据"捼""晳""𥇡""猕"诸字，以驳段氏从手为唐以后人增之误。[4]为读段注者所不可不读之书。

阮氏元云："金坛段懋堂太令，通古今之训诂，明声读之是非,先成十七部《音均表》,又著《说文解字注》十四篇,可谓文字之指归,肄经之津筏矣。然智者千虑,必有一失,况成书之时,年已七十,精力就衰,不能改正;而校雠之事,又属之门下,往往不能参检本书,未免有误。"据阮氏言,段书误处,不能为段氏讳;而参校之事,当是后人之责。而冯桂芬之《段注说文考正》,[5]即负此种责任者也?冯氏之书,皆所以补正段书之漏略。其例如下:

一曰:段氏用许本文,大率以铉本为主,间用锴本及他书所引,其未注明者,今皆考补。

二曰:段氏引书,率不著卷数篇名,及三传某年,今皆考补。

三曰:段氏引书,辄仍前人引用之文,间与今本不同;或古本有而今本无,或为古有今佚之书,多不著何书所引。今皆探其所本,一以今有之书为主,加以订正。

四曰:引书可删节,不可改窜。凡段氏所引,有改窜者,有节删而致不明瞭者,今皆订正。

五曰:段氏引书,或据一说,某应改作某,即将所书径改作某,殊骇人目,今皆订正。

冯氏之考正,固非"匡段""订段",亦非"补段""申段",直可为段氏书之校勘者。冯氏之校勘,大有功于段氏。阮氏所谓"精力就衰不能改正者",冯氏悉为之改正矣;阮氏所谓"门下校雠不能参检本书者",冯氏悉为之检矣。如有人将冯氏之所订正者,一一附段氏原书之下,则尤便读者也。

其就段注而为笺者,则有徐灏之《说文解字注笺》。[6]其书就注为笺，然亦有驳段之处，如"琼"下段改"赤玉"为"亦玉"。徐云："《尔雅》'菺蔱茅'，郭璞云：'菺华有赤者为蔱，琼与蔱并从夐声'。然则琼为赤玉，固无可疑者；盖白玉之有赤者名为琼，最可宝贵，今犹重之；非谓红玉，亦非谓玉之瑕也。"其驳段之甚者，如"琚"下，段云："琚乃玉佩之一物，不得云佩玉名。许君以琚厕于石次之类，然则名为石之误无疑。佩玉石者，谓佩玉纳闲之石也。《木瓜毛传》云：'琚，佩玉石也。'许君用之，今《毛传》石讹为名，莫能是正。"徐云："琚为佩玉之一物，题曰佩玉名，无不可者。陆氏《释文》两引，皆作佩玉名。段以名为石之误，已无据。至并改《毛传》而谓许君用其语，斯尤谬矣。"其书之卷帙，增段氏原书一倍，至为繁重，亦可为读段注之辅，其性质略与王绍兰之《说文段注订补》同，但不及王书之精耳。

其他"订段"或"申段"之书有六，但随笔便记，未成卷帙。一，龚自珍之《说文段注札记》；[7]二，徐松之《说文段注札记》；[8]三，桂馥之《说文段注钞及补钞》；[9]四，邹伯奇之《读段注说文札记》；[10]五，王念孙之《说文段注签记》；[11]六，朱骏声之《说文段注拈误》。[13]是六书虽未成卷帙，然颇有精粹之论。龚氏之学，出于段氏；龚书中有记段口授与成书异者，有申明段所未详者，亦有正段失者。桂氏《说文》之学甚深，其所记有纠正段注之处，亦有引申段注之注，皆有独得。邹氏云："段氏注《说文》数十年，随时修改，未经点勘，其说遂多不能画一，兹随记数条，以见一班。"邹氏以段校段，确能指出段氏不能画一之弊，读段注者不可以其未成书而忽之。

以上皆关于段注之检讨。学者合而观之，纯以客观之眼光，为学术之研究，对于段氏之文字学，其认识当更深刻也。

注释

[1]《说文解字注匡谬》，八卷，清徐承庆著。承庆元和人，是书昭进斋刊本。

[2]《说文段注订》，八卷，清钮树玉著。树玉字匪石，吴县人，为钱竹汀弟子，是书成于道光癸未。树玉尝以《玉篇》校《说文》，兹书订段，亦多本《玉篇》。其论之态度，颇为平静，与徐氏之昌言排击者不同。是书碧螺山馆刊本，通行者湖北崇文书局本。

[3]《说文段注订补》，十四卷，清王绍兰著。绍兰字南陔，萧山人，官至福建巡抚。是书著于嘉庆时，世不之知；光绪十四年胡燏棻始求得刻之，前有李鸿章、潘祖荫序，后有燏棻跋，今胡刻本不易觅。吴县刘翰怡近有刻本，刘跋云："此稿海宁许子颂所藏，拟编入《许学丛刻》者，今赠承翰刻之。"然视胡刻本略少二分之一，刘氏所刊之《说文段注订补》，非完本也。

[4]见李鸿章、潘祖荫《说文段注订补序》。

[5]《说文解字段注考正》，十四卷，清冯桂芬著。桂芬吴县人，其书未刊行，张之洞《书目答问》，以未见为憾。民国十七年金山高燮得其稿于桂芬曾孙泽涵处，即以原稿影印。

[6]《说文解字注笺》，十四卷，卷分上下，附检字，清徐灏注。灏番禺人，其书初刻桂林，再刻于北京，近有影印本。

[7]龚氏《说文段注札记》。

[8]徐氏《说文段注札记》。按：是二札记皆未成书，湘潭刘肇隅编校，刊入《观古堂汇刊》中。

[9]桂氏《说文段注钞及补钞》。按：是书亦刘肇隅校录，叶德辉

云:"为桂未谷先生手抄真迹,各条下间加按语。"刊入《观古堂汇刊》中。

[10]邹氏《读段注说文札记》。邹伯奇,字特夫,南海人。是札记亦未成书,刊入《邹徵君存稿》中。

[11]王氏《说文段注签记》。王念孙,字石臞,高邮人。稿本一卷,刊入《稷香馆丛书》中。

[12]朱氏《说文段注拈误》。朱骏声,履略见前。稿本一卷,刊入《稷香馆丛书》中。

桂氏馥之文字学

清乾嘉之际,为文字学极盛时代。最显著者,为段氏玉裁,已记之于上矣。与段氏并称者,有桂氏馥。[1]桂氏博涉群书,尤潜心文字学,精通声义。尝谓"士不通经,不足致用;而训诂不明,不足以通经"。桂氏盖亦立足经学而为文字学者也,著有《说文义证》一书。[2]其著《说文义证》也,胪列古籍,不下己意,博引旁证,展转孳乳,使人读之,触类自通。桂氏自道其著书之旨云:"《梁书·孔子祛传》:高祖撰《五经讲疏》,及孔子正言,专

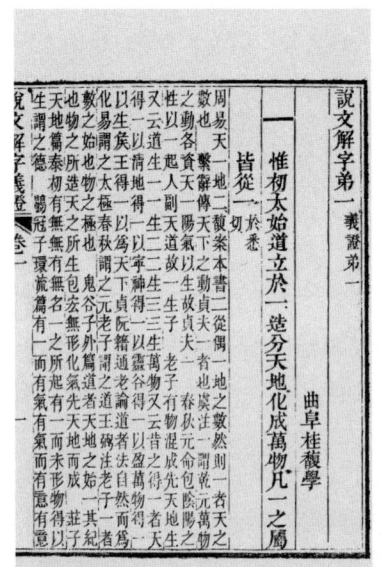

《说文解字义证》清桂馥著
——从清同治九年(1870)湖北崇文书局刻本

使子祛；检群书，以为义证。"馥为《说文》之学，亦取证于群书，故题曰《义证》。又批评一般人之文字学云："近日学者，风尚六书，动成习气，偶涉名物，自负《仓》《雅》，略讲点画，妄议斯冰。叩以经典文字，茫乎未之闻也。"又批评唐宋以来之文字学云："唐宋以来小学分为二派：遵守点画者，《五经文字》《九经字样》《干禄书字》《佩觽》《复古篇》《字鉴》是也；私逞臆说者，王氏《字说》、周氏《六书正讹》、杨氏《六书统》、戴氏《六书故》、赵氏《长笺》是也。"又示人读《说文》之要云："读《说文》者，不习旧文，则古训难通。逞其私智，则妄加改《易》，良由小学荒废已久，久则无能寻其队绪矣。"又云："司马温公曰：'凡观书者，当先正其文，辨其音，然后可以求其义。'阎若璩曰：'学须博，书须善本，又须参前后之所见，以归于一定。'"[3]观以上四说，可以知其著《说文解字》之旨趣矣。其书每字钩玄探赜，征引群书，或数义，或十数义，同条共贯。王篆友云："桂氏征引虽富，脉络贯通，前说未尽，则以后说补苴之；前说有误，则以后说辩正之。凡所称引，皆有次弟，取足达许说而止，故专胪古籍，不下己意也。"[4]此种例条，端赖学者之自求，自能贯穿全书，而得其指归。是书除义证外，凡二徐本讹舛，亦加厘订。其以《广韵》订其讹舛者，如一东"艐"，引《说文》"船著沙不行也"，知本书"挽沙字"。五支"赹"，引《说文》"赹，赵夊也"，知本书"夊讹久"。十六"蒸"，引《说文》"蒸，析麻中干也"，知本书"析讹折"。二十五添"潋"，引《说文》"薄水也"，知本书"水讹冰"。十姥"羖"，引《说文》"夏羊牡曰羖"，知本书"牡讹牝"。二十六狝"瞫"，引《说文》"视而不正"，知本书"脱不字"。四十一漾"醬"，引《说文》"醢也"，知本书"醢讹鹽"。四觉"䒒"，引《说文》"艸大也"，知本书"䒒讹菽"。二十六缉"䜌"，引《说文》"词之集也"，知本书"讹作词之䜌矣"。[5]此厘订讹舛之一斑也。

其次为搜补遗文。遗文者，谓《说文》原本所应有而今本遗之也。张之洞序，谓"补一百二十二字；但以崇文本核之，补一百一十五字；重文四，共一百一十九字"。盖张之计字偶误也。其补之之例，虽未自言，略分如下：

其据本书篆文所从而补者。如据"䛚"，从雩声，言部补"雩"字。据"蔽"，从叞声，又部补"叞"字。据"浏""劉"，从刘声，刀部补"刘"字。据"䋽"，从綷省声，糸部补"綷"字。据"䅈"，从梯声，禾部补"梯"字。据"壘""櫑""䃹""虆""儡"，从畾声，畾部补"畾"字。

其据本书解说所有而补者。如据"琜"，瓊玉也；玉部补"瓊"字。据"楰"，赤楰也；木部补"楰"字。据"㺜"，兽也；似狌狌，犬部补"狌"字。

其据本书解说所有而误，更据他书所引而补者。如"譴，譴諑也。"据《类篇》引作"譴諑"，言部补"諑"字。"檎，母杶也。"据《集韵》引作"毋杶也"，木部补"杶"字。[6]"疥，搔也。"据李善注《登徒子好色赋》引作"瘙也"，疒部补"瘙"字。"顲，面色顲顲。"据《玉篇》

"顛"下引"面急顠顠也",页部补"顠"字。"髻,簪结也。"据王念孙云"《广雅》,髻髻也","髻"与"髻"同,字或作结,彡部补"髻"字。"闤,市外门也。"据《太平御览》引"闤闠,市门也",补"闤"字。

其据本书解说所有而误,更以他书证之而补者。"膌,羺也。"据《玉篇》:"膌,膏臂;臂,膏膌。""羺"为角之误,肉部补"臂"字。"笘,颍川人名小儿所书寫为笘。"据《玉篇》"篤,笘篤。""寫"为"篤"之误,竹部补"篤"字。"瘑,口呙也。"据《玉篇》:"瘑,疽疮也。""呙"为"瘑"之误,疒部补"瘑"字。"悫,谨也。"据《玉篇》:"懂,忧也。""谨"为"懂"之误,心部补"懂"字。"蝼,一曰螜天蝼。"据《广韵》:"螜,胡谷切,蝼蛄。""螜"为"螜"之误,虫部补"螜"字。"蟒,商何也。"据《尔雅》作"蟒",《释文》:"蟒,失羊切。"《字林》之亦反;依《字林》当作"蟒","商"为"蟒"之误,虫部补"蟒"字。

其据本书读若而补者。如据"頯,读若禊。"示部补"禊"字。据"誃,读若",《论语》:"跢予之足。"足部补"跢"字。据"赺,读若跬步。"本书补"跬"字。据"蹔",读《春秋传》:"蹔,而乘他车。"足部补"蹔"字。据"櫜,读若春麦为櫜之櫜。"木部补"櫜"字。据"瓰,读若抦,瓦之抦。"手部补"抦"字。据"黚,读若染,缯中束緅绀。"糸部补"緅"字。

其据本书当有此篆而亡,证以他书而补者。如"瞠、睽"

二字，目部无。目部“眙，直视貌”，据《广韵》：“瞪，直视貌。”或作眙。《晋书·郭文传》“瞪目不转”，又作瞠；《庄子》“瞠或作眣”，是直视，乃“瞠”字训。编者脱“瞠”羼入“眙”下，而亡“眙”之本训。《字林》“眙惊貌”，目部补“瞠、眣”二字。如“颜，眉目之间也”。本“顋”字训，脱“顋”篆，误属“颜”下，又失“颜”字训。《集韵》：“顋，眉目间也。”引《诗》：“猗嗟顋兮。”页部补“顋”字。如“剬，分解也。”据《广韵》：“列与栰同。”注：“列，杀字从歺，与从肖之削异。”今刀部有“削”无“列”，当因形似，后人误为一字，刀部补“列”字。如“猪，豕而三毛丛居者。”当是“豰”字训，错入“猪”下，而脱“豰”篆。据《定公十四年·左传》：“盍归吾艾猳。”《释文》引《字林》云：“艾字作豰，三毛聚居者。”正是今本“猪”字之训，豕部补“豰”字。如“𩦺，马行徐而疾也。”据《集韵》“䮞”，《说文》：“马行徐而疾。”引《诗》：“四牡䮞䮞。”《玉篇》：“䮞，马行徐而疾，𩦺马腹下声。”《广韵》：“䮞，马行貌𩦺，马腹下鸣。”本书有“𩦺、䮞”二篆，写脱“䮞”，今以“䮞”之注羼入“𩦺”下，而阙“𩦺”字注也，马部补“䮞”字。

其据他书所有而补者。如据《北户录》有“许氏长节谓之笭”语，竹部补“笭”字。据《匡谬正俗》：“副贰之字本为褔，从衣畐声。”小颜虽未明言引《说文》，而云：“从衣，畐声，则本书之文也。”衣部补“褔”字。

其据本书解说推测为应有而补者。如“继，续也。一曰反𢅫为繼，从系鹽声。"应有古文作"鹽"，训云："古文反𢅫为鹽。"系部补"鹽"字。

其他根据徐铉《新附》，补"祢"字。根据徐锴本及锴说，补"禠""蹬""顾""璩""陸""捂"字。根据《汗简》，补"瘅""疢""屄""㠯"字。根据《玉篇》，补"諆""䚻""燓""劃""劏"字。根据戴侗《六书故》，补"羿""幹""亮""黛"字。根据《史汉注》所引，补"欗""歃""㧑""贇""辐"字。根据《释文》及《正义》，补"讙""胶""桦""稀""窳""痕""瘵""痎""觕""孩""犸""伏""冽""捍""掺""弊""蛊"字。根据李善《文选注》，补"嗤""咬""踫""痏""痦""捷"字。根据《一切经音义》，补"谣""睃""胛""筊""椟""癞""魖""礫""揩""嬉"字。根据《艺文类聚》，补"稡""禣""骡"字。根据《太平御览》，补"嘲""柜""脅""侩""磧""骽""壑"字。根据《类篇》，补"囂""告"字。根据《广韵》，补"碑""碚""蛤"字。根据《集韵》，补"妯"。根据《韵会》，补"柑""儇""聆""押"字。其未注所根据者补三字，"𣏟""襼""𦔰"。计补：示部六文，重文一。玉部一文，口部三文，足部五文，言部五文，重文一。誩部一文，又部二文，目部二文，重文一。奴部一文，肉部三文，刀部三文，重文一。竹部三文，木部七文，牪部一文，釯部一文，多部一文，禾部二文，宀部一文，疒部十一文，人部二文，匕部一文，衣部一文，尸部一文，舟部一文，几部一文，欠部一文，页部三文，髟部一文，豕部二文，马部四文，犬部一文，黑部一文，心部二文，夂部一文，门部一文，耳部三文，手部八文，瓦部一文，弓部一文，糸部三文，虫部三文，蚰部一文，二部一文，土部二文，畕部一部，黄部一文，车部一文。合重文共计补一百一十九文，比张之洞所计之数少三文。惟据陈庆镛《说文解字义证序》所引，[7]所补尚有"脡""眸""黐""㯷""韫"等字，而皆为崇文本所无，盖陈氏所见者与崇文本异也。[8]惟其所补者，颇有可议之处：犬部已有"貜"之重文"禰"，示部又补"禰"字。木部已有"橀"之重文"丕"，二部又补"丕"字。又部据篆文所从之声，已补"叝"字，奴部又补"叝"字。木部据《史记索隐》已补"欗"字，而手部又据《史记索隐》补"擱"；同据一书，皆训为"大木栅也"；盖木旁俗或从扌，欗擱一字，而误为二字也。此蒐补遗文之大概也。又其次关于许书，亦颇有精确之见解，世之指斥许书者，一若九千三百五十三文。与九千三百五十三文之解说，皆出于许君自造。桂氏则认为非许君创作，盖总集《苍颉》《训纂》、班固《十三章》三书而成。[9]《说文》既非许君自造，其或有解说牵强者，如"鬥"字云："两士相斗兵戈在后之形。""衣"字云："象覆二人之形。"诚不得其解，当是相传如是，而又无他本可据。许君据而录之，而亦无可如何也。得桂氏《说文》非许君创作之说，自不能过于责许君矣。又其次关于形声中亦声之例，言之亦极明确。桂氏云："谐声有亦声者，其例有二：从部首得声曰'亦声'，如八部'分'下云：'从重八，八别也亦声。'半部'胖'下云：'从半，从肉。半亦声。'句部'拘''笱'下皆云：'亦声。'吅部'単'下云：'从吅申。吅亦声。'疋部'䟽''延'下皆云：'疋亦声。'丩部'𦯄'云：'从丩。丩亦声。'皕部'奭'下云：'从皕。皕亦声。'幵部'邢'下云：'从幵。幵亦声。'井部'刑'下云：'从刀，井法也。井亦声。'后部'䪴'下云：'从口后。后亦声。'此一例也。或解说所从偏旁之义而曰'亦声'，如示部'禬'下云：'会福祭也。从会。会亦声。'玉部'瑁'下云：'诸侯执圭朝天子，天子执玉以冒之。从玉冒。冒亦声。'丵部'𠔻'下云：'从八，八分之也。八亦声。''晨'下云：'从辰，辰时也。辰亦声。''䢅'下：'中財见也。中亦声。'虫部'蠁'下云：'吏乞貣则生蠁。从貣。貣亦声。'此又例也。非此二例，而曰亦声者，或后人加之。"又其次辨别古文、籀文、篆文之语亦晰，桂氏云："古文简，籀文繁；故小篆于籀文则多减，于古文则多增。"如"云"字古文也，小篆加雨为"雲"。"𡿨"字古文也，小篆加水为"渊"。"㞢"字古文也，小篆加人为"保"。此类是也。匚部云："篆文匚从匚。"徐锴曰："籀文匚从𣜘。"然则"匚"为古文，"𣜘"为籀文，"匜"为小篆，三者较然明白，桂氏文字学之可见者如是。桂氏与段氏同时，同治说文，而二人两不相见，其书两不相知。言文字学者，多以"段桂"并称，其书并重于一时，其著书之旨则各不相同。论者谓"段氏之书，声义兼明，而尤邃于声"；"桂氏之书，声亦并及，而尤博于义"。段氏钩索比附，自以为能冥合许君之旨，勇于自信，欲以自成一家之言，故破字创义为多；桂氏敷佐许说，发挥旁通，令学者引申贯注，自得其义之所归。故段书约而猝难通辟，桂书繁而寻省易了。夫语其得于心，则段胜矣；语其便于人，则段或未之先也。"[10]此等批评，亦颇平允。易以今语，段书勇于论断，近于主观；桂书一意胪列，近于客观。惟是桂书亦有可议之处，引据之典，时代失于限断，且泛及藻之词。如艸部"芡"下，引苏辙诗云："芡叶初生绉如縠，南风吹开轮脱轂。紫苞青刺攒蝟毛，水面放花波里熟。森然赤手初莫近，谁料明珠藏满腹。"又引《寰宇记》云："汉阳军出芡仁。"此等处真为费词，此则其不甚谨严之过也。读桂书者不可不分别观之。

注释

[1]《清史列传》云：桂馥，字东卉，山东曲阜人。乾隆五十五年进士，选云南永平县知县，居官多善政。嘉庆十年卒于任，年七十。自诸生以至通籍，四十年间，日取许氏《说文》，与诸经之义相疏证，为《说文义证》五十卷。馥尚有《说文谐声谱考证》，本证与《义证》并行。殁后遇乱，散失数卷。馥又绘许祭酒以下，及魏济阳江式，唐赵郡李阳冰，南唐广陵徐铉、徐锴兄弟，宋吴兴张有，钱塘吾衍之属，为《说文统图》；大兴朱筠尝为之记。所著尚有《札朴》十卷、《晚学集》十二卷、《缪篆分韵》五卷、《续三十五举》一卷。

[2]《说文义证》五十卷，灵石杨氏连云簃校刻，刻后未大印行，其家书板，皆入质库。清同治九年，张之洞刻于湖北崇文书局。

[3]以上四说，见《说文解字》第五十卷下，《说文解字附说》。

[4]见王筠《说文释例自序》。丁艮善《说文解字义证跋》亦引此语。

[5] 见陈庆镛《籀经类稿》卷十一。《说文义证序》，此序湖北崇文书局本《说文解字义证》不载。

[6]《广韵》"柀"："无柀木，一名櫠"；《尔雅》："櫠无疵"；《说文》阙"柀"字。后改"毋柀"为"母杶"。

[7] 陈庆镛《说文解字义证序》云："（上略。）其以《玉篇》补其阙者，如本书无'脭'字，据《玉篇》'脭，脯胸也'，补脭。本书无'膌'字，据《玉篇》'䐈膏膌，膌膏膑'，补膌。本书无'諫'字，据《玉篇》'諫譴也'，补諫。本书无'謵'字，据《玉篇》'謵言也'，补謵。本书无'蹵'字，据《玉篇》'蹵，一足行也'，补蹵。本书无'眸'字，据《玉篇》'眸，脊眸也'，补眸。本书无'䰙'字，据《玉篇》'引《仓颉》䰚䰙也'，补䰙。本书无'稝'字，据《玉篇》'稝，长沙云禾把也'，补稝。本书无'磝'字，据《玉篇》'磝，柱下石'，补磝。本书无'犢'字，据《玉篇》'犢，特牛也'，补犢。本书无'綷'字，据《玉篇》'綷，周也'，补綷。本书无'韞'字，据《玉篇》'韞，梴韞里也'，补韞。"（下略。）按陈氏所举，不仅"脭""眸"等字，为崇文本所无，即其所据以补者，不尽根据《玉篇》一书。如"謵"据《说解》所有补，"綷"据篆所从之声补，"蹵"据读若补，"稝"据《释文》补。陈氏统云据《玉篇》，或桂氏原书如此，抑陈氏之误耶。

[8] 丁艮善《说文解字义证跋》云："《说文解字义证》五十卷，乃曲阜桂未谷先生脱稿未校之书也。原稿第三十七'台'下，引《高唐赋》，有'查《高唐赋》原文'六字。先许印林师曰：'据此知此书，真桂氏未成本也。'由此例推，凡书中约略大意，撮引数句数字与原文不符合，或大反者，皆桂氏欲查原书而未及者也。是在善读者为之补正耳。（下略）"按：杨氏刻本，为许印林所校，分任其事者薛寿、汪士铎、田普实。崇文刻本，又从杨刻转刻也。陈庆镛序，中有"为寓书印林，将先生原书，重加雠校"一语，知陈氏之所见者，确是原稿也。

[9]《附说》云："《说文》非许氏创作，盖总集《仓颉》《训纂》、

班氏《十三章》三书而成。《仓颉篇》五十五章，《训纂篇》八十九章，班固《十三章》，凡一百五十七章，以每章六十字计之，凡九千四百二十字。《说文叙》云：'九千三百五十三文，然则《说文》集三书之大成，两汉训诂萃于一书，顾不重哉。'"又云："《说文》凡字义未明者，注云阙，谓所承之本阙也。"若使许氏创作，何言阙乎？氏部"酱"下云："家本无注"。谓其家所藏之《仓颉篇》等书无注也。徐锴疑许冲语，按冲进书时，慎犹在，冲岂得有羼入乎？
[10]见张之洞《说文解字义证序》。

王氏筠之文字学

段、桂、王、朱，为清朝文字学四大家，此言未必甚确。但四家之书，为研究文字者必读之书，或为先读之书。段精桂博，已记于上，兹记王。[1]王氏之书，其精者为《说文句读》与《说文释例》，兹先记《句读》。王氏治《说文》，颇尊崇段氏、桂氏，并尊崇严氏。[2]极思于段、桂之外，独树一帜，因著《说文释例》一书，与段、桂分道扬镳。嗣因《说文》一书，传写已非一次，而传写者又多非其人，脱讹错乱，所在而是。而群书所引，往往可为《说文》之补苴者，于是取段氏、桂氏、严氏之书，择要辑录，更从群书中辑录段氏、桂氏、严氏之所未及。在王氏之初旨，不过用以便初学诵习计耳，迨后积稿日多，所辑录者，颇能补诸家之缺。又见段氏之书，其武断处未免稍涉疵瑕，乃博观约取，会萃众说，参以己意，著《说文句读》一书。[3]其书可自成一军，非专为订段补段而作，然亦隐有订补之意。故其《自序》云："余辑是书，别有注意之端，与段氏不尽同者凡五事。"是订段、补段亦王氏微旨之所在，兹记五事于下：

一曰：删篆　每部各署文数重数，《自序》又有十四篇之都数，诚以表识别而杜羼杂也。而核今本之实，则正文、重文，皆已溢额。严氏议删重文，未议正文，不知《说文》中续添中字，《字林》中字也。无据者固未可专辄，有据者可听其窃据非分乎？至于一字两见者，当审其形义以定所属之部，吁为于所孳育，否为不所孳育，此审其形也。尋与得各有所施，此审其义也。不可如大徐以在后者为重出也。

二曰：一贯　许君于字必先说其义，继说其形，末说其音，而非分离乖隔也。即如说"蔑"曰："人血所生，以字从鬼，故云然。"引者讹为地血，校者即欲据改，则从鬼之说，何所附丽哉？

三曰：反经　《说文》所引经典，字多不同，句限亦异，固有讹误增加，而其为古本者甚多，岂可习非胜是。以屡经窜易之今本，訾汉儒授受之旧文乎？

四曰：正雅　《尔雅》者小学专书，以此为最古。所收之字，亦视群经为最多，彼以义为主而形从之。《说文》以形为主而义从之，正相为错综，而互为笼摄者也。乃陆孔在中原，时代虽后，而犹见善本；景纯居东晋，传注荟萃，而适据讹文。加以学者传习，多求便俗，羽族安鸟，水虫著鱼，故徐鼎臣曰："《尔雅》所载草木鱼鸟之名，肆意增益，不足复观。以群经之钤键，而讹误颠倒重出，比比皆是。"不有《说文》，何以据此正之乎？

五曰：特识　"后""身""傴""愃"等字。许君之说，前无古人，是乃历考经文，并非偏执己见，不可不以经正传，破从来之误者也。

以上五事，皆王氏自认为不与段氏同者。[4]则读王氏书者当注意此五事，然后能得王氏之真。读一书当知一书之特点，始能得一书之实用。王氏之书，本取段、桂二氏之书，删繁举要而成者。两家说同，则多用桂说；两不同者，乃自考以说之。桂书毫无论断，段书多所主张，王书之特点，即在与段不同之处。至于段、桂两家所引，检视原书或不符，非改旧文以成己说，即未检本书而致讹误。王氏偶有所正，读者当合而观之而注意及之也。王氏之《说文句读》，又有六事，虽少发其端，未竟其绪，而颇属望于后人者。其六事如下：

一曰：许君说五行、五色、四灵、四夷，或相钩连，或相匹配，是知镕冶于心，藉书于手，非泛泛杂凑之字书。故虽至小之字，而亦有异部相映带者，如木部"柢""株"，直用转注可矣。而说曰木"根"者，所以别于艸部"荄""菱"之为艸根也。禾部说"移"曰："禾相倚移者。"所以别于㫃部"旗"之旖施也。

二曰：有当转注而不然者，如"昏"下云："日冥也。"则"冥"下当云："月昏矣。"而别为说者，为从六地也。

三曰：有不欲驳难古人，但加一字见意者，《说》"夔"云："即魖也"。《说》"䶅"云："即豹文鼠也。"是也。其不加字者想尚多有之。

四曰：许君说字，多主通义，而言其专主一经者，如"避""偕"等字是也。

五曰：群经所有之字，而许君不收者，"璲""玁""奻""犒"之类，既有明征，其他想亦必有说也。

六曰：九千文中，于今为无用，于古亦无征者，至于数百。夫何经典所有，沙汰之以矜别裁，经典所无，网罗之以炫淹博，五经无双之人，岂宜出此。然郑司农引《上林赋》："纷容削手参，倚移从风。"以较《文选》八字而易其五。计汉武至梁武才六百余年，而汉赋之改易已如是之甚，况三代先秦之书乎？苟有博通古籍者，能使无征者有征，即无用者有用矣。

以上六事，是王氏读《说文》而偶有所得，而昭示之以告来人者也。在本书中虽未一一叙出，后人本此六事，细心求之，必续有所获。至于全书，于句读极为注意，如"天"字注云："颠也。至高无上，从一大也。"王氏申之云："颠者，顶也。与一大不相中，故加至高无上以引之。若义与形相值者，则无此句矣，后仿此。"又如"禔"字注云："安福也。"段氏删福字，王氏于安字绝句，申之云："《玉篇》'禔，福也安也。'以为两义；许君云'禔也者安也，安也者福也'，以为一义。《难蜀父老》文'中外禔福'，按'禔福'连言，是复语，而许君加安字，以便其福之所自出。"又：如"禘"字注云："谛祭也。"段氏读"谛祭"。王氏于谛字绝句，申之云："《白虎通》'禘'之为'言谛也。'卢植曰：'事尊明谛。'皇侃曰：'审谛，昭穆也。'崔灵恩曰：'第也。'贾逵曰：'递也。'均以声解义，知'谛'字当绝句者，祭也。字作名字解，如鱼部中'鱼也'，大徐本多作鱼名，虽后人妄改，义固不误，此不可云'谛祭名也'，后皆仿此。"又如"裯，祷牲马祭也。"王氏于"祷"绝句，申之云："《春官·甸祝》注：杜子春曰：'裯，祷也。'《广韵》'裯'字下，但云：'牲马祭也。'亦足征本文'祷'字绝句。"以上皆是王氏注意于句读之处，姑举四事以例其余。读书当先明句读，句读不明，解说不误。钱氏大昕说文连上篆字为句之发明，学者称之，另记于下。王氏极意注意此点，所以以《句读》名书也。

次记《释例》。[5]清朝文字学诸家，能自成一书，解释《说文》全部之例，足为后学之指导者，当推王筠之《说文释例》。其自序《说文句读》有云："余平生孤行一意，不喜夺人之席，剿人之说，此《说文释例》之所为作也。自永元以至今日，凡千七百余年，颜黄门一家数世，皆精此业，而未有传书。徐书虽传，多涉草略，加以李焘乱其次弟，致分别部居之脉络不可推寻。故博极群书之顾亭林，只见《五音韵谱》，以其乱杂无章也，时时訾謷之。苟非段懋堂力辟榛芜，与许君一心相印，天下亦安知有《说文》哉？惟既创为通例，而体裁所拘，未能详备。余故辑为专书，与之分道扬镳，冀少明许君之奥旨，补懋堂所未备。"又其自序《说文释例》云："少喜篆籀，不辨正俗。年近三十，读《说文》而乐之，每见一本必读一过；即俗刻《五音韵谱》，亦必读也。积二十年，然后于古人制作之意，许君著书之体，千余传写变乱之故，鼎臣以私意窜改之语，犁然辨晰，具于胸中。爰条分缕析，为之疏通其意，体例所拘，无由沿袭前人，为吾一家之言而已。"观王氏

《自序》，可以知其用力之勤，及作此书之旨趣。王氏此书，解释六书之条例，远出宋、元、明诸家之上，且能确本许书，证之金文，以求文字之原。而明文字之用，并推及引经、引谚读若之例，匡正脱文、衍文误字之处。章太炎虽谓"《说文释例》，未及音韵，不得称为小学。其解形体及本义，可称为《说文》之学。"然则吾人研究《说文》者，当以此书为指导。其例如下：

一、六书总论　其论六书之次弟遵班固。其论部首，以有从之者为部首；部首不得谓之字原。

二、指事　正例一：独体指事。如"丄""丅"是。变例八：一，会意定指事。如"示""牟"是。二，会意定指事而小别。如"嚚""欠"是。三，指事兼形意声。如"牵"是。四，增体指事。如"朩""夫"是。五，省体指事。如"凵"是。六，形不可象转为指事。如"本""末""朱"是。七，借象形为指事。如"不""至"是。八，借形以指事而兼会意。如"高"是。

三、象形　正例一：独体象形。如"日""月"是。变例十：一，一字象两形。如"弓""口"是。二，省体象形。如"虍""艹"是。三，避他字而变形。如"匸"是。四，象形兼其用以象之。如"臼"是。五，象形兼意。如"石""果"是。六，象形兼意小异。如"为"是。七，以会意定象形别加一形。如"眉""蠹"是。八，象形兼意与声。如"齿""龙"是。九，直是会意仍是象形。如"衣"是。十，全无形而反成形。如"身"是。

四、形声　正例，声不取义。如"江""河"是。变例：一，声兼意。如"穊""穰"是。二，声兼形与意。如"橐"是。三，一字两声。如"竊""盡"是。

五、亦声　言亦声凡三种：会意字而兼声者，一也。形声字而兼意者，二也。分别文之在本部者，三也。

六、省声　其例有四：一，声兼意。二，所省之字即与本篆通借。三，有古籀之文不省者。四，所省之字即以所从之字贸处其所。

七、一全一省　两字同从一字，一从其全，一从其省。"枭"从鸟头在木上；鸢之或体"鶾"，从木鸟声。"蒴"从䀴声；"茵"从䀴省声。此亦形声之类，而芜杂不足为变例。

八、两借　"斋"，从示，齊省声；二字上属则为齊，下属则为示也。与他省声字不同。

九、以双声字为声　如"元"从元声，"裸"从果声，"曾"从囟声，"哎"从奴声，"哀"从衣声，"曼"从冒声，"敏"从每声是。

十、一字数音　如"丨"，引而上行读若囟，引而下行读若退。又如"䚻"下云："古文䚻，读若三年导服之导，一曰读若沾，一曰读若誓。""瘱"下云："读若胁，又读若掩。"

十一、形声之失　如告从牛，而牿又加一牛。嚴从叩，而嚴又加一口。益从水，而溢又加水。芜杂不足为变例。

十二、会意　正例三：一，合两字为意顺递言之者。如止戈为"武"，人言为"信"是。二，并峙为义者，凡两字从者皆是。三，以字形发明字义者。如"亞"从二臣相违；"夆"从夂牛相承。移其部位，即不足见意。变例十二：一，从其字而变其形。如"矞"从口𠙴辛而辛变为丂；"斳"从斤断艸，而艸变为𣎜是。二，会意兼形。如重束为"棗"，并束为"棘"是。三，会意兼事。如𠂇又相向为"𠬪"，𠂇又相违为"𢌳"是。四，意在无字之处。如两邑相向为"𨛜"，两𣆪相向为"𩫡"是。五，所从之字不成意，转所从与从之者得其意。如"宰"下云："罪人，从辛，辛辠也。辛不训辠，辛所之辛训辠也是。"六，意不胜会，而所会之意不实不尽者。如"匚"中斤会成"匠"意是。七，增文会意。彳引长为"廴"，𠂆曳长为"𢍺"是。八，省文会意。如"夕"从月半见；"巛"象长流，减之为巜，再减之为く；"谷"从水半见出于口；"支"从手持半竹是。九，省文会意实不省者。如"再""爯"二字从冓省，再以一从中举冓，爯以爪从中举冓，只见冓之一半为冉是。十，反文会意。如反"止"为"屮"，反"正"为"乏"是。十一，到文会意。如到"人"为"匕"，到"屮"为"帀"是。十二，有会意字所从之字各自为意，不可会者，许君亦两分说之。如"聯"，连也。从耳，耳连于颊。从丝，丝连不绝也是。

十三、转注 一，同声相转注。如"蕾，蘦也；蘦，蕾也"是。二，同义转注。如"菠，芰也；芰，菠也"是。三，性同形不同转注。如"杨，木也；柽，河柳也；柳，小杨也"。以其皆可为"栖，桊也"是。四，异名转注。如"栯""棳""橡"一物，而周、秦、齐、鲁各异名；

"园""圃"一物，树果、种菜各异名是。五，隔字转注。如"论"下云"议也"；"议"下云"语也"；"语"下云"论也"是。六，互见为转注。如"諔"下云"诞也"；"誇"下云"諔也"；"诞"下云"词诞也"；"講"下云"諔也"是。七，转注再加注以申之者。如"早"下云"晨也"；"晨"下云"早昧爽也"。早绝句，加"昧爽"二字，晨之义与旦之义别。八，转注而其字即可通用者。如"荐"下云"薦蓆也"，"荐""薦"通用。"叕"下云"缀联也"，"叕""缀"通用是。九，转注即是一字者。如"屮"下云"跨步也"，"屮""跨"一字是。十一，转注发明假借者。如"置"下云"赦也"，"奠"下云"置祭也"；以见置之又训为奠。

十四、假借　假借一门，触目皆是。王氏录孙惕斋《假借》一文以见其概，见后"六书中之假借"章。王氏更推论造字时假借，以补孙氏之所未及。如"雨"之一在上为天，"氏"之一在下为地，"夫"之一象簪形，"血"之一象血形，"帀"之一则止之，"浧"之一则覆之，"再"之一则所以举之，"于"以一平之是。

十五、彣饰　取其悦目，或欲整齐，或欲茂美。如"悉"之古文作𢙇，"乏"之古文作𡳿是。

十六、籀文　好重叠。如"败"之籀文作"敗"，"墙"之籀文作"牆"、作"䉶"，"囿"之籀文作"圃"，"昔"之籀文作"䜭"，"次"之籀文作"㳄"，"岑"之籀文作"崟"是。

十七、或体　或体一字之殊形，非俗体也。"龏"之或体集，从之者有"噱""雜""繏""鏉"四字。"雛"之或体隼，从之者有"锥""脺""準"三字。"衇"之或体脈，从之者有"霢"字。"处"之或体處，从之者有"鼗"字；"秋"之或体秫，从之者有"苶""述""術""訹""疢""怵""沭""颮""鉥"九字。足征或体非俗体也。

十八、俗体　记俗十六字，而引许印林之说。俗体犹之或体，世俗所行，犹《玉篇》言"今作某耳"，非对雅正言之而斥其陋也。凡言俗者，皆汉篆也。

十九、同部重文　其类聚者有三种：一，为无部可入之字。如"云""？"二字不入雲部，即无复可隶之部矣。二，为偏旁相同之字。如"祺"之籀文禥，"祀"之或体禩，仍从示义，不得入他部也。三，为声意不合之字。如"泉"之古文𤽄，虽从囟从水，两体明白，而不可入此两部，故附之泉下也。非是三者而类聚焉，盖出于后人妄并矣。

二十、异部重文　同部重文人所知也，异部重文为部首许君自言者。如"弼"下云"古文鬲"字，"囟"下云"此亦自字也"等，亦人所知也。其非部首而异部者，惟勺部"与"下云"此与予同"，亥部古文"布"下云"与豕同"。其他不言者颇多，不知皆重文也。如艸部"苗，蠶簿也，曲部或说曲、蠶部也"，"笛""曲"重文。"趚"下云"侧行也"，"踖"下云"小步也"，"趚""踖"重文。牛部"㸪"与足部"躗"同，走部"趣"与心部"悫"同，辵部"连"与车部

"辇"同，口部"喏"与人部"偌"同是。

二十一、分别字　其加偏旁而义遂异者为分别文。其种有二：一，则正义为借义所夺，因加偏旁以别之。如"益"本为水益，用为损益字，因加水作溢以别之。二，则本字义多，既加偏旁，则只分为一义。如"公"字义包含极多，加人作"伀"，专为伀侯字是。

二十二、累增字　其加偏旁而义仍不异者为累增字。其种有三：一则古义深曲，加偏旁以表之者。如哥加欠作"歌"。二，则既加偏旁即置古文不用者。如复加彳为"復"，今用復不用复。三，则既加偏旁，而仍用未加者。如因加手为"捆"，今用因不用捆是。

二十三、叠文同异　其类有二：一，音义异者。如"多"从重夕，"棘"从并朿，"皀"从二皀，"聑"从二耳是。二，音义同者。如"㿝"从二余，"鱻"从二鱼，"屾"从二山，"沝"从二水是；其他有三叠者，如"卉""羴"是；有四叠者，如"䰜""琵"是。

二十四、体同音义异　一，其均为指事者。"本""末""未"，皆从木一。二，其一为会意，一兼形者。"天""立""夫"皆从一大，"尹""丑"皆从又丨。三，其兼会意象形者。"棗""棘"皆从二朿。四，其一为意兼形，一为意兼声者。"朩""㳄"皆从中八。五，其一为象形，一为形声者。"易""昒"皆从日勿。六，其并为会意者。"屮""屯"皆从中一，"古""叶"皆从十口，"伐""戍"皆从人戈，"仄""厃"皆从厂人。七，其一为会意，一为形声者。"千""什"皆从人十，"言""啇"皆从口辛，"斨""芹"皆从艸斤，"善""详"皆从言羊。八，其并为形声者。"批、掌""訕、喭""吟、含""召、叨"。

二十五、互从　如"岂"从散省，而"散"又从岂省。卜部"贞"下云："一曰鼎省声。""小徐本"鼎部云："从贞省声。"

二十六、辗转相从　如"㕛"即肱也；加又为"厷"，再加肉为"肱"；音义不异，是一字也。又如"𢪒"，拱手也；加廿为"共"也，再加手为"拱"也；间隔一字仍归本字也。又如"舁"，共举也；加车为"舆"，再加手为"攑"。许君所不言，可推测得之者也。

二十七、母从子　如"蓐"从人部之辱，"𣪠"从攴部之毄，"哭"从犬部之狱，"内"从入部之内。"蓐""𣪠""哭""内"为首部，"辱""毄""狱""内"皆部中字也。

二十八、《说文》与《经典》互易字　如"职"下云："记微也。"是《经典》"识"字义也，《论语》"默而识之""多见而识之"是也。"识"下云："常也。"是《经典》"职"字义也，《释诂》"职，常也"是也。辛部"童"下云："男有辠曰奴，奴曰童。"人部"僮"下云："未冠也。"《经典》"僮""童"互用。

二十九、列文次弟　与部首反对者，必在部末，夊部之"𡕒"是也。若无从𠂊之字，则亦必在𠃑部末矣。叠部首为字者，必在部末，耳部之"聅""聶"是也。且可知示部终以"祧"，不得赘"禁""禫"二字；十部终以"廿"，不得复赘"甝"字也。至于部中字之先后，则先实后虚，先近后远，诸大部无不然者；其或无虚实、远近之可言，则以训义美者列于前，恶者列于后，如"言""心"等部是也。

三十、列文变例　凡部中字义，不与部首字义比附，而列入此部者，谓之列文变例。如"臽，从口，训为山间陷泥地，是以口为山间也"。"器，从朋，而曰象器之口，是以朋为众器也"。

三十一、说解正例　许君说解，必先字义，而后字形，其说形也。先举本部首而后及别部之字。

三十二、说解变例　变例颇多，如"競"字上半则誩，下半则从。《说》云"从二人"，不云"從从"。"競，强语也"；若云从從，则是顺从。故不与常例同，凡不能以正例说解者，皆为变例。

三十三、一曰　此二字为许君本文者盖寡，其为后人附益者一种也。合《字林》于《说文》，而以一曰区别之者，又一种也。其或两本不同，校者汇集为一。则所谓"一曰"者，犹今人校书，云一本作某也，又一种也。

三十四、非字者不出于说解　许君于意，必出其字而后解之，于其形与事，则不出而直解之。如"臽"下云："象水败貌。""喦"下云："从品相连。"不出八与山者，不成文也；八非八别之八，山非山水之山。"番"下云："田象其掌。"田不成文，盖后人所增。"果"字下不云"田象果形"可证。

三十五、同意　有谓指事者，"芈"下云："与牟同意。"谓〗乚皆象其口气之出也。有谓象形者，"㺇"下云："与牵同意。"谓∩象引牛之縻，㺇亦然也。有谓会意者，"昔"下云："与俎同意。"谓其皆从残肉也。

三十六、阙　一字形失传者，如"苐"下云："相当也。阙。读若宁。"此其义其音皆传，而形不可解，特以羊角两两相当，与义尚近，故附之丫部，冂则不可强解也。二则字形较著而不可解者，"嚚"下云："窕也。阙。"吅自是字，而不可以得窕也之义，故云阙。三则叠文与本文无异者，如"弜"之与"弓"，"畾"之与"田"，不可谓为一字，而云阙也。

三十七、读若直指　注家之例，云"读若者明音也"，云"读为者改其字也"。《说文》无读为者，逐字为音，与说经不同。如"瑂"下云："眉声，读若眉。""玖"下云："叏声，读同叏。""翢"下云："州声，读若祝。""莠"下云："秀声，读若酉。"以及"𠙴"读若沓，"辛"读若愆是。

三十八、读若本义　字音随义而分，故有一字而数音、数义者。弟言读若某，尚未定为何义之音，故本其义以别之。如"趀，读若无尾之屈。"尾部屈，无尾也；盖屈伸蒲屈，其音各异。此如本音，故以本义定之。又"瞿，读若章句之句。"谓此句不音鉤也。

三十九、读同　凡言读与某同者，言其音同也。如"莫，读与蔑同"是。凡言读若某同者，当是读若某绝句。同字自为一句，即是一字分隶两部也。如"丌，读若箕，同。""丌""箕"一字也。但传写既久，与若二字有互讹者，如"攺，抚也。"读与"抚"同，与当作若。

四十、读若引经　引经以证其音，亦以义为别之类。如"㫖，读若《诗》曰施眔濊濊"是。

四十一、读若引谚　与读若引注同。如"䛐，读若反目相睞"是。

四十二、声读同字　如"䮑"下云："尃声，读若傅。""噔"下云："集声，读若集。""哢"下云："龙声，读若龙。""赾"下云："匠声，读若匠"是。

四十三、双声叠韵　双声之为名词者，如"蟛蜞""火齐"等；其为动词者，如"蹢躅""峙崫"等；其为形容词者，如"磊砢""丽廔"等。叠韵之为名词者，如"鹧鸪""蜉蝣"等；其为动词者，如"氤氲""瞵娄"等；其为形容词者，如"顱顲""枺疏"等是。

四十四、捝文　传写既久，当有捝文，臆为增益。如"社"下云："示土。"按：当作从土，土亦声；盖与"祏"同意，后人以六朝音读之，遂删之耳。又如"纠"下云"从糸丩"，小徐有声字，然当依"𦆫"下之"从丩，丩亦声"，如句部三字，皆云"从句，句亦声也"是。

四十五、衍文　如"薊"下云："劌，古锐字。"此校者笺记语，传写者误入正文，凡类此者并当删。

四十六、误字　段氏改字，是者极多；王氏所改，或与段氏不同。如"琼，赤玉也"，段氏改"赤为亦"，王氏改"赤为美"。"甓，一曰若儁"，段氏曰："儁同俊。"人部有

"俊"无"儁",王氏云"儁盖隽之讹"是。

四十七、补篆 凡见于《说文》偏旁,而本篆下无此文者,概补之。

四十八、删篆 《说文》两见之字,大徐概以序分在后者为重出,何其不审也？许君于会意字,必列于主义所在之部,后人检之不得,辄增于从义所在之部,此其所以重出也。如"呼"见口厶二部,当删在口部者；"羑"见厶羊二部,当删在厶部者；"吹"见口欠二部,当删在欠部者；"歊""欼"二字,皆见于口欠二部,当删在口部者是。

四十九、移篆 如"吠"字当入犬部,"鸣"字当入鸟部,"易"字当入日部,"醯"字当入酉部,"孙"字当入子部,"莫"字当入火部是。

五十、改篆 如"黄"之古文作史,而字从之则作史,凡从贵者皆同,《五音韵谱》作史是也。当作萧,《说文》云："气上出。"则不当在旁,小徐《说解》中皆作萧,《玉篇》亦然。

五十一、观文。竖起看者,"艸""木""竹""虎""鸟"之类是；平看者,"牛""羊""瓜""米"之类是；放倒看者,"龟"与"舟""车"之类是。上为背,下为足,左为首,右为尾也。上象舱,下象底,左象舟首,右象容舵之处。方者为舆,横贯者为轴,植者为轮,自车后观之,则见两轮如线直也。

五十二、纠徐 段氏纠徐已尽矣；王氏偶有所见,聊以附之段氏。

五十三、钞存　王氏有《说文钞》十五卷，兹刺取若干条存之。

五十四、存疑　就《说文解字》十四篇，其有可疑者，载笔记之；驳段氏附，偶有所见亦附。

以上五十四例，对于《说文解字》一书，可谓分析而得其条理矣。段氏虽见及于此，然不能条分理析，无如是之明显也。王氏以前，无此释例之书；王氏以后，踵而为之有七，皆不能周密如王氏也。次第记之：

一、江氏沅之《说文释例》。[6]其目二：一，释字例；一，释音例。

二、王氏煦之《说文五翼》。[7]其目五：一，证音；二，诂义；三，拾遗；四，去复；五，检字。证音诂义，颇有精意。

三、董氏诏之《说文测议》。[8]其目十七：一，参经考异；二，据经审误；三，绎经存疑；四，检经补遗；五，古逸；六，古通；七，古繁；八，古省；九，篆同义异；十，篆分义通；十一，篆异义同；十二，例入重文；十三，逸字；十四，逸注；十五，疑字；十六，疑注；十七，二徐同异。

四、张氏行孚之《说文发疑》。[9]其目十八：一，六书次第；二，指事；三，转注；四，假借；五，《说文》读若例；六，《说文》或体不可废；七，小篆多古籀；八，古文一字数用；九，同部异部重文中有古今文；十，《说文》与经典不同字；十一，《说文》与经典相同之义见于解说中；十二，说解说不可过深求；十三，《说文》解说中字通用假借；十四，字音每象物音；十五，《说文》逸字；十六，《说文》逸字识误；十七，唐人引《说文》例；十八，释字。按：书颇多精意，可以补王氏贯三释例之缺。小篆多古籀，今日已经证明。字音每象物音，可以求声音之始，张氏不过初发其端耳。唐人引《说文》例亦精，此书不可不一读也。

五、叶氏德辉之《六书古微》。[10]其目十：一，指事；二，象形；三，形声；四，会意；五，转注；六，假借；七，《说文》各部重见字及有部无属从字例；八，《说文解字》阙义释例；九，释字；十，假借即本字说。按：有部首无属从，自来鲜有解说者，叶氏以"才""丏""爯""易""燕""率""开""六""七""丙""丁""庚""壬""未""戍"等部；有部首而无属从者，其文必多艾夷，其字必皆二从，而改其一为声，分隶各部。如句部"拘，止也。从句从手，句亦声。""笱，曲竹捕鱼笱也。从竹从句，句亦声。""鉤，曲也。从金从句，句亦声。"以例推之，"拘"字以手为本义，宜在手部；"笱"字以竹为本义，宜在竹部；"鉤"字以金为本义，宜在金部。手部、竹部、金部必重见其字无疑，而今仅存于句部，按此可备一部。许每部末每记文若干，不应此有部首无属从之部。所记之数，一律是后人改也。又后人删重复之字，宜删其在属从字多之部，不应删之而仅存部首也。按：叶氏之言，未可尽信。

六、陈瑑之《说文举例》。[11]其目十三：一，《说文》有举一反三之例；二，有连上篆句读之例；三，以形为声之例；四，读若之例；五，取转声之例；六，称经不显著名之例；

七，称取经师说之例；八，异文皆经典正文之例；九，分部皆形声会意之例；十，分部非某之属而分归诸部之例；十一，分部不以省文之例；十二，两部并收文异义同之例；十三，用纬书之例；按：一、二例本钱氏大昕之说，略记数字，余不甚可观。

七、王宗诚之《说文义例》。[12]此书无甚发明，不过诸家之说，略为贯穿之。

以上七种之书，皆释《说文解字》之例者，而详略不同，但悉不如王氏贯山之《说文释例》，可以指示研究文字学者之门径。比而观之，有补王氏之所不及者，亦有益也。

注释

[1]《清史列传》云："王筠，字贯山，山东安邱人。道光元年举人，官知县。少喜篆籀，及长博涉经史，尤长于说文。著有《说文释例》二十卷、《说文句读》三十卷、《说文系传校录》三十卷、《文字蒙求》四卷、《毛诗重言》一卷，附《毛诗双声叠韵说》一卷、《正字略》二卷。"

[2]严可均，是清朝有数之校勘学者，著有《说文校议》三十卷。

[3]《说文句读》三十卷，是书成于道光庚戌。其第三十卷，附录蒋和《说文部首表》、严可均《许君事迹考》，及《说文校义通论》，并节录毛氏扆、桂氏馥之说，及小徐《系述》、大徐校定《说文序》与《进说文表》等。其题名句读者，王氏自云："汉人说经，率名章句，而张蒿菴《仪礼郑注句读》，独立此名者，谦也。然《仪礼》有章句注，但有句读而已，则其名亦所以纪实也。余纂此书，则疏解许《说》，无章可言，是以窃比蒿菴。"按：是书有山东原刊本。今通行者，四川尊经

书局本。

[4]王氏《自序》云:"顾余辑此书,别有注意之端,与段氏不尽同者凡五事。(中录在正文。)五者以外,小有违意,亦必称心而出。明白洞达,不肯首鼠两端,使人不得其命意之所在,以为藏身之固,此则与段氏同者也。"按:此可见王氏尊崇段氏而不肯苟同也。

[5]《说文释例》二十卷。按:是书有山东、四川两刊本,沪上有石印本。

[6]《说文释例》二卷,清江沅著。沅,字子兰,艮庭之子,而又师懋堂者也。其书似非完本,咸丰间李氏刊。

[7]《说文五翼》八卷,清王煦著。煦,字空洞,上虞人。光绪观海楼重刊本。

[8]《说文测议》七卷,清董诏著。诏,字朴园。《许学四书》本。

[9]《说文发疑》八卷,清张行孚著。行孚,字乳伯,安吉人。光绪十年刊本。

[10]《六书古微》十卷,清叶德辉著。德辉,字焕彬,长沙人。观古堂刊本。

[11]《说文举例》一卷,清陈瑑著。瑑,嘉定人。《许学丛书》本。

[12]《说文义例》一卷,清王宗诚著。宗诚,字莲府,青阳人。《昭代丛书》本。

朱氏骏声之字学

朱氏骏声,[1]与段、桂、王并称。其所著《说文通训定声》一书,解散五百四十之部首。以声为母,以所从得声之字隶之,专明转注、假借之旨。[2]其书以"丰""升""临""谦""颐""孚""小""需""豫""随""解""履""泰""乾""屯""坤""鼎""壮"十八卦名,分为十八韵部。[3]以一千一百三十七声母比之,以收许书九千三百五十三字。实核其书，声母无从得声者二百五十四，实得声母八百八十三字。其字不见正篆，见于说解及自叙中者，有偏旁者，见于小徐本者，见于他书注所引《说文》者，悉为补之，通部正篆九千五七字。大徐"补""附""俗"三类，及见于"经史"凡魏晋以前注有音读者，旁注于篆文之下，五千八百八十九字。见于《方言》《广雅》，及子、史、传、记而无可附丽者，于每部后别叶存之，一千八百四十四字。共计全

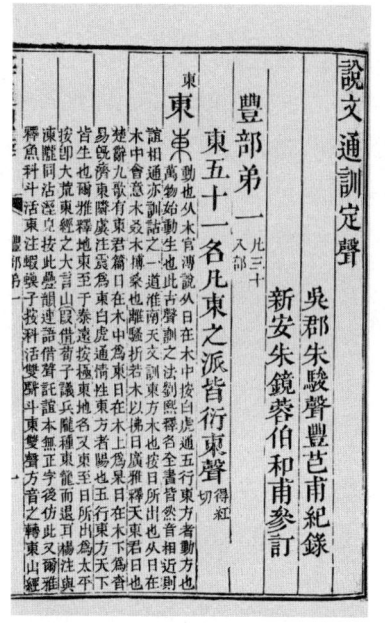

《说文通训定声》
——从清咸丰元年（1851）临啸阁刻本

部一万七千二百四十字，盖已轶出许书之范围矣。其说解、转注、假借，亦不与许君同。凡依声托事者谓之转注，如"革，兽皮；以为更革"。"朋，古凤字；以为朋挡"。"来，瑞麦；以为来往"。"西，即栖字；以为东西。"照依声托事之例，当为假借，朱氏悉以为转注。即许君《自叙》所举以为例之"令""长"二字，朱氏亦以转注说之。其依声而不托事者，如"璪"之借"藻"，"芼"之借为"覒"，"惊"之借为"瘶"，"述"之借为"仇"，"歧"之借为"伯"，"莫"之借为"筻"。只有声可依，而无义可托，朱氏悉以假

借。依朱之例，当是本无其字，依声托事，为转注；本有其字，依声不必托事为假借。朱全书中所举之假借，悉有本字以当之。朱氏此种说解，是否的确，吾人不必遽下评语；但此说即不的确，亦不损其全书之价值。吾人读朱氏书，即不承认其说，悉以为假借读亦可。朱氏以为转注者，吾人以为本无其字之假借，即造字之假借。朱氏以为假借者，吾人以为本有其字之假借，即用字之假借。其征引之博，皆足为吾人左右获取之资，并可由朱书得声义相通之用。兹约朱书，举四条于下以证之：

一、凡字从仑得声者，皆有条理分析之义。

仑　《说文》："思也。从亼册。"会意，册犹典也。亼思于册，即思想之有条理分析者。

论　《说文》："议也。从言仑声。"《论语序集解》："理也，次也。"此言语之有条理分析者。

棆　《说文》："母杶也。从木声。"依桂氏当作母枇。《尔雅·释木》："棆，无疵。"无疵则木之条理顺而能分析，此木之有条理分析者。

伦　《说文》："辈也。从人仑声。"《礼记·曲礼》："儗人必于其伦。"注："犹类也。"《孟子》："察于人伦。"注："序也。"此人事之有条理分析者。

沦　《说文》："小波为沦，从水仑声。"《诗·伐檀》："河水清且沦猗。"《传》："小风水成文如转轮也。"此水之也有条理分析者。

抡　《说文》："择也。从手仑声。"《周礼》："入山林而抡材不禁。"注："犹择也。"《晋语》："君抡贤人之后。"注："择也。"《广雅·释言》："抡，贯也。"按：言贯者有条理之意，言择者有分析之意，此亦人事之有条理分析者。

纶　《说文》："青丝绶也。从糸仑声。"合青丝辫纠之。《礼记·缁衣》："其出如纶。"言之出如纶之有伦也，此丝之有条理分析者。

轮　《说文》："有辐曰轮，无辐曰辁。从车仑声。"轮者谓辐之排列有次序也，此车之有条理分析者。

按从仑得声之字，尚有"䘠""阭""睔"三字。"䘠"，《说文》："蛇属。"按蛇有文采，稍有条理分析意。"阭"，《说文》："山阜陷。"虽无条理意，亦略有分析意。惟"睔"，《说文》："目大也。"不可以条理分析说之。

二、凡字从尧得声者，皆有崇高长大之义。

尧　《说文》："高也。从垚在兀上。会意，高远也。"按：垚，土高，兀高而上平也。垚，在兀上，高远之象。尧从垚得声，余字皆从尧得声。

荛　《说文》："薪也。从艹尧声。"《左·昭十三年》传疏："荛者供然火之艹。"火炎上有高意，此物性之崇高者。

哓　《说文》："惧也。从口尧声。"《诗·鸱鸮》："予维音哓哓。"《传》："惧也。"此恐惧声之高者。

趬　《说文》："行轻貌，一曰举足也。从走尧声。"行轻举足皆有高义。

嘵　《说文》："惫呼也。从言尧声。"《广雅·释诂》："嘵，鸣也。"《汉书·儒林传》注："嘵嘵喧也。"嘵为呼声之高者。

敽　《说文》："鬻田也。从攴尧声。"朱氏当训撽，与敲略同。《广韵》引《仓颉篇》云："敽，击也。"《一切经音义》引《仓颉篇》："敲作敽，下击也。"是敽有从高而下之意。

翘　《说文》："尾长毛也。从羽尧声。"《淮南·修务》："翘尾而走。"注："翘，举也。"翘尾者言举举而言，是翘有长高二义。

饶　《说文》："饱也。从食尧声。"《小尔雅·广诂》："饶，多也。"《广雅·释诂》："饶，益也。"益多皆与高义近。

晓　《说文》："明也。从日尧声。"按：日初出为晓，旦即日初出之晓。"旦"，从日从一，一地也。旦出于地上，有高义。

皢　《说文》："日之白也。从白尧声。"按：日之白，正日之高也。日初出与日将入，皆不白。

顤　《说文》："高长头。从页尧声。"《广雅·释诂》："顤，高也。"字亦作"颡"，此头之高长者。

峣　《说文》："焦峣。山高貌，从山尧声。"此山之高者。

硗　《说文》："磬石也。从石尧声。字亦作墝。"《孟子》："则地有肥硗。"按：地高则土多坚硬。《通俗文》："物坚硬谓之硗确。"是硗有高意。

骁　《说文》："良马也。从马尧声。"按：良马是马之高大者。

獟　《说文》："狋犬也。从犬尧声。"按：当是犬之高大者。

烧　《说文》："爇也。从火尧声。"《管子》注："猎而行火曰烧。"按：猎火光上炎而高大，此火之高大者。

挠　《说文》："扰也。从手尧声。"《庄子·天地》："手挠顾指。"释文："动也。"按：有举手而高之意。

绕　《说文》："缠也。从糸尧声。"《西京赋》："绕黄山而款牛首。"注："裹也。"缠裹有长意。

娆　《说文》："苛也。从女尧声。"《纂文》："娆，烦也，亦恼也。"《汉书·晁错传》："除苛解娆。"注："烦绕也。"是烦恼之绕者为娆，绕有长意。

桡　《说文》："曲木，从木尧声。"《易·大过》："栋桡。"凡桡者必长，是桡为木之长而曲者。

魏　《说文》："剽捷之鬼也。从鬼尧声。"此鬼之长大者。

按从尧得声之字，尚有"侥""蛲""铙""膮""浇""镜"六字。《说文》："侥，南方有焦侥，人长三尺，短之极。""蛲，腹中短虫"。"铙，小钲也。"按：鸟之极大与极小者皆曰焦鹩，一字可以有相反之义，"侥""蛲""铙"三字同此。惟"膮"《说文》："豕肉羹也。""浇"《说文》:"沃也。""鏐"《说文》:"铁文也。"此三字不可以崇高长大之义说之。

三、凡字从小得声者,皆有微秒纤小之义。

小　《说文》:"物之微也。从八,丨见而八分之。会意。"

肖　《说文》:"骨肉相似也。从肉小声。不似其先,故曰'不肖'也。"言小人似大人曰"肖",小人不似大人曰"不肖"。故《方言》云:"肖,小也。"

朴　《说文》:"榊木也。从木小声。"朱云:"与杪略同。""杪",木杪,此木之纤小者。

萷　《说文》:"恶艸貌。从艸肖声。"《淮南·修务》:"野彘有艽萷,槎枿窟虚,连比以像宫室。"注:"兽蓐。"按:艸似蓐,是艸之纤小者。

哨　《说文》:"不容也。从口肖声。"《韵会》引《说文》:"口不容也。"当是口小不能容,哨有小义。《后汉书·马融传》注:"哨,小也。"

趙　《说文》:"趍趙也。从走肖声。"字亦作"踃"。《舞赋》:"简惰跳踃,般纷挐兮。"《埤苍》:"踃,跳也。"当是跳之小者,趙有小义。《方言》:"趙,小也。"

削　《说文》:"鞞也。从刀肖声。一曰析也。"凡物分而析之则小也。

梢　《说文》:"梢木也。从木肖声。"《尔雅注》:"谓木无枝柯,梢棹长而杀者。"是梢木即木之杪。故《淮南·兵略》注:"梢,小柴也。"《广雅·释木》:"梢,柴也。"此木之纤小者。

䣧　《说文》："国甸，大夫稍稍所食邑，从邑肖声。"以声为训，䣧与稍同。此封邑之小者。

稍　《说文》："出物有渐也。从禾肖声。"朱云："此字当训禾末，有小义。"故《广雅·释训》云："稍，稍小也。"

宵　《说文》："宵，夜也。从宀，宀下冥也。肖声。"按：昼为发扬，夜为收敛。收敛有小义。《礼记·乐记》："宵雅肄三。"注："宵之言小也。"

消　《说文》："尽也。从水肖声。"《西京赋》："消雾埃于中宸。"注："散也。"《七发》："消息阳阴。"注："灭也。"尽散灭皆渐小义。

挊　《说文》："自关已西，凡取物之上为挢挊。从手肖声。"按：物之上必纤小，挢挊者谓取其物之上段也，是挊为物上段之小者。

娋　《说文》："小小侵也。从女肖声。"朱云："稍稍者出物有渐，娋娋者侵物以渐。"此侵之小者。

绡　《说文》："生丝也。从糸肖声。"《洛神赋》："曳雾绡之轻裾。"注："轻，縠也。"此縠之纤细者。

蛸　《说文》："螵蛸，堂蜋子，从虫肖声。"《诗·东山》："蟏蛸在户。"注："长脚蜘蛛也。"言此脚长而纤细也。

销　《说文》："铄金也。从金肖声。"金铄则小。《庄子·则阳》注："销，小也。"

陗　《说文》："陵也。从𨸏肖声。"斗直曰陗，此山之高陵而小者。

箾　《说文》："以竿击人也。从竹削声。"此竹竿之小者。

揱　《说文》："人臂貌，从手削声。"《考工记·轮人》："望其辐欲其揱尔纤也。"注："揱，纤杀小貌。"

籍　《说文》："饭筲也。从竹稍声。"《论语》："斗筲之人，何足算也？"言人之器小如饭筲，此器之小者。

䈔　《说文》："陈留谓饭帚曰䈔。从竹捎声。"此亦器之小者。

少　《说文》："不多也。"朱云："从丿从小。会意，小亦声。"按：不多与不大义近，则少与小义亦近。《礼记·少仪》释文："少，犹小也。"

纱　《说文》："急戾也。从弦省，少声。"《文赋》："弦幺徽急。"以幺为之，幺小也，字亦作"妙"。《老子》："常无欲以观其妙。"注："妙者，微之极也。"

钞　《说文》："义取也。从金少声。"以义取物，所得必少，少小义相同。《管子·版法》："教行于钞。"注："末也。"末即小。

眇　《说文》："一目少也。从目从少，会意，少亦声。"少小义相同。《释名·释疾病》："目眶陷急曰眇。眇，小也。"《庄子·德充符》："眇乎小哉。"

杪　《说文》："木标末也。从木少声。"朱云："与朴略同。"《方言》："木细枝谓之杪。"此木之小者。

秒　《说文》："禾芒也。从禾少声。"禾苗之芒，其形纤小。

鹅　《说文》："鹩鹅也。从鸟眇声。"此鸟之小者。

篎　《说文》："小管谓之篎。从竹眇声。"此管之小者。

按二十九字，直接从小得声："肖""朴""少"三字；余二十六字，皆间接从小得声，而皆有小意。其他尚有"痟""悄""霄""訬""邜"五字："痟"，《说文》："酸痟头痛。""悄"，《说文》："慼也。"凡有病与忧者，其形状必收敛，略有小意。惟"霄"，《说文》："雨霓为霄。""邜"，《说文》："地名。"此二字不可以微秒纤小之义说之。

四、凡字从音得声者，皆有深闇幽邃之义。

音　《说文》："声也。生于心，有节于外，谓之音。从言含一。"按：音者声之有节，不似无节之声，宽宏广大也。

喑　《说文》："宋齐谓儿泣不止曰喑。从口音声。"泣不止则必力竭声嘶。《方言》："啼极无声，齐宋之间谓之喑。"儿泣不止，即啼极无声。词不同而义一，此声之深闇者。

谙　《说文》："悉也。"《广雅·释言》："谙，讽也。"《周礼·瞽蒙》注："讽，诵诗，谓暗读之不依咏也。"谙训讽。此亦声之深闇者。

窨　《说文》："地室也。从穴音声。"朱云："今苏俗犹云地窨子。"此地窨必深闇幽邃。

瘖　《说文》："不能言也。从疒音声。"《史记索隐》："失音也。"此声之极深闇者。

暗　《说文》："日无光也。从日音声。"日无光，有深闇幽邃之义。故《汉书》注云："幽，隐也。"《广雅·释诂》："深也。"

罯　《说文》："覆也。从网音声。"字亦作揞、作䈄。《方言》："揞，藏也。荆楚曰揞。"《广雅·释器》："䜴谓之䈄。"即豆豉也。造者覆之幽暗处故曰䈄，此事之深闇幽邃者。

歆　《说文》："神食气也。从欠音声。"按：神食气闇不可见。

猫　《说文》："窦中犬声。从犬从音，音亦声。"按：窦中犬声，不如窦外犬声之宏大，此犬声之深闇者。

闇　《说文》："闭门也。从门音声。"按：闭门则深闇幽邃矣。

黯　《说文》："深黑也。从黑音声。"按：深黑即深闇幽邃义。

湆　《说文》："幽湿也。从水音声。"此地之深闇幽邃者。

按从音间接得声之字，尚有"灛""雁""膺""應"四字。《说文》："灛，水大至也。"水大至略有深暗义。《说文》："雁，雁鸟也。从隹瘖省声。""膺，胸也。从肉雁声。""應，当也。从心雁声。"背为阳，胸为阴，膺训胸亦略有深暗义。惟"雁""應"二字不可以深闇幽邃之义说之。

声读之发明，萌芽于宋代，至朱氏骏声，始本声读而成一伟大之著作。吾人读朱氏书，声义相通之故，随处皆可以得之。以上四条，不过略举以为例耳。兹更录朱书一条于下，以见声读之系统：

声母东，从东得声者："栋""湅""冻""蝀""重"。重篆作"𢅺"："从壬，东声。"

从重得声者："䅺""緟""踵""腫""種""慟""湩""緟""動""锺""童"。"童"篆作"𧒂"："从䇂，重省声。"

从童得声者："董""衝""橦""穜""瞳""罿""僮""憧""潼""撞""瞳""鐘""𨏊""龍"。龍篆作"龖"："从肉，𠃑象飞之形，童省声。"

从龍得声者："瓏""茏""咙""聾""龔""篭""栊""龍""宠""龖""庞""砻""泷""龖""聋""龖""壟""陇"。

以上四十九字，皆由东声递演而出。此之谓声读，即宋时之所谓右文。形、声、义三者，为文字之要素。得文字之用者在于义，得文字之义者在于形与声。由形以得文字之义，有许君《说文解字》五百四十部首在；由声以得文字之义，有朱氏《说文通训定声》一千一百三十七声母在。此朱氏之书，在文字学史上之可贵者也。

经典用字，每每假借；不明假借，读经典极易误会。王念孙云："学者以声求义，破其假借之字，而读以本字，则涣然冰释。如其假借之字而强为之解，则诘籟为病矣。"后之学者，于经典之借字，欲得其本字读书之。遍检群书，若不能得，朱书每字博收假借之义，每一假借义，必指其本字以当之。以"龙"字之假借言之，如：《考工·玉人》："上公用龙。"龙为"尨"之借字杂色玉也。《易·说卦》："震为龙。"郑注读为"尨"。《诗》："何天之龙。"龙为"宠"之借字。《广雅·释言》："龙宠也。"《诗》："为龙为光。"龙为"雝"之借字。《广雅·释诂》："龙和也"。《孟子》："必求龙断而登之"。龙为"垄"之借字；垄，邱垄也，田中之高处。《史记·弟子传》："公孙龙，字子石。"龙为"砻"之借字；砻，礲也，以石砥砺谓之砻。此等假借，朱氏悉指出其本字，读经者展书即得，便利多矣。读龙为"尨"，知其用杂色玉也。读龙为"宠"，知其为何天之宠也。读龙为"雝"，知其为为和为光也。读龙为"垄"，知其为据高处而图利也。读龙为"砻"，则名与字，其义相应，真如王念孙所云"涣然冰释者也"。全书之中，虽未免有千虑一失之虑，要极足为学者读经典之助。此朱氏之书，在文字学史上之可贵者也。

其统计：指事一百二十五，象形三百六十四，会意一千一百六十七，形象七千六百九十七。除形声外，其指事象形会意，皆一一列其字。此虽无关宏指，而亦文字学书中所未有也。

以声为经，以统九千三百五十三字，戚学标已先朱氏为之。[4]戚氏之《汉学谐声》，[5]以六百四十六母，统《说文》全部之字。其不为母亦不为子之字，一百六十八，列为杂字。其书虽以声为统系,而不如朱书远甚。除以声相次之外,略录文字之本训。如朱书之通训、数字同一训、一字有数训者,渺不可得。如朱书之定声,本许书以雅正俗,本经韵以古正今者,亦渺不可得。其声母虽较朱书为少,然有非声而以为声者,则未免多所牵强也。兹更录戚书一条于下,以与朱书对照。

声母一

"聿"一声。从聿得声者:"律""笔""葎"三字。

"孚"一声。从孚得声者:"捊""桴""蜉""垺""将""脬""锝""虢""灉""酻"十字。

"血"一声。从血得声者:"恤""洫""衁"三字。

"七"一声。从七得声者:"叱""切""砌"三字。

"立"一声。从立得声者:"笠""岦""粒""拉""鸰""泣""飒""昱""翊""位""粒""煜"十二字。

"戌"一声。从戌得声者:"崴""威""蔑""葳""饿""諴""嚤""劌""翽""濊""蠡""薉""减""搣""憾""蘬""蠛""巇""穢""糩""濊""巇""韯""鷬"二十四字。

"日"一声。从日得声者:"衵""馹""馻""涅""飑""是""諟""媞""睼""提""褆""蹄""徥""寔""褆""葚""翟""湜""篚""匙""题""趧""韇""騠""缇""馗""隄""堤""醍""题"三十字。

"末"一声。从末得声者:"眛""沫""眜"

256 / 中国文字学史

"靰""䬽"五字。

"兀"一声。从兀得声者:"扤""阢""𧉟""髠""元""沅""鼋""蚖""芫""阢""𠛂""頑""忨""𣪊""玩""阮""𨊟""冠""完""莞""𥴩""鯇""浣""睆""脘""俒""梡""院""垸""䪼"三十字。

"不"一声。从不得声者:"丕""否""坏""𥖲""肧""頺""㭰""𥿢""邳""駓""魾""秠""痞""𧯦""婄""㕻""頜""罦""㭓""杏""䇏""倍""陪""㾱""醅""栖""掊""剖""瓿""錇""腤""髻""菩""部""綥""涪""踣""趛""篰"三十九字。

"音"一声。从音得声者:"喑""瘖""窨""猪""谙""黯""闇""暗""罯""湆""意""哉""雁""應""鷹""膺""瀾""㥄""噫""橀""億""臆""識""熾""職""織""幟""膱""幟"二十九字。

从一得声之字,朱书中无有,戚书一百九十九。盖朱书之形声字,一准许书,而戚书则否。"聿""孚""血""七""立""戌""日""末""兀""不""音"十一字,皆非从一声,则以下十一字所领之字,当然非由一声而演。"血"之一为象血形,"末"之为指事之记号;戚氏悉以形声读之,已属乖戾。"日"为独体象形之文,不可分析;戚氏亦以日字中之一为声,其谬更甚。戚氏之书,虽在朱书之前;[6]朱书决非受戚书之影响而作。兹因其以声为经,以统《说文》全部之字,故附记于朱书之后。

注释

[1]《清史列传》云:"朱骏声,字丰芑,江苏吴县人。十三受许氏《说文》,一读即通晓。十五为诸生,从钱大昕游。钱一见奇之曰:'衣钵之传,将在子矣。'嘉庆二十三年举,官黟县训导。咸丰六年卒,年七十一。"

[2]《说文通训定声十八部》,为十八卷。附:《说雅十九篇》为一卷、《韵准》一卷、《柬韵》一卷、《十八部补遗》一卷。临啸阁刻本,石印本有数种。

[3]以卦名标部,不脱以前经生之习,不如每部以第一声母标之。如:"丰"为"东","升"为"丞","临"为"侵","谦"为"兼","颐"为"之","孚"为"兹","小"为"爻","需"为"侯","豫"为"吴","随"为"戈","解"为"支","履"为"敚","泰"为"大","乾"为"寒","屯"为"文","坤"为"真","鼎"为"青","壮"为"易"。

[4]《清史列传》云:"戚学标,字鹤泉,浙江太平人。齐召南弟子,乾隆四十五年进士,河南涉县知县。性强项,与上官龃龉,改宁波府教授。著《汉学谐声》一书。"

[5]《汉学谐声》二十四卷,附:《说文补考》《说文又考》。卷一至卷二十二,六百四十六母所统之字;卷二十三,不为母之一百六十八字,统名《杂字》;卷二十四,《总论》。是书嘉庆八年原刻本。

[6]戚书成于嘉庆八年,朱书进呈于咸丰元年,相差四十六年。朱氏著书之时,是否见过戚书,不得而知;即见过戚书,而绝不受戚书之影响也。

三钱之文字学

段、桂、王、朱之外,三钱之文字学,在文字学史上,亦有甚大之价值。不过其所著之书，在今日不如段、桂、王、朱书流行之普遍耳。三钱者：钱大昕、[1]钱大昭、[2]钱坫。[3]三钱皆在王、朱之前，而与段、桂同时。[4]钱大昕关于文字学，虽未有伟大之著作，而其见之于《养新录》中者，极多精深之见解。[5]兹节记之：

一、《说文》举一反三之例

"木"东方之行，"金"西方之行，"火"南方之行，"水"北方之行，则"土"为中央之行可知也。"咸"北方味也，而"酸""苦""辛""甘"皆不言方。"霫"水音也，而"宫""商""徵""角"皆不言音。"青"东方色也，"赤"南方色也，"白"西方色也，而"黑"不言北方。"黄"地之色也，而"玄"不言天之色。"钟"秋分之音，"鼓"春分之音，而不言二至。"笙"正月之音，"管"十二月之音，而不言余月。"龙"鳞虫之长，而毛羽介虫之长不言。皆举一二以见例。

二、《说文》连上篆字为句

昧爽，明也。肫响，布也。湫隘，下也。脵嘉，善肉也。燓燧，侯表也。诂训，故言也。颡痴，不聪明

钱大昕
——从清道光九年（1829）长洲顾氏刊本《吴郡名贤图传赞》

也。参商，星也。离黄，仓庚也。巂周，燕也。皆承篆文为句。诸山水名，云山在某郡，水出某郡者，皆当连上篆读。艸部"蔏""薀""茵""藙"诸字，但云"艸也"，亦承上为句，谓"蔏"即"蔏艸"，"薀"即"薀艸"，非"艸"之通称也。

三、《说文》读若之字或取转声

"楯"，盾声，而读若芟刈之芟。"郂"，亥声，而读若宁。"鞼"，虫声，而读若骋。"庳"，卑声，而读若逋。"祥"，半声，而读若普。"訬"，少声，而读若毚。"昕"，斤声，而读若希。"霹"，鲜声，而读若斯。"䫲"，真声，而读若资。"鞍"，叟声，而读若莘。皆古音相转之例。

四、二徐私改谐声字

《说文》九千三百五十三文，形声相从者十有其九。或取同部之声，今人所云叠韵也；或取相近之声，今人所云双声也。二徐不审古音，而于相近之声全然不晓，故于从某某之语，往往妄有刊落。"元，从一兀声。"小徐云："俗本有声人，人妄加之也。""普，从日并声。"小徐以为会意字，谓："声字传误多之。"大徐遂删去声字。

五、《说文》引经异文

《易》："以往吝"，又作"以往遴"；"为的颡"，又作"为駒颡"；"重门击柝"，又作"重门击橐"。《书》："方鸠僝功"，又作"旁逑孱功"；"濬く巜距川"，又作"睿甽浍距川"；"若颠木之有甹枿"，又作"若颠木之有甹枖"。《诗》："桃之枖枖"，又作"桃之媇媇"；"江之永矣"，又作"江之羕矣"；"静女其袾"，又作"静女其姝"；《春秋传》："忨岁而激日"，又作"翫岁而愒日"。《论语》："色孛如也"，又作"色艴如也"。

六、唐人引《说文》不皆可信

《诗》："螽斯羽，诜诜兮。"释文"诜"：《说文》作"駪"。今《说文》无"駪"字。《左传》释文引《说文》："瘊瘰，皮肥也。"今《说文》无"瘊瘰"字。《后汉书·儒林传》注引《说文》："斆，学也。"今《说文》无"斆"字。《文选·魏都赋》引《说文》："涛，大波也。"今《说文》无"涛"字。《长笛赋》注引《说文》："箎，倅字如此。"今《说文》无"箎"字。

七、《说文》本字俗借为他用

"扮，握也，读若粉。"今人读若布患切，以为"打扮"字。"拓，拾也。"或作"摭"，今人读如橐，以为"开拓"字。"赈，富也。"今人借为"振给"字。"赶，举尾走也。"今借为"追逐"义。

八、《说文》校讹字

"襺，夺衣也，读若池。"案《说文》无"池"字，当为"扡"。人部"偶"："桐人也。""桐"当作"相"。豆部"荲"："读若镫同。""镫"当作"登"。

以上八项，虽所记不多，而颇多重要之处。如《说文》连上篆字为句，可以知顾亭林讥"许氏训参为商星，昧于天象之误"。唐人引《说文》不皆可训，可以知桂禾谷补"駪"补

"爨"之非是。至读若之取转声，二徐私改谐声字。今日人人所共知者，在当日虽非钱氏一人之发见，而未有言之如之明晰也。大昕所著，尚有《声类》一书，[6]采缀虽富，然止辑以备用，未独立成一书也。其《说文答问》，踵其例为之者，有陈寿祺之《说文经字考》、俞樾之《说文经字》，另汇记于后。

大昭为大昕之弟，少大昕二十年。大昕尝与书云："六经皆以明道，未有不通训诂而能知道者。"乃致力于《尔雅》《说文》之学，著《说文统释》六十卷，成一伟大之书。谢启昆云："《说文解字》之学，今日为盛，就所知者三人焉：一，为金坛段玉裁若膺，著《说文解字注》三十卷；一为嘉定钱大昭晦之，著《说文统释》六十卷；一为海宁陈鱣仲鱼，著《说文解字正义》三十卷、《说文解字声系》十五卷。皆积数十年之精力为之。"段书盛行于当时，大传于后日，几于人有其书矣。陈仲鱼之《正义》未成书，[7]仅有王鸣盛一序，而语焉不详，不能知其书之大概。《声系》一书，约略见于阮元为陈氏所撰《论语古训叙》，其言曰："以《说文》九千字，以声为经，偏旁为纬，辑成一书，有功于学者益甚。"当是指《声系》言也，而书亦不传。钱晦之之《说文统释》，未见其书，晦之有《自叙》一篇并自注，都三万言。鄞县郭传璞，得其手写本刻之。据郭《序》云："《说文统释》六十卷，未付剞氏，讫今未知稿本尚存与否。"是钱书亦在若存若没之间，惟据其自序，可以知其著书之旨趣，与全书之内容。兹约其序，析之于下：

隶楷日兴，书体乖之失，三十有四。钱氏历举三十有四之失。

一，蜀为苟身，陈为东体。[8]此穿凿之失。

二，鲁三写而为鱼，虚三写而为虎。[9]此转写之失。

三，马头人为"长"，人持十为"斗"，"虫"为屈中，"苟"为止句。[10]此委巷之失。

四，"䣝"国为"郡"，"䣛"里为"邻"。[11]此隶变之失。

五，黄绢幼妇，外孙齑臼。[12]此隐谜之失。

六，以"䨠""䨣""䨤""䨥"命名，以"藺""霰""显""燹"表字。[13]此造字之失。

七，次"叙"为"序"，从"豙"为"遂"。[14]此借用之失。

八，颜黄门谓"从正则惟恐不识"，张司业谓"相承则不敢改为"。[15]此随俗之失。

九，"纷纭"为"纷烟"，"梧桐"为"白铁"。[16]此避嫌之失。

十，始皇改"皋"为"罪"，王莽改"叠"为"曡"。[17]此妄改之失。

十一，以"求莫"为"求瘼"，以"宝刀"为"宝力"。[18]此臆说之失。

十二，《切韵》之三百体，"谦"字之二十形。[19]此贪多之失。

十三，谓"终葵"如"葵艸"，谓"六駮"是"駮兽"。[20]此浅率之失。

十四，郑渔仲论"'武'非止戈，'乏'非反正"；顾宁人讥"'童'非有罪，'弔'非持弓"。[21]此疑古之失。

十五，张舜民以"方鼎"为夏时器，刘原父以"簠铭"为张仲作。[22]此泥古之失。

十六，"姤"卦本遘，"柜"木本榐。[23]此新附之失。

十七，璠"玙"本与，"顉"颔本蕉。[24]此新补之失。

十八，蛇虫之"虫"为"蟲豸"，蟲豸之"豸"为"獬廌"，獬廌之"廌"为"举薦"。[25]此袭谬之失。

十九，禾部以"穜"为"種"，以"種"为"穜"；酉部以"酢"为"醋"，以"醋"为"酢"。[26]此颠倒之失。

二十，以"赵"为"肖"，以"齐"为"立"。[27]此坏字之失。

二十一，以"几"为"机"，以"樵"为"藮"。[28]此俗别之失。

二十二，字书莘尾增"鱼"，县名咸驩从"马"。[29]此增益之失。

二十三，以"幹"为"干"，以"枝"为"支"。[30]此减省之失。

二十四，杨鸟本"鸒"，见间本"靦"。[31]此离析之失。

二十五，"闰"是门五，"詟"乃龙言。[32]此合并之失。

二十六，光武改"洛"为"雒"，随文易"随"为"隋"。[33]此立意之失。

二十七，飔异凉风，段非干木。[34]此语言之失。

二十八，"于戏""呜呼"误分为两，"食其""异基"

实当是一。[35]此歧异之失。

二十九，枨杜读"杖"，弄璋书"麞"。[36]此不学之失。

三十，"拾遗"为"十姨"，"河鼓"为"黄姑"。[37]此音讹之失。

三十一，荆州曰"梅"，扬州曰"柟"。[38]此方音之失。

三十二，颜师古以"刌"为"切"，韩退之以"杜"同"度"。[39]此音释之失。

三十三，不敢言"敢"，奈何言"那"。[40]此声急之失。

三十四，舌职为"殖"，包胥为"麃"。[41]此声缓之失。

以上三十四失，大昭历举事实，以为之证，极为丰富。兹不过略举二事以见大概，可知大昭著《说文统释》，在于明古形、古义、古音，以正历来之三十四失也。其例有十：

一曰：疏证以佐古义。

凡经典古义，以及"星象""郡国""山川""训诂""历律""器用""舆服""制度""宫室""饮食""鸟兽""艸木""虫鱼"之类，见于载籍，与许合者，所必收也。

二曰：音切以复古音。

徐铉本音切，用唐孙愐韵；徐锴本，用朱翱所音。又：有《五音韵补》十卷，锴所加也。三家并不知古音，往往误读。又：许君言"读若某者"，即有某音，今并补正。注中字有疑义及不经见者，悉加音切，仿《经典释文》之例也。又：《说文》本有旧音，《隋书·经籍志》有《说文音隐》，《颜氏家训》引之。唐以前传注家，多称《说文》音某，今亦采附本字之下。

三曰：考异以复古本。

凡唐本、蜀本，引见于他书者，及《系传》本。清浦王司寇昶所藏宋椠本，暨古书所引有异同者，悉取以折中焉。

四曰：辨俗以正讹字。

凡经典相承俗字，及徐氏新补新附字，皆辨证详明，务合于古，别为一卷，附于本书之后。

五曰：通义以明互借。

凡经典之同物同音于古本是通用者，皆引经证之。

六曰：从母以明孳乳。

如"完""刓""髡""軏""忨""沅""阮""芫""鼋""玩""贚""顽""邧""甑""冠"等字，皆于"元"下注云"从此"。若子之随母，以明孳乳之本，许君亦有此例也。

七曰：别体以广异义。

凡重文中之籀篆古文奇字，皆有所从，其有鄙见所及而许君未言者，亦略释之。经典两用者，则引而证焉。

八曰：正讹以订刊误。

凡许君不收之字，注中不应有此，皆传写者妄改。又：字画刊刻脱误者，并校正之，仍云："旧讹某，今据某"。书改正，不敢凭臆奋笔也。

九曰：崇古以知古字。

如鸟部"鷴""鴟""鷄""鶪"之类，经典亦有不从鸟者，此古今字尔。今于某字下注云"古用某"。

十曰：补字以免漏落。

如"由""希""免""畾""秝""祆""甾""睪""靳""叙""夅""佐""羞""鑾""稫""鬲""亯""簋""諤""劉""洐""丽""蕠""杂""綷""爿""杀""皀""怸""羿""曲""㫚""丗""奭""筮""睆""厎""綦""串"三十九字。从此得声者甚多，而书中脱落此字，有子无母，非许例也。今酌补之，亦别为一卷附后。

据以上十例，钱书之大概，亦可略窥一斑矣。而钱氏关于六书之说，序中亦曾及之，附记于后：

一曰：指事。一者数之始也，加一为二，加一为三，加一为三。十者数之终也，加一为廿，加一为卅，加一为卌。指其木之下者为"本"，指其木之上者为"末"。增丨于一上为"上"，增丨于一下为"丁"是也。

二曰：象形。日为太阳之形不亏，加之为"旦"。月为太阴之形有阙，减之为"夕"。水之形为巛，加之为𡿧。流之形为巜，减之为く。自为无石之形，减之为白。山为有石之形，加之为屾。艸之形为屮，加之为艸，又加之为芔。木之形为木，加之为林，又加之为森是也。

三曰：形声。"江""河""岵""屺"，则左形右声。"鸠""鹈""鹦""鹋"，则右形左声。"薜""苣""菌""藺"，则上形下声。"堂""坚""襃""裂"，则下形上声。"團""圆""园""囷"，则外形内声。"衡""衔""问""闻"，则内形外声。"獄""㵽"

"譱""龖",则中声左右形。"粲""奭""盡""闷",则中形左右声。"芲""與""農""鸎",则上声左右下形。"亳""亭""氙""寍",则下声左右上形。"裵""裹",则中声上下形。"甸""哀",则中形上下声。"圅""回",则中声左右形;"巒""竊",则中形左右上声。"匡""匯""匪""医",则中声上下左右形。"可""勺""句""勺",则中形上下右声。"壼""𠀤",则中声上下左右形;"莽""龘",则中形上下左右声是也。

四曰:会意 两人相比为"从",两人相背为"北"。倒"子"为"厷",倒"首"为"县",倒"上"为"下",倒"止"为"帀"。反"止"为"少",反"欠"为"旡",反"人"为"匕",反"丨"为"乚"。向"左"为"右",向"身"为"月",向"后"为"司",向"丮"为"㞕"。背"己"为"㠯",背"文"为"㐁",背"臣"为"亜",背"止"为"火"。日在木为"东",日处茻为"莫"。两户相向为"門",两手齐下为"拜"。力田为"男",女帚为"妇"。人言为"信",人为为"伪"是也。

五曰:转注 转则同条共贯。注:如"挹,彼注兹"。略举四科,以俟三反:"老"为建类之首,老与"耆""耊"同意,而"耆""耊"相受焉。"高"为建类之首,高与"亩""亭"同意,而"亩""亭"相受焉。"履"为建类之首,履与"屨""屩"同意,而"屨""屩"相受焉。"癙"为建类之首,癙与"瘖""瘝"同意,而"瘖""瘝"相受焉是也。

六曰：假借　文字由声而起，不能字各一声；声音由文字而明，不能声皆制字。自假借之道出，而事物之用全。内外为收内。（音纳）伯仲为王伯。（音霸）占卜为占（去声）夺。女子为尔女。（音汝）美恶为爱恶。（去声）长短为长（丁丈切）幼。骨肉为肉（上声）好。房舍（去声）为舍（上声）取。蜥易为变易。货财为财成。帱张为覆帱。邠岐为岐异。琅邪为语助之邪。于鸟为语助之于。女之为女。（去声）妻之为妻。（去声）饮之为饮。（去声）食之为食（去声）是也。

钱氏之说六书，殊不足取。指事、象形专以增减为言；形声专以上下左右为言；会意专以倒反为言；转注虽举四科，实则一例。假借仅举字为证，而伯仲为王伯音霸，不知王伯之"伯"本作伯，而霸是借字；至以反上为下为会意，则更违于许君也。钱氏生乾嘉之时，而犹为此六书之说，则不可解者也。以上悉见钱氏《说文统释自序》。[42]

坫是大昕之族侄，沈博不及大昕，而精审与之相埒，著有《说文斠诠》一书。[43]斠者斠其误，诠者诠其义也。是书与严可均《校议》、钮树玉《校录》，性质相同，而范围加广，非仅《说文解字》之校勘者。故不与严、钮之书汇记，而记于此。其例有八：

一、斠毛斧扆刊本之误；

二、斠宋本徐铉官本之误；

三、斠徐锴《系传》本之误；

四、斠唐以前本之误；

五、诠许君之字，只应作此解，不应以旁解仍用，而使正义反晦；

六、诠许君之读如此，而后人误读，遂使误读通行，而本音反晦；

七、诠经传只一字，而许君有数字；

八、诠经传则数字，而许君只一字；

前四例系斠，与严氏、钮氏之性质相同者。后四例系诠，视严氏、钮氏之书范围加广者，其书颇有精到之处，如其解"夯"云："本书'央'下云，从大，大人也；'央''夯'同意。据此则夯字中从人矣。"又云："'福'为福祐字，福备字当作'畐'；'神'为神祇字，鬼神字当做'鬽'。"且其书多引今语今物以为证验，如"哙"下云："今人嗜食能厌饇之，每称爽哙。"（哙音快）又如"蕚"下云："今朝生莫落者是也。"并明古今递变之字。如"嵐"下云："今岚字即从此省。"不仅斠异同，诠古义已也。

注释

[1]《清史列传》云："钱大昕，字晓徵，江苏嘉定人。乾隆十九年进士，提督广东学政。四十年丁父艰，服阕；又丁母艰，病不复出，主讲钟山娄东紫阳书院。嘉庆九年卒，年七十七。"

[2]《清史列传》云："钱大昭，字晦之，太学生，大昕弟也。生平不嗜荣利，名其读书之所曰'可庐'。嘉庆十八年卒，年七十。"

[3]《清史列传》云："钱坫，字献之，大昕族子，副贡生。嘉庆二年，教匪扰陕西，坫时署华州，率众乘城，力遏其冲，贼取道华州者三，卒不能东，以积劳得末疾引归。嘉庆十一年卒，年六十六。"

[4]段卒于嘉庆二十年，桂卒于嘉庆十年，王卒于咸丰四年，朱卒于咸丰

六年。

[5]《十驾斋养新录》二十卷，第四卷《论文字》，第五卷《论音韵》。极多发明，而能道人之所未道。

[6]《声类》四卷，其目为：释诂、释言、释训、释语、释天、释地、释器、释草、释鸟、释虫、释兽。读之异者，文之异者：方言、名号之异、姓之异者、古读、音讹、同音通用、音近通用、形声俱远、字形相涉之讹。清道光五年竹汀弟子汪恩印行。

[7]《清史列传》云："陈鱣，字仲渔，浙江江海人。尝著《许氏说文正义》，未成而殁。"

[8]《吴志·薛综传》："蜀者何也？有犬为独，无犬为蜀。横四苟身，虫入其腹。"又汉魏伯阳《参同契》，以陈字为从东。

[9]《抱朴字·遐览篇》："谚曰：书三写，鲁成鱼，虚成虎。"

[10]见许叔重《自叙》。

[11]"郡"字见《汉韩敕造礼器碑》《武荣碑》。"邻"字见李翕《郙阁颂》。

[12]《后汉书·曹娥传》注。引晋虞豫《会稽典录》："曹娥碑成，蔡邕题八字曰：黄绢幼妇，外孙齑臼。"《世说新语》："杨修见八字解曰：黄娟色丝也，于字为绝。幼妇少女也，于字为妙。外孙女之子也，于字为好。齑臼受辛也，于字为辤。"

[13]唐陆龟蒙《小名录》。引《吴录》孙休诏曰："礼，名子欲令难犯易避，孤今为四男作名字：太子名𩅦，𩅦音如湖水湾澳之湾；字莔，音如迅今之迅。次男名𩃙，音如詋𩂠之詋；字𩃱，音如偄首之偄。次名壾，音如艸莽之莽；字昷，音如举物之举。次名㝬，音如哀寛大之哀；字䒑，音如拥特有所之特。钞旧文合造此字，庶易避也。"大昭案《孙休传》注引《吴录》，与此稍异："莔"作"菵"，"迅今"作"迅今"，"𩃙"作"𩂣"，"詋𩂠之詋"作"詋𩂢之詋"，"𩃱"作"𩂹"，"偄首"作"元礥首"，"壾"作"柜"，"艸莽"做"艸莽"，"哀寛大"作"襃衣下寛大"，"拥特有所之特"作"有所拥持

之持"。

[14]"叙",次叙。"序",东西墙。"㐱",从意也。"遂",亾也。

[15]《家训》:"吾昔初看《说文》,蚩薄世字,从正则惧人不识,随俗则意嫌其非,略是不得下笔也。"又:《五经文字》:"或云'隶省',或云'经典相承'。"

[16]《颜氏家训》:"或有讳云者,呼'纷纭'为'纷烟';有讳同者,呼'梧桐'为'白铁'。"

[17]秦以"皋"似皇字,改为罪;新以"疊"从三日太盛,改为三田。

[18]《匡谬正俗》:"《诗·皇矣篇》:'求民之莫',《传》:'莫定也',《笺》:'求民之定,谓所归就也'。属词者改"莫"为'瘼',从而释之曰:'求莫谓疾苦耳'。"又:《僖元年·谷梁传》:"孟劳者鲁之宝刀也。"《颜氏家训》:"有姜仲岳者读刀为'力',谓:'公左右姓孟名劳,多力之人,为国所宝'。"

[19]王存义《切韵》:"首列三百六十体,部居杂厕。唐李阳冰书《谦卦》,'谦'字凡二十见,无一同者。"

[20]《颜氏家训》:"韩晋明尝问一士族曰:'玉琬杼上终葵首,当作何形?答曰:'琬头曲圜,势如葵叶耳'。"又:《诗·秦风》:"隰有六駮。陆玑《鸟兽艹木虫鱼疏》:"六駮木名,其皮青白駮荦,远而望之有似六駮之兽,因以为名,其木则梓榆也。"毛直以为兽之六駮,则与苞栎棣樕,不相类,故陆不从。

[21]郑说见《通志六书略》,顾说见《日知录》。

[22]宋赵明诚《金石录》:"方鼎铭藏岐山冯氏,张侍郎舜民云'夏时器也',字画奇怪不可识。"又:《金石录》:"原父于是正之学号称精博,惟以意推之,故不能无失耳。"

[23]古姤卦皆作"遘",惟王弼本作"姤"。木部:"栀,木实可染者。"大昭案:"《史记·货殖传》'卮,茜干'即此,徐铉于'栀'字音过委切,而新附栀字非也。"

[24]《左传》释文:"玙本一作与"。又:"顐頜"《左传》作

"蕉萃"。

[25]"虫",许鬼切。"蟲",直中切。"豸",丈尔切。"廌",丈买切。"荐",即见切。见《佩觿》。

[26]"穜,埶也。"種先穜后熟也。大昭案:"经典相承,以種稑之種为之用切,以树埶之穜为直容切,非也。""酢,醶也。仓故切。"醋客酌主人也。大昭案:"经典相承,以酢为在各切,醋为仓故切,非。"

[27]汉刘向《战国策序》:"本或脱误为半字,以赵为肖,以齐为立,如此者多。"

[28]《北史·魏景穆十二王传》:"刀笔小人,正堪为几案之吏。"《南史》中"樵"字,每作"蘸"字。

[29]《玉篇》鱼部"鱻":"鱼尾长也。"《广韵》十九臻"鱻":"鱼尾长也。"《诗》:"有莘其尾。"字书从鱼。又:《广韵》二十六咸"鹹":"鹹驦古县名。"《汉书》只作"咸"。

[30]张世南《游宦纪闻》:"自甲至癸为十榦,自子至亥为十二枝。"后人省文,以"榦"为"干",以"枝"为"支",非也。

[31]《释鸟》"鸒":"白鷢。"俗本误分为二字。唐石经及《释文》宋郑樵注本并作"鸒",而《金石文字记》:"据误本《尔雅》,谓石经'鸒'字,当分为'杨''鸟'二字,非是。"又:《礼·祭义》:"见间以侠甒。"注:见间当为"覸"。

[32]《襄九年·左传》:"晋人不得志于郑,以诸侯复伐之。十二月癸亥,门其三,闰月戊寅,济于阴阪。"郑注:"此年不得有闰月戊寅,戊寅是十二月二十日,疑'闰月'当为'门五日'。'五'字上与'门'合为'闰',则后学者自然转日为月。"又:《史记·赵世家》:"左师触龙言:愿见太后。"《战国策》作"触詟",盖误合"龙言"为一字。

[33]"雒阳"本作"洛阳",汉火行忌水,光武以后,改为"雒"字。《广韵》五支"隋":"国名,本作随。"《左传》:"汉之国随为大。"隋文帝去"辶"。《能改斋漫录》:"隋文受禅,以魏、周、不

逭宁处，遂去'辵'单书'隋'字。"

[34]梁世有一侯，尝对元帝饮谑，自陈痴钝，乃成飓段。元帝答之曰："飓异凉风，段非干木。"见《颜氏家训》。

[35]《匡谬正俗》："呜呼！叹词也。"《古文尚书》："悉为于戏。"《今文尚书》"悉"为"呜呼"，而《诗》皆云"于乎"，中古以来文籍皆为"呜呼"。文有古今之变，义无美恶之别。末若哀诔祭文，即为呜呼，其封拜册命即为"于戏"，于读"如"字，戏读为"羲"，分为两义。又："审食其及武帝时赵食其，皆与郦食其同，音异基"。而近代学者，郦则异基，审则食其，赵则食其，非也；同是人名更无别义。荀悦《汉纪》三者并为异"基"字，断可知矣。

[36]《旧唐书·李林甫传》："林甫典选部时，选人严迥判语。有用'杕''杜'二字者，林甫不识'杕'字，谓吏部侍郎韦陟曰：'此云杖杜何也？'。"又《事文类聚》引宋杨侃《职林》："李林甫舅子姜度，度诞子，林甫手书贺之曰：'闻有弄麞之庆'，客视之，皆掩口而笑。"

[37]拾遗：杜工部也。讹为"十姨"，见宋黄震《日钞》。又：《通志·天文略》："《尔雅》河鼓谓之'牵牛'，歌曰'黄姑织女时相见'。'黄姑'即'河鼓'。"

[38]并见《诗·秦风》疏引孙炎《尔雅注》。

[39]《匡谬正俗》："《诗·甫田》：'劳心忉忉'，《尔雅》：'切切忧也'。"字当从刀七声，传写误为'切'，大昭案："颜说非也。'忉忉'正与'骄骄'为韵，犹《邶风·羔裘》："劳心忉忉"，与"朝"为韵也。今本《尔雅》并不作切切，释文亦音"都劳切"。颜氏所见《尔雅》本偶误耳。又：杜上声，度去声。《昌黎集·辩讳》："汉之时有杜度，此其子宜何如讳？"则误以为同音。

[40]《庄二十二年·左传》："敢辱高位"。《昭二年》："敢辱大馆"。注并云："敢，不敢也。"《仪礼·聘礼》："辞曰：非礼也。""敢"注："敢言不敢"。又："奈何"与"那"，本是一语。

《宣二年·左传》："弃甲则那"。盖急言之曰"那"，缓言之曰"奈何也"。

[41]《成十八年·左传》："羊舌职"，《说苑》作"羊殖"。又：《鹖冠子》："楚用申麃，齐用管子。"宋陆佃注："申包胥也。"

[42]《说文统释序》，清光绪八年鄞县郭传璞刻。

[43]《说文斠诠》十四卷，是书篆文，钱氏自书上版，最为精慎。惟原刻本颇不易觏，通行者淮南书局刊本。

乾嘉以后诸儒之六书说

确立汉学派的文字学，当推戴震东原。戴氏有《六书论》三卷，其书不传。[1]有《自序》一篇，"上略。今考经史所载，汉时之言六书也。说岐而三：一见《周礼注》引郑司农解，一见班孟坚《艺文志》，其一则叔重《说文解字》颇能详言之。班、郑二家虽可以广异闻，而纲领之正，宜从许氏。后世远学乖，罕睹古人制作本始，谓谐声为最浅末者，后唐徐锴之疏也。以指加物于象形之文者，宋张有之谬也。谓形不可象而指其事，事不可指而会其意，意不可会而谐其声者，诸家之纷也。谓转声为转注者，起于最后，于古无稽，特萧楚诸人之臆见也。中略。故考自汉已来，迄于近代，各存其说，驳别得失，为《六书论》三卷。下略。"[2]戴氏之"转注论"，在文字学上为有力之说，另记于下。其他五书，虽不能据此序而推测其书之内容，段玉裁为戴氏弟子，段氏之六书说，大体见于《说文解字》十五卷叙注，其散见于全书中颇多，大抵皆本戴氏之说也。乾嘉以后，说六书最详者，首推王氏筠，前已记之。其短篇著述、专论六书者有三，而《六书约言》《六书辨》等不与焉，一、江声之《六书说》，[3]二、郑知同之《说文浅说》，[4]三、廖平之《六书旧义》。[5]

《六书说》中重要之言曰：象形、会意、谐声三者是其正，指事、转注、假借三者是其贰。指事统于形，转注统于意，假借统于声。盖依而制字为象形，因字而生形为指事，如"日象其币，月象其缺"。由此推之，凡山水鱼鸟等实有其形而字象之者，胥视此矣。若上下本无定形，置一以为准，侸于其上则为上，缀于其下则为下。由此推之，日在茻中为"莫"，王在门中为"闰"；凡视之可识、察之见意者皆是也。此指事统于形也。盖合两字以成一谊者为会意，取一意以概数字为转注。止戈为"武"，人言为"信"，推十合一为"士"，"黍"可为酒禾入水，言会合其意也。转注则由是而转焉。"老"属会意，立老字为部首。所谓建类一首，"考""耊""寿""耇"之类。凡与老同意者，皆从老省而属，是取一字意以概数字。所谓同意相受，由此推之。则《说文解字》一书，凡分五百四十部，其分部即建类也。其"始一终亥"五百四十部之首，即谓一首也。下云"凡某之属皆从某"，即同意相受也。此皆转注之说也，此转注统于意也。盖谐声者定厥所从，而后配以声，声在字后者也。假借则取彼成文，而即仍其声，声在字先者也。如江河皆水名，故皆从水，从水非声也，配以工可乃得声，故曰"声在字后"。由此推之，凡《说文解字》所云"某声、某省声、某亦声"等，胥准此矣。至若假借之"令长"，令者县令，假诸号令，长者官长，假取修长，是即仍所借字之声，故曰"声在字先"。如

"朋,古文凤,象形。"朋飞群鸟从以万数,故以为朋党字。"来周所受瑞麦来麰,一来二夆象芒朿之形。"天所来也,故为行来之来。"韦,相背也,从舛口声。"兽皮之韦,可以束枉戾相韦背,故借以为皮韦。"舃鸟在巢上,象日在西方而鸟西",故因以为东西之西。此皆假借之说也,此假于声也。以上略见于《六书说》者也。[6]

按江氏转注、假借之说,此处不论。而其说指事,谓"日在茻中为莫","王在门中为闰",则指事与会意不分矣。且指事与象形同为文,见于许君《自叙》甚明。而"莫""闰"皆为合体之字,此江氏之失也。

郑知同之《六书浅说》,视王筠之说,简略为多。而视江声之说,则为分析矣。其分象形之类六;指事一,会意之类六,形声之类二,转注、假借不分类,节略其说如下:

独体象形

如:画"口"作ㅂ,画"齿"作𠚑,此正象也。其画"牙"作𠁣,则横形而竖作之。画"车"作車,则平形而侧作之。"为"之古文𤓽,象两对。篆文𤢖,则猴之头、毛、面、目、身、手、足、尾,无一不备。"牛""羊"字从尾看向前。"龟"之古文𪚩,从背上视,其篆文𪚥腹背俱见。"贝"形作貝,从一头视而其背穹隆而腹下岐之象。凡此皆象其正体。

合体象形

如:"疋"之篆𤴋,上象腓肠,下象止。"眉"之篆𥄕,下从目,中象𥃲,上象额理。半体象形,半体会意也。

象形兼声

如"齿"篆以⼻⼻形排于口唇上下,本是口齿之形,又加"止"字为声以定其读。"金"篆以𠂆象金在土中,已得金形,又加"今"字为声以定其读。

象形加偏旁

象形加偏旁者,其初本止象形一体,久之犹恐其不明,别取一字配之。如"户"本象形,其古文作"戸",别加木以为之形。"厂"本象形,其古文作"厈",别加干以为之声。"网"本象形,其别体为"䋄",既加糸为形,又加亡为声,与上两类不同。上两类一时合而成文,此则已成字后加偏旁。

象形字有重形

重形者象形本止一形,久之以一形并作之,仍是本字。如"山"重作"屾","水"重作"沝","页"重作"頾","卪"重作"卯"。凡数十字,许君不言其象,止说其形,当明其两书之并,初非别一字也。但证之余部"㱿",为此类字第一见,下注云:"二余也,与余同。"特为发凡见例语,是可定矣。古人作书,常喜重形,如"亙"之古文作"𢏚","某"之古文做"楳","了"之古文作"孖","卤"之籀文作"䨇"。重作三形者,钟鼎彝器铭文,似此者更多。

象形字有最初本形

造字之初,取象于物,如其形以画之,不必尽能方正。下及篆文,意专结体,规模整齐,即于原形,往往不似。如"日"字最初必本作⊙,全画日轮,注点其中,以象阳精。"月"字最初必作☽,画月半明,注点其中,以象阴精。而

《说文》则书作 日D，此篆文整齐之法也。

指事

象形直画全物之形，指事则先画一物，而一以指其处。如"丄""丅"字，先画一横以当物，以一之丄丅着丨以指之。"刃"字先画刀形，于左旁着一以指其处为刃。"寸"字先画 ㄋ 为手形，于腕着一以指其处为寸。

会意正体

会意者，合象形指事之文，两文三字以见意，亦有多至五六文者。"祭"，从示从又从肉。"祝"，从示从人从口。会合三字而得"祭""祝"之意。"社"，从土示；"袷"从合示；此会合两字而得"社""袷"之意。

会意重形

如："艸，从二屮。""林，从二木。"两口为"吅"，三口为"品"，四口为"㗊"。

会意中有象形

会意，《汉艺文志》谓之象意，以会意字常含事物之象。其简者如"闰"字："从王从门，而见王居门中之象"。其繁者如"爨"字："上从臼，中有 同，象人两手持甑；中从冂，象灶口；下从𠬶从林从火，象人两手持柴木灶内，随举火纳之。"皆一望而知其意，即一望而知其形也。

会意字有反形

如：反"𠂇"为"㐄"，反"屮"为"止"。

会意字中有声旁

如"寻"字注："绎理也。从工从口从又从寸，口乱也。

又、寸分理之。乡声。""尔"字注:"丽尔犹,靡丽也。从门从发,其孔发,尒声。"

会意字中有省旁

"夑"下云:"取夑也。从収,夐省。"省夐作"夑"。所以省者,为所从偏旁,全书之太繁重,或不便结体也。

形声正体

如:"山""水""土""石""艸""虫""鱼"各类字,弟加之山水等旁,不烦更用多形,而取一同音字配之,即成字矣。

形声字有省形省声

如:"誊"注云:"失气言也。从言䪞省声。"凡从"熒"声之字皆省作炏旁,瘲部字从"瘲",例省去"夢"字,或但省"夕"字。

转注

转注以声旁为主,一字分为若干用,但各以形旁注之。转注与形声相反而实相成,如"齐"字经典为"齐戒",用为"齐衰",用为"齐盛",用为"齐前调齐",用为"齐疾",用为"腹齐"。止是一齐字,厥后则例加偏旁,用是齐戒,即注之以"示"作"齋";用是齐盛,注之以"皿"作"䪞";剪齐调齐,注之以"刀"作"剂";齐疾注之以"火"作"齋";腹齐注之以"肉"作"齋"。此其义也。

假借

如:"疋,足也。"古文以为《诗·大疋》字,或曰"胥"字。疋之为雅为胥,于义绝不关,是为因声假借。

"止，下基也。"象艸木出有趾，故以止为足，则以引伸之义为假借。"中，艸木初生也。读若彻。"古文或以为艸字，则以字义、字形并相近为假借。有此三类，而要以同声相借为正，盖象形、指事、会意、形声为造字之经，转注、假借为造字之纬。转注主加偏旁，无论象形、指事、会意、形声四者之字，但有一义，俱可注成一文。假借主音，无论象形、指事、会意、形声四者之字，但令同声，俱可援为此用。

按郑氏之论，合体象形，其名未安，当为象形兼意，盖象形兼声亦合体也。象形字有重形，此说甚新，举"粂"字为例亦确。象形字有最初本形，证之"臣"金文作𦣠，"目"作𠃓，极是，但非象形之一例。指事之论未晰，转注本其父子尹之说。[7]以"齐""类""介""冒"，考诸经典，止做齐戒，止作类于上帝，止作介圭，止作同冒，其加"示"、加"玉"为之偏旁皆转注也。古止以声为用，后起加偏旁者皆为转注，与自来说转注者又不同矣。其会意、形声、假借诸说，则与诸家之说不甚相差异者也。

廖氏平之《六书旧义》，与其他之说六书者大异。廖氏本班固"四象"之说，而注重形、事、意、声四字。其言曰："造字之序，始形，次事，次意，次声，四门而止。最初造字，只如作画，象形在先。象形皆实字，有物即有事，故于象形外，别出象事一门。象事在半虚半实之间，至象意则全为虚字。但有其意，并无形事之可言，故象意皆虚字。一实一虚，一半虚一半实，可造之字，尽此三门。至于象声，则后来续造，以济形事意之穷者，初无深意，最滋繁衍。"至于转注、假借，廖氏亦以为用文字之法，一事之义以数字形容之为转注。本无其字以声定名为假借，其言曰："六书事与形对，声与义对，转注之对假借，不惟其名目也。假借因无为有，转注化多为少；假借所以济穷困，转注所以驭繁难；假借异实而同名，转注异名而同实；假借为象声之古法，转注为象意之旧章；假借必单词只字，转注为骈语连文；假借事尚质朴，转注意取文备。"其论转注，似与戴氏震无异，实则不相同也。兹将其六书之说，分记于下：[8]

一、象形

形事皆如作画，但象形只是画成其物而已。单物单形，更无别意，不如象事有功用也。象形除正例外，今分为十例：

合象例。如"军""眉""为"之类是。

緟象例。如"珏""驫""棘""炎"之类是。

加象例。如"牢""牟""㚿""彪""闲"之类是。

虚形象例。如"眉""气"之类是。

取意象例。如"相""沙""或""苗""天"之类是。

记识象例。如"朱""本""末""刃"之类是。

反体例。如"乏""月""ナ""宁""马""屮"之类是。

省象例。如"𧈧""𧈧""𧈧""卜"之类是。

简繁例。如"凵、𠔉""乙、燕""白、自""丫、羊"之类是。

重字例。如"包""台""焉""于"之类是。

二、象事

象事与象形实同，特单象物者为象形，兼有功用者为象事。凡画图半为象形，半为象事，如画山、水、艸、木，此象形而不关事者也。有人物则为象事矣，如钓鱼图，鱼与竿钩为象形，持以钓鱼则为象事矣。伏虎图，人虎为象形，以人伏虎，则为象事。单画“”为象形，有所执持，则为象事。此形事之分也。指事今分为八例：

纯就人身耦体指事例。如“行”“”“”“步”“”之类是。

就身见事变体例。如“歪”“周”“看”“卧”“夏”“拜”“因”“比”之类是。

以人依物见事例。如“上”“下”“坐”“休”之类是。

身物并见以为事例。如“”“夹”“”“戒”“只”“爨”之类。半身半物，以身举物是。

以物制物合二物为字体，繁不再从身取义例。如“解”“束”“牵”“刵”“分”“匊”之类是。

独举事形例，如“丩”“八”“勹”之类。但举事形以为象是。

纯物象事例，如“飞”“不”“至”“乑”“生”“出”“非”之类。为物之事，然终为象事之例，与形声意均不同也。

就物生事例，如“吠”“鸣”“唬”“牟”“臭”“集”“突”之类是。

三、象意

象意一类，一言决之曰：皆虚字无形可肖，无事可作，无声可托，乃为象意。如"武""信"二字，无形、无事、无声是也。必如此类，乃为象意。四象中意字最少，如"碧""薄"等字皆实有其物，象形非会意。"奉""御"等，又为指事字矣。

四、象声

象声字，其初只是假借，取声而已，无形属偏旁也。故以象声为名，假借已久，后人于假字依类加形，遂成本字，故四象此门最繁杂。"仁""义""忠""恕"，本象意也，字则变为象声。"忠""恕"二字，以例江河，不见其异。而"仁""义"字则从人从我得声，仁者人也，义者我也，人我之为仁义。此假借之本例，象声之旧法也。二字行用已久，义不敌声。如以形声通例论之，则仁字当以人为形，义字当以我为形。而别用声字，因其义不敌声，故即于声加笔以为字，或二或羊，取别而已。此类为象声变例。

五、转注

建类一首，即本无其字之对文，比类合谊之变字也。转注本为象意，象意既有本字，转注乃退为用字专门，与假借相对成义。转注之字，今略分为十例：

双声骈字例。如"左右""股肱""丛脞""次且""流离""玄黄""瘖瘂""参差"之类是。

叠韵骈字例。如"崔巍""虺隤""窈窕""蒙戎"之类是。

连语例。凡连语而非双声叠韵者入此例。

緟言足句例。如"辗转""反侧""祖裼""裸裎""君臣""上下"之类是。

变文协韵例。如"家室""室家""家人""干城""好仇""腹心"之类是。

互文足意例。《周礼》互文最多，彼此相助，其意乃足是。

错综杂出例。如《曲礼》之"告""面"，《诗》之"采""有""掇""捋""袺""襭"，《论语》之"迅""烈"是。

由此及彼例。如《孟子》言"禹而及稷"，《礼记》言"车而及马"，言"老而及幼"是。

传注例。以彼字注此字，二字同意；亦如骈字，即以数字释一字；又或虚实不同，字虽异而义则同，仍为转注也。

《尔雅》例。如"初""哉""首""基""肇""祖""元""胎""俶""落""权""舆"，十二字为转注。

前三门为正例，后七门为变例。

六、假借

"令长"如今州县之称，此当时通行之语。举官名称号不能造字者，以起例假借，不过借以示例而已。官名既无形事之可言，又无实意之可会，所谓全虚不能造事者也。假借以真虚不能造之字为正例，因不能造，乃定此例以济其穷，至承用既久，续造字多，经师写经，犹好以同声字相代，既有本字，又复相借，此假借变例也。假借十六例：

官名例。如"令""长""士""吏""皇""帝""王""伯"之类。

地名例。如"秦""宋""吴""越"之类。

姓氏例。如"伊""姞""姜""尹"之类。

记识例。如"支干""数目"之类。

品藻例。如"大小""长短""高卑""美恶""好丑""是非""真伪"之类。

称号例。如"君臣""父孙""昆弟""朋友""尔女"之类。

单词形况例。如"率尔""幡然"之类。

重言形况例。如"朱朱""关关"之类。

语词例。如"之""乎""也""而""已""矣""焉""哉"之类。

双声连语例。如"次且""丛脞"之类。

叠韵连语例。如"窈窕""蒙戎"之类。

同声通写例。如"利之为赖""答之为对"之类。

叠韵例。如"冰之为掤""冯之为淜"之类。

合韵例。如"菀蔚为薱""蒺藜为茨"之类。

同韵例。如"德之为悳""服之为𠬝"之类。

按廖氏之说，颇新奇可喜。四象之说，本之班固，亦非毫无根据。往时刘申叔尝为余言："廖季平之说六书极善"。时尚未尝读其书，兹细核之，极为可疑。如其举例：是词书而非字书，且其象形加象例，已举"牟"字，而指事就物生事例，又举"牟"字。转注双声骈字例、叠韵骈字例，已举"丛胜""次且""窈窕""蒙戎",假借双声连语例、叠韵连语例,又举"丛脞""次且""窈窕""蒙戎"。人将何所从耶?假借中之官名、地名、姓氏,在文字学上之假借论悉是一例,而分为三,说虽新奇,殊不足取。

其他著作中,关于六书之说,王鸣盛之《字说》,[9]黄以周之《六书通故》,[10]叶德辉之《六书古微》。[11]王说不详,黄、叶之说颇冗,不详述焉。

注释

[1]段玉裁《戴氏年谱》云:"乾隆十年乙丑,二十三岁,是年孟冬成《六书论》三卷,今其稿未见。"

[2]见《戴东原集》第三卷。

[3]《清史列传》云:"江声,字叔沄,江苏元和人。病后世深求'考''老'转注之义,至以篆迹求之,因为《六书说》。嘉庆四年卒,年七十九。"

[4]郑知同,字伯庚,贵州遵义人,郑珍之子。

[5]廖平,字季平,四川井研人。清末今文学家,著有《六译馆丛书》,民国六年卒。

[6]《六书说》一卷,江氏手书勒于石,拓本传世颇少,顾广圻刻本亦不易见,今收入《小学类编》及《益雅堂丛书》中。

[7]《六书浅说》转注云:"先征君子尹公作《转注考》,此书尚未刊行,手泽具存,愿公同好,遍推诸字,无不可合,略为举之。"

[8]《六书旧义》一卷,廖平著。《六译馆丛书》本。

[9]《清史列传》云:"王鸣盛,字凤喈,江苏嘉定人。乾隆十九年进士,嘉庆二年卒,年七十六。"按《字说》二十卷,在《蛾术编》中。

[10]《清史列传》云:"黄以周,字元同,浙江定海人。黄式三子,同治

九年举人。"按：《六书通故》三卷，在《礼书通故》中。
[11]《六书古微》十卷，叶德辉著。《郋园小学四种》本。

转注说

六书中之转注，异说兹多。乾隆时曹仁虎著《转注古义考》，[1]约举晋卫恒以下之说。至于清初，邵长蘅随举而随批评之，且自为转注之说为上卷，列各家之说为下卷。其转注之说曰："欲定转注之义，仍当以《说文》建类一首同意相受二语求之。既曰建类一首，则必其字部之相同，而字部异者，非转注也。既曰同意相受，则必其字义之相合，而字殊者，非转注也。"是曹氏亦认转注为造文字之法。又曰："转注近乎会意，而与会意不同。如以'老'合'丂'为'考'，而考字仍与老字同义。以'老'合'弇'为'耆'，而耆字仍与老同义。如止戈为'武'，而'武'字已非止字之义。人言为'信'，而'信'字已非人字之义。此转注与会意之分也。转注近乎谐声，而与谐声不同。如'丂'字本有气碍之象，老人之哽噎似之，故以老合丂为'考'，从丂得声，而仍与老同义。'弇'字本有屈曲之象，老人之伛偻似之，故以老合弇为'耆'，从弇得声，而仍与老同义。如以水合工为'江'，工字本无水义，而但取其声。以水合可为'河'，可字本无水义，而但取其声。此转注与谐声之分也。转注又近于假借，而与假借不同。转注者，一义有数文，故'耆''考'皆有老义，而老亦可称'耆''考'。假借者，一文有数义。故'令'为号令之令，亦为令善之令，又为使令之令。'长'

为长短之长，亦为久长之长，又为长幼之长。此转注与假借之分也。"曹氏之说，以同部之声兼义者为转注，此其所以有近乎会意与会意不同，近乎谐声与谐声不同之说。据曹氏转注之例，不必涉及假借。而曰近于假借与假借不同，专以破以转注为转音之惑，而非曹氏说转注例之本意。而一义数文，一文数义之说，而又与戴氏震之说相合也。

乾嘉以来，为转注之说，在文字学上，颇有力量者有二家：一吴县之江声，一休宁之戴震。兹分论于下：

江氏转注之说曰："《说文解字》一书，凡分五百四十部，其分部即建类也。其'始一终亥'五百四十部之音，即所谓一首也。下云'凡某之属皆从某'，即同意相受也。此皆转注之说也。"[2]

戴氏转注之说曰："'考''老'二字属谐声会意者字之体，引之言转注者字之用。古人以其语言为名类，通以今人语言，犹曰'互训云尔'。转相为注，互相为训，古今语也。《说文》于'考'字训之曰'老也'，于'老'字训之曰'考也'，是以序中论转注举之。《尔雅·释诂》有多至四十字共一义，其六书转注之法欤？与别俗异言、古雅殊语。转注而可知，数字共一用者，如'初''或''首''基'之皆为始，'卬''吾''台''予'之皆为我，其义转相为注曰'转注'。一字其数用者，依于义以引伸，依于声而傍寄，假此以施于彼曰'假借'。所以用文字者，斯其两大端也。"[3]

其同于江氏之说者，许宗彦、[4]孔广居、[5]张行孚、见前。陈澧、[6]廖登廷。[7]

许宗彦之说曰:"后叙曰:'其建首也,立一为耑,即建类一首之谓也'。如'示'为部首,从示之偏旁,注为'神''祇'等字,从'神''祇'注为'祠''祀''祭''祝'等字,从'祠''祀''祭''祝'复注为'祓''禧''禩'等字,辗转相注。许君举'考''老'以见例是已。"[8]

孔广居之说曰:"休宁戴震专主同意互训之说,于是转注之说愈多,而转注之义反晦。愚谓转注者,辗转不穷也。注者'挹彼注兹也',合而言之,即以母生子,孳乳浸多之谓也。惟象形独体之文,不从转注而生。他如'上''下'之从一,事之转注也。'武'之从止从戈,'信'之从人从言,'老'之从人从毛从匕,意之转注也。'江''河'之从水,'考'之从老,省声之转注也。一部《说文》中,凡曰'从某者',莫非转注也。吴门江氏声曰:'《说文》之五百四十部,皆建类一首也。凡某之属从某,是同意相受也'。此真转注之的解也。注:兼'挹注''注释'二义,以'老'字之首注考上,是为注释。凡一首者多同意,故明乎转注则字之本义,思过半矣。"[9]

张行孚之说曰:"转注之说,莫坚塙于徐氏锴;而后人之能申明者,则江氏声、许氏宗彦也。三者各不相谋而若合符节,其于建类一首,同音相受之旨,可谓精究无遗,而无丝毫背矣。盖造字之初,苦难孳乳,每类立一首字,而其余同类之字,依首字之意,辗转增之,则生生而不穷矣。此转注所以为六书之大纲也。"[10]

陈澧之说曰:"江征君六书说,惟转注异于常解,而义正确。如江氏之说，则建一部之字，以一为首。'元''天'等字同有一意者，胥受一字之意，而从一推之，五百四十部皆然。一首者，一部中自数字以至数十百字，惟以一字为首也。且如江氏之说，尤可见制义之精义，何也？形声者，《说文》所谓'从某某声也'，如'江''河'以水为形，以'工''可'为声也。然转注之字，或不兼形声；形声之字，则必兼转注。只明其形声，则只知其从某之形，而不知其形即受其意也。有江氏之说，而后某声之与从某，其意相属，乃见制字之意。段懋堂谓会意形声而兼之字致多，已见及此义，独不知其为转注形声之兼，而误认为会意，遂往往有不可通。如'禮，从豊声，豊行礼之器也。'从示转注之，则事神之意见。'福，从畐声，畐满也。'从示转注之，则福备之意见。然不可言会意者，会意必如'人言''止戈'两字联属，而不可云'示豊为禮''示畐为福'也。然则'江''河'即转注，何必更举'考''老'曰转注。以部首之文，注部中之字，所谓孳乳而浸多，故谓之转。若云水江是也，水河是也则可矣，然则不词矣。且'考'者'老'也，'老'者'考'也，尤同意之最切者也。"[11]

廖登廷之说曰："小徐读注作染注之注，谓字相染注而生。窃谓论转注者，惟此条明畅，与许书之旨合，足以证诸说之讹。其意以注，书中以五百四十字为建类，从'一至亥'为建首，凡从某之字皆从某，为同意相受。如木部以'木'为建类之首，而凡木属皆依序林列，故谓之同意相受。如病流注，始只一处，后转相传染，流注周身，皆原一注。"[12]

其同于戴氏之说者段玉裁、见前。王筠、见前。黄式三、[13]张度、[14]胡珔。[15]

段玉裁之说曰:"转注犹言互训也。注者,灌也,数字辗转互为训,如诸水相为灌注,交轮互受也。转注者,所以用指事、象形、形声、会意四种文字者也。数字同义,则用此字可用彼字亦可。建类一首,谓分立其义之类而一其首,如《尔雅·释诂》第一条说'始是也'。同意相受,谓无虑诸字意旨略同,义可互相灌注,而归于一首,如'初''哉''首''基''肇''祖''元''胎''俶''落''权''舆',其于义或近或远,皆可互相释训,而同谓之始是也。独言'考''老'者,其㒳朋亲切者也。但类见于同部者易知,分见于异部者易忽,如人部:'但,裼也。'衣部:'裼,但也。'之类。学者宜通合观之,异字同义,不限于二字,如'裼''臝''裎'皆曰'但也',则与但为四字;'窒''寘'皆曰'塞也',则与塞为三字是也"。[16]

王筠之转注说,见于"王氏之文字学"章,不复述。

黄式三之说曰:"转注之例,有取建类一首者,如'璙,玉也。''瓘,玉也。'以部首一类注之也,有取同意相受者,如'弋,橛也。''橛,弋也。'以意之同者注之曰,若建类一首,复同意相受者,如'老,考也。''考,老也。'是也。《说文》本明,后儒自不思耳。近戴氏东原、段氏懋堂,以转注为训诂之互注,其说不可以易。顾林亭从萧楚、张有诸说,以假借之令长,平仄音读不一,遂以令长移之转注,是以转声为转注。江慎修从顾说而变之,则曰就本义辗转引申为他义，或变音或不变音，皆为转注；其无义而但借其音或相似之音则为假借，是以本义之辗转引申者为转注。朱丰芑从顾、江二说而略变之，则曰转注者体不改造，引意相受，'令''长'是也。假借者本无其意，依声记事，'朋''来'是也。就本字本训，而辗转引申为他训者曰转注；无辗转引申，而别有本字本训可指名者曰假借。朱氏分假借一类而两之，不特紊转注之例，亦紊假借之例也。"[17]

张度之说曰："六书之旨，各有本原，各有会通。本原者造字之初例也，会通者文字之运用也，执本原以核乎会通。六书之谊，必窒塞而不达，徒事会通，即以为本原。六书之例，亦混合而不分，知其例以会其通斯可矣。何谓知例？许君曰：'建类一首，同意相受，此转注本原之例也'。何谓会通？如：'菉莿''莿菉''蕢薔''薔蕢''薐芝''芝薐''裼但''但裼'，或声或意，皆不外本原之例也。如'论议''议语''语论'，转而远之远而环之之为注也。如：'晨、早，昧爽也。''梡、榌，木薪也。''榌、梡，木未析也。'以意相成之为转注也，如齐人谓'芋'曰'莒'，秦人谓'莒'曰'籀'，同时异地异字，'芋莒''莒籀'一谊之为转注也。如齐谓'棓'为'檐'，又谓'棓'为'广'，同时同地异字，'棓''檐''广'一谊之为转注也。上古为'自'，后世为'鼻'；上古为'乙'，后世为'燕'；古今同物异字，'自、鼻''乙、燕'一谊之为转注也。要而论之，字者孳也；孳生日多，转注日广。戴东原曰：'指事、象形、形声、会意四者字之体也；转注、假借二者字之用也。千古不刊之论。'又曰：'国朝经学大盛。'戴氏东原转注之说，究属通论，惟以《尔雅》全书为转注，此其误。"[18]

胡琨之说曰："近世通人钱大昕、戴震、段玉裁，先后稽考，证以训诂，始得叔重之本义。而段氏学尤邃，其说以为异义同字为假借，异字同义为转注；转注即训诂一字，反复相训为转注，数字合为一训，亦转注也。考训老，老训考，亦其显者耳。尝推究其说而广其所未备，得转注之例十有二焉：一曰，建首之字，与所受之字，可互相训者。如'介，画也。''画，介也。''辽，远也。''远，辽也。'此即'考''老'互训之正例。二曰，建首之字，与所受之字，不可互训者。如'天，颠也。'颠不可曰'天'。'地，底也。'底不可曰'地'。此不必互训，但可同意相受，亦为转注之正例。三曰，所受之字，意虽异而可同者。如《尔雅》第一条，意各不同。引伸之，凡物之始，皆可为初为才为首为基，而同归于一首曰'始也'。数字灌注而归一意，可得注字之义，此《尔雅》之正例。四曰，建类一首之中，意仍有两用者。如《尔雅》'孔''魄''哉''虚''无''之''言'间也。'孔''魄''延''虚''无'五字，当训为间隙之间；'哉''之''言'三字，当训为言词之间。间字两用而不分，此亦《尔雅》之正例。五曰，转注有如后世之双声者。'丁，当也。''丁''当'双声，'剂，翦齐也。'三字互为双声。六曰，转注有如后世之叠韵者。'流，求也。''流''求'叠韵。'朡，身亲也。'三字叠韵。七曰，转注有如后世之翻切者。不律谓之笔，不律相切得笔字。髦髦谓之被，'髦''髦'相切得被字。此三条皆转注之通于形声者。八曰，因字所从，相为转注。仍从乃，即训乃；神从申，即训申。此转注之通于象形、指事、会意者。九曰，非其本训，借字相注。'鸠'本无聚义，因《左传》无鸠，借作'勼'字用，即以勼训训之曰'聚也'。'寻'本无温义，因《左传》寻盟，借作'燅'字用，即以燅训训之。此转注之通于假借者。十曰，因声为转注者。如《经典》所云："亹亹""勉勉""没没""忽忽""密勿""蠠没""黾勉"皆一声之转，可相为转注。又如《经典》及《汉书》所云："茀离""佌离""配藜""披离""弥离""迷离""靡丽"，亦一声之转，可相为转注。盖由古今方言不同，故有此例。十一曰，以相反之意为同意相转注。乱可训治，落可训始，此由古人措词。嫌质，言之不文，而以相反见义，故有此例。十二曰，不可直训，需辗转申明之。'雓，犹麕也。''琵，犹齐也。'则以犹字明之。'夫之言扶，妇之言服。'则以之言二字明之。盖义实相通，因无明证，拟之而后言，故有此例。凡十二条，前八条转注之正例，可就六书本义求之；后四条转注之变例，当于六经注义参之。"[19]

其他与江、戴之说不同者颇多，略举之，王鸣盛、见前。许瀚、[20]黄以周、饶炯、[21]叶德辉，见前。其郑知同、廖平之转注说，已见于前，不复述。

王鸣盛之说曰："形声紧蒙象形、会意，则舍形取意，转注从意而转加之以声。凡《说文》中'从某某声',而所从之字为象形者,形声也;所从之字为会意者,皆转注也。"[22]

许瀚之说曰:"自来言六书者,于转注尤多歧说,其失总由韦异许氏。今以'建类一首,同意相受'八字为范围,以'考''老'二字为准则,触类引伸而得其例有七。由七例旁推之,又有变例,其不在此例者,则非转注也。一曰:凡部首以所属之字为义,而所用为义之字,又以部首为义者;二曰:凡从某之字,即以所从之字为义,及同部中同以所从之字为义者;三曰:凡从某之字,即与所从之字同义,及同部中同与所从之字同义者;四曰:同部中其义相同者;五曰:同部中其义相须者;六曰:同部中其义递转相承者;七曰:同部中其义辗转相释者。凡此七例,有一部俱备者,有一部仅一二见者,有一部中绝无者,有一部全为转注者。今就备于一部者发其凡,余可类推矣。如走部'走':'趋也。'是部首以所属之字为义。'趋':'走也。'是所用为义之字又以部首为义也。'趋',从走,即训走;是以所从之字为义。趋训走,'趰''趙''趭''趛''趆'皆训走,是同以所从之字为义也。'走,趋也'。赴亦训趋,是与所从之字同义。趆亦训趋,是同与所从之字同义也。'趣''趯''趯'皆训疾。'趯''趯'皆训动。'趌''趙''趯''趆''赵''趙'皆训行貌。'趣''蹇'皆训走貌。'趰''趫''趀''趯''趯''趯'皆训走意,是谓其义相同。'趌,趌趰怒走也。''趀,趀赵久也。''赵,趀赵也。''𧼒,行趱赺也。一曰行曲脊貌。''赺，趱赺也。'是谓其义相须。''走，趋也。''赴，趋也。''赺，趋也。''趋，走也。''趯，超特也。''超，跳也。''趏，雀行也。''趬，赽趬也。''赼，远也。''趬，趱趬也。一曰行貌。''趱，行轻貌。一曰趱，举足也；是谓其义递转相承者。''趁，趲也。''趲，趁也。'是谓其辗转相释，此其正例也。夫转运也，注灌也；运以轮，言灌以水言，如轮之运转，水之灌注，循环无端，由此及彼，无穷尽也。求转注必求诸《说文》本部，许氏所谓建类一首也。部不同非转注，必求诸同部同义，许氏所谓同意相受也。义不同非转注，同部同义，则其字必可以相代。盖转注所以广文字之用，与假借同功。凡以供临文者之挹彼注兹，左宜右有。若夫不同部亦得为转注者，必其部首：一形相生，一意相成，异名同物，异体同名。一形相生，近如：'玉''珏''中''艸''舜''口''吅''品''朤'，远如"目''见''人''乑''辛''辛"。一意相成，如：'口''欠''又''手''巾''众'。异名同物：如'隹''鸟''燕''乙'。异体同名：如古文'大'，籀文作'介'；籀文'人'，《古文奇字》作'几'。此虽不同部，其部首同相通之道，犹是'建类一首，同意相受'也。此其变例也。"[23]

黄以周之说曰："'考''老'二字，辗转相注，所谓同意相受也。同意者造字之意同也，同意不必同字。《说文》云'凡某之属皆从某'，即'建类一首'之义也。

云'与某同意',即'同意相受'之义也。但云'凡某之属皆从某者',未必'同意相受';云'与某同意者',未必'建类一首'。其'建类一首'而又'同意相受'者,惟衣部'裘'字下云:'与褎同意。'字皆从衣为一首,'裘'之'求'与'褎'之'丹'为同意。其他如'開''閖''再''冓''受''争''比''从'诸字,《说文》虽未明言同意,亦皆是也。而论其造字之会意同、本义同,引申义亦无不同。莫如'考''老'二字,故举以为转注之例。"[24]

饶炯之言曰:"转注本用字后之造字,一因篆体形晦,义不甚显,而从本篆加形、加声以明之,是即王氏《释例》之所谓累增字也。一因义有推广,文无分别,而从本篆加形、加声以别之。一因方言转变,音无由判,而从本篆加声以别之,是即王氏《释例》之所谓分别文也。一,因有意晦而加形以明之者。如部首,'已'象火炷,而坐又从加坒。二,有因意晦而加声以明之者。如'网'象形,而或体罔,又从网加亡声。三,有别义而加形以明之者。如'袝'为付祭,从付引借而加示。四,有别义而加声以明之者。如'鬥'为两士相对,而'鬭'训遇,即对争反借义也,故从鬥加斲声以别之。五,有别声而加声以明之者。如'匙'为匕之变音,而即以匕加是声以寄之。六,有不因意晦义别,但取篆形茂密,而繁缛其文者。如'宜'为谐声,而古文'𡨦'从二宜。"[25]

叶德辉之说曰:"六书转注,人人言殊,曹仁虎作《转注古义考》,胪载晋以下之说二十余家,辨别是非,参稽同异，而力辟以注释为转注者之误，其言有得有失，不可尽从。所谓以注释为转注者，即戴东原震、段懋堂玉裁两家之说是也。戴、段说转注，诚为一偏之词；二家之误，以《尔雅·释诂》当六书转注，氾滥及于《说文》全部，而无所限断矣。许君当时独举'考''老'以为例者，正以老部之字，无不承老而言，即部末'孝'字，似于老字无可依附，而卒申其义曰：'从子，子承老也。'则同意相受，岂不更显然乎？夫老之一字，既建类矣，又一首矣，又同意矣，于是字字有所承受，字字可以递转。盖转注之字，未有明白易知如此者，至散见他部诸字，有不建类不一首之转注，如：上部'下'：'底也。'广部'底'：'山居也，一曰下也。'此但转注而各自为类，各从其首，更无同意之可言也。又：有一首而不建类之转注，如艸部'茅'：'菅也。''菅'：'茅也。''芜'：'菣也。''秒'：'菣也。'凡若此者，其所从字同而其部中义例杂出，各以类次，此但有转注而不得谓之同意相受也。又：有同意不能相受，因而不能转注者，如誩部'譱'：'吉也；从誩从羊。'此与义美同意。晨部首云：'早昧爽也，从臼从辰。辰，时也；辰亦声。'卂夕为'夙'，臼辰为'晨'皆同意。炎部'爾'：'丽尔，犹靡丽也。从冂从炎，其孔炎，尒声。此与爽同意。''善''美''义'三字尚为一义，若'晨''夙''尔''爽'，皆可同意而不可转注，此盖可证老部之成立，为'建类一首，同声相受'八字完全之一部，非他部杂出诸类之可例也。至增其文以相转注，如示部'祭'：'祀也。''祀'：'祭无已也。'木部'柯'：

'斧柄也。''柄'：'柯也。'又有杂采方言以转注者，如艸部'菠'：'芰也。''芰'：'菠也。'楚谓之'芰'，秦谓之'藲苜'，皆转注之变例也。更有不用本字而同声字以转注者，如辵部'逾'：'𨘷也。''𨘷'：'踰也。'足部'踰'：'越也。'此盖转注而兼假借，又例之变而又变者也。要之老部所存十字，于'建类一首，同意相受'八字之义，已包括无遗。故许君独举之，使人知转注之原始。其例甚简如此，断非《尔雅·释诂》'初''哉''首''基'等之训始字者，所能混合为一事也。"[26]

观以上所举转注诸说，江、戴诚为最有力之两派。戴氏之说，有段氏之《注》、王氏之《释例》，其说之传播尤为普遍。学者心理，多思出异说以争胜，而普遍传播之说，遂视为老生常谈。戴氏之转注说，转为现在学者之所不道。转注之说愈衍愈多，时有新奇可喜之论发见。兹更记章炳麟、刘大白之说于后，其余各说，则不及焉。

章炳麟之说曰："段玉裁之说转注，于造字无与，不应为六书之准。许瀚之说转注，转注乃豫为《说文》而设，保氏教国子时，岂豫知千载后有五百四十部书邪。余以为转注、假借，悉为造字之则。泛称同训者，在后人亦得名转注，非六书之转注也。同声通用者，在后人亦得名假借，非六书之假借也。夫字者孳乳而浸多，或同语而双声相转、叠韵相迆，则为更制一字，此所谓转注也。何谓建类一首？类谓声类，首者今所谓语基，'考''老'同在幽部，其谊互相容受，一谊而音有小别。按形体则成枝别，审语言则同本株，虽制为殊文，其实公族，推之双声者亦然，同音者亦然。举'考''老'以示例，得包彼二者矣。许君于同部字，声近谊同者，联举其文，而不说为一字，所以示转注之微旨也。如：'苧'：'麻母也。''蒉'：'苧也。'古音同在之部。'蓨'：'苗也。''苗'：'蓨也。'古音同在幽部。若斯类者，同均而纽或异，则一语之离析为二者也。若其纽均皆同，在古则为一字。自秦汉以后，字体乖分，音读或小与古异，相承别为二文，故虽同谊同均，而不说为同字，此皆转注之可见者也。许君绵联比叙，令学者心知其意。其他部居不同，或文不相次者，若'士'之与'事'，'奴'之与'残'，'了'之与'尥'，'火'之与'煋''燬'，在古一文而已。其后声音小变，或有长音短音，判为异字，而类谊未殊，亦皆转注之例也。若夫'富''备'同在之部，'用''庸'同在东部，'呙''瘑'同在歌部，'惶''恇'同在阳部，于古语皆为一名，而音有小变，乃造殊字，此亦所谓转注者也。其以双声相转，一名一谊而孳乳为二字者，尤彰灼易知。如'屏'之与'藩'，'亡'之与'无'，'谋'之与'谟'，'空'之与'窠'，此其训诂皆同，而声纽相转，其为一语之变，益粲然可睹矣。若是者，谓之转注，类谓声类，非谓五百四十部也。首谓语基，非谓'凡某之属皆从某也'。戴、段诸君说转注为互训，大谊炳然，而不明转注一科为文字孳乳之要例，乃泛谓"初""哉""首""基"训始，并为转注，立例过滥，于造字之则无与。元和朱氏以引申为转注，正许君所谓假借。转注者繁而不杀，恣文字之孳乳者也。假借志而如晦，节文字之孳乳者也乃造字繁省之大例，惜乎知此者希。"[27]

刘大白说曰："转注者'建类一首，同意相受'，'老''考'是也。'类'是合已经转变的声音相类的声符；'建'是立的意思，也就是转注的'注'的意思；'首'就是始；'建类一首'，是说一个元来的声音已经转变了，于是把那合已经转变的声音相类的一个声符，建立在这一个元来的本字旁边。'同意相受'的'受'，'合据形系联'的'系联'，意思相似。许慎所谓'同意相受'，只是据意系联的意思。所以从转注一书所造的新字，也有合元来的本字完全相同，也有合元来本字并非完全同意，不过是据意系联的意思。从'考''老'两字讲，'老'就是一首，'丂'就是建立在老字之下的一个合，那从'老'字转变出来的'考'字的声音相类的声符，'考'字既经造成，而他的意义仍旧受之于'老'，所以'考'和'老'是同意相受。

"'士'：'从一十。'是会意字。'壮'：'从士爿声，大也。''壿'：'从土尊声，士舞也。'都是转注字。'走'：'从夭止。'是会意字；走部中'从走某声'的字，都是转注字。'是'：'从日正。'是会意字；'韪'：'从是韦声。'是转注字。'示'：'从二，三垂，日月星也。'指事字；示部中'从示某声'的字，都是转注字。'八'：'象分别相背之形。'是指事字；八部中'从八某声'的字，都是转注字。'蓐'：'从艸辱字。'是形声字；'薅'：'从蓐好省声，披田艸也。'是转注字。'言'：'从口辛声。'是形声字；言部中'从言某声'，都是转注字。至于由意符加声符，成了转注字，当然还可以加声符上去。这加上声符转注字，依然是一个转注字。例如：'舛'：'对卧也。从夊㐄相背。'是指事字。'韦'：'相背也。从舛口声。'是转注字。而'韠''韨'也从韦毕声，'靺'：'茅蒐染韦也。从韦末声。'"韏'：'臂衣也。从韦菁声。''韜'：'剑衣也。从韦舀声'之类。凡是从韦某声的字，也都是转注字。又云：于是凡从非象形的字上，加一个声符上去，都不是形声字，就是从指事字，或形声字，或会意字上加一个声符上去。都不形声，都是转注字，因为除假借字本纯是纯声符字，不能再加声符。象形字是纯形符字，加上声符便是形声字。指事字本是形符加意符，形声字本是形符加声符，而一经构成一个文字，便只是表意的一个意符，不能再认为形符。至于会意纯是意符，是尤其显明的，所以指事字或形声字或会意字上，加上一个声符，都是转注字。"[28]

又有夏炘著《六书转注说》一书，大概同于江声，兹不述焉。[29]

注释

[1]曹仁虎，字来应，号习菴，清江苏嘉定人。乾隆二十六年进士，官广东学政。《转注古义考》二卷，收入《艺海珠尘》与《许学丛书》，及《益雅益丛书》。
[2]见上，"乾嘉以来之六书说"章。
[3]见《戴东原集》第三卷《答江慎修先生论小学书》。
[4]许宗彦，字积卿，清浙江德清人。乾隆三十四年进士，官至山东布政使；嘉庆二十三年卒。著有《鉴止水斋集》二十卷。

[5]孔广居,字千秋,号瑶山,清江苏江阴人。著有《说文疑疑》。
[6]陈澧,字兰甫,清广东番禺人。道光十二年举人,河源县训导;光绪八年卒,年七十三。
[7]廖登廷,清四川井研人。著有《六书说》。
[8]见《鉴止水斋集》十四卷《转注说》。
[9]见《说文疑疑》。按:是书乾隆五十二年脱稿,五十五年修改成,嘉庆七年刊行。
[10]见《说文发疑》转注节。
[11]见《书江艮庭征君六书说后》。
[12]见廖登廷《六书说·转注章》。
[13]黄式三,字薇香,清浙江定海人。岁贡生,同治元年卒,年七十四。
[14]张度,字辟非,清浙江长兴人。著《说文解字索隐及补例》。
[15]胡琨,清浙江仁和人。著《六书假借转注说》。
[16]见段注《说文解字》十五《叙五曰"转注下"》。
[17]见《对朱氏转注问》。
[18]见《说文解字索隐转注解》。
[19]见《六书假借转注说》。
[20]许瀚,字印林,清山东日照人。道光十五年举人,官峄县教谕。著有《别雅订》五卷,《印林遗著》一卷。
[21]饶炯,字焱之,清四川资州人。著有《文字存真》,光绪二十九年刊行。
[22]见《蛾术编》中《字说》。
[23]见许印林《转注举例》。
[24]见《礼书通故》中《六书通故论转注》。
[25]见《文字存真·六书转注例第五》。
[26]见《六书古微》卷五《转注说》。
[27]章炳麟,字太炎,浙江余杭人。为革命前辈,为汉学大师,著述极富。民国二十五年卒,年六十九。所论转注,见于《小学答问》。

[28]刘大白，浙江人。颇提倡新文学，曾一次官国民政府教育次长，现已卒。其转注说，标题《转注正解》，刊在第二十五卷第二十三号《东方杂志》内。

[29]夏炘，字心伯，安徽当涂人。著《六书转注说》二卷。

假借说

假借颇少异说，虽有不同，不如转注之甚，不同之较巨者，造字之法与用字之法而已。实则所谓造字之法，即本无其字之假借，依声必托事，朱骏声之所认为转注是也。所谓用字之法，即仓卒无其字之假借，依声不必托事，朱骏声之所认为假借是也。名义虽不同，实际初无甚分别，惟其认为是造字之法，则不能包括仓卒无其字之假借。认为用字之法，两种假借皆可包括，本无其字，依声托事之假借，究竟未另造字，仍是假借原有之字而用之也。故此种不同之学说，兹不详述。《说文解字》本书，许氏自言假借，散见于各部甚多。惠安孙经世著《说文解字假借考》一篇，[1]言之极详。王筠著《说文释例》，亦移录之，略有疵瑕，即为辨正。兹录孙氏《假借考》一篇，王辨附注，以见《说文解字》本书假借之例。其他已见于"乾嘉以后诸儒之六书说"章，不详述焉。

孙经世之说曰："六书之有假借也，本无其事，而依声托事。后圣所为济指事、象形、形声、会意、转注之穷，而通其用于不穷者，盖舍是无由，故'令''长'一证，许氏特偶举以见例，其实此例散见于《说文》诸部，固指不胜屈焉。今考诸部解语，有言故以为或以为者，凡以明夫此之可借为彼也。如'屩'下云:'故以为朋党字。''乌'下云:'故以为鸣呼。''来'下云:'故为行来之来。''韦'下云:'故借以为皮革。''丂'下云:'故因以为东西之西。''髮'下云:'或以为首髮。''止'下云:'故以止为足是也。'而'啬'之谓'啬夫','能'之为'能杰','州'之为'九州',以及'子'之借以称人。[2]'勿'之借以称遽,不肖之借以称不似,其先视此也。有言书以为,古文以为,籀文以为者,凡以明夫借此为彼之渊源自古也。如'敆'下云:'《周书》以为讨。''中'下云:'古文以为艸字。''疋'下云:'古文以为《诗·大雅》字,亦以为足字。''彼'下云:'古文以为颇字。''臤'下云:"古文以为贤字。''丽'下云:'古文以为覛字。''丂'下云:'古文以为亏字,又以为巧字。''哥'下云:'古文以为謌字。''㬎'下云:'古文以为显字。''𣃦'下云:'古文旅,古文以为鲁卫之鲁'。'完'下云:'古文以为宽字。''俗'下云:'古文以为训字。''臭'下云:'古文以为泽字。''汓'下云:'古文或以为没字。''㵙'下云:'古文以为洒埽字。''凥'下云:'古文且,又以为几字。''童'下云:'廿古文以为疾字。''鼎'下云:'古文以贝为鼎,籀文以鼎为贝。''爰'下云:'籀文以为车辕字。'是也。而古文'豕'之即为古文'亥',篆文'谷'之即为古文'沇',篆文'羑'为古文'塾',篆文'䢜'之即为古文'塘',篆文'𢍺'之即为古文'得',篆文'卨'之即为古文'偰',篆文'夒'之即为籀文'嫡'。[3]以及《周书》之伯'羿',为古文'囮';《商书》之粤'櫱',古文作由'枿';视此也。有言史篇以为,杜林以为,杨雄以为,贾侍中以为者,凡以明夫借此为彼之传授有人也。如'姚'下云:"《史篇》以为姚易也。''舁'下云:'杜林以为麒麟字。''构'下云:'杜林以为椽桷字。''㖟'下云:'杜林以为贬损之贬。''𥳑'下云:'杜林以为竹筥,杨雄以为蒲器。'[4] '干'下云:'杨雄、杜林皆以为辒车轮幹。''厄'下云:"贾侍中以为厄裹也。''亚'下云:'贾侍中以为次第也。'是也。而'娸'为'丑','堇'为'薄根','橢'为'椅','陲'为'法度','蹢躅'为'足垢',[5]'稽''穆''鬠'为木名之各本诸杜贾,以及'离为猛兽之'出自欧阳乔,'虞为封豕之属之'出自司马相如,视此也。有言亦如是亦如此者,凡以明夫彼之义不同此而亦借此以为之也。如'坍'下云:'《虞书》坍淫于家,亦如是。''镐'下云:"武王所都在长安西上林苑中,字亦如此,''嬽'下云:'阃嬽亦如此。'是也。而《虞书》'𦧅'字之即借目少精之'眊',丹朱字之即借纯赤之'絑',视此也。有言或一说,或曰一曰者,凡以明夫借此为彼之自成一义也。如'皂'下云:'或说一粒也。''我'下云:'或说顷顿也。'[6]'曲'下云:'或说蚕薄也。''瀽'下云:"一说即瀽谷也。''㒄'下云:'或曰拳勇字。''賜'下云:'或曰古货字。''霸'下云:'或曰早霜也。''巴'下云:'或曰食象蛇。''娃'下云:'或曰吴楚之间谓好娃。''挑'下云:'或曰辣羊百斤ナ又为姚。''焦'下云：'一曰鶽字。''解'下云：'一曰解廌兽也。''奇'下云：'一曰不耦。''虢'下云：'一曰师子。''衺'下云：'一曰南北曰衺。''犹'下云：'一曰陇西谓犬子为犹。''意'下云：'一曰十万曰意。''澵'下云：'一曰半瀞也。''沾'下云：'一曰益也。''潜'下云：'一曰汉为潜。''勢'下云：'一曰《虞》雉勢。''鮞'下云：'一曰鱼之美者，东海之鮞。''翚'下云：'一曰伊洛而南，雉五采皆备曰翚。'是也。而他凡本义后别出一义，视此也。有言一曰而后引经以实之者，凡以明夫某之借义当属之某，而非可概为施也。如'假'下云：'一曰至也。'而引《虞书》'假于上下'。'竘'下云：'一曰匠也。'而引《逸周书》'竘匠'。'湑'下云：'一曰露貌。'而引《诗》'零露湑兮'。'鎛'下云：'一曰田器。'而引《诗》'庤乃钱鎛'。'麓'下云：'林属于山为麓。'而引《春秋传》'沙麓崩'。'媒'下云：'一曰女侍曰媒。'而引《孟子》'舜为天子二女媒'。是也。而附娄之为小土山，而证以《春秋传》'附娄松柏'，视此也。有别引经传而特申其说为某者，凡以明夫某之见某，乃其借义而无容与本义混也。如'聖'下引《虞书》'龙朕聖谗说殄行'，而云：'聖疾恶也。''枯'下引《虞书》'惟箘簬枯'，而云：'木名也。''圛'下引《商书》曰'圛'，而云：'圛者升云半有半无。''摇'下引《书》'师乃摇'，而云：'摇者抽兵刃以习击刺也。''貔'下引《诗》'献其貔皮'，《周书》'如虎如貔'，而云：'貔，猛兽。'[7]'念'

下引《周书》'有疾不念',而云:'念喜也。''莫'下引《周书》'布重莫',而云:'织蒻席也。''戋'下引《周书》'笺笺',而云:'巧言。'[8]'斁'下引《诗》'服之无斁',而云:'斁厌也。''庮'下引《周礼》'牛夜鸣则庮',而云:'臭如朽木。''袆'下引《周礼》'王后之服袆衣',而云:'画袍。''皋'下引《周礼》'诏来鼓皋舞',而云:'皋告之也。''丽'下引'丽衣纳聘',而云:'盖鹿皮也。''趡'下引《春秋传》'盟于趡',而云:'趡地名。''枵'下引《春秋传》'岁在玄枵',而云'枵虚也。''駍'下引《春秋传》'駍马百驷',而云:'画马也。''鬴'下引《尔雅》'鬴谓之䰝',而云:'古田器也。''娿'下引《楚词》'女娿之婵媛',而云:'贾侍中说楚人谓姊为娿是也。'而《易》'突如其来',如之即为'去',《周礼》'柔皮之工鲍氏'之即为鞄,以及'虎窃毛为虥苗'之窃之义取诸浅,视此也。凡此皆明言假借是也。抑有不明言假借而彼此参互而得之者,如'忼':'忼慨也。'而引《易》'忼龙有悔',则以'忼''亢'声同而借之也。'嫷':'握持垢也。'而引《易》'再三嫷',则以'嫷''嬻'声同而借之也。'肆':'希属也。'而引《虞书》'肆类于上帝',则以'肆''肆'声同而借之也。'殛':'殊也。'而引《虞书》'殛鲧于羽山',则以'殛''极'声同而借之也。'绘':'会五采绣也。'而引《虞书》'山龙华虫作绘',《论语》'绘事后素',则以'绘''缋'声同而借之也。'戚':'戉也。'而引

《商书》‘率吁众戚’，则以‘戚’‘慽’声同而借之也。[9]‘炪’：‘火光也。’而引《商书》‘予以炪谋’，则以‘炪’‘拙’声同而借之也。[10]‘㱿’：‘人姓也。’而引《商书》‘无有作㱿’，则以‘㱿’‘好’声同而借之也。‘狟’：‘犬行也。’而引《周书》‘尚狟狟’，则以‘狟’‘桓’声同而借之也。[11]‘擘’：‘治也。’而引《周书》‘我之不擘’，则以‘擘’‘避’声同而借之也。[12]‘嫣’：‘妇人妊身也。’而引《周书》‘至于嫣妇’，则以‘嫣’‘屡’声同而借之也。‘碞’：‘磛碞也。’而引《周书》‘畏于民碞’，则以‘碞’‘僭’声同而借之也。‘瞐’：‘氏目视也。’而引《周书》‘武王惟瞐’，则以‘瞐’‘冒’声同而借之也。‘敀’：‘迮也。’而引《周书》‘常敀常任’，则以‘敀’‘伯’声同而借之也。‘譣’：‘问也。’而引《周书》‘勿以譣人’，则以‘譣’‘憸’声同而借之也。‘宲’：‘臧也。’而引《周书》‘陈宲亦刀’，则以‘宲’‘宝’同声而借之也。‘緢’：‘旄丝也。’而引《周书》‘惟緢有稽’，则以‘緢’‘貌’声同而借之也。‘俒’：‘完也。’而引《逸周书》‘以俒伯父’，则以‘俒’‘溷’声同而借之也。‘芼’：‘艸覆蔓也。’而引《诗》‘左右芼之’，则以‘芼’‘覒’声同而借之也。‘夃’：‘市买多得也。’而引《诗》‘我夃酌彼全罍’，则以‘夃’‘姑’声同而借之也。[13]‘晤’：‘明也。’而引《诗》‘晤辟有摽’，则以‘晤’‘寤’声同而借之也。‘暥’：‘目相戏也。’

而引《诗》'晏婉之求'，则以'晏''晏'声同而借之也。[14]'耽'：'耳大垂也。'而引《诗》'士之耽兮'，则以'媅''耽'声同而借之也。'瞏'：'目惊视也。'而引《诗》'独行瞏瞏'，则以'瞏''趶'声同而借之也。'㛐'：'含怒也。'而引《诗》'硕大且㛐'，则以'㛐''儼'声同而借之也。'俟'：'大也。'而引《诗》'伾伾俟俟'，则以'俟''駿'声同而借之也。'瘥'：'残薉田也。'而引《诗》'天方荐瘥'，则以'瘥''瘥'声同而借之也。'熯'：'乾貌也。'而引《诗》'我孔熯矣'，则以'熯''戁'声同而借之也。'侗'：'大貌也。'而引《诗》'神罔时侗'，则以'侗''恫'声同而借之也。'瞋'：'恨张目也。'而引《诗》'国步斯瞋'，则以'瞋''频'同声而借之也。'伎'：'与也。'而引《诗》'鞠人伎忒'，则以'伎''忮'声同而借之也。'戬'：'减也。'而引《诗》'实始戬商'，则以'戬''剗'声同而借之也。[15]'挚'：'束也。'而引《诗》'百禄是挚'，则以'挚''揂'声同而借之也。'坯'：'一臿土也。'而引《诗》'武王载坯'，则以'坯''斾'声同而借之也。'鱢'：'鲢臭也。'而引《周礼》'膳膏鱢'，则以'鱢''臊'声同而借之也。'幦'：'鬃布也。'引《周礼》'駹车犬幦'，则以'幦''幭'声同而借之也。'薉'：'艸貌也。'而引《周礼》'穀虽弊不薉'，则以薉槀声同而借之也。'禨'：'精谨也。'而引《明堂月令》'数将禨终'，则以'禨''几'

声同而借之也。'䝶'：'黏也。'而引《春秋传》'不义不䝶'，则以'䝶''䵝'声同而借之也。'迋'：'往也。'而引《春秋传》'子无我迋'，则以'迋''诳'声同而借之也。'既'：'小食也。'而引《论语》'不使胜食既'，则以'既''气'声同而借之也。[16]'袉'：'裾也。'而引《论语》'朝服袉绅'，则以'袉''拕'声同而借之也。'諺'：'徐语也。'而引《孟子》'故諺諺而来'，则以'諺''原'声同而借之也。'徥'：'行貌也。'而引《尔雅》'徥，则也'，则以'徥''是'声同而借之也。是则以上下文互推焉而可得者也。又如'吝'下引《易》'以往吝'，'遴'下复作'遴'，则以知'遴'即'吝'之借也。'榗'下引《易》'重门击榗'，'柝'下复引作'柝'，则知'柝'即'榗'之借也。'駒'下引《易》'为駒颡'，'昫'下复引作'昫'，则以知'昫'即'駒'之借也。[17]'枖'下引《诗》'桃之枖枖'，'娱'下复引作'娱'，则知'娱'即'枖'之借也。'汜'下引《诗·江有汜》'洍'下复引作'洍'，则以知'洍'即'汜'之借也。'姎'下引《诗》'静女其姎'，'袾'下复引作'袾'，则以知'袾'即'姎'之借也。'褎'下引《诗》'是褎袢也'，'绁'下复引作'绁'，则以知'绁'即'褎'之借也。'荟'下引《诗》'荟兮蔚兮'，'嬒'下复引作'嬒'，则以知'嬒'即'荟'之借也。'踶'下引《诗》'载踶其尾'，'虺'下复引作'虺'，则以知'虺'即'踶'之借也。'傞'下引《诗》'娄舞傞傞'，

'斐'下复引作'婓'，则以知'斐'即'儌'之借也。'㧐'下引《诗》'㧐兮达兮'，'达'下复引作'挑'，则以知'挑'即'㧐'之借也。'广'下引《诗》'广彼淮夷'，'瞿'下复引作'穧'，则以知'穧'即'广'之借也。'鮠'下引《论语》'色鮠如也'，'柬'下复引作'孛'，则以知'孛'即'鮠'之借也。'嬛'下引《春秋》'嬛嬛在疚'，'㝱'下复引《诗》作'㝱'。'忼'下引《春秋传》'忼岁而潵日'，'甈'下复引作'愒'，则以知'㝱'即'疚'之借，'甈'与'愒'即'忼'与'潵'之借也。'嫠'下引《商书》'西伯戡嫠'，'或'下复引作'黎'，'𨤩'下引《虞书》'鸟兽𨤩毛'，'襞'下复引作'襞'作'毛'，'述'下引《虞书》'旁述孱功'，'傝'下复引作'救'作'俙'。则以知'黎'即'嫠'之借，[18]'襞'即'𨤩'之借，'救'即'述'之借，而'毛'与'孱'又即'毛'与'俙'之借也。是则以前后文互勘焉而可得者。又如'匪'：'以竹箧器也。'而'媾'下引《易》'匪寇婚媾'，则以知'匪'之可借为'非'也。'梧'：'檈也。'而'柚'下引《夏书》'柚榦栝柏'，则以知'梧'之可借为'桧'也。'繁'：'马髦饰也。'而'橆'下引《商书》'庶艸繁橆'，则以知'繁'之可借为'蕃'也。'后'：'继体君也。'而'詷'下引《周书》'在后之詷'，则以知'后'之可借为'後'也。'宿'：'止也。'而'氐'下引《周书》'王三宿三祭'，则以知'宿'之可借为'肃'也。'猗'：'犗犬也。'而'韶'下引《周书》'訋，訋猗'，则知'猗'之可借为'兮'也。'爪'：'丮也。'而'獂'下引《逸周书》'獂有爪'，则以知'爪'之可借为'叉'也。'輈'：'重也。'而'惄'下引《诗》'惄如輈饥'，则以知'輈'之可借为'輖'也[19]。'两'：'二十四铢也。'而'鬆'下引《诗》'紞彼两鬆'，则以知'两'之可借为'网'也。'施'：'旗貌也。'而'罬'下引《诗》"施罬濊濊"，则以知'施'之可借为'岐'也。'溔'：'溉灌也。'而'軜'下引《诗》"溔以鱻軜"，则以知'溔'之可借为'沃'也。'棘'：'小枣也。'而'商'下引《诗》"棘人商商"，则以知'棘'之可借为'亟'也。'纳'：'丝溼纳纳也。'而'龡'下引《诗》"纳于龡陵"，则以知'纳'之可借为'内'也。'视'：'瞻也。'而'佻'下引《诗》'视民不佻'，则以知'视'之可借为'示'也。'梦'：'不明也。'而'牧'下引《诗》'牧人乃梦'，则以知'梦'之可借为'癚'也。'巨'：'规巨也。'而'业'下引《诗》'巨业维枞'，则以知'巨'之可借为'虡'也。'革'：'兽皮去毛也。'而'玱'下引《诗》'鞗革有玱'，则以知'革'之可借为'勒'也。'朱'：'赤心木也。'而'緌'下引《诗》'贝胄朱緌'，则以知'朱'之可借为'絑'也。'咊'：'相应也。'而'鸞'下引《诗》'亦有和鸞'，则以知'和'之可借为'盉'也。'萌'：'艸芽也。'而'鉏'下引《周礼》'以兴鉏利萌'，则以知'萌'之可借为'氓'也。'率'：'捕鸟毕也。'而'旗'下引《周礼》

'率都建旂'，则以知'率'之可借为'帅'也。'洗'：'洒足也。'而'觯'下引《周礼》'一人洗举觯'，则以知'洗'之可借为'洒'也。'孼'：'庶子也。'而'薀'下引《春秋传》'薀利生孼'，则以知'孼'之可借为'蠥'也。'遂'：'亡也。'而'痁'下引《春秋传》'齐侯疥遂痁'，则以知'遂'之可借为'豙'也。'燕'：'玄鸟也。'而'昵'下引《春秋传》'私降昵燕'，则以知'燕'之可借为'宴'也。'渎'：'沟也。'而'摜'下引《春秋传》'摜渎鬼神'，则以知'渎'之可借为'嬻'也。'侠'：'俜也。'而'廖'下引《春秋国语》'侠沟而廖我'，则以知'侠'之可借为'夹'也。'博'：'大通也。'而'奕'下引《论语》"不有博弈者乎"？则以知'博'之可为借'簿'也。'荷'：'扶渠叶也。'而'莜'下引《论语》'以杖荷莜'，则以知'荷'之可借为'何'也。'俾'：'益也。'而'𤰞'下引《虞书》"有能俾𤰞"，则以知'俾'之可借为以'言使'也。'条'：'小枝也。'而'紊'下引《商书》"有条而不紊"，则以知'条'之可借以'言理'也。[20]'献'：'宗庙以犬肥者献也。'而'劼'下引《周书》'劼毖殷献臣'，则以知'献'之可借以'言贤'也。'相'：'省视也。'而'劢'下引《周书》'劢相我国家'，则知'相'之可借以'言治'也。'实'：'富也。'而'匪'下引《逸周书》'实玄黄于匪'，则以知'实'之可借以'言盛'也。'此'：'止也。'而'鼅'下引《诗》'得此鼄鼅'，则以知'此'之可借以'言是'也。

'瑟'：'庖牺所作弦乐也。'而'僴'下引《诗》'瑟兮僴兮'，则以知'瑟'之可借以'言庄'也。'如'：'从随也。'而'蕣'下引《诗》'颜如蕣华'，则以知'如'之可借以'言似'也。'卢'：'饭器也。'而'獹'下引《诗》'卢獹獹'，则以知'卢'之可借以'言犬'也。'孔'：'通也。'而'驖'下引《诗》'四驖孔阜'，则以知'孔'之可借以'言甚'也。'又'：'手也。'而'斨'下引《诗》'又缺我斨'，则以知'又'之可借以'言后'也。'佗'：'负何也。'而'厝'下引《诗》'佗山之石'，则以知'佗'之可借以'言彼'也。'胡'：'牛颔垂也。'而'虺'下引《诗》'胡为虺蜥'，则以知'胡'之可借以'言何'也。'祇'：'帛丹黄色也。'而'搅'下引《诗》'祇搅我心'，则以知'祇'之可借以'言适'也。'鷖'：'羌人所吹角屠鷖也。'而'滥'下引《诗》'鷖沸滥泉'，则以知'鷖'之可借以'言泉出'也。'济'：'济水也。'而'楷'下引《诗》'榛楷济济'，则以知'济'之可借以'言众多'也。'莫'：'日冥也。'而'虆'下引《诗》'莫莫葛虆'，则以知'莫'之可借以'言茂盛'也。'岐'：'岐山也。'而'嶷'下引《诗》'克岐克嶷'，则以知'岐'之可借以'言有知'也。'衮'：'衮衣也。'而'穮'下引《春秋传》'是穮是衮'，则以知'衮'之可借以'言雝本'也。'干'：'筑墙耑木也。'而'楄'下引《春秋传》'楄部荐干'，则以知'干'之可借以'言骸骨'也。'喙'：'口也。'而'餕'下引《尔雅》'餕谓之喙'，则以知

'喙'之可借以'言食臭'也。'好':'美也。''肉':'胾也。'而'瑗'下引《尔雅》'好倍肉谓之瑗',则以知'好'与'肉'之可借以'言孔''言边'也。'若':'择菜也。'而'骼'下引《易》'夕惕若厉',则以知'若'之借义为'相若'也。'或':'邦也。'而'鞶'下引《易》'或锡之鞶带',则以知'或'之借义为'或然'也。'畜':'田畜也。'而'牝'下引《易》'畜牝牛吉',则以知'畜'之借义为'畜养'也。'节':'竹约也。'而'卮'下引《易》'君子节饮食',则以知'节'之借义为'节制'也。'参':'商星也。'而'网'下引《易》'参天网地',则以知'参'之借义为'参网'也。'万':'虫也。'而'嘆'下引《易》'燥万物者莫嘆乎离',则以知'万'之借义为'千万'也。'戏':'三军之偏也。'而'谑'下引《诗》'善戏谑兮',则以知'戏'之借义为'嬉戏'也。'报':'当辠人也。'而'摇'下引《诗》'报之以琼瑶',则以知'报'之借义为'施报'也。'乾':'上出也。'而'瀬'下引《诗》'瀬其乾矣',则以知'乾'之借义为'干燥'也。'独':'犬相得而斗也。'而'踽'下引《诗》'独行踽踽',则以知'独'之借义为'孤独'也。'宛':'屈艸自覆也。'而'坻'下引《诗》'宛在水中坻',则以知'宛'之借义为'宛然'也。'彼':'往有所加也。'而'蕑'下引《诗》'彼蕑惟何',则以知'彼'之借义为'彼此'也。'去':'人相违也。'而'蟥'下引《诗》'去其螟蟥',则以知'去'之借义为'除去'也。'终'：'絿丝也。'而'俶'下引《诗》'令终又俶'，则以知'终'之借义为'终始'也。'县'：'系也。'而'旐'下引《周礼》'县鄙建旐'，则以知'县'之借义为'鄙县'也。'获'：'猎所获也。'而'取'下引《周礼》'获者取左耳'，则以知'获'之借义为'捕获'也。'涂'：'涂水也。'而'溠'下引《春秋传》'脩涂梁溠'，则以知'涂'之借义为'涂路'也。'叄'：'禾麦吐穗上平也。'而'捷'下引《春秋传》'叄人来献戎捷'，则以知'叄'之借义为'叄鲁'也。'尔'：'丽尔也。'而'茜'下引《春秋传》'尔贡包茅不入'，则以知'尔'之借义为'尔汝'也。'雝'：'雝鸡也。'而'灾'下引《春秋传》'川雝为泽'，则以知'雝'之借义为'雝塞'也。'广'：'殿之大屋也。'而'冎'下引《春秋传》'晋人或以广坠'，则以知'广'之借义为'广车'也。'甲'：'甲乙也。'而'擐'下引《春秋传》'擐甲执兵'，则以知'甲'之借义为'甲胄'也。'盛'：'黍稷在器中也。'而'襧'下引《春秋传》'盛夏重襧'，则以知'盛'之借义为'壮盛'也。'御'：'使马也。'而'珠'下引《春秋国语》'珠足以御火灾'，则以知'御'之借为'扞御'也。'离'：'离黄也。'而'昃'下引《易》'日昃之离'，'佊'下引《诗》'有女佊离'，'觌'下引《尔雅》'觌罴弗离'，则以知'离'之借义为'离明'、为'离别'、为'弥离'也。'方'：'并船也。''将'：'帅也。'而'妃'下引《虞书》'方命圮族'，'昌'下引《诗》'东方昌矣'，'娠'下引《春秋传》'后缗方娠'，'娍'下引《诗》'有娍方将'，'彝'下引《周礼》'以待裸将之礼'，'撖'下引《春秋传》'宾将撖'，则以知'方'之借义为'方弃'、为'方位'、为'方然'；'将'之借义为'将大'、为'将送'、为'将然'也。是则以本文与旁见之文互证焉而可得者也，凡此皆得之所引经传也。引经传而外，其借义多附他字训释中，如于'顺'言'理'，即以见'治玉之理'又为'顺'也。于'恒'言'常'，即以见'裙下之常'又为'恒'也。于'喜'言'乐'，即以见'音乐之乐'又为'喜'也。于'通'言'达'，即以见'行不相遇之达'又为'通'也。于'亲'言'至'，即以见'鸟飞从高下至地之至'又为'亲'也。于'尃'言'布'，即以见'枲织之布'又为'尃'也。于'俭'言'约'，即以见'约束之约'又为'俭'也。于'可'言'肎'，即以见'骨肉间肎肎箸'之'肎'又为'可'也。于'计'言'会'，即以见'会合之会'又为'计'也。于'诒'言'遗'，即以见'遗亡之遗'又为'诒'也。于'速'言'疾'，即以见'疾病之疾'又为'速'也。于'俗'言'习'，即以见'数飞之习'又为'俗'也。于'代'言'更'，即以见'更改之更'又为'代'也。于'偿'言'还'，即以见'还返之还'又为'偿'也。于'偭'言'乡'，即以见'乡党之乡'又为'偭'也。于'赁'言'庸'，即以见'训用之庸'又为'赁'也。于'缘'言'纯'，即以见'训丝之纯'又为'缘'也。于'瓢'言'蠡'，即以见'虫啮木中之蠡'

又为'瓢'也。于'柏'言'舂'，即以'舂去麦皮之舂'又为'柏'也。于'注'言'灌'，即以见'灌水之灌'又为'注'也。于'愆'言'过'，即以见'过度之过'又为'愆'也。于'憎'言'恶'，即以见'过恶之恶'又为'憎'也。于'谍'言'反间'，即以见'间隙之间'又为'谍'也。于'候'言'司望'，即以见'司事之司'又为'候'也。于'略'言'经略'，即以见'织从丝之经'又为'略'也。于'浅'言'不深'，即以见'深水之深'又为'不浅'也。以'暂'言'不久'，即以见'从后灸之之久'又为'非暂'也。于'忘'言'不识'，即以见'知识之识'又为'不忘'也。[21]于'假'言'非真'，即以见'仙人变形登天之真'为'不假'也。于'廷'言'朝中'，于'觐'言'秋朝'即以见'朝夕之朝'又'朝廷'为'朝觐'也。于'艰'言'难治'，于'险'言'阻难'，于'递'于'跛'；言'更易'，言'平易'；即以见'难鸟之难'，又为'艰'为'险'，'蜥易之易'又为'更'为'平'也。于'遁'、于'般'皆言'避'，于'任'、于'堣'皆言'保'，于'拨'、于'讨'皆言'治'，于'仪'、于'拟'、于'过'皆言'度'，即以见'训法之辟'又为'遁'为'般'，'训养之保'又为'任'、为'堣'，'治水之治'又为'拨'、为'讨'，'法制之度'又为'仪'、为'拟'也。凡若此类，亦皆以本文与旁见之文互证焉而可得者也。是又得之经传外也。要而论之，假借则一，而假有正有变，无其字而借，而所借皆同声之字，是则为正，有其字而借，及所借非同声之字，是则为变。[22]《说文》于引古及袭用成语，往往正变错出，至自为注义，则概从其正，[23]间或偶涉于变，如'衅'下云：'酉所以祭也。'借'酉'为'酒'。[24]'会'下云：'曾益也。'借'曾'为'增'。'邕'下云：'匕合也。'借'匕'为'比'。[25]'旞'下云：'允进也。'借'允'为'鞁'。'寡'下云：'颁分也。'借'颁'为'班'。'望'下云：'壬朝廷也'；借'壬'为'廷'。'孙'下云：'系续也'；借'系'为'继'。要亦寥寥无几焉，诚以变之可参，不若正之可守也。读《说文》者，于诸部解语，则其字之孰为借，复别其所借之孰为正孰为变，而引而申之，贯而通之，则于六书之学思过半矣。"

按假借只有正变二例：一为本无其字之假借，一为本有其字之假借。求之于经传之中，所在皆是，连篇累牍不能尽，于《说文解字》本书中求之，而其例已极为明显。孙氏此篇，至为辨析，故全移录之。其他说不录者，以其在文字学史上无甚关系也。

注释

[1]孙经世，字济侯，号惕斋，清福建惠安人。陈寿祺弟子，道光十一年，以优行贡入成均；十二年，卒于都中，年五十岁。《说文假借考》《惕斋遗书》本在《惕斋经说》中，《许学丛书》本在《说文说》中。《许学丛书》本作孙济世，许溎祥云："旧钞本题孙先生讳济世，释例作经世，未知孰是，实则经世是，先生婿陈金城所行略云：'先生讳经世，字济侯，号惕斋。'旧钞本误合讳字为一也。"
[2]'韦'为'皮'，'子'为'人'，'止'为'足'，皆正非借。

[3]"仌寻羌夒之重出",盖非原文。

[4]"魿"下云:"杜林以为竹笘,杨雄以为蒲器。"乃各家异义,非借为某义之比,厄亚放此。

[5]"蹢躅为足垢"。按:《说文》曰:"或曰蹢躅。"此一义也。乃系连语,与上文住足也,为"蹢"一字之义别也。

又:云:"贾侍中说足垢也。"此又一义也。盖仍系"蹢"一字之义,不连躅言也。盖侍中为许君之师,不待或人传述,然后得闻。

[6]"我"下云:"或说顷顿也。"案:本作"我顷顿也",以"是我顷"为连语,即今之"俄顷","顿也"乃"我顷"之训释也。人部"俄"下云:"行顿也。"故亿"我顷"即"俄顷"也。

[7]"貔"下引《诗》《书》,而又曰"貔猛兽",此连《毛传》引之耳。惕斋系之,无容与本义混条下,似非,盖许君说"貔曰豹属",而又用《毛传》猛兽之说,正是一义,豹岂非兽之猛者乎?《尚书伪孔传》:"貔,执夷,虎属也。"《正义》曰释兽云:"貔,白狐,其子曰豰。"舍人曰:"貔,名白狐。"郭璞曰:"一名执夷,虎豹属。"《诗》释文引《艹木疏》云:"似虎,或曰似熊,辽东人谓之白罴。"筠案:"白罴,犹之白狐,特其异名耳。非谓貔为罴之白者,狐之白者也,如狐之类。今有谓之马鹿者,初非鹿也。"诸说皆以为虎、豹、熊之类,皆足见其为猛兽。乃正义非借义。

[8]"戈"下引《周书》:"笺,而云巧言。"筠案:"懋堂亦如是断句,窃疑其不成文也。""谝"字引《周书》:"截截善谝言。"与今本同。而《公羊·文公十二年传》曰:"惟諓諓善诤言。"王逸注刘向《九叹》,引作"諓諓靖言",岂不可云"戋戋巧言"乎,抑或本作"戋戋竫言""竫言巧言"也,为后人删之。《印林》曰:"谝、竫、靖一声之转,元耕二部本相通也,巧则非矣。"盖谝正字,"竫""靖"假借字,"竫"不可读"巧","竫"为"谝"之假借,乃可训"巧"耳。

[9]此类乃省借,非声借。如《虞书》作"会",借"会"为"绘"

亦是。

[10]"灼"：'火光也。'《商书》曰："予亦灼谋。"读若"巧拙之拙"，惕斋谓《尚书》借"灼"为"拙"，盖据今本作"拙"。《伪孔传》依文训之而然，然恐许意不然也。《夏官·司爟》注："爟如予若观火之观。今燕俗名热汤为观，则观火谓热火与。"筠案："郑君所据《尚书》亦作灼，故说观以热，书词予字为主，若观火以下十字，皆喻君之威也。"作者"火"作也。《左传·昭十七年》："若火作，其四国当之。"又曰："其以丙子壬午作乎。"《十八年传》："七日其火作乎。"是也。逸者火之逸也，《商颂》曰："如火烈烈，则莫我敢遏。"知此乃商时恒言，故桓盘言之也。

[11]"狟""桓"声同而借。案：《书》云："桓桓重言也。"凡重言皆形容之词，大抵是借。《尔雅》："桓桓威也。"然《说文》"桓"："亭邮表也。"岂有威义？不可以今本《尚书》作"桓"，岂谓"狟"为借。

[12]"辥""避"声同而借，亦据马郑义为言，窃谓许君所言，乃《尚书》正解也。"辥"："治也。"推究流言所自起而治其罪也。

[13]"姑"亦借字。

[14]"晏"："天清也。"今诗作"燕"。"燕"："䶃也。"然则"暥""燕"皆借字，《释文》不言有作"晏"之本。

[15]"戬""翦"声同而借。案："翦"："齐断也。"与意不协，此为回护太王之说所惑。

[16]"既""气"一字也。《集韵》说是，《论语》："食气"。复语也，非"借气"为"气"。

[17]"昀"为正字，"眴"为分别字。

[18]惕斋未言"戬""戉"之异，盖戉杀也。"戬"："刺也。"其义不异，或即是一字。

[19]"惄"："如朝饥。"作"朝"之本，多于作"輖"之本。懋堂主"輖"字，惕斋又谓借"輖"为"朝"，皆误也。朴安按：宋本

作"调"。

[20]"理"："治玉也。"是理以治为正义，用为条理，亦借义也。

[21]"识"："常也；一曰知也。"常者旗也。《说文》无"帜"字，"识"即是也。《礼记》："故以其旗识之。"则记识固为引伸之义，然与无义之借不同。

[22]朴安按：所借皆同声之字，及所借非同声之字二句，应改为所借皆声同义近之字，及所借皆声同义不近之字。盖一则依声托事，一则依声不必托事。凡假借无不声韵同也。

[23]许书自为注义，概从其正此，又必不能之势。如"一"下云："惟初太始，道立于一，造分天地，化成万物。"凡一之属皆从一改之曰："思初滑始道立乌一，就分天地，化成虫物。"凡一出属皆从一，此必不通者也。故知世无假借不可以成文。

[24]"酉"字非借。

[25]"七"下云："相与比叙也。"是"七""比"同义，是以"妣"之籀文作"妣"也。

从偏旁到字原

《说文解字叙》云："仓颉作书，依类象形谓之文，其后形声相益谓之字。文者象物，字者孳乳而浸多也。"章氏炳麟谓："独体者仓颉之文，合体者后王之字。"研究文字学者谓之偏旁，或谓之字原。但偏旁与字原，其性质当不同。偏旁者指五百四十部首而言，以五百四十之偏旁，而统九千三百五十三文字也。字原者独体之文，合体之字由此而孳乳者。五百四十部首之中，合体之字甚多，只可谓之偏旁，不可谓之字原。如求字原，须将此五百四十偏旁中之合体字，分析之以求独体之文。自来命名者，或用偏旁，或用字原，不甚注意。清朝以前，关于此类之著作，已记于《文字学前期篇偏旁学》章中。清朝以来，关于此类之著作，其命名亦不甚注意，其有一二家，稍有字原之趋势。兹先记清儒各家关于此类之著作于下：

此类之著作颇多，略记之：一，蒋骥昌之《五经文字偏考》；[1]二，蒋和之《说文字原集注》；三，蒋和之《说文字原表及表说》；[2]四，王筠之《校正蒋氏说文字原表》；[3]五，吴照之《说文偏旁字解》；[4]六，胡重之《说文字原表》；[5]七，桂文灿之《说文部首句读》；[6]八，陈健侯之《说文提要》；[7]九，钱庆曾之《说文部居表》；[8]十，张行孚之《说文揭原》；[9]十一，吴玉搢之《六书叙考》；[10]十二，苗夔之《说文建首字读》；[11]十三，饶炯之《说文解字部首订》；[12]十四，黄寿凤之《说文部首均语》。[13]以上共计十四种，他不悉记焉。

十四种之书，有字原之趋势者：蒋和、王筠、吴玉搢三书而已。吴书略同赵宧光之《说文表》。蒋书分天、地、人。以一为天，从一所生之部首类记之；以二为地，从二所生之首记类之；从人所生之部首，隶于人而类记之。天干甲乙，地支子丑等，不属于天地人者类记之。王氏本蒋之原表而修之，惟注意于"同条牵属，共理相贯，杂而不越，据形系联"。一方面居多，而不能确指出独体之文，为合体字之原若干也。要知中国文字，皆由拼合而来，除独体文确为字原外，有独体文加一符号为一字者，有二文、三文、四文拼一字者，至多有十余文拼一字者。若能求出独体之字原，则辗转孳乳之字，皆由此字原而生。此整理文字，有求字源之必要也。著者尝本五百四十部首，析其合体之字为独体。虽为独体，而可以由彼生此者，皆置之不录，计得字原一百七文。自知仅据部首以求，而未遍及《说文解字》全书中之字，所得殊未的确，不敢据为字原之定数。兹姑仅记其从偏旁到字原之趋势于文字学史上，冀将来有人能从九千三百五十三文之分析，而得字原之的确数若干也。

有日本高田忠周者，据五百四十部首，略如蒋氏、王氏之法，为《说文字原谱》，得母文一百四十七，记之于下：

一（一）　《说文》："惟初太极，道立于一，造分天地，化成万物。"

丨（丨）　《说文》："下上通也。引而上行读若囟，引而下行读若退。"

八（八）　《说文》："别也。象分别相背之形。"

牛（牛）　《说文》："事也，理也。象头角三、封尾之形。"

口（口）　《说文》："人所以言食也。象形。"

丩（丩）　《说文》："相纠缭也。一曰瓜瓠结丩起。象形。"

止（止）　《说文》："下基也。象艸木出有阯，故以止为足。"

彳（彳）　《说文》："小步也。象人胫三属相连也。"

牙（牙）　《说文》："壮齿也。象上下相错之形。"

冊（冊）　《说文》："符命也。诸侯进受于王者也。象其札一长一短，有二编之形。"

ㄋ（又）　《说文》："手也。象形。手之刿略不过三也。"

臼（臼）　《说文》："叉手也。从ㄈㄓ。"

鬲（鬲）　《说文》："鼎属也。象腹交文，三足。"

爪（爪）　《说文》："丮也。覆手曰爪，象形。"

丮（丮）　《说文》："持也。象手有所丮据也。读若戟。"

臣（臣）　《说文》："牵也。事君者，象屈服之形。"

几（几）　《说文》："鸟之短羽飞几几也。象形。读若殊。"

卜（卜）　《说文》："灼剥龟也。象灸龟之形。"

爻（爻）　《说文》："交也。象易六爻头交也。"

目（目）　《说文》："人眼也。象形，重童子也。"

自（自）　《说文》："鼻也。象鼻形，古文作囟。"

羽（羽）　《说文》："鸟长毛也。象形。"

隹（隹）　《说文》："鸟之短尾总名也。象形。"

丫（丫）　《说文》："羊角也。象形，读若乖。"

鸟（鸟）　《说文》："长尾禽总名也。象形，鸟之足似匕，从匕。"

苹（苹）　《说文》："箕属，所以推粪之器也。象形，官溥说。"

冓（冓）　《说文》："交积材也。象对交之形。"

幺（幺）　《说文》："小也。象子初生之形。"

予（予）　《说文》："相推予也。象相予之形。"

第三编　文字学后期时代　清　/　327

冎（冎）　《说文》："剔人肉置其骨也。象形，头隆骨也。"

肉（肉）　《说文》："胾肉，象形。"

刀（刀）　《说文》："兵也。象形。"

丰（丰）　《说文》："艸蔡也。象艸生之散乱也。读若介。"

角（角）　《说文》："兽角也。象形。"

竹（竹）　《说文》："冬生艸也，下垂者箁箬也。"

丌（丌）　《说文》："下基也。荐物之丌，象形，读若基。"

工（工）　《说文》："巧饰也。象人有规矩，古文作㠭。"

乃（乃）　《说文》："曳词之难也。象气之出难也。古文作㐁，籀文作𠧎。"

豆（豆）　《说文》："古食肉器也。从口象形。古文作𣅀。"

虍（虍）　《说文》："虎文也。象形。"

皿（皿）　《说文》："饭食之用器也。象形，与豆同意，读若猛。"

厶（厶）　《说文》："厶卢，饭器，以柳作之，象形，或作筥，从竹去声。"

丶（丶）　《说文》："有所绝止，丶而识之也。"

入（入）　《说文》："内也。象从上俱下也。"

缶（缶）　《说文》："瓦器，所以盛酒浆，秦人鼓之以节歌。象形。"

ᅣ（矢）　《说文》："弓弩矢也。从入，象镝栝羽之形。"

冂（门）　《说文》："林外谓之门，象远介也。古文作冋，或作坰。"

來（来）　《说文》："周所受瑞麦来麰也。二麦一夆，象其芒束之形。"

夊（夊）　《说文》："行迟曳夊夊也。象人两胫有所躧也。"

囗（囗）　《说文》："回也。象回帀之形。"

貝（贝）　《说文》："海介虫也。象形。"

日（日）　《说文》："实也。太阳之精不亏，从囗一象形。"

月（月）　《说文》："阙也。太阴之精，象形。"

毌（毌）　《说文》："穿物持之也。从一横𠁁，𠁁象宝货之形。"

丂（丂）　《说文》："嘾也。艸木之华未发函然，象形，读若含。"

卤（卤）　《说文》："艸木实垂卤卤然，象形，读若调。"

𠧋（齐）　《说文》："禾麦吐穗上平也。象形。"

克（克）　《说文》："肩也。象屋下刻木之形，古文作𠧐𠧑。"

彔（彔）　《说文》："刻木彔彔也。象形。"

臼（臼）　《说文》："舂臼也。象形，中象米也。"

凶（凶）　《说文》："恶也。象地穿交陷其中也。"

朩（朩）　《说文》："豆也。象豆生之形。"

㞢（耑）　《说文》："物初生之题也。上象生形，下象其根也。"

韭（韭）　《说文》："韭菜也。象形，在一之上，一地也。此与㞢同意。"

瓜（瓜）　《说文》："㼌也。象形。"

宀（宀）　《说文》："交覆突屋也。象形。"

呂（吕）　《说文》："脊骨也。象形。"

疒（疒）　《说文》："倚也。人有疾痛也。象依著之形。"

冖（冖）　《说文》："覆也。从一下垂。"

儿（人）　《说文》："天地之性最贵者也。此籀文，象臂胫之形。"

毛（毛）　《说文》："眉发之属及兽毛也。象形。"

舟（舟）　《说文》："船也。象形。"

百（百）　《说文》："头也。象形。"

丏（丏）　《说文》："不见也。象雍蔽之形。"

彡（彡）　《说文》："毛饰画文也。象形。"

文（文）　《说文》："错画也。象交文。"

卩（卩）　《说文》："瑞信也。象相合之形。"

甶（甶）　《说文》："鬼头也。象形。"

厶（厶）　《说文》："奸衺也。韩非曰："仓颉作字，自营为厶。"

山（山）　《说文》："宣也。有石而高者，象形。"

厂（厂）　《说文》："山石之厓岩人可居，象形。"

勿（勿）　《说文》："州里所建旗有三游，杂帛，幅半异。

冄（冉）　《说文》："毛冉冉也。象形。"

而（而）　《说文》："须也。象形。"

豖（豖）　《说文》："豖也。象毛足而后有尾。"

彑（彑）　《说文》："豕之头，象其锐而上见也。读若罽。"

豸（豸）　《说文》："兽长脊行豸豸然，欲有所司杀形。

兕（兕）　《说文》："如野牛青色，兕头与禽离头同。"

易（易）　《说文》："蜥易，守宫也。象形，秘书曰："日月为易，一曰从勿。"

象（象）　《说文》："南越之大兽长鼻牙，三年一乳，象耳牙四足尾之形。"

马（马）　《说文》："怒也。武也。象马头髦尾四足之形。"

廌（廌）　《说文》："解廌兽也。似牛一角，象形从豸省。"

犬（犬）　《说文》："狗之有县蹏者也。象形。"

鼠（鼠）　《说文》："穴虫之总名也。象形。"

第三编　文字学后期时代　清／331

火（火）　《说文》："焜也。南方之行，炎而上。象形。"

大（大）　《说文》："天大地大人亦大。象人形。"

囟（囟）　《说文》："头会脑盖也。象形，或从肉宰作膟。"

心（心）　《说文》："人心，土臧也。在心之中，象形。"

水（水）　《说文》："准也。北方之行，象众水并流中有微阳之气也。"

仌（仌）　《说文》："冻也。象水冰之形。"

鱼（鱼）　《说文》："水虫也。象形，鱼尾与燕尾相似。"

燕（燕）　《说文》："燕燕玄鸟也。籋口布翅枝尾，象形。"

飞（飞）　《说文》："鸟翥也。象形。"

乞（乞）　《说文》："燕燕，乞鸟也。齐鲁谓之乞，取其鸣自呼，象形也。"

户（户）　《说文》："護也。半门曰户，象形。"

耳（耳）　《说文》："主听者也。象形。"

匠（匠）　《说文》："颔也。象形。"

手（手）　《说文》："拳也。象形。"

乎（乎）　《说文》："背吕也。象胁肋形，读若乖。"

女（女）　《说文》："妇人也。王育说。"

丿（丿）　《说文》："又戾也。象ナ引之形。"

⼂（⼚） 《说文》："抴也，朋也。象曳引之形。虒字从此。"

⼂（戈） 《说文》："平头戟，从弋一衡之，象形。"

⼂（亅） 《说文》："钩逆者谓之亅，象形，读若橜。"

⼂（琴） 《说文》："禁也。神农所作，洞越，练朱五弦，周时加二弦。"

⼂（乚） 《说文》："匿也。象迟曲隐蔽形，读若隐。"

⼂（匚） 《说文》："受物之器，象形，读若方，籀文作匚。"

⼂（瓦） 《说文》："土器，已烧之总名，象形也。"

⼂（弓） 《说文》："穷也。以近穷远者，象形。"

⼂（系） 《说文》："细丝也。象束丝之形，读若觅，古文作系。"

⼂（虫） 《说文》："一名蝮，博三寸，首大如擘指，象其卧形。"

⼂（卵） 《说文》："凡物无乳者卵生。象形。"

⼂（田） 《说文》："陈也。树穀曰田。象形。十，千百之制也。"

⼂（力） 《说文》："筋也。象人筋之形。"

⼂（开） 《说文》："平也。象二干对冓上平也。"

⼂（勺） 《说文》："枓也。所以挹取也。象形，中有实，与包同意。"

⼂（几） 《说文》："踞几也。象形。"

第三编 文字学后期时代 清 / 333

斤（斤）　《说文》："斫木斧也。象形。"

矛（矛）　《说文》："酋矛也。建于兵车，长二丈，象形。"

車（车）　《说文》："舆轮之总名也。象形。"

𠂤（自）　《说文》："小𠂤也。象形。"

厽（厽）　《说文》："累坡土为墙壁，象形。"

宁（宁）　《说文》："辨积物也。象形。"

叕（叕）　《说文》："缀联也。象形。"

亞（亚）　《说文》："丑也。象人局背之形。"

九（九）　《说文》："易之变也。象其屈曲究尽之形。"

甲（甲）　《说文》："东方之孟，阳气萌动，从木戴孚甲之象。"

乙（乙）　《说文》："象春艸木冤曲而出，阴气尚强，其出乙乙也。与丨同意。"

丁（丁）　《说文》："夏时万物皆丁实，象形。"

戊（戊）　《说文》："中宫也。象六甲五龙相拘绞也。"

己（己）　《说文》："中宫也。象万物辟藏诎形也。"

庚（庚）　《说文》："位西方，象秋时万物庚庚有实也。"

癸（癸）　《说文》："冬时水土平可揆度也。象水从四方流入地中之形。"

子（子）　《说文》："十一月阳气动，万物滋，人以为称，象形。"

🞥（巳）　《说文》："巳也。四月阳气巳出，阴气已臧，万物见，成彣彰，故巳为蛇，象形。"

🞥（午）　《说文》："牾也。五月阴气牾㦿，阳气冒地而出也。此与矢同意。"

🞥（酉）　《说文》："就也。八月黍成，可为酎酒，象古文酉之形也。"

以上字原一百四十七，亦不甚的确。如"臼"从ㄣㄐ，ㄣㄐ即ナ又二文之变，臼非字原；"开"象二千对薅上平，开当从二干，开非字原；"田"，十千百之制，田当是从口从十，田非字原；"八"象分别相背之形，八当从又戾之丿，左戾之乀，八非字原；即"𠃬"从"手"，"豆"从"口"，"矢"从"入"，亦皆非字原。又如不之木，𠃌之𠃌等，而在部首中所无者，虽不成文，九千三百五十三文，或需用此类不成文之符颇多。故字原之外，当有若干符号之搜集，偏旁之学，已为历史之过去，字原之整理，尚有望于将来也。

注释

[1]蒋骐昌，常州武进人。其书三卷，录五百四十部首，并出隶书，略有注释。乾隆五十九年刊。

[2]蒋和，字仲和，号醉峰，无锡人。乾隆五十一年钦赐举人，其《说文字原集注》十五卷，录五百四十部首。凡古文、篆文及笔迹小异隶变，悉书之，并为正义别义辨正注释。乾隆五十三年刊，分天、地、人为三纲，以干支附于后，编次为表。其表说则略说其据形系联之故，附刊于《说文字原集注》后，亦有单行本。

[3]王筠履略见前。就蒋和之《说文字原表》，改为谱牒式，附刊于《说

文句读》后，改名《部首》。

[4]吴照，字照南，一字白庵，别号青芝山人，江西南城人。乾隆拔贡，官大庾县训导。其书取五百四十部首，及说解并录之，无注释，刊在《说文字原考略》内。《字原考略》，汇录《说文》《玉篇》、梦英、周伯琦《隶辨》等之偏旁，并及引经等。乾隆五十七年刊。

[5]胡重，浙江钱塘人。其书用李焘《五音韵谱》，始"东"终"甲"，取五百四十部首而编之，无说解，无注释，间标音读。嘉庆十六年刊。

[6]桂文灿，字子白，广东南海人。道光举人，官湖北郧县知县。其书未见。

[7]陈建侯，字仲耦，福州人。官湖北知府。湖北崇文书局本。

[8]钱庆曾，字又沂，大昕曾孙。岁贡声，官训导。其书未见。

[9]张行孚履略见前。其书取五百四十部首，以真书为主，以真书笔画之多少，依次编之，书篆文于下，略有说解及注释，便于检查也。光绪十年刊。

[10]吴玉搢，字藉五，号山人，江苏山阳人。廪贡生，官凤阳训导。其书分"数位""天官""地舆""人物""事为""饮食""衣服""宫室""器用""动物""植物""支干"为十二类，附存疑五部，共计五百十部。母部二百一十九，子部二百九十一。其书未刊，稿本藏南陵徐氏。

[11]苗夔，字仙簏，一字先路，直隶肃宁人。道光十一年优贡，咸丰七年卒，年七十五。谓《说文》建首五百四十字，即苍颉读，六朝五代人无能得其句读者，皆以俗韵失之，乃以句用、，韵用〇，间句韵用〇〇，隔句韵用、、，为《说文》建首字读。苗氏颇自珍异，以今日学术眼光观之，亦无甚意义也。咸丰元年刊，《苗氏四种》本。

[12]饶炯，履略见前。录五百四十部首，并及说解，自为注释颇详，以便初学之读。光绪三十年刊，《文字存真》本。

[13]黄寿凤，江苏吴县人，其他不详。此书以五百四十部首字，编为四言均语，如：云"一为字始，丄示乃生，贯三为王，玉珏异声"，便学童

之读而已。民国七年影印，。

[14]高田忠周，号竹山，日本东京人。著《说文字原谱》，刊在《补正朝阳字鉴》中。

从声读到文始

　　声读发明，始于宋人，已记之于"文字学前期"篇内矣。清代提倡声读者，当推戴氏震，而戴氏未有成书也。弟见其与段玉裁书云："谐声字，半主义，主半声。《说文》九千余字，以义相统，今作谐声表，若尽取而列之，使以声相统，条贯而下。如谱系，则亦必传之绝作也。"其意盖欲命段氏为之，顾、段氏亦未成书也，其《古十七部谐声表》，仅取《说文解字》全部形声字而记其声，未尝有意求声母，计得声母一千五百四十三字。[1]略有声读之趋势，乃命弟子江沅专为声读之著作。沅先成《释音例》，嗣又成《说文解字音均表》。《释音例》只记声母而已，求得声母一千二百九十一，阙音二十三。《音均表》则以声母为首，而以从母得声之字，依列为表，[2]此即戴氏所谓以声相统，条贯而下，如谱系也。清代其他学者，本声读之法，求得声母，著有成书者颇多，略举之：一，张惠言之《说文谐声谱》，本声读法，计得声母一千二百六十三；[3]二，陈立之《说文谐声孳生述》，本声读法，计得声母一千二百一十一，阙音二十四；[4]三，江有诰之《谐声表》，本声读法，计得声母一千一百七十二；[5]四，龙启瑞之《古韵通说》，本声读法，计得声母一千一百二十一；[6]五，姚文田之《说文声谱》，本声读法，计得声母一千一百一十二；[7]六，严可均之《说文声类》，本声读法，计得声母九百三十八；[8]七，苗夔之《说文声读表》，本声读法，计得声母六百五十一。[9]以上诸书，自段氏《古十七部谐声表》以下，至苗氏《说文声读表》，皆是根据《说文解字》九千三百五十三文而求得声母者。除段书外，其他皆以母统子，如谱系然，求得之声母，以段氏为最多，以苗氏为最少，而所用之方法则一。至于其求声母之目的，悉为求古音分部之用，绝无有据此以求文始之趋向，亦未有声同义假之推求。戚氏学标之《汉学谐声》、朱氏骏声之《说文通训定声》，已记之于前。其求声母之方法，虽与诸书相同，而其趋势，则颇有文始之意味，而朱书更有声义相通之记述。其他关于声读之书，而未见传本者，有钱塘之《说文声系》、[10]陈鱣之《说文声系》、[11]汪莱之《说文声类》、[12]邹汉勋之《说文谐声谱》、[13]徐养源之《说文声类》。[14]书虽未见，观其命名，大概皆是以声母统子，亦未有意求文始，以得文字辗转孳乳之迹。至章氏炳麟，始标文始之名，著有《文始》一书。[15]惟章氏之书，不据形声之字以求声，而以音之近转远转对展旁转，以此字之音，孳乳而为彼字。此则章氏之《文始》，所用之方法，而与清代学者本声读之方法以求声母，则不相同者也。

　　章氏之书，剌取《说文》独体，命以初文，其诸省变，[16]及合体象形指事，[17]与声具而形残。[18]若同体复重者，[19]谓之准初文；都五百一十，谓之文始。其相生之法有二：音义相雠，谓之变易；义自音衍，谓之孳乳。坒而次之，得五六千名。

　　其变易之例：《说文》"巜"："水流浍浍也。"变易为活,水流声,《诗》"北流活活"。《说文》"丰":"艸蔡也。象艸生之散乱也。"变易为秒,芫也,为蔡艸也;本无艸乱,亦即为艸。《方言》"苏芥":"艸也。以芥为之。"

其孳乳之例:《说文》"凷":"墣也。从土凵,凵屈象形。"此合体象形字也。孳乳为督,督商,小块也。封坒阈人行步,故孳乳为凷,行不便也。《说文》"蕢":"艸器也。古文作臾。"此初文也。孳乳为匮,匣也。

其变易与孳乳并用者,《说文》"夬":"分决也。从又象决形。"此合体指事字也。孳乳为"决",行流也。变易为"溃",漏也。孳乳为"殨",烂。为"讀",中止也;《司马法》曰:"师多则人讀。"《春秋传》:"民逃其上曰溃。"以"溃"为之,此一族也。夬又孳乳为"缺",器破也。缺又孳乳为"玦",玉玦也。如环而缺,为"䬐",城阙其南方也。为"阙",门观也。此二族也。夬又孳乳为"抉",挑也。为"䀠",棺目也。"抉"对转寒,变易为"揎",摇也。"䀠"对转寒,变易为"睍",出目也。"夬"旁转队,孳乳为"圣",致力于地也。变易为"掘",掘也,为掘掘也。又孳乳为"汩",治水也。旁转至,又孳乳为"穴",土室也;《诗笺》曰:"凿地曰穴。"[20]由是还泰,有突穿也。有"窫",深抉也。此三族也。夬又孳乳为"韧",巧韧也,谓巧于雕刻也。韧又孳乳为"栔",刻也。栔又孳乳为"契",大约也。释诂,契训绝。郭璞曰:"江东呼刻断物为栔断。"是本与分决同义,书契取诸夬,盖谓此也。"韧"对转寒,孳乳为"宪",敏巧义近,"契"

对转寒，变易为"券"，契也。宪训法者，即契之借。[21]大约剂书于宗彝，故契又孳乳为"彝"，宗庙常器也。释诂，"彝"与"法"则同训，彝又孳乳为"器"，皿也。此四族也。夬有口决之义，孳乳为"啮"，噬也。近转歌，变易为"齮"，啮也。旁转脂，变易为"齕"，啮也。齕对转谆，变易为"龈"，啮也。此皆齿决。此五族也。夬有决绝之义，故孳乳为"弃"，捐也。对转寒，变易为"捐"，弃也。"捐""夬"相转，犹"睊""眣"相转矣。弃近转歌，孳乳为"殨"，弃也，俗语谓"死曰大殨"。此六族也。"夬"为分决，"契"为约束，契孳乳为"絜"，麻一耑也。引申为度长絜大之义，凡圆物皆围而度之。絜又变易为"括"，絜也。《韩诗说》："括约束也。"次对转谆，变易为"捆"，絭束也。通以"麢"为之，对转寒，孳乳为"絭"，纕臂绳也。为"槖"，小束也。因而分别之，夬对转寒，孳乳为"柬"，分别简之也。释诂，柬择也。因而数揲之，夬旁转脂，孳乳为"计"，会也，筭也。与絜为絜度同意。此七族也。

观以上所记，远转近转，旁转对转，变易与孳乳并用，如"夬"字一条，可谓极文字相生之妙矣。但此属于言语之相生，而非属于文字之相生。文字虽由言语而制造，而中国为演形文字，其文字之相生，不能离形，而以均之近转远转，旁转对以求之。故章氏之文始，乃言学而非文字学也。求文字学之文始，仍当本声读法以求之。

注释

[1]《古十七部谐声表》,为《六书音均表》之二,附刊在《说文解字注》后。

[2]江沅,字伯兰,江声之子。其《释音例》,刊在《说文释例》中,只记其母,未谱其子。《说文解字音均表》,用段氏十七部例为十七卷,求得声母,并谱其子,刊在《清经解续编》中。

[3]张惠言,字皋文,江苏武进人,嘉庆进士。《谐声谱》之编,始于庄葆琛,未卒业,属皋文为之,成书二十卷,未付刊。其子成孙,字彦惟,能传其学,续成是编,演为五十卷,亦未付刊。王先谦辑《经解续编》,收入是书,仅九卷,龙翰臣启瑞所节录者。

[4]陈立,字卓人,江苏句容人。道光进士,官曲靖知县,受业于凌曙刘文淇之门。是书刊入徐氏《鄦斋丛书》内。

[5]江有诰,字晋三,安徽歙县人。《江氏音学十书》本。

[6]龙启瑞,字翰臣,广西桂林人。道光二十一年进士,二十九年卒,年五十八。是书原刻本,近四川有翻刻本。

[7]姚文田,浙江归安人。嘉庆四年进士,官至礼部尚书。是书家刻本,《粤雅堂丛书》本。

[8]严可均,字景文,浙江乌程人。嘉庆五年举人,与姚文田同治《说文》。道光二十三年卒,年八十二。是书四录堂本,李氏《木犀轩丛书》本。

[9]苗夔,履略见前。其《声读表》,刊在《苗氏四种》内。

[10]钱塘钱大昕之族子。其书见《溉亭述古录》,未见传本。

[11]陈鳣,履略见前。其书见《小学考》,未见传本。

[12]汪莱,字孝婴,安徽歙县人,嘉庆优贡。其书见《研六室文钞》,未见传本。

[13]邹汉勋,字叔绩,湖南新化人,咸丰举人。其书见《敩艺文存》,未刊。

[14]徐养源，字心田，浙江德清人。其书见《衍石斋记事稿》，未见传本。

[15]《文始》九卷，在浙江图书馆所刊《章氏丛书》内，又有手写影印本。

[16]省者如"丑"之省"飞"，"不"之省"木"是也；变者如反"尺"为"𠥓"，到"尺"为"𠂢"是也；此皆指事之文。若"又"从"彳"而引之，"天""矢"尤从大而诎之，亦皆变也。如上诸文，虽皆独体，然必以佗文为依，非独体自在者也。

[17]合体象形如果，合体指事如叉。

[18]如"氐"从"乀"声，"内"从"九"声，"乀""九"已自成文，"𠃊""乙"犹无其字，此类甚少。盖初有形声时所作，与后来形声皆成字者殊科。

[19]"二""三"皆从"一"积画，"艸""茻""卉"皆从"屮"积画，此皆会意之原。其"奴"字从丩又，"北"字从尺𠥓，亦附此科。非若"止戈、人信"之伦，以两异字会意也。"二""三"既是初文，其余亦可比例。

[20]"圣"字说解，有免堀盖即穴声之转，然堀字又训突，义稍异。

[21]款识之"款"，借为"栔""契"；款木为"舟"，借为"栔"。《诗》《传》"契"又训开，开则通，故款亦训空，又借为"窠"。

新补新附

许君《说文解字》一书，今存者惟大小徐二本；小徐本成书在先，大徐本成书在后。小徐本据偏旁有之，诸部不见者，补"劉""志""驔""希""崔""免""由"七字。大徐本据注义及序例偏旁有之，诸部不见者，补"诏""志""件""借""魅""蓁""剔""觷""酨""赳""顚""玙""詹""榭""緻""笑""迓""睆""峰"十九字。小徐与大徐所补相同者仅一"志"字，是二徐共补二十五字。据二徐氏所补之例，则凡注义序例偏旁有，而部中无者，皆当补入，他不具论。其见于偏旁者，如"绥""桵"等字，皆从妥声，部中无妥字；"蔽""聲"等字，皆从叔声，部中无叔字；"噬""溢"等字，皆从筮声，部无筮字。其他尚多不悉举。是则二徐之所补，亦不完备也。

二徐之书，大徐本流行尤广。清代学者，关于文字学之著作，大概根据大徐本。大徐新补之十九字，段氏玉裁《说文解字注》，颇有弃取。如"诏"字不录，谓"秦造诏字，惟天子用之"。《文选注》引独断曰："诏犹告也，三代无其文，秦汉有也。"据此可证秦以前无"诏"字。"志"字则录之，谓"《周礼·保章氏》注云：志古文识。"盖古文有"志"无"识"，小篆乃有"识"字，《保章》注曰："志古文识，识记也。"《哀公问》注曰："志读为识，识知也。"今人分志向一字，识记一字，知识一字，古只有一字。许心部无"志"者，盖以其即古文"识"，而识下失载也。是段氏对于大徐所补之十九字，有认为应补者，有认为不应补者，散见于段注全书之中，可覆按也。其著书专论新补者，有钮氏树玉之《说文读考》，[1]钱氏大昭之《说文新补新附考证》。[2]兹将钮、钱二氏所考之十九文，记异同于下。

诏　钮氏云："诏，通作召。"钱氏云："《礼记》郑注，古文'诏'为'绍'。"

志　钮氏云："'志'即'识'之古文。"钱氏云："江氏声曰：'《说文》叙云：演赞其志。又心部'意'：'志也。’似《说文》本有‘志’字，或写书者误脱。”

件　钮氏云：“‘件’疑‘牵’之俗字。”钱氏无说。

借　钮氏云：“借，通作藉。”钱氏云：“‘籍’‘藉’俱可通用。江声曰：‘当用唶’。”

魋　钮氏云：“‘魋’或作‘椎’，又作‘魁’。”钱氏云：“言部‘讙’从此得声，则‘魋’字不可少，审知转写漏落也。”

綦　钮氏云：“‘綦’即‘綼’之别体。”钱氏云：“玉部‘璂’，艸部‘纂’，并从此得声，则綦字不可少，审知转写漏落也。”

剔　钮氏云：“剔，通作鬄，亦作鬀。”钱氏云：“髟部‘鬀’从此得声，则‘剔’字不可少，审知转写漏略也。”按：大徐本作“从髟从刀易声”，小徐本作“从髟剔声”，段玉裁云：“小徐本误甚，大徐本不误。”许于刀部无“剔”字，故此篆断非剔声也。汉时有“剔”字，许不录者，礼古文作“鬀”，今文作“剔”，许于此字从古文，故不取今文也。凡许于礼经依古文则遗今文，依今文则遗古文。”

嚳　钮氏云：“嚳，通作喾。”钱氏无说。

醆　钮氏云：“醆，或作盏，又作湔。”钱氏无说。

趄　钮氏云：“趄，通作且。”钱氏云：“《广雅》：迖雎难行也。是古或作‘雎’，‘趑’‘趄’字必李阳冰所增，转写者存‘趑’而脱‘趄’。”

顦　钮氏云：“顦，通作醮。”钱氏云：“《左氏传》作‘蕉萃’。”

玙　钮氏云："玙，通作与。"钱氏云："《左氏传》释文，'玙'本一作'与'。"

䧹　钮氏云："䧹，通作應。"钱氏云："《经典》作'應'。"

樢　钮氏云："樢，通作䄄。"钱氏云："《尔雅·释木》作'䄄'。"

緻　钮氏云："緻，通作致，亦作撽。"钱氏云："古作致，《诗·鸨羽》传：鹽不攻緻也。疏云：定本皆作'致'，释文本作'致'。"

笑　钮氏云："笑，即芺之俗体。"钱氏云："笑，当作芺。"

迓　钮氏云："迓，通作讶，亦作迕。"钱氏无说。

睆　钮氏云："睆，疑睍之正文。"钱氏云："艸部'莞'字从此，则'睆'不可少，审知传写者脱漏也。"

峰　钮氏云："峰，疑封之俗字。"钱氏无说。

钮氏之说，新补十九文，在《说文》中皆有一字以当之，似可不必补。钱氏之说，如"讙"从"鼍"声，"瑧""襮"从"綦"声，"鬍"从"剔"声，"莞"从"睆"声，"鼍""綦""剔""睆"四字则必要补。"鬍"从"剔"声，颇有疑问，惟其据偏旁所有而补。所见极是，但是应补者不仅此四字。钮、钱之说，皆限于大徐之十九文而立论也。

其新附者，谓有经典相承传写，及时俗要用，而《说文》不载者，承诏皆附益之，以广篆籀之路，亦皆形声相从。不违六书之义者，钱氏大昕云："予初读徐氏书，病其附益字多不典,及见其进表,知所附实出太宗之意。大徐以羁旅之身,处猜忌之地,知其非而不敢力争,往往于注义中略见其旨,千载以下,当原其不得已之苦心也。"[3]钱氏之论,可谓曲谅徐氏之心,然以经典相承及时俗所有之字,不见于《说文解字》者甚多。太宗欲附于《说文解字》之后,未始无见;徐氏既别为新附,自不惧与许君原书相混。徐氏既承诏附益,当广为搜集,今所附仅四百二文,亦为不完备也。

新附四百二文,段氏《说文解字注》,悉删不录,其他诸家,或颇附录。徐氏既别为附录,不与本书相乱,不妨存之。段氏之删,未免太严其例。其著书专论新附者,有钮树玉之《说文新附考》、钱大昭之《徐氏说文新补新附考证》、即前所举之书。郑氏珍之《说文新附考》。[5]四百二文之新附,未能悉举,乃本钱大昕《说文新附考序》中,所举之"琡""緅""塾""刹""抛""打""辦""勘"八字,汇集三家之说,记于下方,以例其凡:

琡　钮氏云:"琡,通作璹。《系传》'璹'下,有'臣锴按《尔雅》璋大八寸谓之琡。《说文》有璹无琡,宜同也'云云。盖以璹训玉器,而读若淑,则音义并同耳。《韵会》'璹'或作'琡',即本此。"

钱氏云:"当作璹。'璹':'玉器也。读若淑。'故知'琡'即'璹'也。"

郑氏云:"小徐认'璹'谓古'琡'字是也。"

緅　钮氏云:"緅,即纔之别体。《考工记》郑注:染纁者三入而成,再染以黑则为緅。緅今礼俗文作爵,言如爵头色也。又复再染以黑乃成缁矣。据《说文》'纔'训帛雀头色，正与緅合。"

钱氏云："'緅'当用'纔'。"其说与钮氏所引《考工记》注同。

郑氏云："今考'纔'篆，盖'緅'篆之误，下纔浅也云云，乃'纔'字篆解，今本由'緅''纔'联文，误'緅'作'纔'，即上下成两纔篆，浅者不知，因删从糸取声不相应之文，以纔之篆注并入上注，令免重复。"

塾　钮氏云："塾，即壄之别体。钱先生（大昕）云：'《后汉书·齐武王传》：王莽使长安中署，及天下乡亭，皆画伯升像于塾，旦起射之。章怀太子注云：《东观记续汉书》并作壄。且引《说文》云：射臬也。又引《广雅》云：壄的也。树玉谓'甄''壄'并从辜声，则壄音亦近甄。"

钱氏所引，与钮氏同。

郑氏云："今经典通作塾。段氏云：'古止作孰，谓之孰者。《白虎通》曰：所以必有孰何，欲以饰门，因以为名，明臣下当见于君，必孰思其事。是知其字其作孰而已，后乃加土，李贤引《字林》：'塾门侧堂也，是知后汉多作塾字。'此说是也。"

按以上三字，钱大昕所谓后代增加者，"琡"字无异说；"塾"字钮、钱悉以为"壄"字，郑以为"孰"字，所认之正字虽不同，而"塾"要为后代之增加则一；惟"緅"字郑说独异，郑以"緅"为《说文》之逸字，故"緅"字郑收入其所著《说文逸字》中。

剎　钮氏云："剎，即剌之俗体。《一切经音义》卷一'剎'注云：字书无此字。即'剌'字略也。剎音初一反，浮图名，剎者讹也。其说甚确，盖俗书'杀'为'柒'，又省作'朱'，因讹为'杀'耳。《类篇》刀部有剎。"

钱氏无说。

郑氏说同钮氏，而斥徐氏附此为谬俗书。

抛　钮氏云："抛，即抱之俗字，亦作摽。钱先生云：'《史记·三代世表》"抱之山中"，音普茆反，则抛盖即抱之讹，从九从力，于义无取。树玉谓《公羊·庄二年》传：'曹子摽剑而去之。'《孟子》：'摽使者出诸大门之外。'并与抛义合。"

钱氏引《史记·三代世表》，与钮氏同。

郑氏云："钱大昕之说是也。今考古亦通作'摽'，《后汉书·贾复传》：'复与邓禹，并摽甲兵。'敦儒术可证，亦有以摽训弃者。《韩诗外传》卷二云："怠慢摽弃是也。"钮氏又引《公羊传》与《孟子》，以证抛弃，不思两文摽训麾，义犹隔也。"

按以上二字，钱大昕所谓传写讹'溷'者。

打　钮氏云："打，即'朾'之俗字。《说文》'朾'：'训橦。'次在椓下，椓训击，则打义亦相类。"

钱氏云："《谷梁·宣十八年》传：'戕梲杀也'。注'梲'谓捶打，字当从木。《说文》'打'：'橦也。'打与樆椓连文，故'橦'亦有撞击之义。"

郑氏云："《说文》'朾'：'橦也。'橦当作撞撞捣也。《众经音义》卷六引《说文》，打以杖击之也。'打'即俗'朾'字，唐本《说文》'朾'注如此。《音义》卷三引《通俗文》，撞出曰'打'，与今本《说文》注义合。

辦　钮氏云："辦，即辨之俗体。《广韵》引《周礼》曰：'以辨民器。'重文作'辦'，注云俗。"

钱氏云："案当作'辨'，经传并作'辨'。"

郑氏云："易刀为力，出六朝已来。"

勘　钮氏云："勘，疑古作戡，亦作刊。《书·康王之诰》：'戡定厥功。'《释文》同。后人勘字，或本出古书用竹简，故校'勘'字作'刊'。《博雅》：'刊训定。'《玉篇》：'刊，削也，定也，除也。'义并与'勘'合，《经典》中无'勘'字。"

钱氏无说。

郑知同云："谨按勘训校，本《唐韵》《玉篇》训覆定。据《书·康王之诰》：'戡定厥功。'勘训定，义当出此，古'戡'胜戡定字。经典史籍，通作'戡''或''堪''龕'四形，而《说文》四字注，皆无其说。盖'戡''堪'有别义，训胜训定，勘定书籍，又其后一义也。钮氏依《玉篇》《广雅》，刊训定，疑古作'刊'，'勘'与'刊'义同音韵各别，不可强合也。"

以上三字，钱大昕所谓吏胥妄造者。

观钮氏、钱氏、郑氏之说，则大徐新附之四百二文，诚有可议之处。惟大徐既附四百二文，而不能遍搜经典相承之文，及时俗要用之字。此新补而不能尽《说文》之逸，而新附亦不能备时俗之用也。

注释

[1]钮树玉履略见前。《说文续考》一卷,按:是书同治七年碧螺山馆刊补,非石居士原版。

[2]钱大昭履略见前。《说文新补新附考证》一卷,为《说文统释》六十卷中之一。清道光间,大昭之孙师璟以全书纷繁,先刊此卷,兵燹后版零落。光绪二十六年南陵徐氏重刊入《积学斋丛书》中。

[3]见《潜研堂文集》十一卷及《说文新附考序》。

[4]《说文新附考》六卷与《说文续考》同为一书。

[5]郑珍,字子尹,清贵州遵义人。道光十七年举人,同治五年卒,年五十九。《说文新附考》六卷《益雅堂丛书》本。

逸　字

经典相承之字,偏旁所从,及注义及序列中之字,而不见于部中者,学者谓之逸字,大小徐补之未尽,清代学者,遂多搜辑逸字之工作。段玉裁《说文解字注》,凡偏旁有正文无者,皆目为逸字而补之。桂馥《说文义证》,认为应补之字,则补于各部之末。钱氏《说文统释》,第十例补字以免漏落,悉已记之于前矣。王筠著《说文释例》,有《补篆》一篇,其补例有二:一,凡见于《说文》偏旁,而本篆下无此文者;二,并无此篆者,照第一例。据"磬"之古文作𥖅,"石"下补古文𠨷。据"妻"下云:"古文妻,从肖女。""肖",古文贵字;"贵"下补古文肖。据"癡"下云:"䚯声。"《孟子》:"不若是䚯。"许君引作"忿",

丁公著读惢如介，故以惢为惢之重文，"惢"下补或体惢。据辵部'遘'字，律以"怛"重文"悬"之例，"骚"下补或体"骉"。补八十一字，照第二例。据"俦"从諄声，补"諄"字；据"欝""栟""俦"皆从弇声，补"弇"字；据"瑀""牾""嗀""樀""幠""壎""醹"，皆从鬲声，补"鬲"字；据"牂""牰""牄""臧""牆""牀""戕""斨""狀""醬""牏""壯""牂""牉"，皆从爿声，补爿字。补十字，共补八十一字，以为《说文》之逸字也。[1]张行孚著《说文发疑》，有《说文逸字》一篇，其补例有三：一，见于古籀偏旁者。据王氏《说文释例》所载，并据郑氏《说文逸字》，郑书见后。与自己之覆校，补四十六字。二，其见于解说中者。据《说文释例》与《说文逸字》，补十七字。三，其见于篆文偏旁者。据《说文释例》与《说文逸字》，并小徐之所补与段注之载，补二十二字。共补八十五字，以为《说文》之逸字也。[2]王煦著《说文五翼》，《拾遗》一卷，以《说文》校《说文》而补之，更参校《字林》《玉篇》《广韵》诸书，辨其字出早晚，共补逸字一百一十九。[3]以上皆就《说文解字》本书互勘而补之，而未成为专书也。其专搜辑逸字而成书，其搜辑之范围，及于《说文解字》本身之外，则有郑珍之《说文逸字》。[4]郑氏以大徐据本书偏旁叙例注义，增一十九文，即偏旁逸者。已有"庿""鬲""臬""冊""甲""薂""由""睆""魋""敲""弆""夅""昊""牛""圭""羋""肖""糸""爿""帟""廿""㸚""反""免"

"庑""驿""弅""㠯""志""愵""皛""妥""灓""綮""蚕""刘""畬"三十七，则大徐之补，不完备可知矣。自段氏以来，补正脱讹，未有专力为之者，郑氏乃浏览条记，分别审录，得一百六十五字，谓之《说文逸字》。系以解说讨论，分为二卷。其有本书写误之旁、《系传》窜衍之字、大徐误增之文、诸书所引以他籍冒许书者、因讹改而与今本不应者、今本讹改而与所引不应者、今行韵谱阑入俗书者，命其子知同述其说为《附录》一卷。知同乃据本书偏旁、大徐新增，《说文系传》《五经文字》《九经字样》《汗简》《古文四声韵》《广韵》《集韵》《汉隶字原》《龙龛手鉴》《韵会》《经典释文》《孟子音义》《古易音训》《晋书音义》《列子释文》《一切经音义》《华严经音义》《止观辅行传》《颜氏家训》《初学记》《太平御览》《史记索隐》《后汉书注》《文选李注》《楚辞补注》《六经正误》《尔雅翼》《说文篆韵谱》，凡有涉于《说文》者，录之得二百九十二字。其别为《附录》者，以其非真正《说文》之逸字，而必搜辑之附于正书之后者，以免人之议其疏漏也。当时莫友芝已稍议其搜辑之例未广：一，见于《释文正义》，而许书所漏者。如"劙""剀""乿"等字是。二，《毛诗》古字，而许书不尽收者。如"瀼""懰""蕑""璨"等字是。三，《仪礼》收古遗今或收今遗古者。如"庡""桦""坾""轵""鞑""脍""铭""倷""檡""舘""酻"等字是。四，《周官》收杜子春改读而舍故书者。如"竁""禩""絣""氁""辀""軟""缞"等字是。五，《春秋》古本偶见于魏石经遗字，而许阙如者。如"帒""迒""衒""圣"等字是。六，《仓颉》《凡将》，时见他引，而许遗落者。如"瞋""壑""衙""嵌""麗""疷""驶""翚"等字是。此皆郑书未注意及之者，莫氏未另著书，仅于佚字序中表其意见，并希望郑氏成《说文逸收》一书，与《逸字》并存。[5]而李桢则议郑氏搜辑之过宽，谓"逸字所采，视《新附》虽未及半，要其踵袭讹谬，类推臆度，非夫以约失之者，所可同日而语"，著《说文逸字辩证》二卷。[6]郑氏一百六十五字，以为非逸字，与莫氏适为相反之见也。逸字之说綦多，嘉兴张鸣珂，著《说文佚字考》四卷，[7]搜辑赵宧光、顾炎武、毛际盛、惠栋、段玉裁、江声、江沅、王念孙、桂馥、许瀚、严可均、姚文田、钱大昕、钱坫、孙星衍、陈寿祺、王筠、胡秉虔、钮树玉、徐承庆、王煦、郑珍、雷浚、王菼、伊秉绶、李赓芸、王玉树、李富孙、汪文台、陈诗庭、陈瑑、毛岳生、王宗涑三十三家之说，不自论断，分为十例：一，原佚："鬲""晶""丬""由""敁""諝""免""斧""睐""希""刘""妥""構""卌""奴""煤""緻""鬯""庑"十九字。二，隶变："藏""寻""谭""筮""嗟""池""繇""簿""毫""饮""烂""沃""矩""他""稚""帜""焚""幟"十八字。三，累增："洁""徨""芙""蓉""藁""繁""倒""涂""低""撸""坠""鸡""鹕""鸠""崐""崘""胷""境""茫""郁""伺""屡""彩""藁""蠒""挚""骅""猫""腰""鲳""塘""铭"三十二字。四，或体："虾""蠃""葰"

"梯""荀""洴""蕴""住""拭""铿""锵""赘""猩""雾""鹪""蔬""皓""楝""桐""辋""噻""璺""的""逼""莩""蛹""陌""阡""旒""麾""翌""鼙""剧""耗""狭""狴""泊""觊""栗""灞""淄""漫""滤""涯""蜴""蠛""蠢""辗"四十八字。五，通假："燧""琪""贻""瘁""菟""噉""喻""跬""粻""儁""秸""秒""隮""呵""粗""栏""錤""售""犍""幢""痌""瘁""妙""偷""襥""额""駓""叩""娇""鲽""蓺""皱""侣""慆""嵋""渑""浑""悚""椒""蹙""杯""扰""婵""疢""怢""著""傒""磋""愧""獠""蝣""塾""廊""鉼""鎌""暨""瑷""蜺"五十八字。

六，沿讹："薜""蕙""吼""揉""绂""岖"六字。

七，匡谬："璜""抢""寊""棹""櫂""佐""鹦""鹘""瞑""斢""餘""牛""榤""懷""櫶""杞""轲""舸""柇""胀""攔""禊""稫""灜""笥""批""螢""窟""镮""弩"三十字。八，正俗："拖""馠""夭""薁"四字。九，辨误："悟""窑""备""畀""偓""曼""溇""抦""攸""鲧"十字。十，存疑："斳""晿""甲""跨""杀""妖""奭""恝""兮""厂""蟊""杂""皿""手""羍""叵"十六字。共计二百四十一字，极足供研究逸字之参考也。

震泽王廷鼎，颇批斥张氏之书，其言曰："近又有张玉珊者，则节取篆文偏旁所从，与《说解》中字，都二百二十余字，实二百四十一，王氏误。妄分原佚、隶变、累增、或体诸名目者十，又皆混淆不切，成《说文佚字考》四卷。其书备录段、严、王、郑诸家之说于前，己则增录《玉篇音义》一条于后，并无一言及其字义，此可谓'《说文》佚字汇钞'，或曰'集说'，绝无所谓考者，更与许书之学无涉。"其批斥可谓严厉矣，而黄岩王棻，谓"张氏之书，不自为论断，盖其慎之又慎"。二者皆未免有所偏，张书虽无所发明，而参考则颇足资用，即王氏亦云"可谓'说文佚字汇钞'，或曰'集说'"。汇钞、集说在文字学史上亦足记者也。王氏既批斥张氏，自著《说文佚字辑说》四卷，[8]其说云："近世所指为《说文》佚字，其类有二：一为从某某声之字；一为《说解》中字均不见于正篆者，说者皆目之为佚。许君偶佚，或为校者所敚者，数字而已，先就从某从声之字言之。李斯作篆时，正文已变古籀为小篆，而他字之所从为形声者，仍用古籀而不从小篆。如'上'之古文'丄''二'，篆已改为上矣。章音等字，仍从古文作'二'，但于'帝'字说解下曰'二，古文上'，正篆不必再列二。又：古文由'㮀'，篆已变为'甹''虆'，'柚''油'等字，仍从古文由。于'甹'篆下云'古文言由㮀'，知'由'即'甹'之古文，正篆不必再出'由'，亦有小篆仍用古籀。至他字之所从为形声者，则又或增或省而为小篆。如：篆文'籑'，实古文'筮'也。篆则仍之不改，'噬''澨'之从'籑'者，皆省作'筮'，特于'籑'之从'羛'下曰'古文巫字'，则'籑'为古文，'筮''澨''噬'为篆文可知,特正文未尝改作'筮',则不能出'筮'为重文也。以此类推,则'爿'为古文'戕','畾'为古文'靁';而"覺""兔""希""曼""妥""攺"之类视此矣。他如"斬""甲""手""羍""夲""杀""壐""秌"诸文,在古实亦是字,至籀篆时已废不用,仅存一二于其所从之偏旁。如"𠀐""𠀑""牛""备"等文,实有不得列于正篆者,然许亦不云从某得声。而王筠《释例》,则谓《说文》于非字例不云从,其云从者概为后人所加而删之;遇有不能删者,即强指为佚。曾亦观许君于此等字下尝云'从某阙',阙者言本书中无其文,并失其义也,明乎此皆不得谓佚。至"謣""杂"以下十六字,则显讹误;依类辑三十七字,"犍""犅""牾""牂"等十八字,见《说解》中而无正篆者,因方言之乖,传写之讹。昧其本文,与隶变有别,其见于说解中而无正篆者,尤不得目为佚,特因隶变、俗变,易其本形本义耳。然亦有别,一为双声形况之字,古本无定文,如"葡蕴""鷸鴞""芙蕖""蜉蝣"之类,其本字即"俞缊""鵨易""夫渠""浮游"也。此等累增,当始于汉,一为隶变,如"渼"为"沃","瀻"为"濊","名"为"铭","臧"为"藏"之类。许君本用隶书解《说文》,取其通晓,自不与篆同形,两共都一百八十字。

王氏此书,视上列诸逸字为最后出,而辨证二百三十五之逸字皆非逸,亦关于逸字学说之大变者也。

注释

[1]王筠,履略见前。《说文释例》第十三卷,有《补篆》一篇。
[2]张行孚,履略见前。《说文发疑》第四卷,有《说文逸字》一篇。
[3]王煦,履略见前。《说文五翼》第五卷为拾遗。
[4]郑珍,履略见前。《说文逸字》二卷,其子知同《附录》一卷在后,咸丰八年刊,《巢经巢集》之一。
[5]莫友芝,字子偲,清贵州独山人,道光举人。所举见于《释文正义》而许书所漏者六例,见《说文逸字考后序》。
[6]李桢,字佐周,清湖南善化人。《说文逸字辩证》二卷,录郑珍《说文逸字》于前,自为辩证于后,光绪十一年刊。
[7]张鸣珂,字公束,号玉珊,清浙江嘉兴人。《说文佚字考》四卷,光绪十三年刊,《寒松阁集》之一。
[8]王廷鼎,字梦薇,一字羡瓠,号懒鹤,清江苏震泽人,屈于下寮。《说文佚字辑说》四卷,光绪十五年刊,《紫薇花馆集》之一。

经 字

《说文》九千三百五十三文,不见于经典者颇多;而经典相承之字,不见于《说文》者,亦颇不少。钱氏大昕,谓"今世所行之《九经》,乃汉魏晋儒一家之学,叔重生于东京全盛之日,诸儒讲受,师承各别,悉能通贯,故于经史异文,采摭犹备"。据钱氏之言,《说文》中之字,即经典中通行之字,其不见于经典中者,今之经典,多后世异文也。而今经典中所有,其不见于《说文》中者,在《说文》中必有一字以当之。知"塙"即《易》"确乎其不可拔"之"确","攴"即《书》"扑作教刑"之"扑","确""扑"二字,不见于

《说文》中，实即《说文》中之"墻""攴"也。又如"扴"即《易》"介于石"之"介"，"惕"即《诗》"我心忧伤"之"伤"，"扴""惕"二字，不见于经典中，实即经典中之"介""伤"也。乃著《说文答问》，举三百二十三字以明之。[1]薛传均以钱氏之《说文答问》，深明通转假借之义，博引经史，为之标字之有无、辨体之正俗、明迹之疑似、审谊之虚实，及音韵之传讹及通转，著《说文答问疏证》六卷。[2]迨后陈氏寿祺，以钱氏之书，尚多漏略，其所举三百二十三字外，有可以附益者，又得三百有四字，著《说文经字考》一篇。[3]郭庆藩以陈氏之《经字考》，有以或体为正字，有以古文、籀文为正字，或据汉儒一家之说，改易正字，皆未免务为奇辟，因逐字详释，其可从者疏之、证之，其不可从者详绎字谊，而正其谬误，著《说文经字考辨正》四卷。[4]陈氏之《经字考》，宋文蔚亦有疏证之作，[5]可与郭书参观。郭氏既辨正陈氏之《经字考》，乃自著《说文经字正谊》四卷，[6]得二百一十七字，一遵许书正谊，不摭拾隐僻之书。而俞樾亦有《说文经字》之作，于钱、陈二书外，复加搜辑，得九十九字，为《说文经字》。[7]其中"郔"即葵邱之"葵"，已见于钱氏《答问》，实九十八字也。俞氏之《经字》，其弟子江标、宋文蔚，皆为之疏证；江书未行，今之《湖楼笔谈》《说文经字疏证》宋文蔚著也。[8]俞氏之经字，与郭氏之经字，其相同者有"杕""歗""盇""夆""憌""辬"六字，则是钱、陈、俞、郭四书之经字，为九百三十六也。又有承培元之《广说文答问疏证》，本钱氏《答问》、薛氏《疏证》之例，自为答问，自为疏证以广之。郭书亦自为疏证。群经之外，兼及《庄子》《淮南子》《国语》《国策》《史记》《汉书》，共得四百三十七字。[9]此皆经典《说文》互不相见之字，而彼此互勘，各求得其字者，若能将以上各书所得之字，加以整理，合为一书，则经与《说文》相无而相有之字，或亦备于是也。

此外关于经典与《说文》之异同字，及群经之互相通假，并通行之正俗字，皆是以《说文》与经彼此互勘，而得其所以然之故，悉可谓之经字。乾嘉以来，研究经字者，略计之，其书十有二：一，钱坫之《十经文字正通书》；[10]二，潘奕隽之《说文解字通正》；[11]三，朱珔之《说文假借义证》；[11]四，邵瑛之《说文解字群经正字》；[12]五，庄有可之《春秋小学》与《各经传记小学》；[14]六，李富孙之《说文辨字正俗》；[15]七，张维屏之《经字异同》；[16]八，严章福之《经典通用考》；[17]九，钟麐之《易书诗礼四经正字考》；[18]十，朱骏声之《六书假借经征》；[19]十一，雷浚之《说文外编》；[20]十二，杨廷瑞之《说文经斠》与《说文正俗》[21]。次第记之于下：

一、《十经文字正通书》 十经者：《易》《书》《诗》《周礼》《仪礼》《礼记》《春秋左传》《春秋公羊传》《春秋谷梁传》《论语》也。考十经中文字之通假，故曰"正通书"也，其通假总归因声因字二例。何谓声？则语言是，何谓字？则偏旁是。语言之通假，"臣"为"辰"，如《春秋》"臧孙辰"《谷梁作》"臧孙臣"是，是曰声同。"禫"为"导"，如《仪礼·士虞礼》"中月二禫"，古文或作"导"

是，曰声转。偏旁之通假，正为征征亦为正，如《周礼·司门》"正其货贿"，注"正"读为"征"，《孟子·尽心》"征之为正也是"，是曰互通。"父"为"甫"又为"斧"，如《春秋》"宋公兹父"，《史记》作"兹甫"，又章"甫"或为"父"，今文为"斧"是，是曰类通。所以"掤"见《诗·风》，《左传》谓之"冰"；"撤"见《左传》，《周礼》谓之"鬹"；"窆"见《周礼》，"檀"谓之"封"，《左传》谓之"堋"；"觚"见《月令》，《曲礼》谓之"渍"，《公羊》谓之"瘠"。此皆经典中文字之通假而可考见者。钱氏能曲推旁穿，会萃众说，而成此书也。

二、《说文解字通正》 文字有正义，有通义；有正读，有通读。正义正读者本字也，通义通读者假借字也。《说文解字》多本字，群经多假借字，经之难读，在于假借。自隶书改篆，真书改隶，经字已尽失其本原。潘氏乃本《说文解字》一书，考古人通用，与夫许书不载，徐氏附入，审非漏略者，证之于经。旁及子、史、金石，而成此书。其名通正者，辨别其正义正读通义通读，亦《十经文字正通》之类也。

三、《说文假借义证》 经典与《说文》文字异同之故，悉由假借而起；假借既明，经典中之文字，无不尽明。朱氏此书，本《说文》之文字，而以群经史、汉周秦诸子及汉碑文选，一一证其假借之故，故名《说文假借义证》。如"祖"字，一借为"且"，二借为"阻"，三借为"俎"，四借为"租"，其引证之确凿与丰富，过于钱、潘二书。

四、《说文解字群经正字》 篆变为隶，隶变真；群经中之文字，偏旁多舛，点画失宜，所在而是。邵氏以《说文》而正群经之字，故名《群经正字》。群经者，《十三经》而外，并及《逸周书》《大戴礼》《国语》三书。朱书明义，邵书明形，互相表里也。

五、《春秋小学》与《各经传记小学》 二书可合为一。庄氏先成《春秋小学》其字不及二千，再有《各经传记小学》之作，二书意旨及体例略同。庄氏不信《说文》，谓许君不明六书之本，止见秦汉小篆，牵合偏旁成字。不用说文，而求小学于各经传记中，其说文字也。如云"天"从一大者，言其尊也；"地"之从也，以窍能生物者言也，极为附会。其所收皆群经中之文字，故隶于此。

六、《说文辨字正俗》 世俗相承之文字，多违古义，学者多以假借说之，不知《说文》中自有本字。有得通者，有不得通者，或者谓许书说解，多用通假。如："和""龢"字异，而"调"下作"咊"；"衛""帅"字异，而"将"下作"帅"；"戁""憂"字异，而"意"下作"憂"；"慈""爱"字异，而"慈"下作"爱"；"窴""塞"字异，而"窒"下作"塞"；"但""袒"字异，而"裼"下作"袒"，李氏以为皆是后人从俗改窜。原本决不如是，乃援经典以相证契。按：是书虽非纯粹经典中之字，而以正世俗相承之字，经典中俗字亦在其中，故隶于此。

七、《经字异同》 经多师承，文字互异，或同声而字异，或异形而义同，古本既湮，是非难辨。张氏合其异而并列之，不加论断，如：《易》之"拇""跻""母"，《书》

之"秩""程""艶",《诗》之"萦""蓁""幋",《周礼》之"政""正""征",《仪礼》之"宿""羞""速",《礼记》之"萤""蠲""荧",《春秋》之"洰""苊""隶",《论语》之"算""选""箄",《孟子》之"助""荕""耡"。援引异文,罗列无遗。俞樾深喜其书,尝欲为之疏证而不果,盖亦经字有用之书也。

八、《经典通用考》 《说文》皆正字,经典多假借。严氏以《十三经》中之假借字依《说文》部次,而以正字别之,《说文假借义证》之类,但较俭啬耳。

九、《易书诗礼四经正字考》 钟氏以群经之字,多从隶变,因据《说文》本字撰《十三经正字考》,全书散佚,仅存《易》《书》《诗》《礼》四经。其书本钱氏《答问》之例,并取《尔雅·释文》诸书以疏证之。

十、《六书假借经征》 此书仅有《大学》一篇,钞录《大学》全文而释其义。凡用假借字据,皆以本字释之,或亦未全之书也。

十一、《说文外编》 学者谓经典相承之字,《说文》不载,并非佚失,在《说文》中自有一字以当之。钱大昕、陈寿祺等,皆以经典相承之字,于《说文》中求其本字,辨明《说文》中某字,即经典中之某字。雷氏本此例著《说文外编》,先举四书中字,次及群经中字,凡《说文》所无,钮氏《新附考续考》所未及者,皆于《说文》中求其本字,于他书求其通字;《玉篇》《广韵》中之常用而不可废者,亦附及焉。全书分二例:一经字,四书群经之字;二俗字,《玉篇》《广韵》

之字。其名外编者,言此经字俗字,皆在《说文》以外也。

十二、《说文经斠》与《说文正俗》 杨氏以文字孳乳浸多,加偏旁者非必俗书,惟加之过甚,始为俗书,乃为《说文经斠》与《说文正俗》二书。经斠者《说文》有本字而经用借字,正俗者《说文》有本字而承用别体,颇为简明,便于检阅。

以上关于经字之书,经字在文字学中之范围,颇为宽广。盖自秦火以后,篆隶相承,家法各别,文字遂多异同。关于此等之著作,如陈乔枞之《诗经四家异文考》等,李富孙之《春秋三传之异文释》等,其书极多。即专研究《诗经》中之文字者,如陈启源《毛诗稽古编》中之《考异与正字》,陈奂《毛诗传疏》中之《毛诗传义类》,马瑞辰《毛诗传笺通释》中之《诗人义同字变例》与《毛诗古文多假借考》等,其书亦极多。即其煌煌成巨帙者,如段玉裁与吴树声各有《诗经小学》,兹编以其范围过广,不详述焉。其他如李赓芸《炳烛篇》中之《古字通假例》《文字证古》,王玉树《说文拈字》中之《考经》,董诏《说文测议》中之《订经》,大概悉是辨明经典中之某字,即是《说文》中之某字,与其通假之故,特未撰为专书,亦不详述。

注释

[1]钱大昕,履略见前。《说文答问》在《潜研堂文集》中。
[2]薛传均,字子韵,清江苏甘泉人。道光九年卒,年四十有二。《说文答问》六卷,殁后,新城陈用光为刻于闽中,再刻于扬州。

[3]陈寿祺,字恭甫,清福建闽县人。嘉庆四年进士,道光十四年卒,年六十四。《说文经字考》,在《左海文集》中。

[4]郭庆藩,字孟纯,清湖南湘阴人。其《说文经字考辨证》四卷,光绪二十一年,郭氏刊于扬州。

[5]宋文蔚,字澄之,江苏溧阳人,俞曲园之弟子。现存其《说文经字疏证》(标题无"疏证"字),民国二十三年商务出版。

[6]郭庆藩《说文经字正谊》四卷,光绪二十年,郭氏刊于扬州。

[7]俞樾,字荫甫,清浙江德清人。道光三十年进士,光绪三十二年卒,年八十有六。著述甚富,有《春在堂全集》。《说文经字》在《春在堂全集·湖楼笔谈》中。

[8]宋文蔚《湖楼笔谈说文经字疏证》(标题无"疏证"字),民国二十三年,商务出版。

[9]承培元,字伯更,清江苏江阴人。《广潜研堂说文问答疏证》八卷,光绪十八年广雅书局刊。

[10]钱坫,履略见前。《十经文字正通书》十四卷,其分部一依《说文解字》,乾隆四十一年成书,嘉庆二年刊,近有影印本。

[11]潘奕隽,字榕皋,清江苏吴县人,乾隆己丑进士。《说文解字通正》十四卷,照许书次第,乾隆四十六年成书,原刻本颇少;光绪二十九年,刘世珩据原刻本刊,在《聚学轩丛书》内。《许学丛书》内之《说文蠡笺》即是此书,但节删甚多。

[12]朱珔,字玉存,号兰坡,清安徽泾县人。嘉庆七年进士,道光三十年卒,年八十有二。《说文假借义证》二十八卷,未刊;光绪二十五年,其后裔刊于江西,板多烂毁,民国十五年中国学会影印。

[13]邵瑛,字桐南,清浙江余姚人。《说文群经正字》二十八卷,嘉庆十七年成书,原刻本极少流传;民国六年,其裔孙启贤以原刻影印。

[14]庄有可,字大久,清江苏武进人,庄绥甲之同族。《春秋小学》八卷、《各经传记小学》十四卷。据《自序》悉嘉庆二年成书,未印;民国二十四年,其后裔以原稿付商务印书馆影印。

[15]李富孙，字既汸，清浙江嘉兴人，嘉庆六年拔贡生。《说文辨字正俗》八卷，嘉庆二十一年刊。

[16]张维屏，字子树，清广东番禺人。道光二年进士，官湖北黄梅知县，咸丰九年卒，年八十。《经字异同》四十八卷，道光二十年刊。

[17]严章福，字秋樵，清浙江归安人，严铁桥之从弟。《经典通用考》十四卷，据《自序》书成于咸丰七年，民国六年吴兴刘氏刊。

[18]钟黁，字璘图，原名宝田，清浙江长兴人。咸丰十一年顺天副贡生，官至内阁中书。民国五年，其子以残稿四卷，付吴兴刘氏刻。

[19]朱骏声，履略见前。《六书假借经征》四卷，光绪十八年，其子仲我，以稿付阳湖杨氏，刊入大亭馆丛书中。

[20]雷浚，字深之，号甘溪，清江苏吴县人。江沅之弟子，官训导，光绪十九年卒，年八十。《说文外编》十五卷，《补遗》一卷，光绪元年刊入《雷氏八种》中。

[21]杨廷瑞，字子杏，湖南善化人。其《说文经斠》十三卷，《补遗》一卷，《说文正俗》一卷，光绪十八年刊。

引　经

汉儒治经，分今文、古文两家。两家之学，文字不同者，动以百数，即同治一家之学，文字亦多错出，盖师以口授，弟以耳受，授受之间，音读稍异，形体遂别。许君著《说文解字》，所引《易》《书》《诗》《礼》《春秋》《论语》《孟子》《尔雅》，大半与今日通行经典文字多异，论者谓今日通行经典，几经传写，俗书纷陈，遂欲据《说文》所引，以为订正；不知《说文》所引，与今经典异同之处，由于传写谬误者，固亦恒有。由于学派之不同，授受之偶别，实为多数。许君虽从事古文，而称引不废今文：一则引经据典，以明本义；

一则博采兼收，广明异义。于是治文字学者，对于《说文》之引经，为异同之研究者有五：一，吴玉搢之《说文引经考》；[1]二，吴云蒸之《说文引经异字》；[2]三，陈瑑之《说文引经考证》；[3]四，柳荣宗之《说文引经考异》；[4]五，高翔麟之《说文经典异字释》；[5]为体例之研究者有二：一，雷浚之《说文引经例辨》[6]；二，承培元之《说文引经证例》。[7]次第记之于下：

吴玉搢之《说文引经考》，取《说文》所引之经，与今本较其异同，有与今本异而实同者，有可与今本并行不倍者，有今本显失，不能不据《说文》以正其误者，皆为一一标出。虽未尽当，大致颇足观，其书计一千一百十二条。其在群经外，有《山海经》《国语》《楚辞》《五行传》《墨翟书》《吕不韦书》《韩非子》《韩诗外传》《甘氏星经》《司马法》《杨雄赋》《司马相如》等，三十六条。不加以考释者四百条，是吴书为《引经考》者，实六百八十一条。而《说文》引经，尚漏略二十四条，道光元年仪征程赞咏再刻时，为补于后。

吴云蒸之《说文引经异字》，取《说文》所引之经，与今经字不同者，分经罗列。凡通转假借，悉加辨别，共计五百零二字。

陈瑑之《说文引经考证》，凡《说文》之引经，与今经本字同者，概不复述。其不同之字，或证通假，或明其错误，共计五百二十二条，其有两处引经而字各异者。陈氏以为其兼存之文，有似异而实同者，有文异而义同者，有字异而音同者，有音近而义通者，疏通证明，得三十二条，为《说文引经互异说》。其书八卷，此为第八卷也。

柳荣宗之《说文引经考异》，《说文》明本字，经典多用假借字，凡《说文》之引经，与今经典不同者，即此假借之故。古文多假借字，今文多本字，许君《自叙》虽言采取多以古文，而引经则不废今文，盖以明本字故也。柳氏此书，究今古文之别，明通假之旨，考师读之异，兼正今本俗书之谬，共计四百六十七条。

高翔麟之《说文经典异字释》，其《说文》引称异者，详其训诂，复搜取他书义可与发明者，广援互证，以通其说，共计三百八十五条。

以上五书，悉属于《说文》引经异字之考释。柳书较精，高书较漏，皆未及于《说文》引经之例也。不明其例，则考释即不免有误。陈瑑之《说文引经考证》，雷浚驳之，指其病有六：一，不知《说文》引经之例有三，而以为皆《说文》本义也。二，不知正假古今正俗之异，一切以为古今字也。三，不明假借。四，置《说文》本义不论，泛引他书之引申假借义，以为某字本有某义也。五，于义之不可通者，曲说以通之。六，称引繁而无法，检原书多不合。雷氏既驳陈氏之书，自为一书，以言《说文》引经之例。

雷浚《说文引经例辨》，取《说文》引经九百六十五条，分为三例：一，引经说本义，所引之经，与其字之义相发明者也。如示部"禔"："安福也。"《易》曰："禔既平。"虽今本作"祇"，而训安则一。二，引经说假借，所引之经，与其字之义不相蒙者也。如玉部"玼"："玉色鲜也。"

《诗》曰："新台有玼。"借玉色之鲜，为台色之鲜，今本作"泚"，更玼之假。三，引经说会意，所引之经，与其字之义不相蒙，而与其从某从某某声相蒙者也。如示部"祝"："从示从人口，一曰从兑省。"《易》曰："兑为口为巫。"以引经说"祝"从兑省之意。雷氏发许君引经之例，与以前诸书。对于《说文》引经，专为异同之考订者不同矣。然雷氏之例，犹未密也。承培元之例，则加密矣，此亦学术之进步也。承培元《说文引经证例》，据阳湖吴翊寅跋言，"有今文，有异文，有证字者，有证声者，有证假借作某义者，有证偏旁从某义者，有证本训外别一义者，有称经说而不引经文者，有用经训而不著经名者；有檃括经文而并其句者，一删节经文而省其字者，有引一经以证数字者，有引两经以证一字者；有引秘纬称《周礼》者，有引《大传》称《周书》者，有引《左传》称《国语》者"。据吴氏言，计十七例，而《秘纬》称《周礼》，《大传》称《周书》，《左传》称《国语》，不足为例，则是十四例矣。据承书其例颇多，约之略为十八例，记之于下：

一、有引经证字者。心部"忼"："慨也。从心亢声。一曰《易》：'忼龙有悔。'"言忼龙之"忼"字见于《易》也。今本《易》作亢龙。

二、有引经证字形者。部首"易"："蜥易，蝘蜓，守宫也。象形。《秘书》说：'日月为易，像阴阳也。'"言"易"字之形从日月也。

三、有引经证字义者。人部"僾"："仿佛也。从人爱声。《诗》曰：'僾而不见。'"此证仿佛之义。

四、有引经证声者。巾部"𢂷"："载米𢂷也。从巾盾。读若《易·屯卦》之屯。"此证"𢂷"之声若屯也。

五、有引经证字兼义者，心部"惢"："泣下也。从心连声。《易》曰：'泣涕惢如。'"此证"惢"字见于《易》，并证其泣下之义也。今本《易》做"泣血涟如"。

六、有引经证字义而檃括举之者。马部"驙"："驸驙也。从马亶声。《易》曰：'乘马驙如。'"今《易》作"屯如邅如，乘马班如"。而曰"乘马驙如"者，盖檃括《易》之两言而为一语也。

七、有引经证字说者。部首"壬"："位北方也。阴极阳生。故《易》曰：'龙战于野。'""战者接也。"此证阴极阳生，阴阳承接之义，非"壬"字之义，乃说"壬"字之义也。

八、有引经证所从之义者。女部"晏"："安也。《诗》曰：'以晏父母。'"此证"晏"字从女之义也。今本《诗》作"归宁父母"。

九、有引经证字兼释所从之义者。部首"鬯"："以秬酿郁艸芬芳攸服以降神也。从凵，凵器也。中象米，匕所以扱之。《易》曰：'不丧匕鬯。'"此证"鬯"字见于《易》，兼证"鬯"字所从之匕义也。

十、有引经证假借义者。土部"堋"："丧葬裁下土也。从土朋声。《虞书》：'堋淫于家。'"亦如是，言"堋"之借为朋也。今本《书》作朋。

十一、有引经证异义者。手部"揾"："揾捾也。从手昏声。《周书》曰：'师乃揾。'"揾者揾抽之本字。兵刀以习击刺也。此证"揾"又有抽义。

十二、有引经以证古文异义者。土部"垐"："以土增大道上也。从土次声。堲，古文从土即。《虞书》曰：'龙，朕堲谗说殄行。'"一曰"堲"疾恶也。此证古文"堲"有疾恶之义。

十三、有引经证一曰之说者。曰部"昌"："美言也。从日从曰，一曰光也。《诗》曰：'东方昌矣。'"此证一曰光之说也。

十四、有引经证异名同物者。鼎部"鼏"："以木横贯鼎耳而举之。从鼎冖声。《周礼》：'庙门容大鼏七个。'即《易》'王铉大吉'也。"又：金部"铉"："举鼎也。从金玄声。《易》谓之'铉'，《礼》谓之'鼏'。"此证铉鼏一物也。

十五、有引经证古文者。丌部"巽"："巺也。从丌从巺。此《易·巽卦》'为长女风'者。"巺今文，巽古文。此证古文也。

十六、有引两经证一字者。目部"相"："视也。从目木。《易》曰：'地可观者莫可观于本。'《诗》曰：'相鼠有皮。'"此引《诗》证字，引《易》证从木之义，按《易》无此文，当为说《易》者之词。

十七、有引一经证数字者。口部"嘽"："喘息也。从口单声。《诗》曰：'嘽嘽骆马。'"一曰喜也。又：疒部

"疼"："马病也。从疒多声。《诗》曰：'疼疼骆马。'"又手部"㩴"："提持也。从手单声。读若行迟啴啴。"此口部证字，疒部证异义，手部证声也。

此外有引经证义而不言经者，有檃括经文而不著名者，但此不足为例。特搜集《说文》引经而为例者，加以注意而已。因有不言引经而实为引经之注意，故承书计有一千三百二十条，视各书为多。此《说文》引经，在文字学中似亦成为一科也。

注释

[1]吴玉搢，字山夫，清江苏山阳人。康熙中由廪贡生，官凤阳府训导。《说文引经考》二卷，道光元年仪征程氏刊。光绪二年王闿运重校，光绪八年抚州饶氏重刊，错字极多。
[2]吴云蒸，字小岩，清安徽歙县人。《说文引经异字》三卷，道光五年刊，前有阮元段玉裁序。又《许学四书》本。
[3]陈瑑，字聘侯，一字恬生，清江苏嘉定人，道光举人。《说文引经考证》八卷，同治十三年湖北崇文书局重刊。
[4]柳荣宗，字翼南，清江苏丹徒人。《说文引经考异》十六卷，咸丰二年刻。
[5]高翔麟，字文瑞，清江苏吴县人。嘉庆进士，官至衡永郴桂道。《说文经典异字释》不分卷，据《自序》道光十五年成书，光绪九年有重刊本。
[6]雷浚，履略见前。《说文引经证辨》三卷，光绪八年刊，在《雷氏八种》内。惟潘钟瑞序，则标光绪九年；当是始刊在八年，成书在九年，《序》则成书时刊入也。
[7]承培元，履略见前。《说文引经证例》二十四卷，殁后手稿尚未写

完；江阴夏勤邦，缮录成帙，厘为二十四卷；合肥李经畬谋刊未果，稿藏其家；陈名慎携之广东广雅书局，光绪廿一年刊。

校　勘

有清一代，于《说文》之学，发明极多，而校勘亦异常精严，略计之。有校大徐本者，有校小徐本者，有校二徐之异者，有校《说文》与他书异同者，有校校本者。其校大徐本者有五：一、段玉裁之《汲古阁说文订》；[1]二、张行孚之《汲古阁说文解字校记》；[2]三、严可均之《说文校议》；[3]四、钮树玉之《说文校录》；[4]五、王念孙之《说文校勘记残稿》。[5]

一、段氏《汲古阁说文订》，其《自序》云："合'始一终亥'四宋本，及宋刊明刊《五音韵谱》，及《集韵》《类篇》称铉本者，以校毛氏节次剜改之铉本。所以存铉本之真面目，使学者家有真铉本而已。"

二、张氏《汲古阁说文解字校记》，其《自序》云："汲古阁《说文》，有未改已改两本，乾嘉诸老皆称未改本为胜，而未改本传世绝少。洪琴西从荆塘义学，假得毛斧季所校样本，摹刊于淮南书局。行孚取已改本，互校异同，汇而录之。"

三、严氏《说文校议》，其《自序》云："《说文》未明，无以治经，由宋迄今，仅存二徐本，而铉本尤盛行，谬讹百出，学者何所依准。余肆力十年，始为校议，姚氏（文田）之说，亦在其中。凡所举正三千四百四十条，皆援古书注明出处，不敢谓复许君之旧，以视铉本，居然改观矣。"

四、钮氏《说文解字校录》，其《自序》云："毛氏之失，宋本及《五音韵谱》《类篇》，足以正之。大徐之失，《系传》《韵会举要》，足以正之。至少温之失，可以纠正者，唯《玉篇》最古。因取《玉篇》为主，旁及诸书所列，悉录其异，互相参考。"又云："《韵会》采元本，其引《说文》多与《系传》合，故备录以正《系传》之讹。"是钮书兼校小徐矣。

五、王氏《说文校勘记残稿》，计一百十九条，虽非全书，颇可与段氏之《说文订》相参证。

段氏、张氏所订正者，在于复徐氏之旧；严氏、钮氏所订正者，在于复许君之旧。钮氏云："许书之错乱，由于阳冰。《玉篇》成于梁大同九年，在阳冰之前，故可以订正阳冰之失，而复许君之旧观。"王氏之书，如"元""壿""毒""苿""藗""薗""薗""扗"诸条，皆与段合，其他或与段微异。要之此五种书，皆可为读大徐书参考之资。其校小徐本者有二：一、汪宪之《说文系传考异》；[6] 二、王筠之《说文系传校录》。[7]

一、汪氏《说文系传考异》。小徐之书，世罕传本，比大徐本尤希。汪氏见影宋钞本，然以谬讹极多，因参以今本《说文》，及旁征所引诸书，证其同异，讹者正之；其不可解者，则并存以俟考。

二、王氏《说文系传校录》。王氏筠本拟与叶润臣合作，王校异文，叶任典故。王氏据孙、鲍两本，记其异同，更以汪本参之，又参之大徐诸本，及《说文》《五音韵谱》《玉篇》《广韵》《汗简》诸书。叶书未成，王氏乃合自所为札记而成是书。

小徐之书，世无善本，今世通行《说文系传》，当以江苏书局祁刻本为佳。盖祁刻据顾千里校宋钞本，及汪士钟所藏宋残本，而又经李申耆、承培元、苗仙簏手校者也。汪氏之《考异》，王氏之《校录》，当亦可为读祁刻者参考之资。

小徐之学，胜于大徐，已为近代文字学界之公论。惟是二徐之书，各有异同，即各有是非。于是有校二徐之异者：一，董诏《二徐说文同异附考》；[8]二，田吴炤《说文二徐笺异》。[9]

一、董氏《二徐说文同异附考》。二徐之异，动以千计，而董氏之所考者，仅"祢""禠""葩""茝""牭""惊""蹳""吱""霁""鄅""糙""宋""顪""顾""豢""帬""吴""庳""睩""搯""詠"二十一字，则其漏略者多矣。

二、田氏《说文二徐笺异》。其《自序》云："二徐异从，各有所本，亦各有所见。诸书所引，或合大徐，或合小徐，不必据此疑彼，据彼疑此，亦不必过信他书，反疑本书。中略。段氏若膺曰：'二徐异处，当胪列之，用师其意，精心校勘。'凡二徐异处，或正文，或重文，或正文说解，或重文说解，或引经，或读若，或类从，或都数，或语句到顺，或文字正俗，类皆先举其文。考之群书，实事求是，便下己意，以为识别。诸家可采者则采之，可议者议之，每得一异处，不专宗一家，其所不知，宁从盖阙之例，无害大义者，则略而不论。"

董书大略无足观，田书十四篇总计凡一千二百七字，二徐不同之处，可谓罗列无遗，读之可以知今本《说文解字》，断非许君之旧。其有校《说文》与他书异同，而称古本或定本者：一，沈涛《说文古本考》；[10]二，朱士端《说文校定本》；[11]三，王仁俊《说文解字考异三编》。[12]

一、沈氏《说文古本考》。许书原本，经李阳冰之乱，传于今者，仅大小徐两本。大小徐颇有异同，决非许书真面目，而其遗文佚句，往往有散见于经传注疏、史汉注、《字林》《玉篇》《释文》《文选李注》。凡在二徐之前者，当可据此以订二徐本之误。沈氏《说文古文考》，即由是而非，惟以《说文》疑他书与以他书疑《说文》，皆为学者一偏之弊，二徐本诚误矣，他书所引说本，果真古本，亦未易言也。沈氏概以他书所引为古本，未免启学者之怀疑。此方琦所谓沈氏之书，可谓异同考，不可谓古本考也。

二、朱氏《说文校定本》。以大小徐二本，参考异同，择善而从，或依大徐，或依小徐，其同者则曰大小徐同，其异者则从一本，而记其异于按语中；更据钟鼎古文，以校古籀版本之误，辨正后儒改窜之谬。据读若形声以明假借，据引经以得本诣，其称定本者，言不敢谬执己见，擅改原文，存二徐本，尚可以存许书也。

三、王氏《说文解字考异三编》。先是姚文田有《说文解字考异》之撰，大旨据唐人以来引《说文》者，加以论断，颇为精密，顾其书草创，未勒定本。郑知同重加考辨，续为编纂，其书亦未成。王氏此书，即继严、郑之书而作者，故称三编。姚、郑之书未见，王氏之书亦嫌略。

《说文》校勘之学，在清代可谓盛矣，而又有校校本者，其书有二：一，严可均《说文订订》；[13]二，严章福《说文校议议》。[14]

一、严氏《说文订订》。段玉裁有《说文订》一书，严氏以段氏之订，尚有与所见未合者六十有二。因为此书，以订段氏之订。

二、严氏《说文校议议》。严可均、姚文田有《说文校议》一书。严章福为可均从弟，以《校议》专订大徐之误，尚不能无遗憾，乃作《校议议》，以议严、姚二氏之议。引他书以校正《说文》，多因误读他书，而所校遂不确。《说文校议议》，关于此点，多所议正。

《说文》一书，除二徐本外，无他本可以校勘。所以校勘《说文》者，不能求之他书，于是有搜辑他书所引《说文》，以备校勘二徐本之用者，其书有二：一，严可均、姚文田之《旧说文录》；[15]二，田吴炤之《一切经音义引说文笺》。[16]

一、严氏、姚氏《旧说文录》。王仁俊言姚文田有《说文解字考异》，未勒定本。此《旧说文录》，即《说文解字考异》之底本也。录郑康成《三礼注》与《经典释文》以下之书，计五十种，其中有引《说文》者，皆为录出。严可均《自序》云："起东汉，止北宋，凡诸书之引《说文》者，大录一编为底簿，以鼎臣未旧。前乎鼎臣者旧也，故题曰《旧说文录》云。"共计一万七千余条,可谓辑录他书引《说文》之大观也。

二、田氏《一切经音义引说文笺》。据日本刊本唐慧琳《一切经音义》百卷,希麟《续一切经音义》十卷,辑其中所引《说文》者,得千二百余字,与今本《说文》,校其异同而笺之。嘉道以来,学者只见应玄二十五卷之《一切经音义》,严可均据以录入《旧说文录》者,已有二千五百条。田书仅千二百余字,已漏略多矣。现在正续《一切经音义》,已有影印本,学者尚可据以搜辑也。

自燉煌石室发见唐写本以来,而古书可据以校勘者极多,惟无《说文解字》。而《说文解字》唐写本,仅有莫友芝所得木部残文百八十有八。莫氏据此为《唐说文笺异》一书,[17]此《说文》校勘上重要之书也。

注释

[1]《汲古阁说文订》一卷,段玉裁著。段氏履略见前。是书成于嘉庆二年,刊在《段注说文解字》后。

[2]《汲古阁说文解字校记》一卷,张行孚著。张氏履略见前。是书成于光绪七年,刊在淮南书局《大徐说文真本》后。

[3]《说文校议》三十卷,严可均、姚文田同撰。严可均,字景文,号铁桥,清浙江乌程人,嘉庆举人。姚文田,字秋农,清浙江归安人;嘉庆进士,官至礼部尚书。是书成于嘉庆十一年,同治十三年归安姚氏重刊本。

[4]《说文解字校录》三十卷,钮树玉著。钮氏履略见前。是书成于嘉庆十年,光绪十一年江苏书局刊。

[5]《说文解字校勘记残稿》,王念孙著。念孙字怀祖,清江苏高邮人,乾隆四十年进士。是书未成,桂馥得其残稿,许瀚写为清本。宣统元年,番禺沈宗畸刊入《晨风阁丛书》内,即《许学丛书》内之《读说文记》。

[6]《说文系传考异》四卷,汪宪著。宪字鱼亭,清浙江钱塘人,乾隆十年进士。是书光绪重刊本,在《述史楼丛书》内。

[7]《说文系传校录》三十卷,王筠著。王氏履略见前,是书王氏殁后,咸丰七年刊。

[8]《二徐说文异同附考》,董诏著。诏字朴园,清陕西安康人,是书成于嘉庆时,在《说文测议》第七卷中。

[9]《说文二徐笺异》十四篇,田吴炤著。吴炤字伏侯,湖北人。其书宣统二年,以手写本付印。

[10]《说文古本考》十四卷,沈涛著。涛原名尔岐,字西雝,号匏庐,清浙江嘉兴人,嘉庆十五年举人。是书㴒喜斋刊本,民国十五年,无锡丁氏医学书局影印。

[11]《说文校定本》二卷,朱士端著。士端清江苏宝应人,道光九年考充右翼宗学教习,十九年授安徽广州训道。其书在《咫进斋丛书》内。

[12]《说文解字考异三编》十四卷,王仁俊著。仁俊,字干臣,清江苏吴县人。是书成于光绪二十二年,稿本。

[13]《说文订订》不分卷,严可均撰。可均履略见前。是书成于嘉庆五年,在《许学丛书》内。

[14]《说文校议议》三十卷,严章福著。章福字秋樵,清江浙乌程人,可均从弟。其书始于道光二十四年,成于咸丰七年,计十四年,吴兴刘氏刊。

[15]《旧说文录》,严可均、姚文田同纂。严、姚履略见前。其书据各书所引《说文》,分书录出,有严可均录者,有姚文田录者。稿本,中缺《韵会举要》一书所引。

[16]《一切经音义引说文笺》,田吴炤著。吴炤履略见前,是书成于民国

十三年，即于是年刊于北平。

[17]《唐说文笺异》，莫友芝著。友芝字子偲，号邵亭，清贵州独山人，道光举人。其书同治三年刊行，近有影印本。

石鼓文

石鼓隋以前未见著录，发见于唐初。其发见之地，在天兴县今凤翔。南二十里，韦应物、韩愈作《石鼓歌》以表之。其名始显，郑余庆迁置于凤翔孔子庙；五代时散失，后又得之；自凤翔迁于东京，今开封。置之辟雍，旋置保和殿；金人破宋，辇归燕京；今北平。自元历清，皆在北京，置于太学；近归故宫博物院保存，因中日交涉日急，而又南迁矣。石鼓其数十，宋时亡其一，旋即得之，以金属填其文，示不复拓，以保存原刻文字；元时又剔去其金，文字残损因此更多；十数虽具，第八鼓已无字矣。

石鼓之时代，唐张怀瓘、韩愈以为周宣王时；唐韦应物以为周文王时之鼓，宣王时刻诗；宋董逌、程大昌以为周成王时；宋郑樵以为秦时；金马定国、清庄述祖以为宇文周时；清武亿以为汉时；清俞正燮以为元魏时；清高宗定为周宣王时，以后绝少异说，且指

石鼓与《石鼓文》

其字体为太史籀所造，而以为籀文。其专著书讨论石鼓文者，在明代有杨慎之《石鼓文音释》、陶滋之《石鼓文正误》、李中馥之《石鼓文考》；清代关于石鼓文之著述，日以加多，兹略记二种于下，其仅为文字音训之考证者，皆不复述焉。

一、吴东发之《石鼓读七种》：一，《石鼓释文考异》；二，《石鼓文章句》；三，《石鼓辨》；四，《石鼓鉴》；五，《石鼓释文考异或问》；六，《石鼓尔雅》；七，《序鼓》。此主周宣王时之说也。[1]

二、沈梧之《石鼓定本》，已刻者五种：一，《篆文缩本》；二，《石鼓文释音》；三，《石鼓文辨证》；四，《石鼓文章句注疏》；五，《石鼓文地名考》。未刻者五种：一，《古籀奇字辨》；二，《诸家摹本校误》；三，《跋尾》；四，《备考录》；五，《辨字偶存》。此亦主周宣王时之说也。[2]

清代主周宣王时之说者，其书极多，此二书为比较内容充实。慎君《说文解字序》，以籀文为周宣王之太史籀所造，石鼓为周宣王时物，遂公认石鼓文即籀文，为确不可易者。自王国维著《史籀篇叙录》，以为《史籀》十五篇，古之字书，后人取句首"史籀"二字，以名其篇，非著书者之名，其书独行于秦，非宗周时之书。据此则周宣王时之说，遂根本动摇矣。近人罗振玉、马叙伦、马衡皆认为是秦代文字，而马衡之《石鼓为秦石刻考》一书，[3]辨之尤析。其辨证之方法，皆根据于文字。石鼓文字，见于"盄和"者十七，见于"秦公敲"者十四，见于"重泉量"者三，见于《诅楚文》者二十九，见于"吕不韦戈"者三，见于"新郪虎符"者十，见于"阳陵虎符"者四，见于"权量诏书"者十五，见于"峄山刻石"者二十四，见于"泰山刻石"者八，见于"琅琊台刻石"者十二，见于"会稽刻石"者十七；而"也"作"殹"，则为秦独有之文字。谓石鼓为秦时，以文字考之，则比较为可信矣。石鼓既为秦文字，则以前认为籀文，应为古文字一系者，现已失其所据矣。特为此篇，附于本编之末。

注释

[1]《石鼓读七种》，清海盐吴东发撰。乾隆五十九年自刻本，民国十五年陈氏石印本。
[2]《石鼓文定本》五卷，清无锡沈梧著。光绪十六年古华山馆刻本。
[3]《石鼓为秦石刻考》不分卷，四明马衡著。民国二十年石印本。

王昶等之石刻文字

金石之学，起于宋代；金文之发展，自清末以来，日愈进步，在"古文字学时期"章记之；石刻文字，清代作者颇多，而集其大成者，当推王昶之《金石萃编》。[1]收自周秦至于辽金，兼采南诏大理之石刻，大多数皆是石刻文字，金文极其少数。每一石刻，博采宋以来至于清之笔记文集等，考证金石文字之作，计有百数十种之多。又自为按语，或订正前人之讹，或发文字之蕴。如：《郑固碑》作"世模式"，《隶释》作"橅"，云碑以"橅"为"模"，王氏细核碑文，实从木也。《杨统碑》："百僚叹伤。"《隶释》作"辽"，云以

"百寮"作"百辽",不可解矣;王氏细核碑文,实从人也。又如《式荣碑》:"哀憾悲恫。"以前多释为哀感,王氏以为"憾"即"感"字,"戚,从戉从未",隶变作"从伐从卅";《杨统碑》:"贵戚专权。"《韩敕碑阴》:"彭城广戚。""戚"皆作"感"可证。且其考释,类能多所引证,而不穿凿。如:《敦煌长史武斑碑》:"商周徦藐。""徦藐"即"遐邈",《说文》无"遐"字。《华山碑》:"思登徦之道。"《杨统碑》:"徦迩莫不陨涕。"《繁令杨君碑》:"徦迩宾服。"皆"遐"字也。《列子·黄帝篇》:"而帝登假。"张湛注:"假,当作遐。"《汉书·礼乐志》:"徦狄合处。"颜师古注:"徦,即遐字,其字从彳。"《集韵》云"邈,通作藐。"《杨统碑》:"勋迹藐矣。"即"邈"字。《武都太守耿勋碑》:"开仓振澹。""澹"与"赡"同。《史记·司马相如传》:"漉沈赡菑。"《汉书》作"洒沈澹灾"。《汉书·食货志》"犹未足以澹其欲也。"师古注:"澹,古赡字。"《荀子》:"物不能澹则必争。"杨凉注:"澹。读曰赡。"《盐铁论》:"饥寒于边将何以澹之。"又云:"哀元元之未澹。"《张纳功德叙》:"恤澹冻馁。"亦以"澹"为"赡"。此种考据之学,清人颇优为之,远胜于宋人也。因《杨著碑》之"孝蒸内发",及"烝烝其考",论及于经,因《韩敕造孔庙礼器碑》之"前闿九头,以什教言",论及于纬,其范围更广也。后有方履籛者,踵其例为《金石粹编补正》,[2]计碑文五十通,不过补王氏所遗之碑,考释寥寥,殊不及王氏之书,不足正王氏之讹。其他搜集石刻文字，编次成书，具有学术之价值者有二：一顾蔼吉之《隶辨》，[3]一钱庆曾之《隶通》。[4]顾氏之书，据其自序云："《隶辨》之作，为解经而作也。汉人传经多用隶写，隶变为楷，益失本真，唐开元易以俗字，名儒病其芜累。余收集汉碑，间得刊正。《虞书》'大鹿'，旧本无林；《泰卦》'包㐬'，后人加'艸'；《郑风》'掺执'，即为'操执'；《谷梁》'壬臣''若斯'之类，取益颇多，后于北海孙氏，见《中郎石经》。《经典释文》所云：'本又作者，皆碑中字也。'"观顾序所云，《隶辨》一书，在于解经，实则经之文字，亦是属于文字学之范围。以隶证经，可以得汉人用文字之例。况其书于文字之本身，又能本之《说文解字》辨其正变省加，以得由篆变隶之迹。钱氏之书，其体略分为三：一曰通。如："吏"，通作"理"；《郙阁颂》"行理咨嗟"是也。"祥"，通作"翔"，又通作"详"，又通作"羊"；《汉修尧庙碑》"翔风膏雨，锾铭，辟除不详，范君断碍，日利千万曾羊"是也。二曰变，变有二：一为写之变。如上作"上"，见《韩敕孔和碑》《史晨后碑》是也。一为用之变。如"壻"变为"聟"，见《唐公碑》是也。三曰省。如"气"省作"乞"，见《无极山》《复民》二碑是也；"璠"省作"墦"，见《尧庙》是也。三例之外，又有二例：一曰本。如"珙"本作"玒"，"瑄"本作"珣"是也。二曰当。如"琦"当作"奇"，"珈"当作"嘉"是也。钱氏此书，取弃颇严，隶书通行之字，不载于《说文》而义可相通者，乃著于篇，略有省变者，亦搜及之，若字体乖剌过甚，则摒而不录。

其异体兼收者，则有邢澍之《金石文字辨异》、[5]杨绍濂之《金石文字辨异补编》。[6]邢氏之书，所搜不限于汉，凡所见唐宋以来石刻，及宋元刊本之《隶释》《隶续》等书，皆为采取，异体极多，足资参考；以韵为类，而不载碑文。杨氏之书，以邢氏多录宋元刊本之金石书，往往致误，为此编以补正之。此外有朱百度之《汉碑征经》、[7]赵之谦之《六朝碑别字》、[8]罗振鋆之《碑别字》。[9]朱氏之书，以经累传写，讹谬日多，汉碑最古，足资考订，其书专以补顾氏之缺。如：据《孔庙后碑》"元亨利贞"，作"长亨利贞"。《易》文言"元者善之长也"，《左·襄九年》传"元体之长也"，"元""长"同义。《易·大有》"公用亨于天子"，《随》"王用亨于西山"，《升》"王用亨于岐山"皆读作享，"享""亨"字同。凡此之类，苟忠心求之，将续有发明也。赵罗之书，搜辑异体，邢书之亚而已。

注释

[1]《金石萃编》一百六十卷，清王昶著。昶字德甫，号述庵，学者称兰泉先生，青浦人。官至刑部右侍郎，年八十三卒。好金石文字，积数千通，删其繁复，著为是编。

[2]《金石萃编补正》四卷，清方履篯著。履篯字彦闻，大兴人。嘉庆二十三年举人，官福建闽县知县。是编所录，多中州石刻，篇第多未次序，似为未成之书。

[3]《隶辨》八卷，清顾蔼吉著。蔼吉长州人。其书摭采汉碑，不备者本之《汉隶字原》，更本《说文解字》，辨其正变省加，以四声分类，易以检寻，一一注碑名于下，便以考证。复依《说文解字》部首次第，

篆偏旁五百四十字，括其枢要，又列诸碑之目，折中分隶之说，各为之考，极便学者也。

[4]《隶通》二卷，清庆曾著。庆曾嘉定人。尝以为汉人用字，例多通假，虽紊乎象形会意之原，犹得求依声托事之理，乃取石刻通假之字，列为一编，故名之曰《隶通》。

[5]《金石文字辨异》十二卷，清邢澍著。澍字雨民，阶州人。尝助孙氏星衍辑《寰宇访碑录》，见闻极富，乃考定其文字，辨论其异同，著为《金石文字辨异》十二卷。

[6]《金石文字辨异补编》五卷，清杨绍濂著。绍濂瑞安人。以邢书间有写刻滋讹，与碑不合者，为之补正。大概多据拓本，与影印之本，转录诸刻本金石书者甚少，盖其成书较近也。

[7]《汉碑征经》一卷，清朱百度著。百度，字午桥，宝应人。

[8]《六朝碑别字》一卷，清赵之谦著。之谦，字㧑叔，绍兴人。

[9]《碑别字》一卷，近代罗振鋆著。振鋆，字佩南，上虞人。

其他

清朝一代，关于文字学之著作，已记于上，可以窥文字学之全矣。其他如各家读《说文》之记，虽详略不同，或精粗有别，要皆可为参考之资。此种著作，以《惠氏读说文记》[1]《席氏读说文记》，[2]卷帙丰富，极为可观，记之于下：

惠氏以《说文》之学，倡于吴中，尝谓"《说文》一书，不第形声点画，足考制字之原"。其所训诂，实佐毛、郑诸家之所未备，又皆魏晋以前真古文，一句一义，在今日皆为瑰宝。惠氏于《说文》一书，用功颇勤，其《读说文记》，即其旁记侧注，移录而为书者也。

席氏尝得《惠氏读说文记》，读而善之，欲推广其义例，作《说文疏证》而未果，积稿颇富。据其札记，其条例略有四项：一，疏证许书之所难解，而他书可证明者。二，补漏他书引《说文》，而或多或少，异于今本者，又此部不备，而他部注中确可移补者。三，纠误注文，为后人附会窜乱，而确有可据，以证其谬讹者；又六经讹字，可据《说文》，推得其原而校正者。四，最取马、郑诸儒之训诂，与许君不合者，观其条例，洵足成为一家之学；惜未成书而卒，同里黄氏廷鉴，为之连缀芟雉，存《席读说文记》一书。惠氏著书之旨，欲以《说文》校六经，席氏即本惠例，以为经传中多相混之字，皆当据《说文》以正之。尝谓"《说文》明，而六经之真古文乃明"。惠氏、席氏之书，其趣旨如一也。

其短书小册，未成书者有二：一，许械之《读说文杂识》；[3]二，许梿之《读说文记》。[4]

《读说文杂识》，乃随手札记之书，或录他之说，或记自己之见，亦有本系他人之说。即以为自己所有者，如"衣"字，以为当是象衣之形，此乃明朝人之说也，共计八十一条。

许梿尝纂《说文解字统笺》，未成书，以庚申之乱散佚。兹编所记，乃其平日读书时，或己见，或他人之说，录于《说文》原本，而为纂《统笺》之预备，共计五百四十九条。

又其短书小册，与《读说文记》之书相类，或独明一义，或专言一事，或记一己之所见，而有所发明，或举群书之所说，而有所平议。虽系零星之著作，在文字学上，似尚未能独树一帜，而要为研究文字学者所不可忽略。略举之有八，记之下方：

一、王夫之之《说文广义》。王氏虽未见"始一终亥"之本,然思想精邃,有独到之处。如"谓"一字发为数音,其原起于训诂之师,欲学者辨同字异指,为体为用之别。古人用字,义自博通,初无差异,其言颇精,至其论假借,不免有附会牵强之处;元明人之陋说,未尽刊落故也。同治间,镇海吴善述著《说文广义校订》,凡王氏附会牵强之处,一一为之校订。[5]

二、陈诗庭之《读说文证疑》。其书于《说文》不可解说之处,则引群书以解《说文》难解之语,如"菉":"苶橛实里如表者。"里如表不可解。据《尔雅·释文》引《说文》作"里如裹",乃知"里"为"裹"之讹,表为"裹"之讹。[6]

三、吴夌云《小学说》。其书多言声义相关之故,以字声制,而明声随义转之所以然,苟本此例,引申触类,于文字学极有益也。[7]

四、胡秉虔之《说文管见》。此乃未成之书,然中"《说文》考古音说""一句数义说""分部说"诸篇,皆甚精也。[8]

五、毛际盛之《说文述谊》。会萃群书,疏通证明,不为驳难。盖毛氏为钱竹汀弟子,其著书守钱氏家法也。[9]

六、许溎祥《说文徐氏未详说》。许书传世,铉本较为通行;徐氏于所未知者,每曰未详。清代诸儒,类皆为之考订详说,疏通证明,推论略尽。许氏最录何氏焯、吴氏夌云、惠氏栋、钱氏大昕、大昭、坫、孔氏广居、陈氏诗庭、段氏玉裁、桂氏馥、王氏念孙、煦、绍兰、筠、钮氏树玉、姚氏文田、严氏可均、徐氏承庆、苗氏夔、朱氏骏声、士端、郑氏珍、李氏

第三编 文字学后期时代 清 / 387

青枝，许氏棫，张氏行孚二十五家之说，总为一书，颇便学者。[10]

七、程炎《说文古语考》及傅云龙《补正》。古语者，即许君时之俗语也。二郑、杜、贾，多以俗语证经，许君以俗语证文字，程氏将许书中之俗语最录为书。惟程氏未就俗语之合六书者考之，亦未就许氏引语，以说解形义半由声起者考之。傅云龙乃就程书，删三，补十有八，正其夺与讹与略者一百六十有四，此专明《说文》中引俗语之书也。[11]

八、王仁俊《说文解字引汉律令考》。辑许书中《汉律》得十七条，《汉令》得六条；又许君虽未明言，证诸汉人所言，知确为《汉律令》者，得《律》一条，《令》九条，为附录。此专明《说文》中引律令之书也。[12]

又有自成一书，卷帙亦略为丰富，在文字学史上，亦有足记之价值者，兹记附于后。

一、吴颖芳《说文理董后编》。吴氏有《说文理董》三十卷，其书未见；《后编》六卷，纠弹群书，力尊许义，驳斥郑渔仲尤力。[13]

二、顾锡观之《六书辨通》。其书以韵目分部，分列同声、通假之字，亦言假借者可为参考之书也。[14]

三、孔广居之《说文疑疑》。凡《说文》之可疑者，参以他书；他书之可疑者，附以己见；《说文》与他书俱可疑，而己亦未能断定者，则仍存其疑。本顾亭林十部韵目，分隶各字，而以论六书条例冠于前。[15]

四、宋保之《谐声补逸》。《说文》九千三百五十三字，谐声之字，不止十分之八，被徐氏所删者极多，宋氏则一一补之。如："㺑"："三岁牛也。""骖"："参马也。即从参声。""牭"："四岁牛也。驷，四马也。即从四声。"又如："馴"："八岁马也。"当从八声。"齓"："男八月生齿，八岁而齓。女七月生齿，七岁而齓，当从七声。"而伍、什、佰、劗、刱、佼、绞之字，皆取其声近者，以明义之所归。计篆文补声三百有九，古籀重文补声八百三十有六，共计补声一千一百四十有五，可为声读者参考之资也。[16]

五、王玉树之《说文拈字》。分考经、辨体、审音、订误、校附、正俗、序志，其书亦可观也。[17]

六、俞樾之《儿笘录》。俞氏以许君生于东汉，未必尽得古人造字之意，取《说文》中可疑之字，计九十有六，一一为之校订。俞氏著是书时，甲骨文尚未出土，而金文之学又未研究，虽有所校订，而亦未必能得造字之意也。[18]

七、叶德辉之《说文读若字考》。朱孔彰有《释说文读若考》一篇，而未成书，其区分《说文》读若之例二十有五。一音之字，有从本字之声者，如"瑂"，读若眉。有从同得之声者，如"㙔"，读若谐，并从皆声。有从得声之原者，如"駼"，读若涂，涂声原从余。有从未省之声者，如"簡"，从心简声，即读若简。有古音可互证者，如"喋"，读若集；"亼"，读若集。有古文可互证者，如"臤"，读若贤，"臤"即"贤"之古文。有音义可通者，如"祢"，读若箅，"祢"与"箅"古通。有俗书可借证者，如"趰"，读若池；"池"，篆文作"沱"。有随举二字以证音者，如"脥"，读若止休。有区别二字以证音者，如"雨"，读若军敶之敶。有引经传正音者，如"㻎"，读若《诗》曰"瓜瓞菶菶"。有引经即以本字证音者，如"趡"，读若《春秋传》曰"辅趡"。有非引经，即以所引本字证音者，如"该"，读若中心满该。有引方言证音者，如"卸"，读若汝南人写书之写。有引地名证音者，如"虘"，读若鄌县。有引人名证音者，如"趈"，读若王子蹻。有不能得其音，拟一物以仿佛者，如"嫚"，读若蜀郡布名。有不能达其意，拟一事以譬况者，如"歈"，读若拔物为决引也。有二音之字引经者，如"玤"，读若《诗》曰"瓜瓞菶菶"，一曰若蛤蚌。有非引经者，如"玖"，读若芑，或曰若句脊之句。有二音属转音者，如"皀"，又读若香。有二音用叠韵者，如"似"，读若钦崟。有二音属双声者，如"霹"，读若斯，鲜斯双声。有阙声而有读者，如"芾"，阙，读若宁。有引通人说音者，如"中"，读若彻。尹彤说，可见未有反切之前，而读音之难如是，朱氏整理《说文》之读若，得二十五例，可谓密矣。特未成书，尚未足窥读若之全部。叶氏将《说文》读若之字，一一录出，加以考证，成书七卷，惜未区分读若之例。若用叶书，而以朱氏之例区分之，亦可观也。[19]

八、叶德辉《同声假借字考》。依声托事，近儒谓之引申；依声不必托事，近儒谓之假借；同声假借者，即依声不必托事之假借也。实则即本有其字之假借，其假借之原因有二：一，古时字少，以声为用，后虽造字，用之已久，习而不改。二，口耳相受授，笔之以手，仓卒无其字，假同声之字用之。

是书本《经典释文》，按诸经之次第，录其同声假借之字，惟仅有《易》《书》《诗》《孝经》《论语》《尔雅》，而不及"三礼""三传"，以叶氏另有《三礼郑注正字考》《三传人名异文考》也。[20]

九、章炳麟《小学答问》。经典相承，多用通假，此书于经典相承之字，而得其本字，颇精确可读。[21]

以上诸书，在文字学史，皆有可记之价值，其他之著作虽多，则不及焉。现在人之著作，此篇亦不阑入，仅记章炳麟之二书者，一以章氏现已作古，二则章氏之文字学，纯然乾嘉之一派，而为文字学第二时期之结束，毫未走入古文字学之路线也。

注释

[1]《惠氏读说文记》十五卷，惠栋著。栋字定宇，号松厓，清江苏吴县人。惠氏为吴中经学大师，乾隆二十三年卒，年六十二。是书随手札记，未经告成，江声用惠氏原本，为之参补。声字艮庭，惠氏弟子，精《说文》之学。是书刊在《借月山房汇钞》内。

[2]《席氏读说文记》十五卷，席世昌著。世昌字子侃，清江苏常熟人。是书刊在《借月山房汇钞》内。

[3]《读说文杂识》不分卷，许槤著。槤字梦西，清江苏阳湖人。是书光绪七年刊。

[4]《读说文记》不分卷，许槤著。槤字夏叔，号珊林，清浙江海宁人，道光十三年进士。是书光绪十四年刊，在《古均阁遗著》内。

[5]《说文广义》三卷，王夫之著。夫之字而农，号姜斋，学者称船山先生，湖南衡阳人，明末大儒。著述极富，是书刊在《船山遗书》内。

吴善述，字瀣城，清浙江镇海人。以王氏之书，其所匡谬辨讹之处，过于自信，遂至多所牵强附会，乃为《说文广义校订》三卷以正之。同治十三年刊。

[6]《读说文证疑》不分卷，陈诗庭著。诗庭字画生，号妙士，清江苏嘉定人，嘉庆时进士。是书在《许学丛书》内。

[7]《小学说》一卷，吴夌云著。夌云字樯客，清江苏嘉定人，嘉庆八年卒。其书在《吴氏遗书》内，广雅书局刊。

[8]《说文管见》三卷，胡秉虔著。秉虔字敬伯，号春乔，清安徽绩溪人，嘉庆四年进士。是书在《聚学轩丛书》内。

[9]《说文述谊》二卷，毛际盛著。际盛字清士，清江苏宝山人。是书成于乾隆五十六年，道光二十四年刻，《聚学轩丛书》据原本刊。

[10]《说文徐氏未详说》不分卷，许溎祥著。溎祥字子颂，清浙江海宁人，许槤之子。是书光绪十六年古均阁刊。

[11]《说文古语考》一卷，程炎著。炎初名东冶，更名际盛，字奂若，清江苏长洲人，乾隆四十五年进士。《古语考》署曰长洲程炎辑者，未改名时作也。傅云龙，字懋元，清浙江德清人，就程书补正厘为二卷。是书成于光绪六年，十一年刊。

[12]《说文解字引汉律令考》一卷，王仁俊著。王氏履略见前。是书稿本。

[13]《说文理董后编》六卷，吴颖芳著。颖芳字西林，清浙江仁和人。隐不仕，康熙四十一年卒，年八十。是书民国十八年，中社以盋山图书馆钞本影印。

[14]《六书辨通》六卷，顾锡观著。锡观字颛若，清江苏金山人。是书乾隆七年刊。

[15]《说文疑疑》二册，孔广居著。广居字千古，号瑶山，清江苏江阴人。是书嘉庆七年刊。

[16]《说文谐声补逸》十四卷，宋保著。保字保之，一字小城，清江苏高邮人。是书嘉庆八年刊，光绪十年张炳翔重刊。

[17]《说文拈字》七卷,王玉树著。玉树字松亭,清陕西安康人,乾隆五十四年拔贡。是书刊于嘉庆六年。

[18]《儿笘录》四卷,俞樾著。樾履略见前。是书成于同治元年,在《春在堂丛书》内。

[19]《说文读若考》七卷,叶德辉著。德辉履略见前。是书民国十二年刊。朱孔彰字仲我,骏声之子。是篇南菁书院课士之作。

[20]《同声假借字考》二卷,叶德辉著。是书民国十二年刊。

[21]《小学答问》一卷,章炳麟著。炳麟履略见前,是书《章氏丛书》本。

第四编

古文字学时期　清末至现在

古文字学尚未成为有统系之学

兹编所述之古文字，以甲骨文、金文为限。甲骨文发见于民国纪元前十三年，至民国二十五年，历三十有八年。许多学者，努力为甲骨文之研究，运用至于经史之考证、古社会之考证。甲骨文之价值，日愈增高，然甲骨文本身，其文字不能解释者尚多。如罗振玉《殷墟书契待问编》、[1]王襄《殷墟类纂》中之《存疑与待考》、[2]商承祚《殷墟文字待问编》、[3]孙海波《甲骨文编》之《附录》、[4]容庚、瞿润缗同编之《殷契卜辞》中之《附录》。[5]其不能解释之文字，虽各书所记，颇有同者。亦有现在已得其解释者，而要其未能解释者尚不少也。其墨拓中未尽搜集之文字，[6]与龟甲兽骨之陆续出土者，[7]皆不与焉。即其能解释之文字，亦颇多人各一说；是甲骨文本身，尚未到文字确定时期。遑论文字之条例，金文之注意，虽起于宋朝，直至清朝末叶，始为发达。然究竟玩好古董之意多，研究学问之意少。近日运用至于经史与古社会之考证，亦受甲骨文之影响而然。金文之历史，虽长于甲骨文，而过去工作之成绩，亦未能胜于甲骨文。不能认识之文字，或误释之文字，如吴大澂《说文古籀补》中之《附录》、[8]丁佛言《说文古籀补补》中之《附录》、[9]强开运《说文古籀补三编》中之《附录》、[10]容庚《金文编》及《金文续编》中之《附录》，[11]亦复不少于甲骨文。甲骨与金文各著述中，求一部书如许君《说文解字》之纪载者，殊不可得。盖古文字学，尚在继续研究之中，未能成为有统系之学也。

注释

[1]据罗氏《自序》，最录不可遽释之字，得千名，合以重文，共得千四百有奇。
[2]据王氏《自序》，《说文》所无，及难确识之字，凡千八百五十二为存疑。不能收入存疑之字，又百四十二为待考。
[3]本罗氏《待问篇》之例，略就形义，分别卷次为十三，得字七百八十有五。有诸家审释而未决者，有形义可辨而未安者，皆入此篇。
[4]凡其字形声不可识，及近贤已释，而未尽确者，悉入《附录》，计一千一百一十九字，重文不计。
[5]其不可识者，别为《附录》，计一百八十一字，重文不计。
[6]庐江刘氏藏有甲骨万余片，悉有墨拓，尚未整理。
[7]中央研究院陆续发掘之甲骨颇多，尚未见报告。
[8]据吴氏《自序》，索解不获者，存其字不绎其义，不敢以巧说邪辞使天下学者疑也。别为《附录》，计五百三十六字，重一百十九。
[9]据丁氏《凡例》，《说文》所无，及疑为某某字无定释者，概归《附录》，计四百三十字，重文三十七。
[10]据强氏《凡例》，《附录》二百八十九字，重文十二，并载编末，以

备后来之考释。

[11]据容氏《凡例》，图象文字，与形声不可识者，考释未尽确者，别为《附录》，计一千零四十八字，重文不计。《续编》三十三字，重十四。

甲骨文之发见与名称及甲骨文之传布

清光绪二十五年己亥，河南安阳县西五里之小屯，洹曲厓岸，为水所啮，发见龟甲兽骨，其上皆有刻辞。其地在洹水之南，为武乙之墟。《史记·项羽本纪》："所谓洹水南故殷墟土者也。"刻辞之中，殷历代帝王名，计二十有二，学者遂定为殷室之物，称为"殷墟书契"。"契"为"栔"之借字，《说文》"栔"："刻也。从㓞木。"《诗·大雅·绵》云："爰始爰谋，爰契我龟。"《郑笺》云："于是契灼其龟而卜之，契者言刻文字于龟甲也。""栔"字甲骨文尚未见。谓之"殷墟书契"者，本"爰契我龟"之诗而名之，或简称曰"契文"，或曰"殷契"。又以其刻辞，皆贞卜之语；《说文》训"贞"为"卜问"；训"卜"为"灼剥龟"。言刻文字于龟甲上

甲骨文

灼剥而问吉凶也，又谓之"殷商贞卜文字"，普通称为"龟甲文"，又称为"龟甲兽骨文字"。以其发见者不仅龟甲，兽骨上所刻之文字亦多也，现在定名为"甲骨文"，极为翔实。出土之时，为福山王氏懿荣所得，不过视为古董之类，未尝墨拓传布也。王氏死庚子之难，尽归丹徒今镇江县。刘氏鹗。刘氏得王氏之藏，又得定海方氏药雨及范姓之藏，又陆续购得，共计五千余片。精选千余片，墨拓影印，为《铁云藏龟》一书，[1]顾未有释文也。不过序文、内言、干支及帝王之名，与⋯⋯等数字而已。刘氏得罪发边，所藏散失。中州估人，时以陆续出土之龟甲、兽骨出售，日本考古家相争购之。日人有林泰辅者，为之详考，揭诸史学杂志，且设商周遗文会，搜罗日人権古斋、听冰阁所藏实物，墨拓影印《龟甲兽骨文字》一书。[2]先是上虞罗振玉，前后所得甲骨，数殆逾万，拓其文字，影印《殷墟书契前编》，[3]及《殷墟书契后编》；[4]又择其大片与精者，用照片代拓本，影印《殷墟书契菁华》；[5]又以刘氏旧藏，而为《铁云藏龟》所未载者，影印《铁云藏龟之余》。[6]此皆民国五年以前，罗氏所印之甲骨文字也。至民国二十二年，罗氏又合北京大学、丹徒刘氏、天津王氏、四明马氏所藏之甲骨，影印《殷墟书契续编》。[7]罗氏传布甲骨文字之功，可谓巨矣。而戬寿堂所藏之《殷墟文字》，[8]镇江叶玉森之《铁云藏龟拾遗》，[9]天津王襄之《殷墟征文》，[10]搜集虽不及罗书之富，然颇亦可以补罗书之缺。又有南阳董作宾《新获卜辞写本》，[11]与《大龟四板考释》。[12]《写本》中有新发见之文字，而《大龟四板考释》，更予吾人对于龟甲真确之观念。又有燕京

大学所印之《殷契卜辞》、[13]金陵大学所印福开森所藏之甲骨文，[14]

及《殷佚存》、[15]河南博物《殷墟文字存真拓本》，[16]又有坎拿大教士明义士所藏，摹写影印之《殷墟卜辞》，[17]英国教士库全英、美国教士方法敛所藏，摹写影印之《甲骨卜辞》。[18]以上诸书，皆为研究甲骨文重要之根据。而最足资研究者，为四川郭沫若之《卜辞通纂》一书，[19]其书采《铁云藏龟》《殷墟书契前编》《殷墟书契后编》《殷墟契菁华》《铁云藏龟之余》《戬寿堂殷墟文字》《龟甲兽骨文字》，及未经著录假自藏家者，分为"干支""数字""世系""天象""食货""征伐""畋游""杂纂"八类，使学者对于甲骨文字，有分析之认识，统续之观念。王襄《殷契征文》，已有分类之编纂。但王氏仅据自己一人之所藏，而为分类，未免材料有不足之虞，而有勉强归类之处。郭氏取诸家之书，左右弋获，材料足分类自较确也。论者诸家已录各片，但为援引，于事已毕，今加重录，颇病芜赘。予谓郭氏之书，便于学者之研究，使不加以重录，转于学者不便也。

注释

[1]《铁云藏龟》六卷，丹徒刘鹗编。清光绪二十九年影印，计一千零六十一片；民国十九年蟫隐庐重印者，有鲍鼎释文。

[2]《龟甲兽骨文字》二卷，日本林泰辅编。商周遗文会影印，计一千零二十五片；与《殷墟书契前编》同者百零四片。

[3]《殷墟书契前编》八卷，上虞罗振玉编。民国二年，在日本影印，计二千一百九十三片；民国二十一年重印。

[4]《殷墟书契后编》二卷,上虞罗振玉编。民国五年,广仓学宭影印,计一千零九十片;与《前编》同者三片。

[5]《殷墟书契菁华》不分卷,上虞罗振玉编。民国二年,在日本以照片影印,计大片八,小片六十,共六十八片。

[6]《铁云藏龟之余》不分卷,上虞罗振玉编。民国四年影印,计四十片;十六年重印,二十年蟫隐庐再重印者,附鲍鼎释文。

[7]《殷墟书契续编》六卷,上虞罗振玉编。民国二十二年影印,约计二千余片;与他书重者约千余片。

[8]《戬寿堂所藏殷墟文字》不分卷。民国六年,广仓学宭影印,计六百五十片;兽骨居多,与《前编》同者一片。

[9]《铁云藏龟拾遗》不分卷,镇江叶玉森编。民国十四年影印,计二百四十片。

[10]《殷墟征文》十二编,天津王襄编。分"天象""地望""帝系""人名""岁时""干支""贞类""典礼""征伐""游田""杂事""文字"十二类,民国十四年影印;学者初以为伪品,现又以为不伪,计一千一百二十五片。

[11]《新获卜辞写本》不分卷,南阳董作宾录。印在民国十九年第二期《安阳发掘报告》内,计三百八十一片。

[12]《大龟四版考释》,南阳董作宾著。将发掘之龟甲,悉心考校,拼成大龟,而考释其文字,印在民国二十年第三期《安阳发掘报告》内;计拼成大龟甲四片。

[13]《殷栔卜辞》不分卷,东莞容庚编。民国二十二年,燕京大学影印,计八百七十四片。

[14]《福氏所藏甲骨文字》不分卷,番禺商承祚编。民国二十二年,金陵大学影印,计三十七片。

[15]《殷墟佚存》不分卷,番禺商承祚编。计录北平孙氏壮墨本百九十三片,侯官何氏遂所藏六十一片,美国施美士所藏六十二片,海宁于氏省吾所藏七片,江夏黄氏溶墨本六十片,商氏自藏七十七片,墨本

四百八十三片，共计九百四十三片。民国二十二年金陵大学影印。

[16]《殷墟文字存真拓》第一、二、三集，开封关百益编。民国十八年，河南省政府派员发掘殷墟，获甲骨三千余片，兹集取墨拓原本剪贴而成，每集一百片，三集计三百片。

[17]《殷墟卜辞》不分卷，坎拿大明义士编。民国六年以摹写本影印，计二千三百九十六片。

[18]《库方二氏藏甲骨卜辞》不分卷，美国方法敛编。此书编成时，仅迟于《铁云藏龟》出版三年，民国二十四年商务印书馆以方法敛摹写本影印，计二千一百七十八片。

[19]《卜辞通纂》一卷，四川郭沫若编。一九三三年，即民国二十二年，日本文求堂影印，计八百片。附录中央研究院藏大龟四版拓本四片，新获卜辞拓本二十二片，何氏遂藏甲骨拓本十六片。日本所藏甲骨择尤，计大龟二版，巨兽骨一枚，甲骨拓本七十七片。

研究甲骨文之书

据甲骨文为学术之研究者，当首孙氏诒让。孙氏著《契文举例》一书，[1]其例有十：一日月，二贞卜，三卜事，四鬼神，五卜人，六官氏，七方国，八典礼，九文字，十杂例。椎轮伊始，虽未能洞悉奥隐，然为研究甲骨文者之先导。孙氏之书，粗有发明，略辨文字，一也；略知卜法，二也；考知商礼，三也；论定官制，四也；考证商都方国，五也；正郑氏龟卜之误，六也。三十年前，有此甲骨文例之创作，可谓难能矣。继孙氏而起者，有罗振玉。罗氏答日本人林泰辅之问难，著《殷商贞卜文字考》一书[2]；一考史，二正名，三卜法，四余说；体制殊简，内容颇俭，此书成于清宣统二年。迨后四年，罗氏复著六万余言之《殷墟书契考释》，[3]分为八篇：一《都邑》，考安阳之小屯，确为殷之故都。二《帝王》，考得殷帝王之名二十有二。三《人名》，于殷帝王外，考得殷人名七十有八。四《地名》，考得殷地名百九十有三。五《文字》，考得形声义悉可知者计五百余字；重文不计。形义可知，声不可知者，计五十余字；形声义胥不知，而见于古金文者，计二十余字。六《卜辞》，考得卜之类有八：曰祭，曰告，曰覃，曰出入，曰田猎，曰征伐，曰风雨，曰年。七《礼制》，考得殷之礼制有六：曰授时，曰建国，曰祭名，曰祀，曰牢鬯，曰官名。八《卜法》，可以正郑氏笺注之误。罗氏此书，已据甲骨文而有古史之研究矣。即其《文字》一篇，与文字学之关系极巨，一可以正《说文解字》之误，二可以辅金文之研究。自有罗氏之书，甲骨文始稍稍可读，而古文字学遂辟一新路矣。又二年，罗氏复录邈不可识之字，得千余，合以重文，共计千四百余字，为《殷墟书契待问编》。[4]待问者，今日所不知者，异日或知之，在我所不知者，他人或知之，窃疑待问之意也。现在待问编中之字，已有可识者。又十年，复将《殷墟书契考释》，增订一遍，[5]增芟修改，无虑千数百条，有自破前说者，有释文删去者，有增

《殷商贞卜文字考》罗振玉著
——从清宣统二年（1910）玉简斋刊本

入人名、地名及礼制者。罗氏于甲骨文，可谓勤矣。同时与罗氏为甲骨文之学者，有海宁王国维。王氏据《戬寿堂所藏殷墟文字》，著为考释，[6]最为详慎。如：释"田"为"上甲"，释"王受又"为"王受祐"，释"物"为"杂色牛"，释"昍"为"翌"，释"鳳"为"凤"而为"风"之借字，皆极精确，并据甲骨文为经史之考证。如《殷卜辞中所见先公先王考》[7]《殷卜辞中所见先公先王续考》[8]
《古史新证》[9]《殷周制度论》[10]《殷礼征文》等书，[11]为考据学辟一新径途。镇江叶氏玉森所著《说契》[12]《研契枝谈》[13]《殷契钩沉》等，[14]虽廖廖小册，颇有可以纠正罗氏之遗；又为《殷墟书契前编释文》，[15]此为叶氏毕生精力之所集。惜叶氏卒后，以稿付印，尚有未尽整理之处。容氏庚、瞿氏润缗同著之《殷契卜辞释文》[16]，商氏承祚所著之《殷契佚存考释》[17]，皆颇精慎。而郭沫若之《甲骨文研究》，[18]虽有新意，究嫌过奇，其所著之《卜辞通纂考释》，[19]创意立说，渐臻谨严。以上诸书，皆研究甲骨文字，所当致力者也。又天津王襄，据刘、罗、王三家之书，并拓本，仿吴大澂《说文古籀补》之例，著《殷墟类纂》一书，[20]录可识之字八百七十三，重文二千一百十，凡二千九百八十三为《正编》；难确识之字，凡一千八百五十二为《存疑》；不能收入存疑之字，凡百四十二为《待参》；合文二百四十三为《附编》。其书虽罕发明，而颇便检查。番禺商氏承祚，亦用吴氏之例，著《殷墟文字类编》，[21]正文七百九十一，重文三千三百四十，其不确知为何字者，为《待问编》附后。商氏之书与王氏之书略同，而解释比较为详，然亦大概皆罗氏之说。孙氏海波之《甲骨文编》，[22]收辑比前二书为精，方法亦密。朱氏芳圃之《甲骨学文编》，[23]录八百三十六字，重三千四百六十九；《补遗》录百四十九字，重二百一十五，而采取各家之说则较多。以上皆甲骨文便于检查之书也。又松江闻宥之《殷墟文字孳乳研究》，[24]虽为短篇，然沿其例研究之，能使甲骨文成一统系。而南阳董作宾之《甲骨文断代研究》，[25]能便研究甲骨文者有时代之认识也。

注释

[1]《契文举例》二卷，瑞安孙诒让著。是书据自序，成于清光绪三十年。民国六年，罗振玉以稿本影印于《吉石盦丛书》内。十六年，蝉隐庐有翻印本。

[2]《殷商贞卜文字考》不分卷，上虞罗振玉著。清宣统二年印。

[3]《殷墟书契考释》不分卷，上虞罗振玉著，王国维手写。甲寅印，即民国三年。

[4]《殷墟书契待问编》不分卷，上虞罗振玉著。自写本，丙辰印，即民国六年。

[5]《增订殷墟书契考释》三卷，上虞罗振玉著。丁卯东方学会印，即民国十六年。

[6]《戬寿堂所藏殷墟文字考释》不分卷，海宁王国维著。民国六年，广仓学宭与《戬寿堂所藏殷墟文字》同印。

[7]《殷卜辞中所见先公先王考》不分卷，海宁王国维撰。民国六年，印入《广仓学宭丛书》甲类第二集；又《王忠悫公遗书·初集观堂集林》卷九。

[8]《殷卜辞中所见先公先王续考》不分卷，海宁王国维撰。民国六年，

印入《广仓学宭丛书》甲集第二集；又《王忠悫公遗书·初集观堂集林》卷九。

[9]《古史新证》一卷，海宁王国维著。民国十六年《国学月报》二卷，八期至十期合刊；又十九年《燕大月刊》七卷二期。

[10]《殷周制度论》一卷，海宁王国维著。民国六年，印入《广仓学宭丛书》甲类第二集；又《王忠悫公遗书·初集观堂集林》卷十。

[11]《殷礼征文》一卷，海宁王国维著。《王忠悫公遗书》第二集，民国十六年印。

[12]《说契》不分卷，镇江叶玉森著。民国十二年印，十八年富晋斋翻印。

[13]《研契枝谈》不分卷，镇江叶玉森著。民国十二年印。

[14]《殷契钩沉》不分卷，镇江叶玉森著。民国十二年印，十八年富晋斋翻印。

[15]《殷墟书契前编集释》八卷，镇江叶玉森著。民国二十三年印。

[16]在《殷契卜辞》后。

[17]在《殷契佚存》后。

[18]《甲骨文研究》二卷，四川郭沫若著。民国二十年大东书局印。

[19]《卜辞通纂考释》三卷，在《卜辞通纂》后。

[20]《簠室殷墟文字类纂正编》十四卷，《附编》一卷，《存疑》十四编，《待考》一卷，天津王襄著。民国九年印，十八年增订。

[21]《殷墟文字类编》十四卷，《通检》一卷，番禺商承祚著。民国十二年印；又修订本。

[22]《甲骨文编》十四卷，《附录》一卷，《备查》一卷，潢川孙海波著。民国二十二年，燕京大学印。

[23]《甲骨学文编》十四卷，《附录》二卷，《补遗》一卷，醴陵朱芳圃著。民国二十二年，商务印书馆印。

[24]《闻宥殷墟文字孳乳研究》，见民国十七年《东方杂志》二十五卷三号。

[25]董作宾《甲骨文断代研究》，见历史语言研究所集刊外篇。

金文学起源甚早至近日始发展

金文学起源甚早，已记之于《文字学前期编》矣。有清一代，可谓古文字学始发展之期。官家所辑者，如《西清鉴古》等，颇为丰富，照实物绘图，文字悉有考释，器物悉有尺寸斤两；然考释不甚精确，只可为研究金文学者参考之助。私家著述，乾嘉以降，作者朋兴，大概视为古董之玩好，考释亦半沿宋人之旧。阮氏元号称精研金文，而其《积古斋彝器款识》中所收之董式钟，认商代器物，可谓无识；潘氏祖荫，断为宋人伪造；龚氏自珍，断为吴越之器；虽不可视为定论，要之决非商代器物也。研究金文学者，在甲骨文未出土以前，要推吴氏大澂。吴氏之《字说》，[1]虽仅三十六篇，而帝字、王字等说，极为审谛，出反字说，亦饶新意。而其《说文古籀补》一书，[2]实为整理金文较善之著作，后人袭用其体者，至今未已。据罗氏振玉之所订，其《正编》中，如蕚之释蔺，呰之释咨，呪之释叱，䢼之释逋，䒑之释境，䈂之释邨，鉄 捨之释

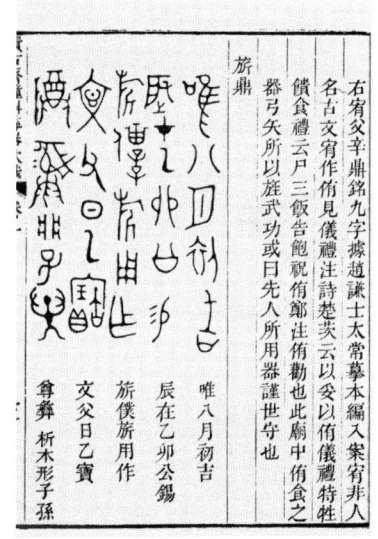

《积古斋钟鼎彝器款识》清阮元著
——从清嘉庆九年（1804）刊本

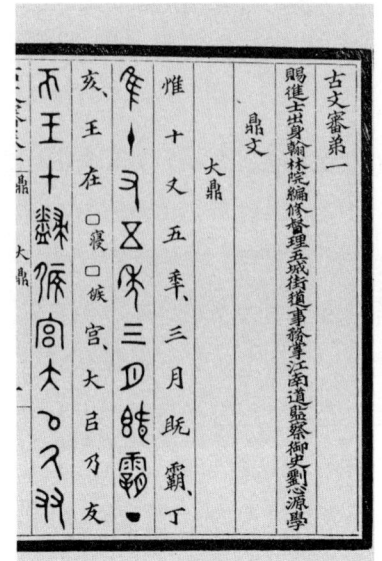

《古文审》刘心源著
——从清光绪十七年（1891）嘉鱼刘氏龙江楼写刻本

舒，䵼之释爵，貣之释贷，贄䚢𠦎之释质，賸之释卖，窜之释窑，奇之释颠，恰愶之释浍，朋之释聘，镈之释错，皆有不安；而《附录》中，如豊疑烝，禹疑献，曡疑揸，䇂疑跻，未朿疑求，𠁥疑农，𡘹疑御，夆疑孝，虐疑割，卯疑昶，𩍂疑驭，咸疑所不必疑。此疑信倒置者也。据罗氏之订吴，则是吴氏对于金文之认识，尚未至于极精确之地位。余谓刘氏心源之《古文审》，[3]供学者之研究，似在吴书之上。《古文审》有四发明：一，古文有正俗二体。如"子""孙""万""寿"等篆，异形百出。二，读古器铭，必须篆形文义，两者兼定。如"旅"从"𣥏"，即以"𣥏"为"旅"。"辇"从"车"，即以"车"为"辇"。"禾"为"季"，"金"为"铢"，"尸"为"㞌"，"雨"为"霸"，"革"为"勒"，"又"为"丑"，"衣"为"卒"，"冂"为"冕"，"聿"为"书"。"乃""及"同"𠂆"，"甲""在"同"十"，以及"百""自"，"夫""大"，"少""小"，"月""夕"，"内""入"，"成""戌"，"用""周"，"母""毋""女"，"孝"

"寿""考"皆可通假。篆形如此，而文义又如彼，兼定斯得，否则难通。三，器名有正例，有变例。正例惟一，如"鼎"则云"作宝鼎"，"尊"则云作"宝尊"之类是也。变例有二，诸器一时并作，而总记于一器者，如"大鼎"云作"盂""鼎"，"悉尊"云作"尊""彝""卣"，"公史彝"云作"尊""彝""鬲"之类是也。此一变例也。又有本铭不言本器而言他器，如"鲁公鼎""师旦鼎""麦鼎""貉子卣""琥卣"，皆云作"尊彝"。"般尊""叉卣""大壶""兽爵""子鬲""子甗"，皆云作"彝"之类是也。此二变例也。四，讲古篆必绝四弊：不谙篆法一弊也，不明假借二弊也，不识古义三弊也，不达古音四弊也。第四项为研究文字学或古文字者应有之知识，未足为刘氏之发明；其第一项古文有正俗二体，第二项读古器铭，必须篆形文义，两者兼定；第三项器名有正例有变例，此可谓刘氏之发明。第二项至今缘用之者而多所考定，其《古文审》八卷，即本此新发明之四项而成书也。甲骨文出土以后，用甲骨文考订金文者，当推孙诒让之《名原》。[4]《名原》一书，合金文、甲骨文、石鼓文、贵州红岩古刻、《说文》中古籀互相校勘，为研究古文字学之一条路，惜未成功。如：据甲骨文中子丑之"子"字作 等，辰巳之"巳"作 等，可以正以金文中"乙子""丁子"释为两日之误。又：知"殷"古"簋"字，旧释为敦之非。所以然者，一，古器物出土日多，见多识宏，可以左右弋获；二，甲骨文发见，互相比较，认识愈真；三，影印方法便利，传布既易，研究者日多，得以彼此切磋；四，受西方学术之影响，研究方法进步。基此四因，此金文学所以至近日始发展也。如郭沫若据保定出土古戈，考订"汤盘"铭文，"兄"误为"苟"，"祖"作"且"，误为日；"父"误为"又"，日当为𠙵，辛误为新，当为"兄𠙵辛，祖𠙵辛，父𠙵辛"又如"大丰簋"之"𧻚"字，宋以来释为"宜"，罗振玉释为"俎"，于形固甚善，郭沫若以韵读之，释𧻚，即《诗·鲁颂·閟宫》"笾豆大房"之房之本字，后仍释为宜。[5]此皆后释胜于前释者也。又郭《两周金文辞大系》及《两周金文辞大系图录》二书，[6]求周代彝铭中之历史系与地理系，以增加金文在历史上材料之价值，而于本身上亦可得真确之释文。又容庚《武英殿彝器图录》，[7]从事于彝器纹缕之比较，首载其全形，次分析其形，而以纹缕定年岁之早晚，于古文字学又得一旁证之参考，此皆研究方法之胜于前人者也。近来古文字学有一大翻案，即以籀文为古文是也。自《汉书·艺文志》，以"史籀"为周宣王太史，许君《说文解字序》从之，籀文遂为书体之一种，又谓之大篆。在古文之后，篆文之前，二千年来，世无异议。王国维著《史籀篇疏证》一书，[8]考证《说文解字》重文中之籀文与金文相同者，二百二十三。又著《史籀篇叙录》一书，[9]谓籀文非书体之名，其致疑之点二：

一、"史籀"为人名之疑问。《说文》"籀"："读也。"又云："读"："籀书也。"古籀读二字，同声同义，又古者读书皆史事。"太史籀书"犹言"太史读书"，汉人不审，乃以"史籀"为著此书之人，其史为太史，其生当在周宣王之世。

二、"史籀"为时代之疑问。史篇之文字，即周秦间西土之文字；许书所出古文，周秦间东土之文字。《史籀》一书，殆出宗周文胜之后，春秋战国之间，秦人作之，以教学僮，而不传于东土。故齐鲁之文字，作法体势，与之殊异。

王氏此二疑问，颇有价值。籀书为读书，证之字义，颇为可信。籀文为西土文字，《说文解字》中之古文为东土文字；考之字形，亦极有据。由此可断定籀文非书体之名，乃书篇之名。罗振玉亦云："《史籀》一书，亦由《仓颉》《爰历》《凡将》《急就》等篇，取常用之字，编纂章句，以便诵习。"二千年来，世无异论之籀文，至此已不能成立，此古文字学一大翻案也。

注释

[1]《字说》一卷，清吴县吴大澂著。自写刻本，有石印本。

[2]《说文古籀补》十四卷，《附录》一卷，清吴县吴大澂著。按：是书清光绪二十四年重刻本，比光绪十年初刻本，多一千二百余字；有石印本。

[3]《古文审》八卷，清嘉鱼刘心源著。光绪十七年自写刻本。

[4]《名原》二卷，清瑞安孙诒让著。光绪三十一年自刻本，中多缺字；近有石印本。

[5]见郭沫若所著《金文丛考》，圙释房之本字，又见《两周金文辞大系》。

[6]《两周金文辞大系》，乐山郭沫若著。民国二十四年，日本文求堂影印本。

[7]《武英殿彝器图录》二册，东莞容庚著。选录热河故宫藏器，民国二十三年影印本。

[8]《史籀篇疏证》不分卷，海宁王国维著。刊在《广仓学宭丛书》甲类一集内。

[9]《史籀篇叙录》不分卷，王国维著。刊在《广仓学宭丛书》甲类一集内。

研究金文之书

钟鼎彝器上之文字，以前谓之钟鼎文，见在谓之金文。金文之著录，始于宋代，至清遂日盛。有清一代，官家著录，有《西清古鉴》[1]《西清续鉴甲乙编》[2]《宁寿鉴古》等书，[3]皆摹其文字，绘其器物，记其形之大小，质之轻重，并为释文。其所收之器物，计"鼎""尊""罍""彝""舟""卣""瓶""壶""爵""斝""觚""斗""勺""卮""觯""角""杯""敦""簠""簋""豆""铺""鏊""甗""锭""镫""鬲""鍑""盉""盒""鐎斗""瓿""罂""冰鉴""冰斗""匜""匜盘""洗""盆""銷""盂""钟""磬""錞""铎""铃""铙""钲""鼓""戚""符""弩""机""镦""瓮""砚滴""书镇""托辕""承辕""表座""舆辂饰""旂铃""刀笔""剑""杖头""蹲头""鸠车""提梁""鉴""尺""量""区""钟""斗""升""缶""罐""臼""钁头""杠头""仪器饰""糊斗""炉""匕首""觥""羽觞""矢箙""方釴""带钩""戈""帐构""登足"。私家著录，张廷济《清仪阁所藏古器物文》[4]《怀米山房吉金图》[5]《恒轩所见吉金录》[6]《攀古楼彝器款式》[7]《两罍轩仪器图释》[8]《陶斋吉金录》与《续录》[9]《梦坡室获古丛编》[10]《善斋吉金录》。[11]或拓其器物图形与文字,或摹其器物图形与文字,其所收古器物。除上述记者外,计"盉""鬻""盏""崑""鍑""戣""瞿""戟""距末""斧""凿""削""环""圈""鍉""诏板""及""钫""鈳镂""弹丸""权""句鑃""犁""甑""造象""铜牌""金涂塔"。

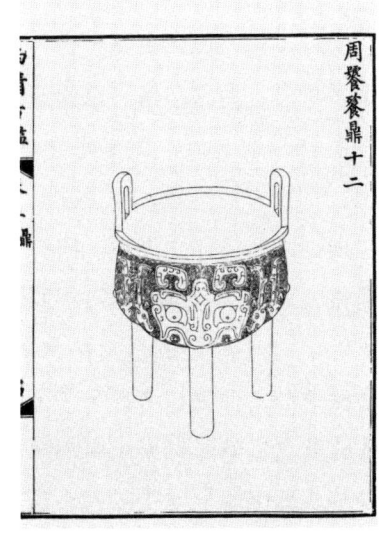

《西清古鉴》清梁诗正纂修
——从清乾隆时期内府刊本

统观官私家之著录,虽有许多秦以下之器物,与古文字无关,而其大多数,皆是秦以前之器物,不仅可以为古文字之参考,并可以为古器物之认识。惟器物之名,颇有可以研究者,《善斋吉金录》以圆者为鼎,方者为盉;《梦坡室获古丛编》则谓鼎之小者为盉。敦之一器,近代考为"殷"即"簋",释"敦"者误。又有一器,而题名各异,如《两罍轩彝器图释》中所收之"齐侯罍",《愙斋集古录》《怀米山房吉金图》皆题为"齐侯罍",《从古堂款识学》题为"陈桓子钘",《缀遗斋彝器图考释》题为"齐侯楕壶",《小校经阁金文拓本》题为"桓子孟姜壶",吴大澂在《集古录》内既题为"齐侯罍",而在又一拓本中则以为是"壶非罍"，见《神州大观》第六号。可见题器名之随便。是又不仅文字之所释不同，而器名之所题亦不同也。所以研究金文，必须搜聚多种书，为之参考。以前研究金文学者，皆以阮氏元之《积古斋钟鼎款式》[12]为参考之本。阮书所收虽富，未免真赝杂出，训释未精研者，亦往往有之；且系传录文字，笔画亦难免错误，固非最佳之书也。研究金文，以拓本影印者，当以《愙斋集古录》[13]《殷文存》[14]《续殷文存》[15]《周金文存》为善[16]，《小校经阁金文拓本》为多[17]。以摹本影印者，当以《缀遗斋彝器款识考释》[18]《贞松堂集古遗文》为多[19]。而个人收藏者，有《怀米山房吉图金图》《攀古楼彝器款识》《两罍轩彝器图释》《簠斋吉金录》[20]《陶斋吉金录》及《续录》《澂秋馆吉金图》[21]《善斋吉金录》《贞松堂吉金图》[22]《颂斋吉金图录》《获古丛编》。[23]除《怀米》《攀古》《两罍》外，余皆以拓本影印，惟《获古》赝品颇多。凡此皆研究古文字学最佳之材料。又有新发见者，如《新郑古器图录》[24]《寿县所出楚器图释》[25]《海外吉金图》，[26]此种材料，日出日多也。其据金文而研究者，以孙诒让之《名原》《古籀拾遗》[27]《古籀余论》[28]、吴大澂之《字说》、刘心源之《古文审》《奇觚室吉金文述》[29]，其字形字音字义之考证，较为详尽。《古籀拾遗》，校订《历代钟鼎彝款识》《积古斋钟鼎彝器款识》《筠青馆金文》三书而作。《古籀余论》，订校《捃古录金文》而作。《古文审》所释虽未必确，而方法颇可取。其他如《从古堂之款识学》[30]《捃古录金文》[31]，皆可为研究金文学者参考之资。而郭沫若之《金文丛考》[32]《金文续考》[33]

《殷周青铜器铭之研究》[34]《两周金文辞大系》《金文余释之余》等书[35]，能以新的方法，而为古文字学之研究。如此继续不已，必能使古文字学成一有统系之学问。而《两周金文辞大系》，所见尤卓，此为整理金文之最善方法。而容庚之《武英殿彝器图说》则专为花纹之研究，虽无关文学，而藉此可以区分时代，为《两周金文辞大系》研究方法之辅助。又日本高田忠周之《学古发凡》[36]、中岛竦之《书契渊源》[37]，虽认为未能甚精确，其方法极足为吾人研究古文字之采择。其便于检查之书，如吴大澂之《说文古籀补》、丁佛言之《说文古籀补补》[38]、强运开之《说文古籀补三篇》[39]、徐文镜之《古籀汇编》[40]、容庚之《金文编》及《续编》、高田忠周之《朝阳字鉴》[41]，亦为研究古文字者检查不可少之书。又有林义光之《文原》[42]，以六书解说古文字，此实为研究古文字之要。惜其书不甚善，颇望继起者有人，合甲骨文、金文、篆文，为有统系之研究，以识文字变迁之迹。如：甲骨文"宫"作 向、甪、𠧧 等形，金文宫作 㑥、㑥 等形，甲骨文中之 吕、吕、田，金文中之 ㊆、㊆，皆象数室相连之状；《尔雅》宫谓之室，室谓之宫，同实异名。段氏谓宫言其外之围绕，室言其内；甲骨文、金文诸宫字之形象之，整理文字时，不能诸宫字并存，择其笔画整齐者，以声读之，而为从躬省声，遂为形声字矣。又如：甲骨文召作 𤔲、𤓰、𤔲、𤔲 等形，金文召作 𤔲、𤔲、𤔲 等形。相其形象，从两手，从口，从皿，从酉，刀声。金文作 𠂇，即"肉"字，后渐为 𠃍，即以刀声读之。以口曰"召"，以手曰"招"，从皿从酉，召招而就饮食也。古"召""招"不分，故从手从口，召招皆为饮食之事，故从皿从酉，后世召招用为一切召招之事，故省皿酉。又"召""招"分为二字，故一从口得义，一从手得义。如能合甲骨文、金文、篆文，寻出此种变迁之迹，则古文字学有益于文字学，极为重要，并能确建立古文字之基础，而不至于为游移不定之释文。唐兰之《古文字学导论》[44]、孙海波之《古文声系》[45]，虽所用之方法，各有不同，而已有此种之趋向。如仅在甲骨文中或金文中，拈得一二字，本之以证古社会，以证古经古史，并以纠许慎，而不在古文字本身上研究，终不能成为有统系之学也。

注释

[1]《西清古鉴》四十卷，附《钱录》十六卷，清梁诗正等奉敕编。乾隆十六年内府刻本，民国十六年云华居庐石印本。

[2]《西清续鉴甲编》二十卷，《附录》一卷，清高宗敕编。宣统二年涵芬楼依宁寿宫写本石印。《乙编》二十卷，清高宗敕编。民国二十年北平古物陈列所石印。

[3]《宁寿鉴古》十六卷，清高宗敕编。民国二年涵芬楼依宁寿宫写本石印。

[4]《清仪阁所藏古器物文》十卷，清嘉兴张廷济辑。民国十四年涵芬楼石印。

[5]《怀米山房吉金图》一卷，清苏州曹载奎辑。道光十九年自刊石本，民国十一年陈氏影印石本。

[6]《恒轩吉金录》一卷，清吴县吴大澂撰。光绪十一年自写刻本。

[7]《攀古楼彝器款识》二册，清吴县潘祖荫编。同治十年滂喜斋刻王懿荣手写本。

[8]《两罍轩彝器图释》十二卷，清归安吴云编。同治十一年自刻本。

[9]《陶斋吉金录》八卷，清端方编。光绪三十四年自石印本。《续录》二卷，附《补遗》，清端方编。宣统元年自石印本。

[10]《梦坡室获古丛编》十二册，吴兴周湘舲藏器，海宁邹安编。民国十六年周氏自印本；中多伪器。

[11]《善斋吉金录》十三册，庐江刘体智编。民国二十三年刘氏自印本。

[12]《积古斋钟鼎款识》十卷，清仪征阮元撰。嘉庆九年自刻本，光绪九年《后知不足斋丛书》刻本，近有石印本。

[13]《愙斋集古录》二十六册，附《释文剩稿》一卷，清吴县吴大澂撰。文字悉拓本，《释文》悉吴氏自书，民国七年涵芬楼影印，民八再版《释文》，《剩稿》附后。

[14]《殷文存》二卷，上虞罗振玉类次。民国六年自影印本。又：《广仓学窘艺术丛编》本。

[15]《续殷文存》二卷，北平王辰类次。民国二十四年考古学社石印本。

[16]《周金文存》十一册，杭县邹安辑。民国五年《广仓学窘艺术丛编》石印本。

[17]《小校经阁金文拓本》十八册，庐江刘体智辑。民国二十四年石印本。

[18]《缀遗斋彝器款识考释》三十卷，清定远方濬益撰。民国二十四年涵芬楼影印本；燕京大学藏稿本，多四五百器。

[19]《贞松堂集古遗文》十六卷，《续编》三卷，《补遗》三卷，上虞罗振玉撰。民国二十四年石印本。

[20]《簠斋吉金录》八卷，清潍县陈介祺藏器，顺德邓实辑。民国七年风雨楼石印本。

[21]《澂秋馆吉金图》二册，闽侯陈宝琛藏器，北平孙壮编次。民国二十年北平商务印书馆石印本。

[22]《贞松堂吉金图》三卷，上虞罗振玉撰。民国二十四年墨缘堂影印本。

[23]《颂斋吉金图录》二卷，东莞容庚著。民国二十一年影印。

[24]《新郑古器图录》二卷，开封关百益撰。民国十八年商务印书馆印。
[25]《寿县所出楚器图释》一卷，永嘉刘节学。民国二十四年影印本。
[26]《海外吉金图录》三册，东莞容庚著。民国二十四年考古学社影印本，著录日本所藏中国铜器一百五十八事。
[27]《古籀拾遗》三卷，清瑞安孙诒让著。光绪十四年自写刻本。
[28]《古籀余编》三卷，清瑞安孙诒让著。民国十八年燕京大学刻本，民国二十年瑞安陈氏刻本。
[29]《奇觚室吉金文述》二十卷，清嘉鱼刘心源学。光绪二十八年自石印本，民国十五年翻石印本。
[30]《从古堂款识学》十六卷，清嘉兴徐同柏释文。光绪十二年同文书局石印本，光绪三十二年蒙学报馆石印本。
[31]《捃古录金文》三卷，清海丰吴式芬撰。光绪二十一年吴氏家刻本，民国二年西泠印社翻刻本。
[32]《金文丛考》四册，乐山郭沫若著。民国二十一年，日本文求堂印。
[33]《金文续考》一册，乐山郭沫若著。《古代铭刻汇考四种》内，民国二十二年日本文求堂印。
[34]《殷周青铜器铭研究》二册，乐山郭沫若著。民国二十年大东书局印。
[35]《金文余释之余》一册，乐山郭沫若著。民国二十一年日本文求堂印。
[36]《学古发凡》八卷，日本高田忠周著。日本古籀篇刊行会印本。
[37]《书契渊源》一帙三册、二帙三册，日本中岛竦著。日本文求堂印。
[38]《说文古籀补》十四卷，《附录》一卷，黄县丁佛言著。民国十三年影印手写本。
[39]《说文古籀补三编》，《附录》一卷，溧阳强运开辑。民国二十四年商务印书馆印。
[40]《古籀汇编》十四卷，临海徐文镜编。民国二十四年商务印书馆印，纂集《钟鼎字源》《说文古籀补》《说文古籀补补》《金文编》《古玺

文字征》《殷墟文字类编》六书之字,而删去其各书附录之字。

[41]《朝阳阁字鉴》三十六卷,日本高田忠周辑。日本大正十四年印。

[42]《文源》十二卷,闽侯林义光著。民国九年写印本。

[43]《古文字学导论》二编,嘉兴唐兰著。民国二十四年写印本。

[44]《古文声系》四册不分卷,潢川孙海波著。民国二十四年写印本。